Gregor Gysi/Uwe-Jens Heuer/Michael Schumann (Hrsg.)
Zweigeteilt

Michael Benjamin, Prof. Dr., 1932, Staats- und Rechtswissenschaftler, Berlin

Jan Bloch, 1960, Schlosser, Berlin

Helmut Bock, Prof. Dr. sc. phil., 1928, Historiker, Berlin

Erich Buchholz, Prof. Dr. jur. habil., 1927, Rechtsanwalt, Berlin

Peter Erler, 1961, Historiker, Berlin

Rolf Gössner, 1948, Rechtsanwalt und Publizist, Bremen

Claudia Gohde, 1958, Volkskundlerin, Mitglied des Parteivorstands der PDS, Berlin

Werner Grahn, Prof. Dr. jur. habil., 1938, Referent am Thüringer Landtag, Leipzig

Gregor Gysi, Dr. jur., 1948, Vorsitzender der Abgeordnetengruppe PDS/Linke Liste im Deutschen Bundestag, Vorsitzender der PDS, Berlin

Uwe-Jens Heuer, Prof. Dr. jur., 1927, Abgeordneter des Deutschen Bundestages, Mitglied der Abgeordnetengruppe PDS/Linke Liste, Berlin

Werner Hübner, Dr. sc. phil., 1931, Militärhistoriker, Rentner, Berlin

Detlef Joseph, Prof. Dr. sc. jur., 1934, Rechtshistoriker, Berlin

Iris Kielau, 1959, Dozentin, Chemnitz

Michael Kowal, 1966, Student an der Humboldt-Universität Berlin, Fachbereich Rechtswissenschaft, Halle

Andrea Lederer, 1957, Rechtsanwältin, Abgeordnete des Deutschen Bundestages, Mitglied der Abgeordnetengruppe PDS/Linke Liste, Berlin

Thomas Lorenz, 1961, Rechtshistoriker, Berlin

Peter Müller, 1942, freiberuflich tätig

Wilfriede Otto, Dr. phil., 1933, Historikerin, Berlin

Erich Schmidt-Eenboom, 1953, Leiter des Forschungsinstituts für Friedenspolitik e.V., Weilheim

Volkmar Schöneburg, Dr. jur., 1958, Wissenschaftlicher Mitarbeiter an der Humboldt-Universität Berlin, Potsdam

Michael Schumann, Prof. Dr. phil., 1946, Mitglied des Landtages Brandenburg, Mitglied des Parteivorstands der PDS, Potsdam

Heinz Vietze, 1947, Parlamentarischer Geschäftsführer der Fraktion PDS/Linke Liste im Landtag Brandenburg, Potsdam

Gregor Gysi/Uwe-Jens Heuer/Michael Schumann (Hrsg.)
Zweigeteilt
Über den Umgang mit der SED-Vergangenheit

VSA-Verlag Hamburg

Wir schicken Ihnen gern unsere Verlagsprospekte!
© VSA-Verlag 1992, Stresemannstraße 384a, W-2000 Hamburg 50
Alle Rechte vorbehalten
Druck: Druckerei Runge, Cloppenburg
ISBN 3-87975-609-0

Inhalt

Vorwort 7

Die DDR, die SED und die Staatssicherheit

Michael Schumann
Über den Umgang mit unserer Geschichte
und die spezifischen ideologischen Grundlagen der Repression 16

Uwe-Jens Heuer
Die Staats- und Rechtskonzeption der SED
und die Machtorganisation der DDR 35

»Wir haben den kalten Krieg verloren« 50
*Diskussionsbeiträge von Helmut Bock, Rainer Börner, Uschi Goldenbaum,
Horst Helas, Uwe-Jens Heuer, Sonja Kemnitz und Michael Schumann*

Werner Grahn
Sinn oder Unsinn eines Tribunals. Ein Gutachten 63

Jan Bloch
Keine/r kann aus ihrer/seiner Zeit – für sich allein! 71

Rolf Gössner
Die geschichtliche Aufarbeitung nicht dem Staat überlassen! 75

Volkmar Schöneburg
SED und Strafrecht. Thesen 85

Detlef Joseph
Der »DDR-Unrechtsstaat« und die »Vergangenheitsbewältigung« 95

Thomas Lorenz
Über das Verhältnis von MfS und Justiz 120

Michael Kowal
Zu einigen rechtlich relevanten Aspekten der Tätigkeit
des ehemaligen MfS 127

Werner Hübner
Die Entwicklung der Sicherheitsinteressen der DDR im Rahmen
des Ost-West-Konfliktes 132

»Freunde und Feinde der DDR« 138
Diskussionsbeiträge von Rolf Funda, Herbert Burmeister und Werner Hübner

Erich Schmidt-Eenboom
Die operative Außenpolitik der BRD und die Rolle
von Geheimdiensten 141

Heinz Vietze
Rück-Sichten – Partei und Staatssicherheit 147

»Wo bleibt die Sicht der Betroffenen?« 153
*Diskussionsbeiträge von Ulrich Schröter, Michael Benjamin,
Hagen Thiel und Heinz Vietze*

Wilfriede Otto
SED und MfS – zur Rolle einer stalinistischen Grundstruktur 157

Peter Müller
MfS im Betrieb 167

Michael Benjamin
Zur Staatskonzeption und Sicherheitspolitik der SED 171

Peter Erler
Arbeitsgruppe »Opfer des Stalinismus« am IfGA 177

»Zweigeteilt durch eine neue Moral« 179
*Berichte aus Arbeitskreisen von Helmut Bock, Erich Buchholz,
Uwe-Jens Heuer und Iris Kielau*

Gregor Gysi
Ideologische, politische und moralische Aspekte der Aufarbeitung . . . 190

Der »Fall« Gregor Gysi

Claudia Gohde/Andrea Lederer
Der Stasi-Verdacht gegen Gregor Gysi 200
Versuch der Aufklärung (mit einer Vorbemerkung von Gerhard Zwerenz)

Dokumente zum »Fall« Gregor Gysi 235

Vorwort

Das Gespräch über die Vergangenheit im aufrichtigen Bemühen, eigene Verantwortung und Schuld anzunehmen, ist unerläßlich für den politischen Neubeginn. Die Anmaßung fremder Richter darf Sozialisten nicht dazu verführen, durch Schweigen oder durch Bagatellisierung der in Deutschland nicht erst nach dem Zweiten Weltkrieg vorherrschenden Tendenz der Verdrängung Vorschub zu leisten. Sie war und ist Quelle neuer Irrwege.

Die Auseinandersetzung um die Geschichte findet nicht um ihrer selbst willen statt. Es geht dabei immer und vorzugsweise um die Zukunft. Wir müssen uns in aller Offenheit der ganzen Wahrheit über die Vergangenheit und unsere Mitverantwortung für das Geschehene stellen, denn wir tragen Mitverantwortung dafür, daß der geschichtliche Weg der Deutschen nicht – wie so oft in der Vergangenheit – im verhängnisvollen Labyrinth endet. Deswegen muß es uns heute nicht zuletzt um die Schattenseiten auch der DDR-Geschichte und der Geschichte der sozialistischen Bewegung in diesem Teil Deutschlands gehen. Um der Zukunft willen dürfen wir darum keinen Bogen machen.

Über all das muß noch lange und intensiv gesprochen werden – unter uns und mit anderen. Wir dürfen nicht der Verführung erliegen, dieses Thema und die damit gerade für ehemalige SED-Mitglieder und -Funktionäre verbundenen schmerzlichen Einsichten beiseite zu schieben. Wer das als fatalen Hang zur Selbstkasteiung interpretiert und dieses Thema trotzig negiert, beginnt von neuem, geschichtliches Bewußtsein zu deformieren und politisch-pragmatisch zu instrumentalisieren. Das schadet der Entwicklung linker politischer Alternativen ebenso wie ihrer Glaubwürdigkeit.

Diesem Anliegen diente die Konferenz, die der Bundesvorstand der PDS und die Abgeordnetengruppe der PDS-Linke Liste im Deutschen Bundestag im Oktober 1991 zum Thema »Die Sicherheitspolitik der DDR, zur politischen Verantwortung der SED und zur Rolle der Staatssicherheit« durchführten. Ihre Ergebnisse sind in dieser Publikation dokumentiert.

Sechs Monate nach unserer Konferenz ist die Frage erneut angebracht, welche Chance ein aufrichtiges Gespräch über unsere jüngste Vergangenheit überhaupt hat. Welchen Raum hatte und hat eine Art wechselseitig »einfühlendes« Verstehen als Voraussetzung historischer Kritik im deutsch-deutschen Zusammenhang?

Jürgen Habermas[1] hat kürzlich einen solchen Prozeß so charakterisiert, »daß wir die eigene Lebensgeschichte kritisch aneignen und verantwortlich übernehmen«. Das verlange auch die Kritik von Selbsttäuschungen. Für eine solche »öffentlich ausgetragene ethisch-politische Selbstverständigung« gebe es – das ist eine zentrale These – gegenüber der Zeit nach 1945 eine vergleichsweise günstige Ausgangslage. Vor allem könnten sich im Gegensatz zur fast ungebrochenen personellen Kontinuität des Adenauerregimes mit der Nazizeit die belasteten Eliten nicht wirksam zur Wehr setzen.

Habermas verweist auf Schwierigkeiten, auf die Gefahren eines massenmedial vermittelten öffentlichen Diskurses. »Die Westdeutschen übernehmen nur zu gern die Supervision über den Selbstverständigungsprozeß ihrer Brüder und Schwestern.« Als besonders abschreckendes Beispiel zitiert er Ernst Nolte: »Die DDR war auch der Staat, den Hitler fürchtete... Es hilft kein Drehen und Wenden: Diejenigen, welche die DDR längst vor ihrer faktischen Entstehung fürchteten und haßten, waren nicht von vornherein im Unrecht.« Dennoch aber glaubt Habermas an die von der alten Bundesrepublik auf dieses Gespräch einwirkenden aufklärerischen »Traditionen auf ganzer Breite«.

Unsere Erfahrungen sprechen dagegen. Wir hören diese Stimmen, aber sie werden immer stärker übertönt vom Triumphgeschrei der »Sieger«. In den seit der Konferenz vergangenen Monaten hat sich die Tendenz der Abrechnung mit der DDR, mit ihrer ehemaligen politischen Elite, ja mit weiten Kreisen ihrer gesamten Intelligenz verstärkt. Der »Abwicklung« zahlreicher Einrichtungen, wissenschaftlicher Institute, Hochschulen, Akademien, der Schließung von Polikliniken, der »Reinigung« des öffentlichen Dienstes und der Justiz, der radikalen Rentenkürzung wegen »Staatsnähe« folgt jetzt der Einsatz des Strafrechts. Den »Mauerschützenprozessen« soll nach Aussage von Manfred Kittlaus,[2] Leiter der Zentralen Ermittlungsstelle für Regierungs- und Vereinigungskriminalität bei der Berliner Polizei, eine Prozeßlawine folgen. »Es geht um Funktionärskriminalität, also auch um den Kommandeur der Grenztruppe, den regionalen SED-Mann oder Polizeioffizier, den Bürgermeister, soweit sie sich schuldig gemacht haben.« Es ist von Hunderttausenden Unrechtstaten die Rede.

Mit dieser Zentralstelle wurde im übrigen wieder eine politische Polizei installiert, denn es wird nicht delikt-, sondern personenspezifisch ermittelt. Die Verbindung von Regierungs- und Vereinigungskriminalität weckt zudem völlig irrige Vorstellungen. Die frühere Regierung der DDR war an der Vereinigungskriminalität nicht beteiligt. Und die Vereinigungskriminalität war nicht DDR-spezifisch, sondern ein ost-westdeutsches Gemeinschaftswerk. Die Hälfte der Ermittlungsverfahren auf diesem Gebiet richtet sich gegen Bürger der alten Bundesländer.

Was hinsichtlich der zu erwartenden Prozeßlawine abläuft, hat Kirchheimer so charakterisiert: »Hat man sich aber einmal für die Unterdrückung einer ›umstürzlerischen‹ Bewegung entschieden, so bedarf es im Rahmen einer rechtsstaatlichen Ordnung der vorbehaltlosen Mitwirkung aller Organe der Gesetzgebung, Verwaltung und Justiz, damit die Entscheidung in die Praxis umgesetzt werden kann.« Sei der Gegner bereits ausgeschaltet, so gehe es darum, »seine Niederlage im Lichte einer weitergespannten geschichtlichen oder moralischen Rechtfertigungsargumentation als unumgänglich und gerecht darzustellen«. Dabei sei »die bilderprägende Wirkung des Gerichtsprozesses bei weitem überlegen«, hebe sie doch das angestrebte Bild »auf ein offizielles, autoritatives, gewissermaßen neutrales Postament hinauf«.[3]

Es hat sich ein Circulus vitiosus herausgebildet. Der überstürzte Anschluß der DDR ohne Konzeption führte im Osten Deutschlands zu einer in diesem Umfang nicht notwendigen Strukturkrise. Er ist zugleich mit einem rechtlichen Sonderregime auf wichtigen Gebieten verbunden, das dem in der BRD bereits erreichten rechtsstaatlichen Standard nicht entspricht. Zur Legitimation dieses Zustandes wird zunehmend auf die Notwendigkeit einer rechtlichen Sonderbehandlung großer Gruppen der ehemaligen DDR-Bevölkerung wegen ihrer Verantwortung für die DDR-Verhältnisse abgestellt, was wiederum zu einer Zuspitzung sozialer Widersprüche führt. Um dieses Vorgehen durchzuhalten, muß in der Folge immer entschiedener auf dem angeblichen Unrechtscharakter der DDR bestanden und die Berechtigung einer prinzipiellen Gleichsetzung mit dem NS-Regime suggeriert werden.

Die interessierte Entstellung der vormaligen DDR zum »kriminellen System« legt den Grundstein und dient als Vehikel für die allgemeine Destruktion des erreichten Niveaus der Rechtsstaatlichkeit in Deutschland. Der Umgang mit den personellen Stützen oder auch nur den loyalen Bürgern des untergegangenen DDR-Staates ist paradigmatisch für das Verhältnis der deutschen Politik zu den rechtlichen und moralischen Grundlagen, die die zukünftige innere Verfassung und Entwicklung der Bundesrepublik bestimmen sollen.

Die Justiz erweist sich zunehmend als mit der Aufgabenstellung der Delegitimierung der DDR überfordert. Sie kann nur nachgewiesene individuelle Schuld ahnden. Der Grundsatz nulla poena sine lege, keine Strafe ohne Strafgesetz zur Tatzeit, steht den immer wieder erhobenen Forderungen, Bundesrecht rückwirkend auf die DDR oder Naturrecht anzuwenden, hindernd im Wege. Es macht sich jetzt eine gefährliche Argumentation breit, die im Rechtsstaat ein Hindernis für Vergangenheitsaufarbeitung sieht. Ein »Tribunal« soll dem abhelfen. Es soll über die Bewertung des Verhaltens einzelner hinaus über das gesamte DDR-System urteilen. Die Forderung nach der Einrichtung eines Tribunals wurde Gegenstand einer breiten, teilweise erbitterten Diskussion. Auch wir haben damals das Konzept eines Tribunals, die Frage unserer Beteiligung unterschiedlich gesehen, nicht zuletzt auch wegen des unterschiedlichen Herangehens seiner einzelnen Initiatoren.

Am 22. März 1992 wurde nun in Leipzig ein »Forum zur Aufklärung und Erneuerung« begründet. Nach dem Statut wird »die Mitwirkung an der konkreten Aufklärung und Bewertung der repressiven Wirkungsmechanismen des DDR-Systems und die Mitwirkung an der Aufarbeitung der damit verbundenen deutschen Geschichte sowie die Förderung des inneren Friedens im vereinigten Deutschland und der Verständigung zwischen Ost und West« bezweckt. Nach Wolfgang Ullmann soll das Forum »einen neuen Umgang mit Prinzip und Praxis sozialistischer Unmenschlichkeit« prägen. Die Verbindlichkeit des Wortes Tribunal müsse trotz der Einigung auf den Namen Forum erhalten bleiben. Nach Ansicht von Gerd Poppe »sollten Gerichte und der Gesetzgeber Nutznießer des Forums« sein.[4]

Offensichtlich steht für einige Initiatoren des Forums/Tribunals das Urteil längst fest. Die DDR war ein Unrechtsstaat, und jetzt geht es nur noch um die Beweise im Detail. Man will zu Gericht sitzen, allerdings ohne die Schranken einer Strafprozeßordnung.

Viele Bürgerinnen und Bürger erhoffen sich dagegen ein offenes und ehrliches Gespräch, an dessen Ende auch ein neues Rechtsbewußtsein, nicht aber die Strafjustiz stehen sollte. Der Verlauf wird abzuwarten sein. Auch wir hoffen, daß die gegebenen Chancen nicht dadurch verspielt werden, daß an die Stelle der Aufklärung eine angemaßte Justiz tritt.

Inzwischen hat der Deutsche Bundestag das Heft der »amtlichen« Vergangenheitsbewältigung in die Hand genommen. Am 12. März 1992 stand die Beratung von Anträgen auf Einsetzung einer Enquete-Kommission auf der Tagesordnung des Bundesparlaments. Bereits aus den Titeln der Anträge ging das Ergebnis der Untersuchung hervor. Der Titel des gemeinsamen Antrages der Fraktionen der CDU/CSU, SPD und FDP lautete: »Aufarbeitung der Geschichte und der Folgen der SED-Diktatur«. Der eigene Antrag der SPD trug den Titel »Politische Aufarbeitung von Unterdrückung in der SBZ/DDR«.

Das DDR-Bild der Antragsteller wurde bereits im Aufbau des Antrages deutlich: Erstens Machtstrukturen. Zweitens offene Repressionsmechanismen. Drittens verdeckte Repressionsmechanismen. Viertens Leben in der Diktatur. Für Reformer, loyale DDR-Bürger, die jenseits aller Privilegien für ihre Mitbürger wirkten oder auch nur für sich selbst lebten, ist da kein Platz. Jeder mußte entweder Täter oder Opfer sein. Das Leben in der Diktatur wird mit wenigen bezeichnenden Worten erfaßt: Widerstand, politische Verfolgung, Kirche, Mitläufertum, Anpassung, Lethargie. In der Beratung der Anträge wurden zum Teil auch sachliche Töne laut. Überwiegend aber war der peinlich zu nennende historische Hochmut zu spüren, lauter waren die Stimmen des Hasses, der Rache, des Kalten Krieges der fünfziger Jahre.

Aber die Anwürfe sind das eine. Die Arbeit in der Kommission könnte auch einen Beitrag zu einem differenzierten DDR-Bild leisten – immerhin einige Mitglieder und Sachverständige scheinen daran interessiert zu sein.

Ausgehend vom Kampfbegriff des Unrechtsstaates ist kein wissenschaftlich begründetes, gerechtes DDR-Bild zu gewinnen. Die sozialistische DDR erfüllte, trotz der vielfältigen tatsächlichen Fortschritte in ihrer Entwicklung, nicht die Anforderungen an einen Rechtsstaat. Das rechtfertigt aber nicht ihre Charakterisierung als Unrechtsstaat. Diese dient ausschließlich vordergründigen politischen Zwecken, insbesondere der Gleichsetzung mit dem Nazi-Regime und der Legitimierung politischer, sozialer und rechtlicher Ausgrenzung.

Es gab in der DDR auch Leistungen, Konfliktregulierungsmechanismen und Werte, die die Zustimmung einer Mehrheit von Bürgern fanden. Zur DDR gehören zahlreiche positive Erfahrungen auf dem Gebiet der sozialen Sicherheit, solidarischer zwischenmenschlicher Beziehungen und friedensfördernder politischer Aktivitäten.

Zu ihr gehören aber auch ökonomische Ineffektivität, geringe Arbeitsproduktivität, ökologische Schäden, mangelnde Freizügigkeit, politisches Strafrecht, Ausgrenzung Andersdenkender und Repressionen gegen sie, Militarisierung in der Erziehung u. a.

Eine wissenschaftliche Aufarbeitung der DDR-Geschichte darf die Wechselbeziehungen zwischen den beiden deutschen Staaten und ihre feste Einbindung in die internationalen Blöcke nicht ausblenden. Wir können nicht übersehen, daß die DDR und die BRD, die deutsche Teilung und die prinzipielle Gegnerschaft der beiden deutschen Staaten ein Resultat des Zweiten Weltkrieges und des Kalten Krieges waren, eines Prozesses von historischer Dimension und Dauer, der unserem Jahrhundert wesentlich das Gepräge gegeben hat. Es gibt keinen »Hochsitz«, von dem aus selbsternannte Richter Geschichte be- und verurteilen könnten.

Ungeachtet aller Schwierigkeiten besteht für demokratische Sozialisten die Pflicht, durch die kritische und selbstkritische Aufarbeitung der Geschichte der DDR einen Beitrag zur theoretischen und politischen Neubestimmung der Linken und zur Bestimmung eigener Verantwortung zu leisten. Zwei sehr aktuelle Gründe dafür seien abschließend erwähnt.

Erstens: Mehr und mehr beginnt sich die Erkenntnis durchzusetzen, daß die rasche Angleichung des Lebensstandards in beiden Teilen Deutschlands eine Illusion ist. Kurt Biedenkopf[5] hat sich kürzlich entschieden gegen eine »Aufholjagd« gewandt. Unter realistischen Annahmen werde das erwirtschaftete Bruttosozialprodukt in Ostdeutschland im Jahre 2000 kaum mehr als fünfzig Prozent und 2010, also in 18 Jahren, fünfundsiebzig Prozent des westdeutschen Standes ausmachen. Biedenkopf vergißt allerdings zu erwähnen, daß der heutige niedrige Stand (dreißig Prozent) jedenfalls zu einem großen Teil auf den Crash-Kurs der Bonner Regierung zurückzuführen ist. Diese Ungleichheit sei – so Biedenkopf – politisch nur akzeptabel, wenn Ostdeutschland eine besondere Identität ausbilde. Wir wollen hier nicht auf das Identitätskonzept Biedenkopfs eingehen. Es entspricht seiner neokonservativen Position. Wichtig erscheint uns vor allem der Gedanke, daß eine Verteidigung der Interessen der Bürger Ostdeutschlands nicht ohne eigene Identität möglich ist. Diese Identität aber, und das übersieht Biedenkopf völlig, ist aus der Geschichte nicht herauszulösen. Wer die Jahrzehnte der DDR-Geschichte nicht erlebt hat oder nicht wenigstens bereit ist, sich mit ihr sachlich auseinanderzusetzen, kann die Interessen der ostdeutschen Bürger nicht verstehen und nicht vertreten.

Die Forderung nach einer differenzierten und abwägenden Sicht auf unsere Geschichte, die Geschichte der DDR, ist deshalb kein Anspruch unbelehrbarer Nostalgiker, sondern der Anspruch von Menschen, die ein Recht auf Selbstachtung haben. Die von den einflußreichen Medien ununterbrochen betriebene Reproduktion verzerrter Bilder über die einstige DDR ist auf die Zerstörung dieser Selbstachtung gerichtet, und damit auf die Lähmung des Willens, eigene Identität und eigene Interessen solidarisch zu wahren.

Zweitens: Die Auseinandersetzung mit der Geschichte und ihren Akteuren hatte und hat einen deutlichen Bezug zur Rolle Deutschlands in Europa und in der Welt. Die Legende über die »Novemberverbrecher« von 1918 etwa wurde nicht nur aus innenpolitischen Gründen gewoben. Sie sollte zugleich den ideologischen Boden bereiten, um einen neuen Anlauf zur Durchsetzung deutschimperialer Ambitionen vorzubereiten. Auch die Art und Weise des Umgangs mit dem Erbe des Nationalsozialismus nach dem Zweiten Weltkrieg wurde in beiden deutschen Staaten wesentlich von außenpolitischen Kontexten geprägt. Im Westen trat ein Kurswechsel in bezug auf die anfänglich mit demokratischen Intentionen ernsthaft betriebene Entnazifizierung ein. Die Interessenlage der Westalliierten hatte sich mit dem Ausbruch des Kalten Krieges auch im Hinblick auf die deutsche »Vergangenheitsbewältigung« gravierend verändert. Die NS-Eliten wurden gebraucht für den Aufbau eines deutschen Teilstaates, dessen Selbstverständnis sich durch die Gegnerschaft zum Kommunismus bestimmte. Deshalb erfolgt im übrigen der heutige Umgang mit den ehemals in der DDR Verantwortlichen, den Grenzsoldaten, Richtern, Lehrerinnen und Lehrern usw. keineswegs aus dem Drang zur Vermeidung damaliger Fehler, sondern aus den gleichen antikommunistischen Motiven.

Im Osten Deutschlands wurde die im großen und ganzen unproblematische Integration – hier allerdings im wesentlichen ausschließlich der Mitläufer des NS-Regimes – in den »sozialistischen Aufbau« praktiziert, weil die Sowjets an einem befriedeten und stabilen deutschen Bündnispartner ein vitales Interesse hatten.

Auch der gegenwärtig praktizierte offizielle Umgang mit der Geschichte der DDR steht im Zusammenhang mit der Rolle Deutschlands in europa- und weltpolitischen Veränderungen, den gegenwärtigen wie den angestrebten zukünftigen.

Mit der Herstellung der staatlichen Einheit hat Deutschland zugleich seine volle Souveränität wiedergewonnen. Es war wesentlich die eingeschränkte Souveränität, die in der Nachkriegsgeschichte den Weg der alten Bundesrepublik als Weg einer festen Ein- und Unterordnung festgelegt hat. Die Erlangung der vollen Souveränität durch das größere und geeinte Deutschland beendet seine Nachkriegsgeschichte auch in dem Sinne, daß nun die Formierung einer nicht nur wirtschaftlichen, sondern auch politischen Führungsrolle in Europa und darüber hinausgehender Großmachtansprüche (wieder) zur realen Möglichkeit wird. Besonders im konservativen Lager wird daher jetzt die Forderung erhoben, das geeinte Deutschland müsse seine weltpolitische Rolle und »Verantwortung« neu definieren. Das Mißtrauen gegenüber solchen Tönen – besonders in Großbritannien und Frankreich – wird deutlich artikuliert und ist auch angebracht.

Diejenigen politischen Kräfte, die neudeutsche Großmachtambitionen hegen, sind sich indes im klaren darüber, daß die Einzigartigkeit der deutsch-faschistischen Verbrechen an der Menschheit auch nach Jahrzehnten als eine schwer zu überwindende psychologische Barriere wirkt. Man kann auch fast 50 Jahre nach dem Ende des Zweiten Weltkrieges nicht über den Einsatz deutscher Soldaten im Ausland sprechen, ohne sofort an die Rolle der Hitler-Wehrmacht als Okkupator Europas erinnert zu werden. Jeder ambitionierte außenpolitische Schritt der Bundesrepublik – vergleiche die Anerkennung Kroatiens – beschwört sofort tiefstes Mißtrauen herauf. Ob dies in jedem Falle gerechtfertigt ist, mag dahingestellt bleiben. Fest steht jedoch, daß die herrschenden politischen Kreise Deutschlands diese Last der Geschichte nicht erst heute als eine unangemessene Einschränkung und Behinderung empfinden. Historisches Geschehen hat eine psychologische Langzeitwirkung, die sehr real ist und weder mit guten Worten, noch mit Geschenken aus der Welt geschafft werden kann.

Und deshalb wird versucht, psychologische »Gegengewichte« zu schaffen, die die Einzigartigkeit der deutsch-faschistischen Verbrechen wie von selbst relativieren und ihre hemmenden Nachwirkungen für die Verwirklichung neuer deutscher Großmachtansprüche zumindest teilweise paralysieren. Dazu gehört die permanente Gleichsetzung von Faschismus und Kommunismus, die sich auch an einer entstellenden Darstellung der DDR-Geschichte bewähren muß.

So bestätigt sich auch aus dieser Sicht der hohe politische Rang der Auseinandersetzung um das Bild von der Geschichte der DDR. Diese Auseinandersetzung muß von unserer Seite Element einer *demokratischen Widerstandskultur* sein, auch gegenüber einer neuen hegemonialen Großmachtpolitik Deutschlands.

Ein realistisches und differenziertes Bild der DDR-Geschichte liegt im Interesse all derer, die diese Entwicklung mit Besorgnis betrachten. Dieses Bild kann nur das Ergebnis großer intellektueller Anstrengung und starken moralischen Willens sein. Es bedarf der gemeinsamen Arbeit vieler, die bereit sind, der Versuchung nostalgischen Trotzes ebenso zu widerstehen wie dem massiven Druck zur bedingungslosen Akkomodation an das Bestehende.

Mit der Konferenz »Die Sicherheitspolitik der DDR, zur Verantwortung der SED und zur Rolle der Staatssicherheit« hat die PDS versucht, eine historisch gerechte, schonungslose und dennoch differenzierte Aufarbeitung der Geschichte der DDR fortzusetzen. Veranstaltungen dieser Art und größere Kontinuität bei der Aufarbeitung der Vergangenheit dokumentieren ihren Willen, sich der geschichtlichen Verantwortung zu stellen.

Die Herausgeber bedanken sich bei allen, die an der Vorbereitung und Durchführung unserer Konferenz mitwirkten, namentlich bei *Bernd Hofmann,* der für die Organisation Verantwortung trug, sowie bei *Iris Kielau,* die kurzfristig die Leitung eines Arbeitskreises übernahm.

Dem Vorsitzenden der Historischen Kommission der PDS, Prof. *Klaus Kinner,* sei herzlich für die Moderation der Plenartagung gedankt.

Berlin, April 1992   *Gregor Gysi/Uwe-Jens Heuer/Michael Schumann*

Anmerkungen

[1] Die Zeit, 3. 4. 1992.
[2] J. Nawrocki, in: Die Zeit, 23. 2. 1992.
[3] O. Kirchheimer, Politische Justiz, Neuwied und Berlin 1965, S. 6o9 f.
[4] Neues Deutschland, 26. 3. 1992.
[5] Die Zeit, 27. 3. 1992.

Die DDR, die SED und die Staatssicherheit

Michael Schumann
Über den Umgang mit unserer Geschichte und die spezifischen ideologischen Grundlagen der Repression

I.

Staatssicherheit und SED – das sind die wohl stärksten Reizworte der politischen Auseinandersetzung in Deutschland nach der Wende in der ehemaligen DDR. Im öffentlichen Bewußtsein stehen sie in ihrer Verknüpfung für dunkle Seiten unserer jüngsten Geschichte, die uns immer wieder einholt, die immer neue Schatten wirft auf den Versuch eines politischen Neubeginns deutscher Sozialisten.

Dieser Neubeginn ist unmöglich und im übrigen auch unglaubhaft ohne die kritische und selbstkritische geistige Rekonstruktion der Vergangenheit. Sie führt zu den zentralen Fragen, die uns auf der Suche nach einer neuen theoretischen und politischen Identität im Gefolge des Untergangs des sogenannten Staatssozialismus bewegen: Was war das für eine Gesellschaft? Sind mit ihr die Ideale der Marxschen Utopie gescheitert? War das historische Unternehmen DDR von vornherein illegitim und zum Scheitern verurteilt? Wie stehen wir heute zu den Taten unserer Mütter und Väter und zu unseren eigenen Taten, die mit dem Werden, dem Wachsen und dem Ende der DDR unauflöslich verbunden waren? Der Antwort auf solche Fragen werden wir uns nur nähern können, wenn wir uns von den ideologischen Stereotypen lösen, die uns über Jahrzehnte beherrscht haben und von denen wir uns in selbstverschuldeter Unmündigkeit beherrschen ließen, und wenn wir der Versuchung widerstehen, neue Götzen aufzurichten und uns neuen einseitigen, ja verlogenen Erklärungsmustern zu verschreiben, die längst gefertigt sind: die Geschichte der DDR als ein einziges destruktives Werk totalitärer Cliquen, als eine einzige Leidensgeschichte des Volkes, die Organisation der DDR-Gesellschaft als Ausgeburt krimineller Energie.

Denjenigen, die einen Großteil ihres bewußten Lebens für die DDR gelebt haben, bedeutet jede neue Information über Machenschaften, über Verbrechen gar, die im Zeichen von Schild und Schwert – übrigens auch von Hammer und Sichel – und unter der Verantwortung der Sozialistischen Einheitspartei geschahen, auch die wiederholte Infragestellung ihres eigenen Lebenssinns. Viele haben deshalb aus verständlicher Resignation der sozialistischen Utopie überhaupt abgeschworen. Manche haben sich – was schon weniger verständlich ist – entsetzt abgewandt von Menschen, die dem gleichen Aberglauben anhingen wie sie selbst, mit denen sie denselben Turm von Babel bauten, nur weil der Zufall sie an eine andere Stelle des Turmbaus verwies.

Geschichte und geschichtliche Verantwortung der gesellschaftlichen Menschen sind unteilbar. Niemand kann sagen, SED und MfS seien Dämonen gewesen, die den freien Willen gänzlich außer Kraft setzen konnten, die allgemeine Beleuchtung, die jeden naturhaft zwang, seine eigene Farbe zu wechseln. Die Frage nach der Herrschaft von SED und MfS ist – gleichgültig, was wir im einzelnen wußten oder auch nicht wußten – die Frage nach uns selbst, die wir uns beantworten müssen, wenn wir den Weg in eine veränderte Welt aufrecht gehen wollen.

Worin bestand das Wesen des von der SED und dem MfS geprägten Herrschaftssystems, wie hat es die Geschichte der DDR geprägt und wie ist es seinerseits von dieser Geschichte, in ihrer vielfältigen Einbindung und Bestimmung durch die europäische und Weltgeschichte, durch die Geschichte des Ost-West-Konflikts, geprägt worden?

Unsere Konferenz soll unter anderem dazu beitragen, Antworten auf diese Fragen zu finden.

Wer ernsthaft fragt, ist nicht auf eilfertige Antworten aus, die heute Politiker und Journalisten parat haben. Viele von ihnen können offensichtlich der Versuchung nicht widerstehen, die Auseinandersetzung um die Geschichte zu instrumentalisieren. Die Folgen sind höchst problematisch. Das Geschichtsbild bekommt schwere Schlagseite durch den unkritischen Ansatz, die DDR, die SED und auch das MfS »an sich« zu thematisieren, ohne den tatsächlichen geschichtlichen Zusammenhang in den Blick zu nehmen, der sich nur durch eine gleichzeitige Analyse und Kritik der Politik des Westens und auch der östlichen Großmacht in den vergangenen Jahrzehnten erschließt. Es dominiert eine einseitig-abstrakte und zudem moralisierende Sicht, die einer sachlichen und verantwortlichen Diskussion über Wege und Irrwege der neuesten deutschen Geschichte nicht dient und ihr auch den öffentlichen Resonanzboden weitgehend entzieht. Das Ergebnis ist eine kategorische Schuldzuweisung an ausgrenzend bestimmbare Bevölkerungsteile des nunmehr gesamtdeutschen Staates. Die offensichtlich einzigen Haupt- und Mitverantwortlichen für den Jahrzehnte währenden Status quo scheinen identifiziert. Jetzt geht es nur noch darum, sie zu selektieren und ihnen das Büßerhemd überzustreifen, dann kann man sich die eigenen Hände in Unschuld waschen. Die politisch-geographische Teilung ist überwunden durch die politisch-moralische Einteilung. Dieses Verfahren ist sträflich, auch und gerade unter politischem Gesichtspunkt, jedenfalls wenn man nach antikem Vorbild den Begriff des Politischen mit ethischer Klugheit und dem Zweck des Friedens in Verbindung bringt, statt mit dem polarisierenden Freund-Feind-Muster, das das deutsche politische Denken seit vielen Jahrzehnten und bis auf den heutigen Tag prägt, und das auch das öffentliche Ritual der sogenannten Bewältigung der DDR-Vergangenheit unübersehbar dominiert.

Die PDS ist der Auseinandersetzung um ihre eigene Geschichte und die Geschichte der DDR nicht aus dem Wege gegangen. Beginnend beim außerordentlichen Parteitag im Dezember 1989, über die Stalinismus-Konferenz und eine Reihe weiterer Aktivitäten bis hin zu den jüngsten Erklärungen des Parteivorsitzenden Gregor Gysi zu den Themen Staatssicherheit und Grenzerprozeß hat sie Position bezogen, nicht ohne immer wieder zu betonen, daß sie als Rechtsnachfolgerin der SED in besonderer Verantwortung steht. Man kann ihr wohl – vielleicht mit Recht – eine zu zögerliche oder zu zurückhaltende Reaktion auf die Herausforderungen der historisch-politischen Diskussion vorwerfen, nicht jedoch, daß sie es sich zu einfach gemacht und die Vergangenheit wie andere verdrängt hätte. Wie immer man die politische und wissenschaftliche Substanz dessen, was die PDS an Geschichtsaufarbeitung geleistet hat, im einzelnen beurteilen mag, das Bemühen um eine ehrliche und objektive Haltung ist ihr kaum abzusprechen. Das ist keine Rechtfertigung für Fehler und Versäumnisse, sondern markiert den ethischen und politischen Anspruch, mit dem wir uns der Diskussion stellen sollten. Und der leitende Gesichtspunkt dieser Diskussion kann meines Erachtens weder darin bestehen, uns dem verbreiteten Bedürfnis nach moralischer Entlastung noch dem nach moralischer Entrüstung unterzuordnen, und auch nicht darin, Beifall zu erheischen von jenen, die als neue Sieger der Geschichte und politische Konjunkturritter ihr Urteil längst gefällt haben, ein Urteil, das – selbst beim schlagenden Beweis des Gegenteils – durch nichts mehr zu erschüttern wäre.

Mich bewegen bei der Auseinandersetzung mit dem Thema »Staatssicherheit und SED« vor allem folgende Fragen und Motive: Da ist erstens das Problem der gesellschaftlichen Systemkonstruktion des Realsozialismus und der sie prägenden ideologischen Stereotype. Die Gestalt und die Funktionsweise der Machtorganisation in der ehemaligen DDR waren meines Erachtens sowohl Ausdruck als auch immanente Reproduktionsbedingung dieses Systems, und damit auch seiner ideologischen Grundlagen. Dazu möchte ich nachher einige Bemerkungen machen. Es geht zweitens um das Problem der Verantwortung und Mitverantwortung für geschehenes Unrecht. Und es geht drittens um die politischen Absichten und Folgen, die die Auseinandersetzung um die Geschichte der DDR begleiten.

Lassen Sie mich zunächst einiges zur Frage der Verantwortung für geschehenes Unrecht sowie der politischen Implikationen und intendierten Ziele der öffentlichen Diskussion sagen.

Diejenigen Mitglieder der PDS – und das sind wohl die allermeisten –, die vor der Wende zur Einheitspartei gehörten, sind sich im klaren darüber, daß sie durch ihr politisches Tun oder Unterlassen mitverantwortlich sind für die Leistungen wie für die Fehlleistungen des DDR-Staates. Und ich würde behaupten, daß die meisten von ihnen den qualvollen Weg bis zu der bitteren Erkenntnis gegangen sind, daß wir durch unser Unterstützen, Dulden, ja selbst durch die Art und Weise, wie wir Kritik übten und zuließen, daß diese Kritik kanalisiert wurde, oder auch nur durch unser Schweigen – aus welchen Motiven auch immer – die massenhafte Verletzung von Menschenwürde und Menschenrecht erst ermöglicht haben. Insofern wir – auch auf persönliches Risiko hin – nicht Widerstand geleistet haben gegen offensichtliches Unrecht im kleinen wie im großen, und zwar außerhalb wie innerhalb der Partei-, Staats- und Sicherheitsapparate, haben wir versagt als Sozialisten und als Staatsbürger. Über die Ursachen dieses Versagens, über die Erklärungs-, nicht die Entschuldigungsgründe, muß man reden. Aber an dieser Erkenntnis vorbei gibt es keinen Weg.

Die eigene Verstrickung und Mitschuld der vielen, die freilich sehr verschieden geartet sein kann, entlastet keinen der ehemals Mächtigen von seiner besonderen Verantwortung und niemanden von gegebenenfalls individueller strafrechtlicher Verantwortlichkeit. Sie verbietet jedoch eine Beteiligung an der pauschalen Stigmatisierung bestimmter Menschen oder Gruppen als alleinschuldige Sündenböcke. Dieses verbreitete, zutiefst amoralische Verfahren typisch deutscher »Geschichtsbewältigung«, sich selbst den Persilschein auszustellen, indem man anderen alle Schuld vindiziert, darf unsere Sache nicht sein.

Friedrich Schorlemmer hat den Vorschlag zur Durchführung eines politischen Tribunals gemacht, dem sich andere angeschlossen haben. Ich glaube, wir sollten das Anliegen Schorlemmers insofern unterstützen, als es ihm um die Aufklärung der Motive und Mechanismen zu tun ist, die die umfassende Repression ermöglichten und ihre allgemeine Akzeptanz gewährleisteten. Sicher ist der Ausdruck »Tribunal« problematisch. Er bedeutet ja in deutscher Übersetzung nichts anderes als »Gerichtshof«. Und Aufklärung ist durch Zwangsvorführungen und eine Art Ersatzstrafgericht nicht zu erreichen. Davon würde ich eher nur Peinlichkeiten erwarten. Auch der Intention Wolfgang Ullmanns,[1] die DDR-Vergangenheit als ein einziges »Staatsverbrechen« und die DDR-Staatspolitik als Konspiration gegen das göttliche Recht zu kategorisieren, kann ich nicht folgen. Hier sehe ich unter anderem die Gefahr einer historischen Agententheorie unter neuem Vorzeichen. Aber ein um rückhaltlose und auch schmerzliche Wahrhaftigkeit bemühtes Forum aus Betroffenen, Experten, ehemals Verantwortlichen, die uns heute wirklich etwas zu sagen haben, den moralischen Autoritäten des künstlerischen Lebens und der Kirchen – ein solches Forum könnte Signalwirkung haben, zur Gesundung der gesellschaftlichen Atmosphäre beitragen und den Demagogen das Wasser abgraben. Es wäre vielleicht sogar noch mehr zu erreichen: der Dialog, den Axel Azzola angemahnt hat[2] zwischen den alten und den neuen Opfern, die sich heute fremd gegenüberstehen und doch gleichermaßen Objekt einer gnadenlosen neuen ökonomischen, politischen und rechtlichen Macht sind. Jedenfalls müßte es sich um eine Institution handeln, in der wir über unsere eigene Geschichte befinden, und wo wir zugleich die tradierte deutsche Art, mit der Vergangenheit umzugehen, auf den Seziertisch packen könnten. Denn diese Art unseligen Angedenkens feiert fröhliche Urständ. Sie ist verhängnisvoll und ein schwerer Geburtsfehler des neuen gesamtdeutschen Staates. Sie ist gerichtet auf das Erreichen einer alten/neuen gesamtdeutschen Normalität. Diese Normalität wurde nach dem Kriege restauriert durch ein bloß selektives Erinnern, in der alten Bundesrepublik vor allem an den Holocaust, der als das »Ausnahmsartige« (Chr. Meier) von der Normalität des bürgerlichen Lebens in der NS-Zeit abgespalten wurde. Der Exzeß wurde gedanklich getrennt vom normalen Leben, auch vom »normalen Krieg«, und damit die bloßen Mitläufer und »normalen Krieger« von den identifizierbaren nationalsozialistischen Verbrechern. Sie wurden nicht nur unterschieden – was in mancher Hinsicht seine Berechtigung gehabt hätte –, sondern getrennt, voneinander gesondert, so als hätten Exzeß und Normalität, Mitläufer und identifizierbarer Täter wirklich nichts miteinander gemein gehabt.[3]

Das völkermordende NS-Regime ist mit dem DDR-Staat völlig unvergleichbar. Die Dinge anders zu betrachten würde auf eine unverantwortliche Verharmlosung dessen hinauslaufen, was zwischen 1933 und 1945 in deutschem Namen geschehen ist. Aber das eingeübte Prinzip sogenannter Vergangenheitsbewältigung, wie es nach dem Krieg praktiziert wurde, ist lebendig. Die gesamtdeutsche Identität soll aufs neue so gestiftet werden: durch Aussonderung des »anderen«, diesmal ist es kommunistisch, und durch die Anerkennung eines weitgehend unbelasteten, normalen bürgerlichen Mitläufer-Daseins. Das Band zwischen dem realsozialistischen Machtsystem und dem normalen Leben wird zerschnitten durch eine Vereinzelung der Verantwortung und Handlung. Jeder ist nur verantwortlich für seinen unmittelbaren Bereich. Die normale DDR-»Leiterpersönlichkeit« war verantwortlich für die politische Beurteilung ihres Untergebenen, nicht dafür, was andere in SED- oder MfS-Leitungen daraus für Schlüsse zogen. Es geht um dieses Prinzip der sich beschränkenden und nicht einmischenden Verantwortung, das heute wie früher die Normalität retten soll. Der einzelne soll sich beschränken auf sein Feld, er soll sich nicht einmischen, denn anderes ist nicht seine Sache und Verantwortung. So erhält man Untertanen, und es läßt sich trefflich regieren.

Dieses »Normalverhalten« soll bleiben wie es war und ist. Daher muß man dem ehemaligen Mitläufer seine Unschuld bestätigen und ihm alles Verständnis entgegenbringen. Und daher muß man den Zusammenhang zwischen dem normalen Leben und den Exzessen der institutionellen Macht, die es ohne diese Art von Normalität gar nicht geben könnte, verstecken. Und man versteckt, indem man ausstellt: den Exzeß und seine Personifikationen.

So wie man damit auf der einen Seite den normalen unengagierten Mitläufer entlastet, ihm seine moralische Unbedenklichkeit bescheinigt, so versucht man auf der anderen Seite – und das ist für den Umgang mit der DDR-Vergangenheit symptomatisch – die vielen ehemals loyal-aktiven DDR-Bürger und Überzeugungssozialisten über alle Maßen in Exzesse der institutionellen Macht zu verwickeln, indem man diese totalisiert und das politische System der ehemaligen DDR durch falsche und demagogische Analogisierung mit dem NS-Staat als ein einziges Gruselkabinett vorführt.

Ich kann nicht verhehlen, daß ich die in der Öffentlichkeit und Politik überwiegende generelle Ächtung der DDR-Staatlichkeit, den Versuch der Kriminalisierung ganzer Gruppen ehemaliger Staatsdiener und selbst der legislativen Staatsgewalt der vormaligen DDR vor allem für ein fein berechnetes Mittel, für ein Vehikel halte, und keineswegs als Resultat eines überschießenden politischen Moralismus ansehe, den man ja im Zusammenhang mit dem Personal des Dritten Reiches bezeichnenderweise durchaus vermissen konnte. Das Exempel – so scheint es – soll an den »Roten« ein für allemal statuiert werden, der unruhigen Jugend zur Mahnung. Es soll ein für allemal davon abschrecken, sich einzulassen auf Alternativen. Es ist ein überdimensioniertes Warnschild für die Zukunft, sich nie wieder in den Dienst anderer Prinzipien zu stellen als den geheiligten der empirischen kapitalistischen Weltordnung als der besten aller möglichen Welten. Das Warnschild muß aber um seiner Plausibilität und Wirkung auf die Menschen willen erscheinen als das moralisch, das menschlich Gebotene. Die Befürchtung ist wohl nicht unbegründet, daß man zwei Fliegen mit einer Klappe schlagen will. Im konservativen Siegestaumel geht es nicht nur um triumphalische Freude wegen des Endes des realsozialistischen Autoritarismus. Daß dieser die Demokratie geknebelt hatte und seine Niederlage nun als Sieg der Demokratie gefeiert werden soll, ist nicht alles, zumal die Zerstörung der Demokratie ja auch in anderen Zusammenhängen durchaus nicht, weder am griechischen Obristenregime noch am Chile Pinochets, als unerträglich empfunden wurde. Es geht um mehr. Es geht um neue Ansprüche, um die Aufstellung neuer geschichtlicher Meilensteine, Orientierungsmarken und Wegweiser. Und deshalb müssen die alten zuvor nicht nur geradegerückt, sondern ausgerissen werden. Und ebendeshalb soll letztlich alles, was in Deutschland im Zeichen des Marxismus und unter dem Einfluß der russischen Oktoberrevolution als emanzipatorischer Anlauf – und zwar als Ausdruck einer verzweifelten Not von Massen, und nicht als Machination irgendwelcher totalitärer Ideologen – begann, sich fortsetzte im Kampf der heterogenen politischen Linken gegen die sozialen Gebrechen und den reaktionären Zuschnitt der Weimarer Republik, im sozialistisch und kommunistisch geprägten antifaschistischen Widerstand und schließlich in dem Versuch einer gesellschaftlichen Alternative auf deutschem Boden, unterschiedslos – und bis in die bewegenden Motive der Handelnden hinein – den gravierenden politischen Fehlern und den Verbrechen subsumiert werden, die mit dieser dramatischen Entwicklung verbunden waren.

Das hat freilich den willkommenen Nebeneffekt, daß die großen Verbrechen der Weltkriege und der nazistischen Gewaltherrschaft sich gleichsam von selbst relativieren, und das Versagen in der Auseinandersetzung mit der eigenen Geschichte, mit den Verbrechen des Dritten Reiches, in die staatstragende Schichten der Bundesrepublik-Alt bis zum Hals verstrickt waren, nun endlich wettgemacht werden kann durch die rigorose Ahndung des Versagens anderer. Im übrigen geht es auch hier weniger um die Moral. Die Tatsache der unbestreitbaren und hochgradigen personellen Kontinuität zwischen dem NS-Staat und seiner Justiz einerseits und den westdeutschen Staats-, Militär-, Polizei- und Justizapparaten andererseits, die Tatsache der weitgehend problemlosen Integration der Säulen des NS-Regimes in das politische System der Bundesrepublik weisen ganz einfach auf eine Art Nähe und »Seelenverwandtschaft« hin, die eben zur ehemaligen DDR, ihrem Staat, ihrer Justiz, ihren Eliten nicht annähernd besteht. Das allein zeigt mir, daß an dem Weg, den wir hier gegangen sind, nicht alles falsch gewesen sein kann. Und so erklärt sich auch die »Asymmetrie« in der Behandlung von Vergangenheit. Die Sache mit den »Fehlern«, die man nicht wiederholen wolle – so schreibt Azzola –, »ist eine geschickte Lüge, die eine symmetrische Bewertung vortäuscht, wo es in Wirklichkeit um eine höchst einseitige ›Abrechnung‹ geht. Sogar noch die Rechtsförmigkeit dient keinem anderen Zweck als der künstlichen Erzeugung des Anscheins einer Legitimität.«[4] Die regierungsamtlich angedachte Kürzung der Renten für NS-Opfer in den neuen Bundesländern – statt ihre Anhebung in den alten – ist signifikant und mehr als bloße Instinktlosigkeit.

Ich bin durchaus nicht der Meinung, die alte Bundesrepublik sei die bruchlose Fortsetzung des Dritten Reiches gewesen. Eine solche Behauptung wäre absurd. Aber wenn der Zusammenbruch der sowjetischen Großmacht und die politische Wende in der DDR schon vor 30 Jahren stattgefunden hätten, als die 60 bis 80 Prozent der Verwaltungsbeamten, Hochschullehrer, Propagandisten, Richter, Staatsanwälte und Polizisten des NS-Staates (darunter höchste Justiz-, SS- und Polizeiränge) noch im öffentlichen Dienst der alten Bundesrepublik aktiv sein konnten, wer – so frage ich – hätte dann wohl mit »Busch-Zulage« und moralischer Entrüstung subalterne Stasi-Leute aus der öffentlich-rechtlichen Müllabfuhr gesiebt, DDR-Lehrer, -Richter und -Polizisten auf ihre politische Gesinnung durchleuchtet und DDR-Wissenschaftler evaluiert?

Dieses Gedankenspiel erhellt schlaglichtartig das schleimende Pharisäertum von Leuten, die immer dann ihren moralischen Maximalismus entdecken, wenn er ihnen ins politische Kalkül paßt. Den verantwortlich denkenden und demokratisch gesinnten Menschen in allen politischen Lagern sollte klar sein, daß dieser Umgang mit der Geschichte und den Mitbürgern nicht in die Zukunft trägt, sondern nur neue Feindbilder, Vorurteile und Haß erzeugt.

Wir erfahren in der konzertierten Aktion des Großteils der Medien und in den Äußerungen von Politikern die totale Verdammung des untergegangenen Staatssozialismus der DDR. Seine einstigen Repräsentanten, die man vor Tische durchaus als hoffähig behandelte, und die nicht zuletzt durch den partnerschaftlichen Umgang mit der westlichen politischen Klasse in den Augen der Bevölkerung den Heiligenschein anerkannter Politiker oder gar historischer Persönlichkeiten erhielten, firmieren nur noch unter dem Stichwort Regierungskriminalität. Man weiß wohl um die Absurdität des Unterfangens, die Auseinandersetzung mit der Geschichte der DDR, ihren Führungsfiguren, administrativen Dienern und Eliten auf einer privilegiert strafrechtlichen Ebene zu betreiben, während man ihre ehemaligen sowjet-kommunistischen Verbündeten und zumindest zeitweisen Potentaten zu Duzfreunden erhebt. Die Prozesse werden ausgehen wie das Hornberger Schießen. Und trotzdem werden sie gebraucht. Nicht um der Gerechtigkeit Genüge zu tun. Das ist ein Ammenmärchen. Es geht allein um den politisch-psychologischen Masseneffekt der Anklage, auf den alles abgestellt ist: Die Millionen vormals loyal-engagierter DDR-Staatsbürger, die vielen kleinen Stützen des SED-Staates, die bienenfleißigen Aktivisten der sogenannten gesellschaftlichen Arbeit, alle, die mehr waren als bloß äußerlich angepaßte Mitläufer, die keine Distanz zu diesem Staat bewahren wollten oder konnten und denen das Etikett »Sozialismus« wenigstens zum Überzeugungsfragment wurde – all jenen soll der tief verunsichernde Selbstzweifel entstehen, der ihnen das Rückgrat des aufrechten Gangs bricht, der sie in ihrer Selbstbeurteilung als bewußtlose Werkzeuge einer »ehrenwerten Gesellschaft«, einer politischen Mafia, erscheinen läßt. Diese Suggestion, die Verfälschung des gelebten Lebens von Millionen zur quasi kriminellen Mittäterschaft, und damit die Angst, als Mittäter irgendwie identifiziert zu werden – das ist der eigentliche tiefere Sinn dieses moralisch drapierten Unterfangens. Es ist die Droge, die den massenhaften Patienten ruhig stellt, wo seine Interessenlage eigentlich zur selbstbewußten Aktivität herausfordern müßte. Die Enttäuschung der Menschen, ihre berechtigte Entrüstung über die Honecker, Mittag und Co., die das eigene Volk zur machtpolitischen Manövriermasse degradierten – sie werden ausgenutzt und kanalisiert.

Einen hervorragenden Stellenwert in diesem grandiosen massenpsychologischen Manöver nimmt die permanente Gleichsetzung der DDR-Verhältnisse mit dem Nationalsozialismus ein. Bei den Menschen in der ehemaligen DDR, die – im Unterschied zu vielen Bürgern der alten BRD – schon in der Schule ein relativ ausgeprägtes Wissen über die ungeheuerlichen Verbrechen des NS-Regimes erlangten, kann die Behauptung einer wesensmäßigen Identität dieses Regimes mit ihrem verblichenen DDR-Staat nur fatale Konsequenzen haben. Ein moralischer Überdruck wird erzeugt. Das Annehmen von Mitverantwortung für die Geschichte des eigenen Staates und des tatsächlichen Geschehens wird in dem Maße verunmöglicht, wie diese Geschichte entstellt und in eine bloße Fortsetzung der nationalsozialistischen Diktatur unter roter Tünche umgedeutet wird. Diese interessierte Verzerrung der DDR-Geschichte, die man öffentlich kaum noch anders als »40 Jahre Unrecht«, »Gewaltregime«, gelegentlich auch als »Groß-KZ« tituliert findet, läßt alles zur Farce geraten, und die wirkliche Tragödie kommt nicht mehr vor in diesem Spielplan – und damit auch nicht die Katharsis, die Reinigung der Gefühle, die so nötig wäre.

Statt dessen aber setzt die Technik der Abschiebung ein, mit der der moralische Überdruck kompensiert wird. Ist die Geschichte der DDR erst einmal im öffentlichen Bewußtsein auf die Geschichte eines einzigen ummauerten Gefängnisses heruntergebracht, dann gibt es – wie in jedem Gefängnis – nur noch zwei Kategorien von Menschen: Gefangene und Wärter. Und wer nicht Gefangener, wer nicht Opfer war, der war Wärter resp. Täter. Etwas Drittes gibt es in diesem simplen Geschichtsbild nicht. Jeder hat es dann eilig, zu den Gefangenen resp. Opfern zu gehören und wie wirkliche Opfer jede Mitverantwortung entrüstet von sich zu weisen: Honecker war's, ich war's nicht, die MfS-Leute waren es, ich war's nicht!

Die Forderung, ein objektives und gerechtes Bild der DDR-Geschichte zu entwerfen, wird auch in den eigenen Reihen oft mit einem ironischen Lächeln quittiert: Er will »deckeln«, beschönigen, er verweigert sich den radikalen Konsequenzen einer kompromißlosen Auseinandersetzung mit der realsozialistischen Vergangenheit. Gewiß, beschönigt werden darf nichts. Und unter der Forderung nach Objektivität darf sich nicht die Tendenz der Bagatellisierung einschleichen.

Wolfgang Thierse hat in der »Zeit« unmißverständlich erklärt, wie er die Rolle der PDS in den Fragen der Vergangenheitsbewältigung beurteilt. Sie erkläre sich für »schuldlos«, für »nicht haftbar«, rede von Differenzierung, meine aber Rechtfertigung und Verharmlosung, versuche, aus der ehemaligen Rolle des Verfolgers in die Rolle des Verfolgten zu schlüpfen, handele nach der Methode »Haltet den Dieb«.[5] Das Verdikt ist verhängt, und ich fürchte, da ist nicht mehr viel zu machen. Ich werde aber trotzdem nicht gedankenlos einfallen in das »dumme Lachen« über die These, auch die Deutsche Demokratische Republik sei eine Utopie gewesen. Mit Hans Mayer zu reden: »Vierzig Jahre lang wurde in fünf deutschen Ländern nicht bloß unterdrückt, bestraft, hochmütig belehrt, sondern auch gehofft, gewartet, die Vernunft und die Menschlichkeit ›geplant‹: für Frauen, für Kinder, alte Leute, für Arme und Unwissende. Es erwies sich ... als ein ›untauglicher Versuch mit untauglichen Mitteln‹. Trotzdem kein Grund zum Gelächter. Erst recht nicht zu einer hochmütigen neuen Besserwisserei.«[6] Ist das eine Verharmlosung, Bagatellisierung?

Die vehemente Sozialismuskritik mancher Linker, aus der Margharita von Brentano[7] so etwas wie eine Entschuldigung ihrer Vergangenheit heraushört, und damit eine vielleicht unbewußte Relativierung des Nationalsozialismus, führt – nicht einmal immer mit anderen Worten – zu dem gleichen undifferenzierten Verdammungsurteil, wie es in der bürgerlichen Öffentlichkeit permanent kolportiert wird. Und das führt zu dem immer gleichen Ergebnis: zur Blockade der Bereitschaft der Menschen, sich mit ihrer eigenen komplizierten Geschichte wirklich ernsthaft auseinanderzusetzen. Was im Rahmen dieser linken Totalkritik, die nicht an die Wurzeln geht und deshalb oft im Moralisieren steckenbleibt, sich mehr oder weniger unbewußt einstellen mag, ist im Medium der monopolisierten Öffentlichkeit mit Bedacht inszeniert. Die zerstreute, nicht räsonierende Öffentlichkeit unseres Zeitalters ist das probateste Mittel, um die Emotionen der Menschen zu steuern. Und das ist die wirkliche Macht, gegen die Panzer sich wie vorsintflutliche Steinschleudern ausnehmen.

Wir können dagegen nur das Bemühen um Aufklärung setzen. Die aber bleibt gebunden an die Frage nach der selbstverschuldeten Unmündigkeit. Wo diese Frage ausgeblendet wird, gerät die Denunziation der unredlichen Absichten anderer zum bloßen Ablenkungsmanöver.

II.

Das Phänomen der Staatssicherheit war nur eine, wenn auch exemplarische Gestalt einer Macht- und Herrschaftsform, die die gesamte Organisation des sozialen Lebens der ehemaligen DDR als autoritäre durchdrang und bestimmte. Und es war als solches auch Ausfluß einens dominierenden Geschichts-, Gesellschafts- und Menschenbildes, das wir kritisch rekonstruieren und überwinden müssen – nicht nur um der historischen Wahrheit willen, sondern vor allem, weil es ohne die radikale Kritik der realsozialistischen Ideologie keine wirkliche Erneuerung sozialistischer Theorie und Praxis geben kann.

Ich möchte zu drei konstitutiven Elementen des realsozialistischen Bewußtseins, die in diesem Zusammenhang – wie ich glaube – relevant sind, etwas sagen. Es geht mir erstens um das in der SED-Führung und wohl auch bei der Masse der Funktionäre und Mitglieder vorherrschende Verständnis des Fortschritts, zweitens um das staatlich-bürokratische Vergesellschaftungskonzept und drittens um den offiziellen Antifaschismus als ideologische Grundlagen und Elemente der Repression.

Das unmittelbare ideologische Fundament des Sicherheitsdenkens und der Sicherheitspraxis der SED bestand in dem stalinistisch geprägten Verständnis der Machtfrage. Zu den Kernsätzen der realsozialistischen Ideologie gehörte das ständig wiederholte Postulat, die Macht sei das Allererste und Allerwichtigste für den Aufbau der neuen Gesellschaft. Auf dem außerordentlichen Parteitag der SED/PDS wurde – ich glaube zutreffend – formuliert, daß das Verhältnis der SED zur politischen Macht durch einen Aberglauben an die Möglichkeiten der staatlichen Gewaltinstrumente, die jeglicher demokratischen Kontrolle entzogen waren, geprägt gewesen sei. »Vorherrschend war die Illusion«, so hieß es, »mit Hilfe zentralisierter Herrschaftsapparate die Gesellschaft nicht nur kontrollieren, sondern ihre Entwicklung auch jederzeit korrigieren zu können.«[8]

Der überdimensionierte Apparat an militärischen, paramilitärischen und sicherheitsdienstlichen Institutionen ist ein klares Indiz für einen tiefsitzenden Gewaltidealismus, der aus verschiedenen Quellen gespeist wurde. Und zu diesen Quellen, das heißt zu den ideologischen Grundmustern, die das Fundament eines pervertierten Sicherheitsdenkens und einer umfassenden Repression abgaben, gehört ein für das Massenbewußtsein der SED bezeichnendes Verständnis des Fortschritts: eine merkwürdige Mischung aus fatalistischem Glauben an die quasi naturgesetzliche weltgeschichtliche Durchsetzungskraft des Realsozialismus einerseits und hemmungslosem Subjektivismus andererseits. Im allgemeinen und unter dem Gesichtspunkt des Sicherheitsdenkens im besonderen ergänzen sich beide Haltungen durchaus. Wer sich als Vertreter und Vorkämpfer einer Gesellschaft versteht, die sich vor der Geschichte – und das war die permanente, unbezweifelte Unterstellung – als die höherstehende menschliche Lebensform erwiesen hat – und zwar infolge einer abstrakten historischen Notwendigkeit und ungeachtet aller empirischen Falsifikationen –, für den können die Instabilitäten dieser Gesellschaft, die Störungen ihres in der Erwartung liegenden Fortgangs letzten Endes kaum dieser Gesellschaft selbst angelastet werden. Der Gedanke von der quasi naturgesetzlich bedingten und bestimmten Überlegenheit der mit einem Anflug von Selbstzweifel *real*sozialistisch genannten Gesellschaft bedeutete doch eben, daß es sich zwangsläufig um eine höhere Form der gesellschaftlichen Organisation, um eine effektivere Gestalt der menschlichen Reproduktion, um eine sozialere Qualität der Lebensweise usw. handeln mußte, zumindest nachdem man die Bleigewichte beschwerend ungünstiger historischer Voraussetzungen abgestreift hatte. Das Axiom, daß es sich beim Realsozialismus um die fraglos höherentwickelte und moralisch höherwertige Gesellschaft handele, führte zu höchst problematischen Konsequenzen: Erstens wurde damit einer primär immanenten Erklärung der offensichtlichen Gebrechen und Defekte dieser Gesellschaft im Grunde der Boden entzogen. Bei aller verbalen Anerkennung der inneren Konflikthaftigkeit der realsozialistischen Gesellschaft, die sich mit der Zeit durchsetzte – in den Köpfen der meisten politischen Funktionäre blieb die eigentliche Ursache für den stockenden Gang der Dinge in der vermeintlich fortschrittlichsten Gesellschaftsordnung die Existenz externer Feinde und ihrer einheimischen Werkzeuge. Ursächlich war der Sand, den jene ins Getriebe streuten, das Getriebe »an sich« war perfekt. Daher bis zuletzt die Einbindung jedes relevanten Problems in die durch westlich-imperialistische Ambitionen hervorgerufene »ständige Verschärfung der Auseinandersetzung«. Daher der subjektivistische Umschlag des fatalistischen Glaubens an die gesetzmäßige Überlegenheit der eigenen Gesellschaftsordnung in das Bestreben, ständig den Feind auszumachen, über alle möglichst alles zu wissen, um sie gegebenenfalls rechtzeitig als Helfershelfer des Feindes zu erkennen, ja um sie – welch fragwürdiges Menschenbild! – präventiv davor zu bewahren, vielleicht unbewußt Helfershelfer zu werden und an den Windmühlenflügeln des Fortschritts zu zerbrechen.

Die zweite Konsequenz dieses historischen Hochmuts, der vor dem Fall kommt: Der Anspruch auf Fortschrittlichkeit gegenüber der hochkapitalistischen Gesellschaft beschied sich nicht mit einer – auch revolutionär-tiefgreifenden – Verbesserung der menschlichen Verhältnisse. In dem Maße wie – ungeachtet aller tatsächlichen Fortschritte – weder im Ökonomischen noch im Sozialen, weder im Hinblick auf die ökologische noch die kulturelle Dimension der Anspruch auf Überlegenheit erfahrbar eingelöst werden konnte, läutete man die feierlichen Glocken der Eingangspforte zu einem neuen Zeitalter, unterdrückte man das Oszillieren der heroischen Illusionen um die Realitäten. Es ging nicht mehr in erster Linie um das schlichte – und revolutionäre! – Werk, die menschlichen Bedürfnisse zu befriedigen und zu wandeln, sondern um das übermenschliche Unternehmen, das »Glück« des Volkes herbeizuführen. Man lancierte sich – ich würde sagen: unbewußt – in die Position der Hauptverantwortung nicht allein gegenüber der konkreten Gemeinschaft der Staatsbürger, sondern gegenüber »der Geschichte«. Es ging nicht allein um die Ermittlung der möglichen und notwendigen Schritte zur Beseitigung der konkreten Übel, sondern darum, das Tor in eine lichte Zukunft aufzustoßen und was dergleichen bezeichnende Bilder mehr waren. Es ging in diesem Verständnis um eine permanente historische Entscheidungssituation, um die vermeintlich von der Geschichte selbst eröffnete Chance, ihrem Vorstadium ein Ende zu bereiten und mit der »eigentlichen« Geschichte zu beginnen. Nicht diese heroische Illusion war verwerflich, sondern ihre Abkopplung von den Realitäten und das anmaßende Bestehen darauf, daß die Welt sich nach dieser Illusion richten müsse.

Wer sich damit zudem in den übermenschlichen Rang eines Entscheidungsträgers über den Fortgang oder das Ende der menschlichen Tragödie erhebt oder erheben läßt, gerät – ungeachtet des besten Willens, der allerdings auch nicht durchgängig vorausgesetzt werden darf – in eine prinzipielle Gegnerschaft zur Demokratie. Wer seine eigene Überzeugungsgemeinschaft oder gar Person auf eine quasi schicksalhafte Weise mit dem positiven Ausgang geschichtlicher Entscheidungen verbindet und sich deswegen – ungeachtet edler Motive – selbst in diesen Entscheidungen nicht zur Disposition zu stellen bereit ist, für den muß letztlich der Zweck alle Mittel heiligen. Wer sich – gleichgültig, welches Übermaß an Verantwortung und welchen geschichtlichen Auftrag er auch empfindet – mit seinen Entscheidungen an die Stelle des selbstbestimmten Willens der Vielen setzt, muß von ihnen enttäuscht, er muß zum Zyniker der Macht werden, dessen Grundstimmung das Mißtrauen ist.

Und in der Tat: Das Sicherheitsdenken und die Sicherheitspraxis der früheren Partei- und Staatsführung waren entsprechend. Sie waren getragen vom Mißtrauen gegenüber dem Volk, das – fixiert auf die medienvermittelte kapitalistische Warenwelt – trotz aller propagandistischen Anstrengung – soviel wußte man – den in den Zirkeln der Macht immer wieder reproduzierten Phantasien der eigenen »historischen Mission« nur sehr begrenzt zugänglich war. Die frühe Beschäftigung der Staatssicherheit mit der Bekämpfung »ideologischer Diversion« war keine in diesem System vermeidbare falsche Schwerpunktsetzung für die Arbeit eines Sicherheitsdienstes. Sie bezeichnete Wesentliches. Sie war der folgerichtige Ausdruck eines Fortschrittsverständnisses, in dem sich eine Führung durch die Geschichte – vielfach auch durch die Biographie – legitimiert und verpflichtet sah, durch den Weg in eine neue Gesellschaft die Not der menschlichen Existenz schlechthin zu wenden. Die Behauptung eines solchen messianischen politischen Anspruchs hatte zu allen Zeiten den unbeirrbaren Glauben der Gemeinschaft zur Voraussetzung. So war denn auch die Infragestellung dieses Anspruchs, dieser vermeintlichen »historischen Mission«, durch die feindliche »ideologische Diversion« oder auch durch die ungezügelte Skepsis der Menschen allzeit das größte Risiko für die Sicherheit des Staates. Deswegen das ausgeklügelte Berichts- und Meldesystem über »ideologische Unklarheiten« in der Millionenpartei, aber auch in den differenzierten Schulungssystemen der Blockparteien, der Staatsapparate, Massenorganisationen und Gewerkschaften. Die Staatssicherheit war der Gipfel eines Eisbergs von Mitteln der sogenannten ideologischen Arbeit, die den Einbruch des Zweifels, alternativer Konzepte und alternativer Willensbildung, die vom »rechten Weg« hätten wegführen können, zu verhindern hatten. Sie war die Fortsetzung jener »ideologischen Arbeit« in speziellen Fällen und mit anderen Mitteln.

Die Staatssicherheit war so in und mit diesem Gesamtsystem des politischen und ideologischen Überbaus ein Totengräber der realsozialistischen Gesellschaft. Denn unzweifelhaft hat die mit dem Wirken dieses Systems verbundene Unterdrückung der geistigen Auseinandersetzung um gesellschaftliche Alternativen, deren Ersetzung durch das Stereotyp nur mäßig variierender Parteiideologie die schöpferischen Kräfte der Gesellschaft insgesamt schwer beeinträchtigt und an ihrer Entfaltung gehindert. Und mancher Vertreter kritischen Denkens ist an diesen Verhältnissen zerbrochen.

Wenn auch eine objektive Betrachtungsweise jeden Vergleich mit dem historisch einmaligen Feldzug Stalins gegen jedwedes Denken und Können und seine weitgehende – auch im physischen Sinne zu verstehende – Vernichtung aller schöpferischen Potenzen (worin Wolfgang Ruge übrigens das Hauptcharakteristikum des Stalinismus[9] erblickt) scheuen muß – die Wirkung des politisch-ideologischen Systems der ehemaligen DDR hatte ähnliche Konsequenzen im Hinblick auf den Ruin der Gesellschaft.

Bei aller Exklusivität der Staatssicherheitsinstitution: Man darf sie nicht lösen von dem das Sicherheitsverständnis der SED meines Erachtens prägenden Gedanken, daß die Sicherheit und die Stabilität der Gesellschaft vor allem eine Frage des geistigen Lebens ist; nicht der geistigen Führung im echten Sinn, sondern der durch Regulierung und auch repressive Reglementierung gewährleisteten ideologischen Gefolgschaft gegenüber einer Führung, die sich als unersetzbarer Statthalter und einziger Garant des historischen Fortschritts auf deutschem Boden verstand.

Die im Rahmen der Staatssicherheit mit untauglichen Mitteln versuchte Unterdrückung einer primär ideologischen Unbotmäßigkeit war die unvermeidliche Konsequenz der politischen Instrumentalisierung und doktrinären Bevormundung des öffentlichen Lebens, in dem sich geistige Alternativen nicht frei artikulieren konnten. Sie war damit offensichtlich auch die Konsequenz des Versagens anderer, insbesondere der Parteiintelligenz, die zum überwiegenden Teil – und hier muß ich mich einschließen – die Anmaßung der Führung nicht in Frage stellte, sondern im Gegenteil durch theoretische und historische Konstruktionen begründete. Wahr bleibt, daß die Kennzeichnung der verhängnisvollen Ambivalenz des Fortschritts im kapitalistischen Teil der Welt vorwiegend der Rechtfertigung der Fortschrittsideologie der Parteiführung diente. Wahr bleibt auch, daß die intellektuellen »Sinnproduzenten« der Staatspartei, die es hätten besser wissen müssen, sich der Existenzfrage der heutigen Generationen verweigerten oder sich ihr doch nicht mit dem nötigen Ernst stellten, der Frage, die in der Tradition marxistischen Denkens längst gestellt war, ob nämlich der Fortschritt sich erst ereigne, wo er als tradierte Herrschaft über die Natur endet.[10]

Gerade die fehlende Offenheit und Aufgeschlossenheit für solch notwendiges und radikales Fragen trieb viele aus dem für freie Auseinandersetzung blockierten öffentlichen geistigen Raum in als konspirativ stigmatisierte Zirkel.

So war es nicht zuletzt das Ausweichen unserer intellektuellen Eliten vor dem ganzen Ernst, vor der Not des Geistes in der bis zum äußersten bedrohten Welt, das verantwortlich denkende und aus dieser geistigen Not aufbegehrende Menschen in die Isolierung trieb und der Staatssicherheit ein Wirkungsfeld eröffnete, wo sie nur verheerendes Unheil anrichten konnte. Die Verfehlungen der Staatssicherheit – sie sind letztlich Folge der Verfehlungen anderer, auch des Versagens zumindest eines Großteils der intellektuellen Eliten der ehemaligen DDR.

Zu den ideologischen Quellen des Sicherheitsdenkens und der Sicherheitspraxis der SED gehört auch ein spezifisches Vergesellschaftungskonzept. Die marxistische Vorstellung einer bewußten Lenkung der gesellschaftlichen Produktion und Reproduktion durch eine demokratisch organisierte freie Assoziation von Produzenten wurde unter dem maßgeblichen Einfluß Stalins bekanntlich ersetzt durch eine Volkswirtschaftsorganisation nach dem Analogon des autoritären Fabriksystems. Die Vergesellschaftung vollzog sich unter diesen Bedingungen in ausschließlich staatlich-bürokratischen Formen, was die beherrschende Rolle politischer Apparate ins Unermeßliche steigerte. Die Wirtschaft wurde zu einem zentral bis ins Detail gelenkten – nomen est omen – »Mechanismus«, dessen Funktionieren sich als äußerst anfällig erwies gegenüber jedem nichtkonformen oder fahrlässigen Handeln, geschweige denn vorsätzlicher Schädigung. Das aufgeblähte, alle Poren auch des ökonomischen Lebens durchdringende Sicherheitssystem war damit bis zu einem gewissen Grade zwangsläufige Funktionsbedingung der Wirtschaft, ebenso wie die staatlich-bürokratischen Vergesellschaftungsformen in dem so verfaßten Wirtschaftssystem – einmal eingerichtet – insgesamt unverzichtbar geworden waren.

Das Sicherheitsdenken und die Sicherheitspolitik der SED stellten sich so auch als Ausfluß einer bestimmten Vergesellschaftungskonzeption dar und waren ein Moment ihrer Realisierung – einer Vergesellschaftungskonzeption, die allerdings mit dem originären Marxschen Ansatz gebrochen hatte. Marx' ökonomisches Vergesellschaftungskonzept korrespondierte mit dem Gedanken der Rücknahme der Staatsgewalt in die Gesellschaft, das mit der stalinistischen Tradition gewachsene Vergesellschaftungskonzept mit dem Gedanken der Verstaatlichung der Gesellschaft. Für Marx waren der Staat der Diktatur des Proletariats und sein Recht vorübergehende, wenn auch als solche notwendige Vermittlungen der Herausbildung zivilgesellschaftlicher Strukturen als Formen demokratisch kontrollierter und in diesem Sinne »beherrschter« ökonomischer und sozialer Reproduktion. Die Verstaatlichung des Wirtschafts- und Gesellschaftslebens im Realsozialismus schloß dagegen die Entwicklung solcher Strukturen weitgehend aus und blockierte damit das Entstehen eines nicht staatsbeherrschten Systems gesellschaftlicher Kommunikation, Meinungsbildung, Ausbildung und Durchsetzung relevanter Wertorientierung als Voraussetzung demokratischer Gestaltung außerhalb und innerhalb des Staates. Die Macht blieb damit Staatsmacht im engsten Sinne, das heißt Technik der Beherrschung der Gesellschaft mit Hilfe von Gewalt durch staatliche oder quasistaatliche Herrschaftsapparate. Die dominierende Rolle und die Dimension der Gewaltapparate im Realsozialismus – die Staatssicherheit ist nur exemplarisch – zeigt eben die Konzentration und Verengung der Macht auf Macht wesentlich durch Gewalt an. Unter den Bedingungen des Fehlens der Zivilgesellschaft und einer Haltung, die aus dieser Not die Tugend macht, ist dies aber die einzig mögliche Form politischer Macht, weshalb sich Machtbehauptung, Stärkung der Macht usw. unter diesen Bedingungen in der gesellschaftlichen Dominanz und permanenten Ausdehnung von Gewaltapparaten darstellen.

Aber es ist diese Art Macht und Machtbehauptung zugleich das Verfehlen der Macht. Der Panzer ohne die Hegemonie ist letztlich nur die Illusion der Macht. Das Ende der Staatssicherheit belegt das ganz deutlich. Eine gesellschaftliche Kraft, die – wie die staats- und parteibürokratische Herrschaftsschicht der ehemaligen DDR – die Entwicklung der Zivilgesellschaft, und damit der Demokratie unterdrückt, kann nicht zur geistigen Führung gelangen, die die Akzeptanz der Staatsgewalt allein auf Dauer sichert.

Unter ideologiekritischem Gesichtspunkt waren es das stalinistisch geprägte staatsbürokratische Vergesellschaftungskonzept und die damit verbundene Reduzierung der Machtfrage auf ein Konzept der Unterdrückung der Zivilgesellschaft, die in ihrer Wechselwirkung die Entfaltung demokratisch-sozialistischer Wirtschaft, Gesellschaft und Staatlichkeit gleichermaßen verbauten. So aber wurde die Machtfrage im antikapitalistischen Sinne nie gelöst. Das ideologische Stereotyp ließ nicht einmal zu, sie richtig zu stellen: als Frage des Kampfes um die geistige Hegemonie der revolutionären Arbeiterbewegung, als Frage des Kampfes um den demokratischen Konsens mit allen Kräften des Volkes. Weittragende Bündnisbeziehungen konnten unter diesen Voraussetzungen nicht entstehen oder mußten zum bloß formellen und pragmatischen Arrangement geraten.

Diesem System staatsbürokratischer Vergesellschaftung und der entsprechend ausgebildeten Machtorganisation fehlten die entscheidenden immanenten – eben zivilgesellschaftlichen – Konstitutionsbedingungen eines historischen Bündnisses. Es blieb geprägt von den Ansprüchen einer Herrschaftsschicht, die durch die ständige Berufung auf ein imaginäres Klassensubjekt und dessen vermeintliche Interessenlage die Masse der Menschen und sich selbst über den Charakter dieser Gesellschaft und das, was sie als Herrschaftsschicht in dieser Art Gesellschaftsorganisation für das Volk vermochte, hinwegtäuschte. Dieses System mußte in einem historischen Moment scheitern, als die globale Entwicklung die Marx-Engelssche Prognose einlöste, daß die kommunistische Bewegung sich als Vorkämpfer allgemeinmenschlicher Werte und Ideale würde bewähren müssen. Die enorme Zuspitzung der globalen Probleme erforderte ein neues Denken in jeder Beziehung, sie erforderte – auch in jeder Beziehung – das Bündnis der Vernünftigen. Aber diese Herausforderung traf in unserem Land auf Bedingungen, die dieses Bündnis nicht möglich machten und die damit die Mobilisierung und Bündelung der gesellschaftlichen Potentiale an geistiger und politischer Kreativität blockierten. Dieses System mußte in einem historischen Augenblick scheitern, wo das Fehlen der zivilgesellschaftlichen Voraussetzungen des geistigen, moralischen und technisch-wissenschaftlichen Fortschritts unverträglich geworden war mit den Herausforderungen eines neuen Zeitalters. Vor diesem Zeitalter können politische Systeme nur dann bestehen, wenn sie die Entwicklung des menschlichen Vermögens zur Lösung verschränkter nationaler, regionaler und globaler Probleme befördern und damit neuen Maßstäben politischer Klugheit Rechnung tragen.

Ob dieser Zustand jetzt – nach dem Untergang des DDR-Sozialismus – in Deutschland erreicht ist, kann mit gutem Grund bezweifelt werden. Aber der DDR fehlte schon die elementarste Voraussetzung, um einen solchen Zustand zu erreichen: die Existenz von Formen freier Kommunikation und öffentlicher Verständigung darüber, was not tat. Die gesellschaftliche Systemkonstruktion im allgemeinen und die Machtorganisation im besonderen waren mit solchen Formen nicht vereinbar. Sie erlaubten nur Surrogate kritischer Öffentlichkeit, die das unbewußte Empfinden der Grunddefekte der realsozialistischen Gesellschaft anzeigten. Die Staatssicherheit war in diesem Zusammenhang nicht nur das Instrument der Unterdrückung echter Öffentlichkeit, sondern – so paradox es klingen mag – selbst Öffentlichkeitssurrogat und damit zugleich das schlechte Gewissen dieser Unterdrückung. Martin Ahrends schildert seine Begegnung mit den Sicherheitsbeamten: »Mit uns«, so führten diese aus, »können Sie über alles reden. Aber bitte *nur* mit uns.« Und Ahrends resümiert: »Das ist die DDR-Variante von öffentlichem Diskurs.«[11]

Dieser Gedanke wirft ein bezeichnendes Licht auf die seltsam widersprüchliche Gestalt der realsozialistischen Machtorganisation. Hans-Peter Krüger hat in der »Frankfurter Allgemeinen Zeitung« zu Recht darauf hingewiesen, daß die Staatssicherheit und ihre Ausdehnung Ausdruck eines Strukturdefizites der realsozialistischen Gesellschaft gewesen sind und daß dieses Defizit in der Nach-Stalin-Zeit neue Konfliktlinien hervorgebracht hat, die – anders als früher – in der Machtorganisation selbst und in den sie tragenden Individuen verliefen. Ein genaues Hinsehen ist deshalb erforderlich, wenn man das Wirken der verschiedenen Teile dieser Machtorganisation und ihrer individuellen Repräsentanten wirklich objektiv beurteilen will. Krüger betont, daß es oft genug um beides ging: um die Stabilisierung der alten Ordnung und darum, sie zugleich informell zu unterlaufen.

Auch der offizielle Antifaschismus der DDR kann – wenn es um die ideologischen Grundlagen der Repression geht – aus der kritischen und selbstkritischen Analyse nicht ausgespart werden.

Der Antifaschismus war Staatsdoktrin der DDR. Und wenn etwas zur internationalen Reputation des DDR-Staates und seiner greisen Staatsmänner beigetragen hat, so war es dieses unzweifelhafte und internationalistisch angelegte antifaschistische Gepräge. Es war – trotz aller Verordnung und auch falschen Sentimentalität – nach meiner Überzeugung ein weitgehend ehrlicher und tätiger Antifaschismus, nicht nur bei den alten Widerstandskämpfern, die in hohe Staats- und Parteiämter aufrückten. Auch die Nachkriegsgenerationen haben die DDR – und die SED – zumindest teilweise als Verkörperung antifaschistischer Gesittung angenommen. Ich glaube zudem, daß die loyale Haltung und staatstragende Aktivität der meisten Sozialisten und Kommunisten der älteren und der ersten Nachkriegsgenerationen ganz entscheidend durch antifaschistische Motive bestimmt waren. Das gilt sicher auch und im besonderen Maße für viele Christen und andere Nichtkommunisten, die sich zur DDR und ihrer Schutz- und Verteidigungswürdigkeit bekannten. Die Reduzierung ihres Wollens und ihres Tuns auf ein ehrloses und bloß anpaßlerisches »Blockflöten«-Dasein ist niederträchtig, ungeachtet unverzeihlicher Fehler und Inkonsequenzen, die auch sie sich vorwerfen müssen.

Andererseits – und darin sehe ich wirklich eine Tragödie – ist der offizielle Antifaschismus der DDR durch seine Amalgamierung mit der realsozialistischen Ideologie nicht nur diskreditiert, sondern auch tatsächlich innerlich beschädigt worden. Die Hunderttausende, die sich jährlich zum Gedenken an die Opfer des Faschismus versammelten, meinten es mit ihrer Trauer und ihrem Willen, das Vermächtnis der Opfer zu erfüllen, sicher überwiegend ehrlich und aufrichtig. Aber an dieser Aufrichtigkeit war auch Unaufrichtiges. Der Gedanke an die Opfer stalinistischer Willkür blieb beiseite, als sei dies ein anderes, nicht zur Sache gehöriges Thema. Aber die Opfer politischer Gewalt, die Trauer um sie und auch ihr Vermächtnis sind nicht selektierbar. Und diejenigen, die sich der Arroganz realsozialistischer Macht entgegenstellten, lebten dem Geist des Antifaschismus. Es gibt ihn nicht halbiert. Das Vermächtnis der Opfer des Faschismus ist der ungeteilte Widerstand gegen alle Formen der Unterdrückung, gegen alle Formen der Verletzung von Menschenrecht und Menschenwürde.

Die Verweigerung dieser Konsequenz hat den offiziellen Antifaschismus in unserem Lande über lange Jahre gekennzeichnet. Damit ist die antifaschistische Tradition in den Augen vieler Menschen belastet worden und hat nicht die Wurzeln geschlagen, die sie hätte schlagen können und müssen. Und damit hat sie es nicht hinreichend vermocht zu immunisieren gegen die neuen Versuchungen des Hasses, die heute in der praktizierten und zustimmenden Gewalt besonders gegen Ausländer, aber auch in der neuen Intoleranz gegen Unangepaßte und politisch Unbotmäßige in Erscheinung treten.

Die angesprochene Reduzierung und Deformation des offiziellen Antifaschismus hatte Ursachen, die mit seiner Einbindung in den Kontext der herrschenden Ideologie ebenso zusammenhängen wie mit dem durch diese Ideologie geprägten Mechanismus der Verarbeitung lebensgeschichtlicher Erfahrungen durch die maßgebenden antifaschistisch-kommunistischen Partei- und Staatsfunktionäre.

Die Grunderfahrung der aktiven Widerstandskämpfer, von denen einige in der DDR nicht nur an der Spitze bestimmend wirkten, war die Erfahrung der

Allmacht der faschistischen und präfaschistischen Gewalt, die Erfahrung der Unwirklichkeit bürgerlich-demokratischer Werte. Diese Erfahrung korrespondierte mit der stalinistisch-ideologischen Verabsolutierung der Gewalt als probatem Mittel der Politik und der abstrakten Negation der Errungenschaften der bürgerlich-demokratischen politischen Kultur. Eine der leitenden Ideen des Stalinismus war die Idee der totalen geschichtlichen Diskontinuität. Die neue Gesellschaft sollte das »ganz andere« sein, gerade hinsichtlich der bürgerlich-demokratischen politischen und rechtlichen Kulturformen, die sich als klassenpolitisch instrumentalisierbar und gegen den Faschismus nicht widerstandsfähig erwiesen hatten. Ideologie und Erfahrung bestimmten so die Haltung tätiger Antifaschisten als Haltung der Ablehnung oder zumindest des tiefen Mißtrauens gegenüber den in der westlich-kapitalistischen Welt geschichtlich gewachsenen bürgerlichen politisch-demokratischen und rechtlichen Gewährleistungsprinzipien individueller und kollektiver Freiheit und des Schutzes vor staatlicher Willkür, die sie selbst in unvorstellbarem Ausmaß hatten erdulden müssen.

Und gerade auf dieses Übermaß des Erduldens und Erleidens muß man zu sprechen kommen, wenn man die unmenschlichen Züge des nicht nur in den Anfängen von ehemals politisch und rassisch Verfolgten beherrschten Machtsystems der DDR verstehen will.

Kaum einer der führenden Politiker und Sicherheitsverantwortlichen in der Geschichte der ehemaligen DDR, der nicht seine eigene KZ-Erfahrung gehabt hätte. Schon kurz nach dem Kriege hat Eugen Kogon die persönlichkeitszerstörenden Wirkungen beschrieben, die mit den Leidensgeschichten der Verfolgten verbunden waren, und die nur stärkste Charaktere kompensieren konnten. Er spricht selbst von seelischer Primitivierung, die einsetzen mußte. »Der Empfindungsreichtum wurde fast automatisch herabgesetzt. Die Seele schuf sich eine schützende Kruste, eine Art Abwehrpanzer, der nicht mehr jeden starken Eindruck zur Empfindungsmembran durchließ. Schmerz, Mitleid, Trauer, Entsetzen, Grauen, Beifall hätten in ihrer normalen Unmittelbarkeit die Aufnahmefähigkeit des menschlichen Herzens gesprengt, der Schrecken, der überall lauerte, es mühelos zum Stillstand gebracht. Man wurde hart, viele sind abgestumpft.«[12]

Ja, es ist eine Tatsache, daß viele der Gepeinigten, der eingekerkerten Antifaschisten, oft die Züge ihrer Peiniger annehmen, hart, unempfindlich und grausam werden mußten, um überleben zu können.

Die Folgen dieses tragischen Geschehens sind für den von aktiven Antifaschisten geprägten DDR-Staat meines Erachtens nachhaltig gewesen. Selbstverständlich war die Entscheidung für sie und gegen die nazistischen Gefolgsleute in neuen Führungspositionen und Staatsämtern in jeder Beziehung gerechtfertigt. Und viele von ihnen werden mir als Vorbilder eines unbeugsamen Humanismus in Erinnerung bleiben. Aber Eugen Kogon hat als ehemals selbst Verfolgter auch um Gefahren gewußt und er hat vor ihnen gewarnt. Ehe diese Antifaschisten und ehemaligen KZ-Gefangenen, die an sich selbst das Schlimmste erfahren hatten, »in wirklicher Wiedergutmachung mit der ihnen zukommenden Chance an soziale und politische Führungsplätze gestellt wurden«, so schreibt er, »mußten ihre Seelen geheilt, ihre Kräfte geschult und der Rang ihres Wertes beglaubigt werden. Dann, nur dann konnte eine Auswahl ehemaliger KZ-Häftlinge der Sache der Demokratie in einem zu erneuernden Deutschland aufgrund des Schlechten, das sie erlebt und verarbeitet hatten, zum Guten gereichen.«[13]

Aber so ist es wohl nirgends wirklich hinreichend geschehen, nicht bei uns und – aus anderen Gründen – auch nicht anderswo.

Die Verfolgten des Dritten Reiches, die Opfer – sie wurden zum Teil Täter, ohne damit aufgehört zu haben, Opfer zu sein. Um noch einmal Hans Mayer zu zitieren: »So viel Leid, das man erlebt und erlitten hatte wegen der Abstammung und der eigenen Meinung. Der Antifaschismus der DDR als einer ›antifaschistisch-demokratischen Ordnung‹ war für Hilde Benjamin ein seelisches Postulat. Man mußte fertigwerden mit dem, was man damals unter dem Signum Faschismus erlebt hatte. Härte gegen Härte. Auch so kann man seelisch zugrunde gehen; auch so verwandelt man Recht in Unrecht.«[14]

Das Opfer, das zum Rächer wird, entwächst seiner Opferrolle nicht wirklich. Es gebiert neue Unterdrückung, provoziert neuen Widerstand, der wieder unterdrückt werden muß, und damit neuen Haß, der sich nicht mehr zurücknehmen kann. Die Spirale dreht sich weiter. Wir hätten eine friedliche deutsche Revolution gehabt, wenn dem ein Ende gesetzt worden wäre.

Anmerkungen

[1] Freitag, 13.9.1991, S. 3.
[2] Neues Deutschland (B), 7.10.1991, S. 9.
[3] W. Dreßen: Niemandsland, 1988, H. 6, S. 2 ff.
[4] Neues Deutschland (B), 15.10.1991, S. 5.
[5] Die Zeit, 6.9.1991.
[6] H. Mayer: Der Turm von Babel, Frankfurt a. M. 1991, S. 248 f.
[7] Wochenpost, 1991, Nr. 33, S. 34.
[8] Außerordentlicher Parteitag der SED/PDS, Berlin 1989, S. 49.
[9] W. Ruge: Stalinismus – eine Sackgasse im Labyrinth der Geschichte, Berlin 1991, S. 103.
[10] Th. W. Adorno: Philosophie und Gesellschaft, Stuttgart 1984, S. 103.
[11] Niemandsland, 1988, H. 6, S. 58.
[12] E. Kogon: Der SS-Staat, München 1974, S. 445.
[13] E. Kogon, a.a.O., S. 463 f.
[14] H. Mayer, a.a.O., S. 159.

Uwe-Jens Heuer
Die Staats- und Rechtskonzeption der SED und die Machtorganisation der DDR

Die Sicherheitspolitik der DDR stand im engen Zusammenhang mit der Staats- und Rechtskonzeption der SED. Der Platz, den das MfS, den dieser gigantische Überwachungsapparat im Leben unserer Gesellschaft einnahm, hat viele Ursachen: von Traditionen der kommunistischen Bewegung bis zum kalten Bürgerkrieg auf deutschem Boden.

Einer dieser Faktoren aber war die Staats- und Rechtskonzeption. Das mangelnde Verständnis für die demokratischen Bedürfnisse der Menschen, für die Notwendigkeit, Demokratie und Sozialismus zu verbinden, das mangelnde Verständnis für gesellschaftliche Konflikte, für das Recht als Instrument zur Austragung von Interessenkonflikten bestimmte den Platz dieses Apparates und seinen immer größeren Ausbau. Meine zentrale These lautet also: Eine der wesentlichsten Ursachen für die ungeheure Hypertrophie des Ministeriums für Staatssicherheit war die Verweigerung von Öffentlichkeit, die fehlende Bereitschaft, das Risiko der Demokratisierung, das Risiko der Rechtsstaatlichkeit einzugehen.

Ich teile nicht die Auffassungen jener, die der DDR das Recht absprechen, ein Sicherheitssystem zu besitzen. Das Absterben des Staates liegt im Nebel ferner Zukunft. Jeder Sozialismus wird eines Staates bedürfen, und jeder Staat besitzt notwendig auch ein Sicherheitssystem. Es geht um die ungeheure Hypertrophie dieses Systems und ihre Ursachen.

Mit dieser Feststellung soll nicht geleugnet werden, daß von Mitarbeitern des Ministeriums für Staatssicherheit auch schweres Unrecht begangen wurde. Es muß, wenn die Voraussetzungen vorliegen, strafrechtlich gesühnt werden. Die tiefliegende Analyse muß sich aber auf die Rolle richten, die dieses Ministerium im Rahmen von Staat und Recht, im Rahmen des politischen Systems der DDR spielte, wie weit es dieses System prägte. Deshalb muß diese Analyse auf den Zusammenhang zwischen der Staats- und Rechtskonzeption der SED, als der führenden Partei, und dieser Rolle des Ministeriums für Staatssicherheit zielen. Nur so kann sie uns auch helfen, unseren Weg in die Zukunft als Partei des Demokratischen Sozialismus besser zu bestimmen.

»Öffentlichkeit«, erklärte Christoph Hein am 3. Juni 1982 auf einer Tagung des Schriftstellerverbandes der DDR, »ist nicht eine Bewegungsform von Kultur, sondern nur Voraussetzung.«[1] Eben weil die Konflikte nicht artikuliert werden sollten und durften, mußte Öffentlichkeit beschränkt sein, wurde immer wieder unermüdlich der Versuch unternommen, eine Pseudoöffentlichkeit aufzubauen, Oppositionelle zur Ausreise zu zwingen, zu schikanieren, zu demütigen und auch zu inhaftieren.

Es wäre falsch, die abschließende Phase für ein notwendiges Ergebnis des Anfangs zu halten, das Jahr 1989 gleichsam als die notwendige Schlußfolgerung aus dem Jahre 1945 oder gar dem Jahre 1917 anzusehen.

Ich halte auch den Versuch für verkürzt, zu bestimmen, wann denn der Irrweg begonnen hat, der zum Scheitern führte, und dann gleichsam an den Anfang dieses Irrweges zurückzukehren. Wir alle haben erlebt, wie der Versuch unternommen wurde, wieder bei Lenin zu beginnen. Andere wollten zu Rosa Luxemburg, wieder andere zu Gramsci zurückkehren. Dritte schließlich versuchten, bei dem alten oder gar bei dem jungen Marx wieder zu beginnen.

Ich meine, daß ein solches Vorgehen wenig sinnvoll ist. Niemand kann in der Geschichte zurückgehen, kann wieder an einem früheren Punkt anfangen. Wir können nur an die Gesamtentwicklung anknüpfen, sie analysieren, frühere Auseinandersetzungen nicht wiederholen, sondern an sie anknüpfen. Die Geschichte ist, nach einem schönen Wort Rosa Luxemburgs, »eine ewige Premiere«.[2]

Die Ergebnisse des Jahres 1989 müßten beim letzten Marxisten jenes geschichtliche Denken in Frage gestellt haben, das die Geschichte der Gesellschaft einem naturnotwendigen Prozeß gleichsetzt, der keine Alternativen kennt und gleichsam die Garantie des Sieges gibt. Dieses Herangehen ist keine Erfindung Stalins, wir fanden es bereits ausgeprägt im Werk Kautskys, aber auch bei Engels; seinen Höhepunkt erreichte es aber doch im »Marxismus-Leninismus« und vor allem in seinen Schulbuchversionen.

Nicht nur von Rosa Luxemburg, auch in den Arbeiten Lenins, Gramscis, Blochs, Walter Benjamins und vieler anderer wurde immer der Kampf gegen dieses Marxismusverständnis geführt. Ein solches vereinfachtes, primitives Geschichtsbild hat in vielen Fällen – wie jeder Glaube – Kampfwillen und Kampfentschlossenheit gefördert. Es konnte aber auch dazu führen, daß – im Vertrauen auf den ohnehin sicheren Sieg – vor dem konkreten, ja immer unsicheren Kampf zurückgewichen wurde. Es war dem Marsch in der Kolonne dienlich, nicht aber dem eigenverantwortlichen, selbständigen Kampf. Vor allem aber, und das ist heute Wirklichkeit, führt die Niederlage dann zum ideellen Zusammenbruch. Der »Sieger der Geschichte« ist auf Niederlagen nicht vorbereitet, er ordnet sich der neuen »objektiven Gesetzmäßigkeit« unter.

Die Wirkungskraft des Marxismus ist daran gebunden, daß den Alternativen, und damit dem geschichtlichen Subjekt der angemessene Platz eingeräumt wird, daß an die Stelle einer »allmächtigen, weil wahren« Lehre eingreifendes, theoretisches Denken tritt, das immer wieder sich mit der Praxis auseinandersetzt.

Die Anerkennung der Offenheit der Geschichte ist gerade für demokratisches Denken und Handeln unverzichtbar. Wer sich als Vollstrecker unabwendbarer historischer Gesetzmäßigkeiten versteht, hat kein Verständnis für Politik als besonderes Kampffeld, hat kein Verständnis für die Notwendigkeit von Demokratie. Für ihn ist sozialistische Demokratie identisch mit der führenden Rolle der Partei. Er leugnet die Möglichkeit bürgerlicher Demokratie unter Berufung auf die – unbestreitbare und gegenwärtig auch in unserer Realität ganz offen sichtbare – Macht des Privateigentums. Nebenbei gesagt: Ich sehe heute bei manchem von uns – auch in Tradition bundesdeutschen Denkens – die Gefahr solch sektenhaften Verhaltens und messianischen Anspruchs.

Ich meine, daß ein solches Herangehen auch Voraussetzung jeglicher Diskussion über Verantwortung ist. Hatten wir uns früher als Sieger der Geschichte gefühlt, glaubten wir, daß der Sozialismus als höhere Gesellschaftsordnung bereits triumphiert habe, so brauchten wir uns der Frage der Verantwortung für diesen Sozialismus nicht mehr zu stellen. Wer aber heute davon ausgeht, daß dieser Weg von vornherein zum Scheitern verurteilt war, ist in derselben Lage. War es von vornherein sinnlos, diesen Versuch zu unternehmen, so muß sich niemand verantwortlich fühlen, nicht das seinerseits Erforderliche getan zu haben. Nur wenn es Alternativen in der Geschichte gibt, nur wenn sie von uns anerkannt werden, nur dann kann es auch eine individuelle Verantwortung geben.

Nur ein solches Herangehen ermöglicht es auch uns, einzeln und gemeinsam mit unserer eigenen Geschichte fertig zu werden, der Forderung von Marx gerecht zu werden, die er an die proletarischen Revolutionen richtete: Sie »kritisieren beständig sich selbst, unterbrechen sich fortwährend in ihrem eignen Lauf, kommen auf das scheinbar Vollbrachte zurück, um es wieder von neuem anzufangen«.[3]

Dabei unterscheidet sich unser Herangehen grundsätzlich von dem Herangehen der Gegner der DDR. Wir stellen die Frage nach unserer Verantwortung für das Schicksal des Sozialismus in unserem Lande. Wir sprechen von der Verantwortung von Sozialisten für Fehler und Verbrechen, die bei diesem Versuch begangen wurden. Sie aber waren von Anfang an gegen diesen Versuch, den Sozialismus aufzubauen. Sie haben uns von Anfang an nicht für unsere Fehler kritisiert, auch nicht für die Verbrechen, die begangen wurden, für Unrecht, sondern dafür, daß wir diesen Versuch überhaupt unternommen haben. Wir sind für unser Scheitern uns selbst verantwortlich, den Menschen, die an diesen Sozialismus geglaubt haben, die ihr Leben mit diesem Sozialismus verbunden hatten. Wir sind nicht verantwortlich gegenüber Kohl und auch nicht gegenüber Engholm, aber sicherlich auch gegenüber denen, die im Westen Deutschlands Hoffnungen mit diesem Sozialismus verknüpft hatten.

Diejenigen, die uns diesen Versuch nicht verzeihen, tun alles, um uns moralisch zu diskreditieren. Gegenwärtig wird sehr viel unternommen, um durch eine Vielzahl von Strafprozessen Unrecht in der DDR nachzuweisen.[4] Bundesjustizminister Kinkel forderte von der Justiz, die DDR zu delegitimieren. Jetzt wird immer deutlicher, daß das Strafrecht sich als ungeeignetes Mittel erweist, die Auseinandersetzung mit der DDR-Vergangenheit zu führen. So notwendig und berechtigt das Strafrecht ist, um Unrecht, begangen von Individuen, zu sühnen, so wenig kann es die ihm gestellte Aufgabe erfüllen, den historischen Platz der DDR in der Geschichte zu bestimmen. Es werden auch manche Stimmen laut, daß die Rechtsstaatlichkeit einer wirklichen Vergangenheitsbewältigung im Wege stünde. Ein Mann wie Böhme, Herausgeber der Berliner Zeitung, erklärte in einer Talkshow nachdrücklich sein Bedauern, daß nicht Blut vergossen worden sei.

Gegenwärtig wird der Versuch unternommen, die Vergangenheit durch ein Tribunal zu bewältigen. Ich sehe diese Bestrebungen ein wenig anders als Michael Schumann. Wolfgang Ullmann fordert, ein Nürnberger Tribunal gegenüber der DDR einzurichten, das heißt, einen Staat als Ganzes nachträglich für kriminell zu erklären. Besonders schlimm ist es in meinen Augen, daß auch manche innerhalb der PDS solche Tribunale errichten wollen.

Tribunal ist das französische Wort für Gerichtshof. Kann die Justiz der Aufgabe, die DDR zu delegitimieren, nicht gerecht werden, soll ein Tribunal diese Aufgabe erfüllen, ohne alle Schwierigkeiten des Strafprozesses, ohne Rechtsanwälte, aber mit der Wucht eines Gerichtes, die eine Diskussion weitgehend ausschließen wird. Das Urteil soll lauten, so Schorlemmer in der Zeitschrift »extra«: Ächtung der DDR. Diese Ächtung sollte reichen von Gerald Götting bis zur CDU-Verkäuferin von Dresden. Sie müsse sich fragen lassen:»Hast du zuviel Angst gehabt, wo hast du versagt?« Wenn Geladene nicht erscheinen, so müsse es die Öffentlichkeit erfahren. Das sei dann auch eine Form der Ächtung.[5]

Wolfgang Thierse unterstützt den Vorschlag eines Tribunals über die Vergangenheit, er schreibt »des SED- und Stasistaates«, und fordert »eine Untersuchung der DDR als ein System des alltäglichen, des leisen Terrors, das des Mittuns und des Mitschweigens vieler bedurfte«.[6]

Daß es überhaupt gegen den Versuch geht, nach 1945 in Deutschland ein anderes System als das des Kapitalismus zu errichten, hat am deutlichsten zugleich verbunden mit einer infamen Gleichsetzung mit dem deutschen Faschismus Wolfgang Ullmann formuliert. Er schreibt im »Freitag« Nr. 38/1991: »So wie Hitler mit den Seinen eine Konterrevolution gegen die Friedensordnung von Versailles und Genf in die Wege geleitet hat, so haben die Parteiführer der SED ... von 1946 bis 1949 gegen die Demokratisierung Deutschlands nach dem 2. Weltkrieg konspiriert.«

Wir wissen, je größer die Krise im Osten Deutschlands wird, desto mehr wird versucht, die DDR anzuklagen. Je deutlicher es wird, daß der Versuch gescheitert ist, unter weitgehendem Verzicht auf wirkliche staatliche Wirtschafts-, vor allem Industriepolitik, einzig und allein durch das Wirken der Gesetze eines ungebändigten kapitalistischen Marktes die Wirtschaft Ostdeutschlands aus der Krise zu führen, desto mehr muß der Versuch unternommen werden, alles auf die Geschichte der DDR zurückzuführen, desto erbitterter wird versucht, Anklagen gegen die ehemalige DDR zu erheben.

Wie unaufrichtig dieses Vorgehen ist, wurde mir kürzlich auf einer Südafrika-Reise deutlich, die ich zusammen mit mehreren Abgeordneten des Rechtsausschusses des Bundestages unternahm. Aus den Berichten unserer Partner ging hervor, welchen ungeheuren Schaden das Apartheidregime Südafrika zugefügt hat. Neun Millionen Menschen, vornehmlich im Alter von 25 bis 40 Jahren, können dort nicht lesen und schreiben. 40 Prozent der Kinder gehen nicht zur Schule. 3,5 Millionen Menschen waren zwangsweise in die Homelands und die Townships umgesiedelt worden. Regierung und herrschende Partei haben vom Weg der Apartheid Abschied genommen. Aber es fiel in den Gesprächen kein Wort der Selbstkritik. Und schon gar nicht der Verurteilung der Vergangenheit. Ich stellte aber auch keine Forderung nach einer solchen Verhaltensweise bei meinen deutschen Kollegen fest.

Warum aber wurden etwa im Gegensatz zur Beurteilung der alten DDR hier so wenig tadelnde Worte gefunden? Warum wurde für die Verbrechen der Apartheid nicht nach einem Nürnberger Tribunal gerufen? Warum stellt dort niemand die Frage nach alten Seilschaften? Warum hat der Bundesaußenminister Hans-Dietrich Genscher bei der Durchführung der Verhandlungen in Namibia erzwungen, daß von der SWAPO Verbrechenstatbestände nicht nachträglich juristisch verfolgt werden? Und warum wird mit der DDR so anders verfahren?

Ich sehe keine andere Ursache als die, daß unsere Richter, Botschafter, Wissenschaftler, Künstler an einem gescheiterten Versuch mitgewirkt haben, in Deutschland den Sozialismus aufzubauen, während es sich in Südafrika vorher und heute um Kapitalismus handelt. In dem Apartheid-Südafrika konnte Siemens Fabriken errichten, in der DDR nicht.

Von den siegreichen Gegnern der DDR ist kein objektives Urteil über sie zu erwarten. Gerade wir aber sind in der Verpflichtung zu einer solchen Beurteilung. Ich vermag mich nicht der Meinung von Thomas Kuczynski anzuschließen, die er auf der zweiten DADA-Konferenz in Dresden so ausdrückte, daß jegliche DDR- oder gar SED-Nostalgie parteischädigend sei.[7] Nostalgie heißt auf deutsch Heimweh. Und sicherlich verspürt mancher von uns gerade in diesen Zeiten Heimweh nach der DDR, so wie er sie sich erhoffte. Aber es hindert uns am kritischen Umgang mit dieser Vergangenheit. Und dieser kritische Umgang ist unbedingt erforderlich. Es sind unsere Fehler, auch unsere Verbrechen, unsere offenen Wunden. Wir müssen diese DDR an unseren Maßstäben, an unseren Idealen messen. Wir müssen sie messen an unserer Zielstellung, »alle Verhältnisse umzuwerfen, in denen der Mensch ein erniedrigtes, ein geknechtetes, ein verlassenes, ein verächtliches Wesen ist«.[8] Diese Aufgabe ist eine Aufgabe der Wissenschaft, auch des Gefühls, nicht aber eine Aufgabe des Strafrechts. Nur wenn wir wirklich die Vergangenheit aufarbeiten, können wir Lehren für die Zukunft ziehen. Deshalb muß diese Auseinandersetzung theoretisch und historisch sein.

In den volksdemokratischen Ländern, auch in Deutschland, sind unmittelbar nach 1945 große Anstrengungen unternommen worden, den Weg zu einem anderen Sozialismus zu gehen, einem anderen Sozialismus als in der UdSSR, wie er in Ostdeutschland etwa als »besonderer deutscher Weg« zum Sozialismus gekennzeichnet wurde. Diese Bewegung zum Sozialismus vollzog sich damals in ganz Deutschland, wie nicht nur der Volksentscheid in Sachsen, sondern auch die Abstimmung in Hessen 1946 zeigte.

Der kalte Krieg führte zum Abbruch des Weges – zu einem anderen Sozialismus. Ausgehend vom XX. Parteitag der KPdSU von 1956, gab es dann immer wieder neue Versuche eines neuen Ansatzes. Der ersten Welle des Jahres 1956 folgte eine zweite Welle in den 60er Jahren vom neuen ökonomischen System in der DDR 1963 über die Wirtschaftsreformen der ČSSR 1965, Ungarns 1968 bis zum Prager Frühling 1968, deren Ende durch den Einmarsch im August 1968 brutal entschieden wurde. Eine dritte Erneuerungswelle begann 1985 in der Sowjetunion, die sich bis dahin immer wieder als konservative Kraft gezeigt hatte. Sie löste einen Prozeß zuerst theoretischen Umdenkens und dann sich immer mehr überschlagender Veränderungen aus, dessen Ende noch nicht abzusehen ist und der jedenfalls in Europa zum Scheitern des Sozialismus führte.

Warum gelang es nicht, den Weg zu Demokratie und Rechtsstaat im Sozialismus zu gehen? Es kann nicht ausreichen, auf die Anstrengungen unserer Gegner zu verweisen, im kalten Krieg den Sozialismus zu Fall zu bringen. Wir haben diesen kalten Krieg verloren, weil es nicht gelang, dieses sozialistische System von innen her zu reformieren. Die Rede Honeckers, die wir vor kurzem im Fernsehen verfolgen konnten, zeigt die Reformunfähigkeit der von uns geduldeten Führung ein übriges Mal. Schuld waren nur die anderen, waren der Imperialismus, Gorbatschow und Markus Wolf. Dabei war für mich der Auftritt von Schabowski moralisch noch um vieles schlimmer.

Das System war in einer Sackgasse gelandet. Niemand kann heute beweisen, daß ein anderer Weg möglich war. Honecker verwies mit einem bestimmten Triumph auf das Scheitern des Reformers Gorbatschow. Aber die Weigerung, das Risiko einzugehen, brachte notwendig das Ende. Demokratie ist immer ein Risiko. Recht ist immer ein Risiko. Sie schränken die Allmacht ein, stabilisieren zugleich aber das System. Der Kapitalismus hat das in vielen Krisen gelernt. Diese Führung war nicht bereit, ein Risiko einzugehen, und ging damit notwendig den Weg in ihren Untergang, der zugleich das Ende des Sozialismus bedeutete, weil es nicht möglich war, diese Führung abzulösen. Eben weil sie ihre Macht mit dem Schicksal des Sozialismus gleichsetzte, weil sie die notwendig mit der Demokratie verbundenen Risiken scheute, weil sie Reformen ablehnte – ging sie unter.

Ablehnung jeglicher Reform, Ablehnung einer Demokratisierung bot nur den Ausweg, das Sicherheitssystem immer mehr auszubauen. Die unablässige Vergrößerung des Sicherheitsapparates, vornehmlich seit Mitte der 70er Jahre, war letztlich ein Ausdruck der Tatsache, daß diese Führung, mochte sie das vor sich selbst eingestehen oder nicht, keinen Ausweg mehr sah. Bei aller Brutalität im einzelnen, war es eine letztlich defensive Konzeption, der es an Zukunft gebrach.

Die letzte theoretische Ursache dieses Herangehens war das Verständnis des Sozialismus als widerspruchslose Ordnung. Alle Konflikte waren auf äußere

Angriffe zurückzuführen. Damit war eine eigentlich politische Theorie nicht erforderlich, das Recht wurde instrumental betrachtet, war eigentlich nicht nötig, es erschien nur als Fremdkörper.

Marx hatte seine Hauptaufgabe in der Aufdeckung der Gesetze der politischen Ökonomie des Kapitalismus gesehen. Trotz glänzender politischer Schriften, wie der Arbeit über den 18. Brumaire, wurde der Theorie der politischen Ökonomie keine ausgearbeitete Theorie des Staates, der Politik an die Seite gestellt. Marx und Engels sahen in der Pariser Kommune von 1871 das baldige Ende des Staates gekommen. Die Selbstregulierung der Produzenten ohne Staatsmaschine sollte alle öffentlichen Funktionen zu wirklichen Arbeiterfunktionen machen. Wie gering Marx die Gefahren der künftigen politischen Ordnung einschätzte, zeigt seine Auseinandersetzung mit Bakunin. Auch Lenin hatte noch unmittelbar nach der Revolution, entsprechend seiner Schrift »Staat und Revolution«, die Herausbildung eines Staates nach dem Prinzip der Pariser Kommune, also eines Staates, der kein Staat im eigentlichen Sinne mehr sei, verkündet. Erst in der Arbeit über die nächsten Aufgaben der Sowjetmacht vom April 1918 hat er ein Programm entwickelt, das an die Stelle der elementaren Kraft des Marktes strengste Rechnungsführung und Kontrolle, die Befehlsgewalt des Staates, das staatliche Eigentum setzte. Die Neue Ökonomische Politik brachte dann eine wesentliche Entwicklung der Ware-Geld-Beziehungen, die aber Anfang der 30er Jahre rasch wieder abgebaut wurden.

Marx war davon ausgegangen, daß das kapitalistische Privateigentum die Ursache der Widersprüche in der Gesellschaft, das entscheidende zu beseitigende Übel war. Tatsächlich hatte die Beseitigung des Kapitalismus auch viele Übel beseitigt. Wenn der Kapitalismus in einigen, keineswegs in allen Ländern heute ein anderes Gesicht trägt als der von Marx analysierte Kapitalismus, so ist dies der Entwicklung der Produktivkräfte, aber auch dem Kampf der Arbeiterbewegung und dem – jetzt weggefallenen – Wettbewerbsdruck des Sozialismus geschuldet. Aber das Privateigentum war durch den Staat ersetzt worden, und diese Ersetzung hatte zu den neuen Widersprüchen, zu neuen Übeln geführt, die unter den spezifischen Bedingungen der sozialistischen Länder noch verschärft wurden. Die Erfahrung des bisherigen Sozialismus hat eindeutig gezeigt, daß die Annahme eines raschen Absterbens des Staates eine Illusion war. Im Gegenteil: Der Staat nahm in der Gesellschaft einen immer größeren Platz ein, die Verstaatlichung der Gesellschaft erreichte den Höhepunkt in den 30er Jahren. Grundlage dieser Macht des Staates war das staatliche Eigentum an den Produktionsmitteln. Der Bürokratismus wurde zur Hauptgefahr des politischen Systems.

Je mehr die Rolle des Staates wuchs, desto mehr nahm zugleich die Apologetik dieser Entwicklung zu, wuchs die Versuchung, aus der Not eine Tugend zu machen.

Während aus teils objektiven, teils subjektiven Gründen die Rolle des Staates größer war als je in der Menschheitsgeschichte, vermochte es eine apologetische Theorie, alle sich daraus ergebenden Probleme zu negieren, in erster Linie das

Demokratisierungsproblem. Unreife Verhältnisse brachten eine entsprechend verzerrte Theorie hervor, die vor allem im Werk Stalins ihren Ausdruck fand.

In der DDR spielte die Konzeption Karl Polaks eine ähnliche Rolle. Sie beherrschte seit 1958 die Rechtswissenschaft der DDR und wirkte sich bis zu ihrem Ende aus. Polak war von demokratischen Ansätzen ausgegangen. Seine Behauptung aber, das von ihm angestrebte Ideal der Pariser Kommune sei zur Wirklichkeit geworden, führte zu verhängnisvollen Schlußfolgerungen.

Die Identitätstheorie – in der sozialistischen Gesellschaft seien »Staat und Volk, Gesellschaft und Individuum eins geworden«[9] – verschloß den Zugang zu den inneren Widersprüchen der Gesellschaftsordnung, zum Widerspruch von Volk und Staat, zur Demokratietheorie, zur Fundierung des sozialistischen Rechts. Noch in den 80er Jahren wurden führende Wissenschaftler in der DDR nicht müde zu behaupten, daß die DDR kein Staat im eigentlichen Sinne, daß Diktatur und Demokratie im Sozialismus gleichbedeutend seien. Der letzte große Versuch in der DDR, aus diesem Teufelskreis auszubrechen, war in meinen Augen das neue ökonomische System der Planung und Leitung der Volkswirtschaft von 1963.

Der Bau der Mauer war ein Ausdruck der Schwäche des Sozialismus. Er war eine große Niederlage. Er war zugleich aber unvermeidbar, wenn der Versuch, auf dem Boden Deutschlands eine andere Gesellschaftsordnung zu errichten, fortgesetzt werden sollte. Jörg Rößler schreibt in seinem Buch »Plan und Markt 1990« auf Seite 162: »Es ist also keinesfalls abwegig, zu der Auffassung zu gelangen, daß es in der Geschichte der DDR eine Chance gegeben hat, eine dynamische konkurrenzfähige DDR-Wirtschaft zu errichten und so ökonomisch die Existenz der DDR als sozialistischen deutschen Staat zu sichern. Die seit dem Bau der Mauer 1961 gegebene Chance, ohne direkte westdeutsche Einmischung dieses Ziel zu erreichen, wurde im Herbst 1962 von der damaligen SED-Führung unter Ulbricht erkannt. Sie zögerte nicht, diese Chance zu nutzen. Diese Chance wurde verspielt, als eine Mehrheit im Politbüro des ZK der SED unter Honecker die Wirtschaftsreform Anfang der 70er Jahre abbrach.«

Die mit diesem System beabsichtigte größere Selbständigkeit der Betriebe, von Betrieben, die auf den Gewinn orientiert waren, die Forderung nach Selbstregulierung auf der Grundlage des Planes waren auf eine grundlegende Änderung des ökonomischen Systems gerichtet. Sie erforderten zugleich, wenn sie denn erfolgreich sein sollten, eine prinzipielle Änderung des politischen Systems, eine grundlegende Demokratisierung und den Übergang zum Rechtsstaat.

Der Einmarsch in die ČSSR 1968 entschied über das Ende des neuen ökonomischen Systems, und damit über das Ende des letzten erfolgversprechenden Reformversuches in der DDR. Walter Ulbricht verkündete unmittelbar danach am 12.10.1968 die Ablehnung von Pluralismus und Gewaltenteilung: »Aber mit wem soll denn das werktätige Volk die Macht teilen?« Es sei kein Platz für Verwaltungsgerichte. Erforderlich sei ein einheitlicher festgefügter Staat; das Recht dürfte nicht als bloßer Regulator betrachtet werden.[10]

Der eingeschlagene Weg zur Verbindung von Sozialismus und Demokratie wurde abgebrochen. Der Staat, der kein Staat im eigentlichen Sinne mehr war, sollte weiterhin die ganze Gesellschaft regeln und gestalten. Bei allen Zügen der Repression war das eigentliche Problem die Negation jeglicher nicht zentral organisierter Bewegung. Je kraftloser die Zentrale wurde, desto bewegungsloser wurde die Gesellschaft. Die angestrebte Abschirmung vom Westen, der die DDR nach wie vor bedrohte, erforderte einen immer stärkeren Ausbau administrativer Maßnahmen. Unter Ignorierung des ununterbrochen zunehmenden Einflusses der Westmedien in der DDR und unter Ignorierung der Rolle, die der Intershop und vieles andere zur Untergrabung der ökonomischen Moral in der DDR spielten, wurde ein immer größerer Teil der Kraft in die administrative Sicherung des Weiterbestandes des Systems gesteckt.

Die unbestreitbaren Erfolge in der Friedens- und Entspannungspolitik erhöhten die Ansprüche der Bevölkerung an Konsum und Reisemöglichkeiten. Die immer mehr zunehmende Reisemöglichkeit in den Westen führte, im Gegensatz zu Hoffnungen der Führung, nicht zu einer Stabilisierung des Systems, sondern zu seiner weiteren Untergrabung. Mit dem zunehmenden Abbau der Angst vor der Gefahr eines neuen Krieges wuchsen die Anforderungen an das eigene System, an Demokratie und Rechtsstaatlichkeit. Der Ausbau des Sicherheitsapparates, die teilweise der eigenen Verfassung und den Rechtsvorschriften widersprechenden Repressionsmaßnahmen, die entwürdigenden und menschenverachtenden Methoden der Überwachung stießen auf immer größeren Widerstand. Die Abgrenzung vom Reformkurs in der Sowjetunion schließlich führte zur weiteren Zersetzung der Legitimation der Führung in den Augen der Mitgliedschaft der SED und vieler anderer Bürger.

Der Zusammenbruch praktisch ohne Gegenwehr zeigte auf der einen Seite den weitgehenden Verlust der Legitimation des DDR-Staates. Er bewies auf der anderen Seite, daß große Teile des Sicherheitsapparates von den Kampfgruppen bis zu den Einheiten des Ministeriums für Staatssicherheit nicht bereit waren, die bestehenden Verhältnisse durch Blutvergießen zu erhalten. Nicht zuletzt auch die Art des Untergangs der DDR sollte es eindeutig verbieten, sie in einem Atemzug mit dem Nazifaschismus zu nennen.

Das Scheitern dieser Form des Sozialismus muß uns verpflichten, eine Reihe theoretischer Fragen nachdrücklich neu zu stellen. Der Staat hat, wenn ich das einmal so verkürzt formulieren darf, die Schlacht gegen das Kapital verloren. Diese Niederlage ist zu einem wesentlichen Teil darauf zurückzuführen, daß der Staat es nicht vermocht hat, sich wirksam mit dem Volk zu verbinden, dessen Interessen er vertreten wollte. Eine theoretische Frage, die immer mehr diskutiert wird, ist hierbei die Frage der bürgerlichen Gesellschaft, besser, der Zivilgesellschaft.

Schon bei Marx war die bürgerliche Gesellschaft nur mit der Ökonomie verbunden worden, Staat und Ökonomie standen sich unvermittelt gegenüber. Die Reduzierung der bürgerlichen Gesellschaft auf Egoismus, Privateigentum und Klassenkonflikt führte zu einem bestimmten Ökonomismus, zur Unterbewertung von vielem, was zwischen Ökonomie und Staat vermittelt. Die theoretische Alternative: bürgerliche Staatsmaschine oder Pariser Kommune hat mit ihren verhängnisvollen Folgen wohl auch hier ihre theoretischen Wurzeln.

Es erscheint mir sehr sinnvoll, hier an Überlegungen Gramscis zur bürgerlichen und Zivilgesellschaft anzuknüpfen. Er hatte aus den Erfahrungen der revolutionären Nachkriegskrise in Italien das Bild vom Bewegungskrieg (in Rußland) und Stellungskrieg (im Westen) abgeleitet. Im Osten sei mit der Beseitigung des Staates alles entschieden worden, weil die bürgerliche Gesellschaft – hierunter verstand er Schulen, Universitäten, Akademien, Massengewerkschaften, die katholische Kirche – kaum entwickelt war. »Im Osten war der Staat alles, die bürgerliche Gesellschaft steckte in ihren Anfängen und ihre Konturen waren fließend. Im Westen herrschte zwischen Staat und bürgerlicher Gesellschaft ein ausgewogenes Verhältnis, und erzitterte der Staat, so entdeckte man sofort die kräftige Struktur der bürgerlichen Gesellschaft.«[11]

Mit diesem Herangehen war eine neue Betrachtung der kapitalistischen Gesellschaft möglich. Es erlaubte die Einsicht, daß wesentliche Züge dieser Gesellschaft allgemein zivilisatorische Errungenschaften sind. Der Sozialismus ist nicht zuletzt dadurch gescheitert, daß er es nicht vermocht hat, eine sozialistische Zivilgesellschaft in hinreichendem Umfang zu entwickeln. Soll ein demokratischer Sozialismus zur wirklichen Alternative des Kapitalismus werden, so kann er das nur mit Zivilgesellschaft, Rechtsstaat, Gewaltenteilung, Öffentlichkeit, Basisdemokratie.

Auf der anderen Seite ist es notwendig, sich gegen die Illusion zu wenden, daß der Kapitalismus eine demokratische Zivilgesellschaft gleichsam automatisch hervorbringt. Zivilgesellschaft im Sinne eines vermittelnden, weder ökonomischen noch staatlichen Bereiches, der gegen das Privateigentum einerseits, den Staat andererseits geschützt und ausgebaut werden soll, ist ein Kampffeld, kein notwendiger Bereich gesellschaftlichen Fortschritts.

Der gescheiterte Sozialismus in der DDR hat wenig an Zivilgesellschaft hervorgebracht. Der Zusammenbruch des DDR-Staates öffnete den Blick auf eine zivile Öffentlichkeit, die nicht nur aus den Sprechern der Bürgerbewegungen und der Kirchen, aus Künstlern und Schriftstellern, sondern auch aus vielen anderen bestand, die in der DDR ein kritisches sozialistisches Bewußtsein entwickelt hatten, darunter auch zahlreiche Mitglieder der SED. Sowohl die elektronischen Medien als auch die Presse gaben dieser Bewegung Ausdruck, die runden Tische als Formen politischer Artikulation und Macht.

Mit dem 18. März 1990 war das Kräfteverhältnis deutlich geworden, die Wirtschafts- und Währungsunion brachte die D-Mark, mit ihr kam der Einzug eines sozial kaum gebändigten Kapitalismus. Das mediale Interesse an den Oppositionellen von einst ging zurück. In der Volkskammer wurde der Stil des runden Tisches nicht fortgesetzt, der Verfassungsentwurf ohne Prüfung in den Ausschüssen abgelehnt. Immerhin gab es hier in manchen Debatten Züge argumentativer Diskussionen, Abstimmungen über Fraktionsgrenzen hinweg aus gemeinsamer Verantwortung für das Land. Debattenerfahrung im Bundestag mit seinem weit rigideren Regime, entwickelt in der 40jährigen Tradition nicht zuletzt mit unerbittlichem Fraktionszwang, erwecken bei vielen ehemaligen Abgeordneten der Volkskammer nostalgische Gedanken.

Was für die Zivilgesellschaft gilt, traf auch in hohem Maße für das Recht in der DDR zu. Es wäre falsch, positive Züge des DDR-Rechts zu leugnen. Es war in vielen Regelungen des Arbeits-, Sozial-, Zivil- und Familienrechts in Inhalt und Form bürgernäher, verständlicher als das bürgerliche Recht. Das spüren heute viele sehr deutlich. Aber gerade auf für die Demokratieentwicklung zentralen Gebieten wie dem Strafrecht, dem Verwaltungsrecht, dem Verfassungsrecht blieb es weit hinter den Erfordernissen und Möglichkeiten zurück, sanktionierte es große Bereiche politischer Rechtlosigkeit, Entmündigung und Demütigung. Das Recht wurde von der Partei- und Staatsführung nur als Instrument, nicht als Maßstab der Politik verstanden. Wenngleich die These vom Unrechtsstaat DDR eine differenzierte Analyse ausschließt, ist es unzweifelhaft, daß die DDR den Anforderungen an einen Rechtsstaat nicht entsprach.

Der Rechtsstaat hatte sich in Deutschland historisch als Gegensatz zum feudalen Polizeistaat herausgebildet. Mit dem Fortschreiten der bürgerlichen Gesellschaft wurde mit Notwendigkeit sowohl das Thema der Rolle der Verfassung und der Gesetze, des gleichen Rechts für alle, der liberalen Grundrechte als auch der Volkssouveränität und Gewaltenteilung auf die Tagesordnung gesetzt. Die Forderungen nach Herrschaft des Gesetzes, Bindung der Verwaltung an das Gesetz, Unabhängigkeit der Richter dienten der Durchsetzung des kapitalistischen Privateigentums gegen den alten Staat wie seinem Schutz vor der sozialistischen Umwälzung. In der Bundesrepublik Deutschland wurde der Rechtsstaat von konservativen Kräften zur zentralen Kategorie erhoben, verdrängte er weitgehend sowohl den demokratischen als auch den Sozialstaat. Das Recht wurde in ihren Augen über das Gesetz gestellt, seine Interpretation durch das Bundesverfassungsgericht sollte dieses zum Supergesetzgeber machen.

Ein Bundesverfassungsgerichtsurteil vom 14. Februar 1973 bringt diesen Subjektivismus ganz deutlich zum Ausdruck: Die Aufgabe der Rechtsprechung könne es insbesondere erfordern, Wertvorstellungen, die der verfassungsmäßigen Rechtsordnung immanent, aber in den Texten der geschriebenen Gesetze nicht oder nur unvollkommen zum Ausdruck gelangt sind, in einem Akt des bewertenden Erkennens, dem auch willenhafte Elemente nicht fehlen, ans Licht zu bringen und in Entscheidungen zu realisieren. Richterliche Entscheidungen sollen Lücken im Recht nach den Maßstäben der praktischen Vernunft schließen. Mit solchen Thesen sollte der Weg frei gemacht werden, politische Entscheidungen durch ihre Interpretation als Ausfluß der Verfassung heilig zu sprechen, der politischen Kritik zu entziehen. Das Bekenntnis zum Grundgesetz sollte zu einem Bekenntnis zu einem übernormativen Recht einer konservativen Wertehierarchie umfunktioniert werden.

Ich sehe im Rechtsstaat nicht Überirdisches, keinen letzten Maßstab menschlicher Tätigkeit, wohl aber eine zivilisatorische Errungenschaft, die wir gegen konservative Angriffe verteidigen, zugleich aber ausbauen sollten im Sinne ihrer Demokratisierung. Der Rechtsstaat ermöglicht den Fortschritt und die aktive Vertretung linker sozialistischer Positionen, aber er garantiert sie nicht. Auf diesem Boden können auch Angriffe gegen den Fortschritt vorgetragen werden, waren Berufsverbote möglich, werden sie heute sogar in Ostdeutschland zur Massenerscheinung, kann die Forderung nach Enteignung und Beobachtung, ja sogar nach einem Verbot linker Parteien erhoben werden.

Nach dem Scheitern des bisherigen Sozialismus bleibt die Notwendigkeit einer Alternative zur Macht des kapitalistischen Großeigentums. Gesellschaftliches Eigentum muß für uns notwendig mit pluralistischer, bürgernaher, partizipatorischer Demokratie und Vertretungsdemokratie, mit Zivilgesellschaft und Rechtsstaat verbunden werden.

Gesellschaftliches Eigentum – sicher auch verbunden mit Privateigentum – erscheint mir nach wie vor als unverzichtbar für den Sozialismus. Es ist nicht bewiesen, daß gesellschaftliches Eigentum verbunden werden kann mit Zivilgesellschaft und Rechtsstaat. Wir müssen auch davon ausgehen, daß ein demokratischer Sozialismus von seinen Gegnern nicht minder aktiv und rücksichtslos bekämpft werden wird, als dies beim bisherigen Sozialismus in der DDR der Fall war. Dennoch aber sollten wir davon ausgehen, daß die Allmacht des Staates sich als wettbewerbsunfähig gegenüber dem heutigen modernen Kapitalismus erwiesen hat. Wir können heute noch kein Modell eines demokratischen Sozialismus vorlegen, aber ich denke, daß dies die einzige Richtung ist, in die wir gehen können, eine Richtung, die den Kampf sowohl gegen die Allmacht des Privateigentums als auch den Kampf gegen die Allmacht des Staates umfaßt.

Daraus ergibt sich für uns auch der Kampf für die Verteidigung des Rechtsstaates, für seine Nutzung im Sinne der Entwicklung der Demokratie, für eine neue Verfassung. All das kann nicht den Sozialismus garantieren, aber nur auf diesem Wege können wir für den Sozialismus kämpfen.

Wir wissen heute, daß Ostdeutschland ein Rechtsstaat zweiter Klasse ist. Alle unsere Erfahrungen machen deutlich, daß der Rechtsstaat kein Geschenk ist, daß seine Verteidigung und Entwicklung abhängig ist von unserem politischen Kampf. Das, was wir heute erleben, was viele von uns heute persönlich erfahren, in bezug auf Entlassung der Richter, auf Abwicklung, Evaluierung der Wissenschaftler, auf Berufsverbote, Parteiverbotsdrohung, auf die Behandlung des Parteivermögens, das alles macht uns deutlich, daß wir nur soviel Rechtsstaat haben werden, wie wir selbst erkämpfen. Auf der einen Seite werden viele Mitarbeiter des Staatsapparates und des Parteiapparates der DDR durch Rentenkürzungen bestraft. Das betrifft in besonders hohem Maße die Mitarbeiter des Ministeriums für Staatssicherheit. Zugleich werden diese drastisch gekürzten Versorgungsbezüge und ebenso die gerichtliche Verfolgung von Taten, die nach dem Recht des DDR-Staates nicht strafbar waren, benutzt, um die Gefahr linksextremistischer Bestrebungen an die Wand zu malen. Der »Bayernkurier« vom 12.10.1991 spricht davon, daß der kommunistische Wolf im demokratischen Schafspelz die Zähne fletscht und charakterisiert die PDS als verfassungsfeindlich.

Aber wir haben die Möglichkeit, gegen diese Art und Weise der Behandlung aller derer, die mit der ehemaligen DDR verbunden sind, vorzugehen. Ich meine nicht, daß wir jenen zustimmen sollten, die den Kampf für eine neue Verfassung mit der Begründung ablehnen, daß Verfassungsfragen Machtfragen seien. Im »Neuen Deutschland« vom 17.7.1991 haben sich Ulla Jelpke und andere auf diesen Satz von Lassalle berufen. Er hatte am 16.4.1862 erklärt, daß die wirkliche Verfassung die tatsächlichen Machtverhältnisse seien, an ihrer Spitze Militär und übrige Exekutive. Tatsächlich sind Verfassungsfragen Machtfragen, aber sie sind eben auch Rechtsfragen. Der juristische Kampf ist ein eigenständiger Kampf. Ich meine nicht, daß es richtig ist, wie Ulla Jelpke und andere schreiben, daß wir, je besser wir die Möglichkeiten des bestehenden Systems nutzen, desto schneller zum Staatsfeind erklärt werden, »egal, wie intensiv wir uns auf dem Grundgesetz oder einer neuen Verfassung tummeln«.

Meine Meinung ist: Die verfassungsrechtlich fixierten demokratischen Institute sind Instrumente der Herrschaftsausübung und -tarnung, aber auch wichtige reale zivilisatorische Errungenschaften des demokratischen Kampfes. Nicht ihre Negierung beziehungsweise Beseitigung, sondern ihr Ausbau und ihre Abkopplung von den monopolistischen Machtstrukturen im Rahmen eines umfassenden Demokratisierungskonzepts ist unser politisches Anliegen. Ein, wie zweideutig auch immer formuliertes Bekenntnis zur Staats- und Verfassungsfeindlichkeit ist theoretisch falsch und politisch unsinnig.

Für uns ist weder die Trennung von Demokratie und Rechtsstaat noch eine Negierung des Gesetzes im Namen überpositiven Rechts akzeptabel. Die Erfahrungen der DDR lehren uns, gegenüber jedem Angriff auf das positive Recht im Namen höherer Werte mißtrauisch zu sein. Wir verteidigen das Grundgesetz und zugleich kämpfen wir für eine neue Verfassung, die die politische Teilhabe auf allen Ebenen des Staates gewährleistet und so das Volk eindeutig zum Träger, und nicht nur zur Quelle der Staatsgewalt macht. Sie muß mehr Basisdemokratie bringen, mehr Rechte der Bürger, nicht nur politische, sondern auch soziale Rechte, die Beseitigung des Parteiverbots, eine erhöhte Verantwortlichkeit der Exekutive, die Einschränkung der unbeschränkten Macht des Privateigentums.

Es geht heute um eine gewaltige Auseinandersetzung um die Idee des Sozialismus. Dem Zusammenbruch des Sozialismus soll die endgültige Zerstörung dieser Idee folgen. Viele stellen heute in Frage, ob es sich überhaupt um einen Sozialismus gehandelt habe, und wenn, wie man ihn denn charakterisieren solle. Manche sprechen von Kasernensozialismus, andere von Staatssozialismus. Ich halte die Bezeichnung Frühsozialismus für adäquat. Der westdeutsche Marxist Georg Fülbert hat eine Analogie zwischen diesem Frühsozialismus und dem Florenz des 14. und 15. Jahrhunderts als frühkapitalistischer Kommune gezogen.[12] Es scheint mir nicht zulässig, den Zusammenhang zwischen der Idee des Sozialismus und dem Versuch, Sozialismus in der DDR zu gestalten, zu bestreiten. Ich meine, daß es unaufrichtig wäre, diesen Zusammenhang zu leugnen. Einerseits ist hier gezeigt worden, daß es möglich ist, eine Gesellschaft ohne Arbeitslosigkeit, ohne ökonomische Krisen, mit einem höheren Maß an sozialer Gleichheit zu schaffen. Andererseits war das administrative System mit seiner Übermacht der zentralen Leitung, die das gesamte System prägte, der Auseinandersetzung mit einem gewandelten Kapitalismus nicht gewachsen. Die Verbrechen Stalins, die poststalinistische Repression sind in diesem System erfolgt. Sie waren als Möglichkeit in dem Versuch, eine Gesellschaft ohne Privateigentum zu schaffen, angelegt. Auch zum Kapitalismus gehören sehr verschiedene Systeme, gehören Schweden wie Brasilien, das Apartheid-Südafrika wie die Sahelzone. Ich meine, wir sollten nicht bestreiten, daß es sich hier um einen gescheiterten Versuch des Sozialismus gehandelt hat.

Solange der Kapitalismus existiert, wird es eine antikapitalistische Bewegung geben, die sich den Sozialismus als Alternative zum Ziel setzt. Das Streben nach Sozialismus war nicht das Werk von Theoretikern, es war das Werk der Widersprüche des Kapitalismus. Ich meine also, daß die sozialistische Utopie bestehen bleibt. Joachim Fest hat vor kurzem in seinem Buch »Der zerstörte Traum« auf Seite 98 geschrieben,»daß ein Leben ohne Utopie zum Preis der Modernität gehört«. Der Literaturwissenschaftler Hans Mayer, er hatte die DDR nach zunehmenden Schikanen 1963 verlassen, hat demgegenüber meines Erachtens zu Recht erklärt, daß der Traum vom besseren Leben, von der Lösung der sozialen Ungleichheit nicht am Ende ist. »Der Marxismus ist in seinen Grundkenntnissen nicht im mindesten widerlegt.«[13] Der Hauptkampf wird heute gegen diese alternative Idee geführt. Der amerikanische Wissenschaftler F. Fukujama hat in seinem Artikel »The end of history?« in der Zeitschrift »The national interest« vom Ende der Geschichte gesprochen. Der ökonomische und politische Liberalismus, zu dem es keine wirkliche ideologische Alternative mehr gebe, habe vollständig gesiegt.

Alle Mittel werden in Bewegung gesetzt, um diese Idee, um dieses Ideal zu zerstören. Das Recht reicht dafür nicht aus, deshalb wird ein Tribunal gefordert, deshalb sind wir ununterbrochen Gegenstand einer Kampagne der Medien. Für mich ist eine der eindrucksvollsten Erfahrungen der letzten beiden Jahre, die Rolle, die die Medien in der kapitalistischen Gesellschaft spielen. Sie sind offenbar um vieles wirksamer als die Gerichte. Ihre Verurteilung ist die Entscheidung. Wer soll sich noch mit Erfolg nach einer Medienkampagne an die Justiz wenden, um sein Recht zu erhalten?

Da nützt es auch wenig, wenn Richard von Weizsäcker erklärt: »Ich möchte alles nur Denkbare dazu beitragen, daß niemandem in der alten DDR vom Westen her das Gefühl nahegebracht wird, er möge die gesamte Lebenszeit, die er in der DDR zugebracht hat, ersatzlos aus seinem Gedächtnis und seiner Biografie streichen.«[14] Wenig Wirkung haben auch Erklärungen wie die von

Helmut Schmidt: »Unsere Gerichte dürfen sich nicht zur ›Siegerjustiz‹ verleiten lassen. Manche westdeutsche Heuchelei ist ekelhaft. Klaus von Dohnanyi hat recht: ›Wir sollten unseren Hochmut abtun gegenüber früheren Nazis wie Kommunisten, wir sollten den Blick nach vorn richten.‹«[15] Tatsache ist, daß die Medien mit ganz wenigen Ausnahmen eine unerbittliche Kampagne führen. Gegen sie müssen wir uns stärken, theoretisch und moralisch, weit offen für alle, die denken, die kritisch denken. Für Zeitschriften wie »Argument«, Leute wie Wolfgang Fritz Haug, wie Hans Mayer, Rolf Hochhuth, Helmut Ridder und viele andere.

Natürlich ist der Abschied von der DDR für uns schmerzlich und unvermeidlich. Ich hoffe, daß andere unsere Schmerzen verstehen. Der siegreiche Gegner verlangt von uns Offenheit nur, um uns anschließend hinzurichten. Helfen wird uns nicht unser Schmerz, helfen wird uns nur die wirkliche Analyse.

Alexander und Margarete Mitscherlich schreiben in ihrem Buch »Die Unfähigkeit zu trauern« von 1967 (Leipzig 1990) zu dem vielzitierten Begriff der Trauerarbeit: »Trauer entsteht, wo das verlorene Objekt um seiner selbst willen geliebt wurde« (Seite 43) und: »Die Trauerarbeit ist nicht auf Restitution schlechthin aus, sie bringt uns langsam dazu, die definitive Veränderung der Realität durch den Verlust des Objektes zu akzeptieren. Das hat zur Folge, daß am Ende der Trauerarbeit das Individuum verändert, das heißt gereift, mit einer größeren Fähigkeit, die Realität zu ertragen, aus ihr hervorgeht« (Seite 89). Laßt uns gemeinsam diese Arbeit durchführen, um in die künftigen Kämpfe gereifter, mit tieferer Einsicht und auch mit Entschlossenheit zu gehen.

Anmerkungen

[1] Christoph Hein: Öffentlich arbeiten, Berlin 1987, S. 36.
[2] Rosa Luxemburg: Die Revolution in Rußland. In: Gesammelte Werke, Bd. 1/2, Berlin 1988, S. 507.
[3] Karl Marx: Der achtzehnte Brumaire des Louis Bonaparte. In: MEW, Bd. 8, S. 118.
[4] Süddeutsche Zeitung, 24.9.1991.
[5] Spiegel, 1991, Nr. 39.
[6] Die Zeit, 6.9.1991.
[7] Pressedienst der PDS vom 19.7.1991.
[8] Karl Marx: Zur Kritik der Hegelschen Rechtsphilosophie. In: MEW, Bd. 1, S. 385.
[9] Karl Polak: Zur Dialektik in der Staatslehre, Berlin 1963, S. 252.
[10] Die Rolle des sozialistischen Staates bei der Gestaltung des entwickelten gesellschaftlichen Systems des Sozialismus, Berlin 1968, S. 24.
[11] A. Gramsci: Zur Politik, Geschichte und Kultur, Leipzig 1980, S. 272.
[12] G. Fülbert: Sieben Anstrengungen, den vorläufigen Endsieg des Kapitalismus zu begreifen, Hamburg 1991, S. 126.
[13] Börsenblatt, 16.8.1991.
[14] Berliner Zeitung, 6.9.1991.
[15] Die Zeit, 1991, Nr. 41.

»Wir haben den kalten Krieg verloren«

Helmut Bock (Berlin): Das folgende bezieht sich ausschließlich auf die Darlegung von Michael Schumann, die ich als einen gelungenen politisch-historischen Essay bezeichnen möchte. Essay im tatsächlichen Sinne des Genretyps – als einen »Versuch«, sich den schwerwiegenden Problemen der jüngsten Vergangenheit anzunähern. Essay auch im Sinne der gut gestalteten Einheit von Inhalt und Form.

Dem zweiteiligen Aufbau der Darlegung stimme ich ebenfalls zu. Zuerst die Verteidigung gegen politische Kräfte, die die gegenwärtige Restauration der vom Kapital dominierten Gesellschaftsordnung betreiben, sich selbst mit Weihrauch vernebeln, aber die gewesenen oder gar fortdauernden Anhänger der Ideen des Sozialismus niedermachen. Sodann das klare Bemühen und eine kritische-selbstkritische Abrechnung mit dem, was mit uns und durch uns geschah.

Nach solcher Bejahung möchte ich jedoch zwei kritische Gedanken vortragen. Der erste Gedanke knüpft dort an, wo Michael Schumann über intellektuelle Eliten in der DDR urteilt und diese insgesamt – wie mir scheint, ohne wesentliche Unterscheidungen – in die Schuld des staatsmonopolistischen Sozialismus, seiner Herrschaftsideologie und Polizeigewalt mit einbezieht: Die Intellektuellen hätten die Öffentlichkeit ohne kritische Hilfe gelassen. Sie hätten sich insbesondere der Jugend verweigert, auf deren Fragen keine Antworten gegeben. Deshalb bestehe bei ihnen auch eine Mitschuld für die Tätigkeit der Staatsorgane, sogar des Ministeriums für Staatssicherheit. Angesichts derart ausufernder Schuldzuweisung möchte ich ein einziges Beispiel auswählen und fragen: Worin besteht eigentlich die Schuld der Christa Wolf, die mit ihrer Erzählung »Kein Ort. Nirgends« (1979) eine unmißverständliche Botschaft gab – da sie nach drei Jahrzehnten der Teilnahme an den Sozialismus-Versuchen der Nachkriegszeit für ihre humanen Bestrebungen nur noch eines sah: Keinen Ort. Nirgends ... Diese schlimme Bilanz der Resultate einer großen Revolution – war das nicht aktuelle Kritik, wenngleich in den historischen Kostümen der Dichter Günderrode und Kleist? Die Autorin hätte nun dank des gerechtfertigten Umstandes, als international bekannte Literatin in den Westen reisen zu können, wohl die Möglichkeit gehabt, nicht mehr in die DDR zurückzukehren. Sie hätte im Ausland das Menschenrecht der freien Rede und Schrift wahrnehmen können. Die Pforten ehrbarer Verlage und hundsgemeiner Journaille standen damals weit offen für sie. Doch Christa Wolf scheint als eine ethische Sozialistin unter einem inneren Gebot gelebt zu haben: daß sie zurückkehren mußte, die Hiesigen nicht allein lassen konnte, obwohl sie sich damit selbst wiederum unter den Maulkorb und die anderen Zwänge des politischen Systems begab. Gereicht ihr das nun zur politischen Schuld, gar zur Mitschuld an den Taten und Untaten der Staatssicherheitsorgane? Wie weit darf Schulderklärung und -zuweisung ausgedehnt, verallgemeinert, überspannt werden?

Gewiß kann sich die große Schicht der Intelligenz an dem genannten Beispiel nicht messen. Jedoch in Literatur, Künsten, Wissenschaften, Produktionsstätten gab es durchaus sozialistische Moralisten, Kritiker, Alternativdenker, die unter den polizeistaatlichen Bedingungen des Totalitarismus gesagt, geschrieben, gemalt, gesungen haben, was ihnen das Gewissen gebot. Einige gingen dafür in Berufsverbot, Isolation, Gefängnis, wurden ins Ausland vertrieben. Nicht wenige andere – obwohl stets eine Minderheit – stießen bewußt gegen Grenzen vor, die von einer allmächtigen und allgegenwärtigen Politoligarchie mitsamt ihrem bürokratisch-polizeilichen Apparat errichtet waren. Wer nun erzeugte die Bedrückungen und die Beleidigungen? Wer überwachte Millionen von Staatsbürgern und zumal Tausende von kritischen Intellektuellen, deren Namen man in den Stasiakten finden wird?

Mag auch ein jeder ins Gericht mit sich gehen. Es ist nicht einzusehen, daß die Schuld an Demokratiemangel und Intoleranz, Gewalt und Demagogie unteilbar sei. Das entlastet die Parteioligarchie, die Nomenklatura, die Stasi von einer Kritik, die sie wahrlich verdient. Und mehr: Die Pauschalität der Schulderklärung würde uns selbst entwerten – die sozialistisch Gesinnten, aber Querdenkenden in der früheren Partei. Deshalb bin ich für mehr Differenzierung und gegen jede Pauschalität des Bemessens von Schuld. Wohl weiß ich, daß der Parteiapparat, wohl vermute ich, daß auch die Stasi kein hermetisch geschlossener Kampfverband war, vielmehr aus Menschen bestand, wo unter Hardlinern, Stupiden und Liebedienern auch Sensibilisierte wirkten, die die Hoffnungen der Perestroika und des Neuen Denkens mittragen wollten, übrigens nicht erst seit 1985. Oppositionelle Sozialisten konnten unter den Letztgenannten durchaus Unterstützung finden, um kritische Gedanken an die Öffentlichkeit zu schmuggeln. Doch grundsätzlich bin ich für klare Scheidung zwischen Machtträgern und Oppositionellen, sonst werden Schuld, Mitschuld und Sühne verwischt.

Mein zweiter, das Thema fortsetzender Gedanke bezieht sich auf die Art der Analyse, die Michael Schumann gegeben hat. Sie ist ideologiepolitisch und geisteswissenschaftlich angelegt, indem nach konstitutiven Elementen des Bewußtseins im »real existierenden« Sozialismus gefragt wird. Das ist ergiebig – allerdings keine ganz komplexe Betrachtungsweise. Obwohl ich die Eingrenzung der Sicht auf geistiges Leben und Herrschaftsideologie akzeptiere, möchte ich erinnern, daß sich seit den 20er Jahren unseres Jahrhunderts eine Analyse und Systemkritik gegen »Stalinismus« und »Poststalinismus« entwickelt haben, die auf struktur-analytische Komplexität abzielten. Wir müssen diese objektiv vorhandenen Einsichten zur Kenntnis nehmen. Ich spreche von jener Entwicklungslinie, die von den antistalinistischen Protesten der russischen »Arbeiteropposition« (z.B. Ch. Rakowski 1928) über das Manifest des »Bundes der Marxisten-Leninisten« (1932), die bedeutenden Analysen des älteren L. Trotzki (1937/38), die große Exilliteratur in der Art von I. Deutschers Stalin-Biografie (1948) bis hin zur harten Analyse des jugoslawischen Altkommunisten und stellvertretenden Ministerpräsidenten M. Djilas (1957) führt. Die hier nur in Auswahl genannten kommunistischen Oppositionellen und Alternativdenker, die für ihre Kritik mit Freiheit und Leben zahlen mußten, gelangten mit Hilfe ihrer Methodik und Konsequenz zu einer Systemanalyse, die ganzheitlich vorging und daher zu einem ungemein schwerwiegenden Resultat gelangte: der Existenz und historisch-politischen Verantwortlichkeit einer neuen herrschenden Kaste oder auch »Klasse« im staatsmonopolistischen Sozialismus. Das hat zu tieferen Einsichten und auch zu härteren Wertungen geführt. Denn es war natürlich nicht nur Ideologie, die das System prägte. Das gesellschaftliche Gebäude, in dem die Partei- und Staatsbürokratie herrschte, stand mindestens auf drei Säulen: erstens Macht, zweitens Eigentum (d.h. Dominanz eines Staatseigentums in der Verfügungsgewalt der Herrschenden, aber irreführend als »Volkseigentum« deklariert) und drittens Ideologie.

Mancher mag dieses Analyseergebnis nicht gern übernehmen. Jedoch die dialektisch umfassende Sicht auf Macht, Eigentum und Ideologie einer Herrschaftskaste, die sich über die Arbeiterklasse und das ganze Volk erhoben hatte, vermag zu zeigen, wie totalitär das System war – daher auch, wie schwer es war, eine Freiheit des Geistes zu fordern und zu praktizieren. Bei solcher Wirklichkeit stellt sich die Frage nach Verweigerung und Bewährung, nach Hauptschuld, Mitschuld und Nichtschuld eben weit differenzierter. Man kann die »geistigen Eliten« der DDR nicht en bloc beurteilen, und schon gar nicht sämtliche Intellektuellen unter demselben Schuldkonto abrechnen, wofür die herrschende bürokratische Kaste einzustehen hat. Die Schuld ist nicht gleich. Die Schuld ist abzustufen. Bei aller Selbstkritik und Selbstanklage, die uns dann noch bleiben, wäre zu prüfen, ob und wann wir tatsächlich als sozialistische Alternative auftraten und warum wir mit der Art unserer Kritik, Alternative, Opposition das System nicht zu wandeln vermochten.

Wenn wir die hier vertretene Ideologieanalyse mit der umfassenden Systemanalyse verknüpfen, dann wird noch deutlicher: Die Verwerflichkeit der Politik lag nicht nur in der »Abkoppelung der heroischen Illusion von den Realitäten«. Das ist geistespolitisch formuliert. Das grundlegende Problem lag in den objektiven und subjektiven Faktoren des staatsmonopolistischen Sozialismus als Gesamtsystem, lag somit primär in Macht und Machtmißbrauch einer herrschenden Kaste. Das wollte ich zu bedenken geben – aber verknüpft mit Dank für die vielen guten Gedanken und die aufrechte Haltung, die im Referat enthalten sind.

Horst Helas (Berlin): Zum Vortrag von Michael Schumann habe ich weitgehend Zustimmung, allerdings auch mehrere Bedenken. Man müßte vielleicht morgen im Arbeitskreis noch einmal konkret zum Thema Antifaschismus diskutieren.

Erstens müssen wir den Antifaschismus-Begriff und die Entwicklung von Antifaschismus selber historisieren, sonst kommen wir in Teufels Küche. Als wir im Mai 1990 am Bogensee den Bund der Antifaschisten gegründet haben, war zum Beispiel die Rede davon, daß wir über Antifaschismus und Stalinismus im Zusammenhang nachdenken müssen. Das hat vielen Leuten, jungen wie alten, überhaupt nicht gepaßt. Man müßte sicherlich auch in dieser Richtung genauer sein und sich die Dinge ansehen, wie sie historisch entstanden sind, ob der Stalinismus nur geduldet wurde, weil antifaschistisch zu kämpfen war, und vieles andere. Das ist vor 1933, nach 1933, nach 1945 immer wieder auch anders gewesen. Und ich glaube, man muß es durchaus zusammendenken und darf nicht versuchen, das eine mit dem anderen zu entschuldigen. Das sind sehr komplizierte Prozesse.

Was die DDR betrifft, so ist es der gleiche Fehler gewesen wie in der BRD. Mit der »Vergangenheitsbewältigung« wurde auch bei uns etwas zugedeckt. Mit dem weitgehend ehrlichen und tätigen Antifaschismus wurde vieles über den Faschismus jahrzehntelang zugedeckt im Sinne der Gleichmacherei eines ganzen Volkes, um es mitzunehmen nach vorn – der HJ-Junge durfte in die FDJ, damit alle nach vorn mitgehen. Ich will das hier gar nicht alles thematisieren, wie es vor 14 Tagen auf der Rechtsextremismus-Konferenz ja geschehen ist. Hier liegen Defizite, die man aufarbeiten muß.

Damit will ich nichts dagegen sagen, was diese Kontinuitäten der Eliten der BRD zum Nazireich betrifft. Aber es ist eben auch wichtig, über die Antifaschismus-Defizite in der DDR nachzudenken.

Und schließlich: Mit der »schützenden Kruste«, mit dem »Abwehrpanzer« hätte ich meine ganz großen Schwierigkeiten, wenn es um Psychologie und Seelisches geht. Ich will das einmal zuspitzen: Die Berufsverbrecher, die in Buchenwald gesessen haben, oder die SPD-Genossen, die dann in Workuta nach 1945 unter Stalin verschwunden sind, haben vielleicht auch solche Schutzschilde um sich aufgebaut. Ich würde das nicht als Entschuldigung für Politik geltend machen, das ist mir zu kompliziert.

Zu dem zweiten Vortrag nur drei Fragen, da habe ich mehr Schwierigkeiten. Ich verstehe nicht, daß nur wir objektiv ein richtiges Urteil über die Vergangenheit der DDR abgeben können und unsere politischen Gegner nicht. Ullmann und Schorlemmer wären dann nicht bei unseren Gegnern. Vielleicht waren nur echte Feinde gemeint. Ich sehe das etwas komplizierter. Ich würde mir da auch nichts anmaßen, um vielen die Mitarbeit bei der Aufarbeitung von DDR-Geschichte auch zuzugestehen, und nicht nur irgendwelchen von »uns«.

Wir haben den kalten Krieg verloren, ist gesagt worden. Ich würde sagen – Gott sei Dank! Wenn man sich vorstellt, wir hätten ihn gewonnen unter den Strukturen, die wir damals hatten, wäre das zwar für die Weiterexistenz der DDR etwas anders gelaufen, aber ob es besser gewesen wäre, ist schwierig zu beantworten.

Und das letzte, ich glaube nicht, daß der Bürokratismus die Hauptgefahr von Gesellschaften ist, auch nicht von stalinistischen. Sonst hätten wir jetzt in der ehemaligen DDR ja einen Krisenstaat, weil die Bürokratie größer ist als vorher. Es muß doch auch noch andere Gefahren geben. Aber ich glaube nicht, daß irgendeine kapitalistische Gesellschaft an dieser Hauptgefahr allein – sicherlich ist es auch nicht so gemeint gewesen – zugrunde geht.

Uschi Goldenbaum (Berlin): Mit den Auffassungen von Michael Schumann zum Antifaschismus in der DDR stimme ich weitgehend überein. Aber ich möchte aus meiner Sicht folgendes dazufügen: Auf einer Parteiversammlung vor dem Pädagogischen Kongreß 1989 hat der Genosse Kossakowski über die Forschungen zur Jugend in der DDR gesprochen. Ich stellte ihm damals die Frage, ob die Akademie für Pädagogische Wissenschaften – für die er auch gesprochen hatte – Untersuchungen über das Ausmaß neofaschistischer Aktivitäten in der DDR angestellt habe, was ich durchaus zu den Aufgaben einer solchen Akademie gerechnet hatte. Genosse Kossakowski hatte sowohl die Frage als auch die wissenschaftliche Aufgabe von sich gewiesen. Die neofaschistischen Aktivitäten Jugendlicher in der DDR hatte er als Dummejungenstreiche bezeichnet, das war also 1989. Wenn er das 1979 oder 1971 gesagt hätte, dann hätte ich ihm sogar noch zugestimmt. Aber nicht mehr 1989, als für viele Leute – besonders in größeren Städten – sichtbar war, daß es so etwas gibt.

Als ich gegen seine Antwort Einspruch erheben wollte, wurde mir das ausdrücklich verwehrt. Das bedeutete für mich, daß man nicht nur die neofaschistischen Jugendlichen nicht sehen wollte, sondern daß eine Diskussion darüber geradezu unerwünscht war.

Zum Referat von Uwe-Jens Heuer meine ich, daß er nicht zum Thema »Die Staats- und Rechtskonzeption der SED und die Machtorganisation in der DDR« gesprochen hat. Ich hatte dazu etwas mehr erwartet und bedaure das, weil ich weiß, daß er dazu über wesentlich mehr Kenntnis verfügt. Zu seiner demagogischen Replik auf Thomas Kuczynski möchte ich eine Bemerkung machen. Genosse Heuer erklärt, daß er mit der Auffassung von Thomas Kuczynski, DDR-Nostalgie sei parteischädigend, nicht einverstanden ist. Genosse Heuer meint, wir alle hätten Heimweh nach der alten DDR, nicht wie sie war, sondern wie sie sein sollte. Das ist aber dann kein Heimweh, sondern Fernweh. In diesem Sinne meine ich schon, daß Nostalgie parteischädigend bleibt.

Michael Schumann (Potsdam): Ich bedanke mich bei Helmut Bock für die Anerkennung, und das heißt vor allem für die Kritik, und möchte eine Bemerkung machen zu dem, was er gesagt hat über meine Einordnung der intellektuellen Eliten. Wir hatten eine solche Diskussion, Uwe Heuer und ich, der schon damit nicht einverstanden war, wie ich das formuliert hatte. Und ich habe es nach dieser Diskussion anders und abgeschwächt formuliert. Ich habe im Text von einem großen Teil der intellektuellen Elite gesprochen. Vorher hieß es: die intellektuellen Eliten. Es ist natürlich völlig richtig, daß diese generalisierende Einschätzung überhaupt nicht bedeuten kann, und so ist das auch nicht von mir gemeint, daß das gewissermaßen auch auf jeden Angehörigen dieser Gruppe Intelligenz zutrifft. Der Name, den du selbst genannt hast, der macht das völlig deutlich. Besonders habe ich aber abgehoben, jedenfalls war das meine Intention, darauf, daß diejenigen versagt haben, die ich sicher etwas mißverständlich als Parteiintelligenz bezeichnet habe. Auch über diese Frage haben wir diskutiert. Nach meiner Meinung gehört zur Parteiintelligenz nicht jeder Angehörige der Intelligenz, der in der Partei war, sondern die für die Politik der Partei einigermaßen maßgeblichen konzeptionellen Denker, die ganz bestimmten »Parteigehirntrusts« angehörten. Da kann ich mich nur halb dazurechnen. Und mir war es wichtig, deutlich zu machen, daß, wenn wir schon über Schuld reden, zum Beispiel von Angehörigen einer Staatsorganisation wie dem MfS, wir sagen müssen, daß sie nicht in diese Schuld hätten kommen müssen, wenn andere ihre Verantwortung wirklich mit Konsequenz wahrgenommen hätten, also wenn sie Intelligenz, Parteiintelligenz im Sinne von Gramsci als organische Intelligenz gewesen wären. Ich glaube, das muß ich als Hochschullehrer, der auch vom Katheder die Theorie der entwickelten sozialistischen Gesellschaft usw. vertreten hat – auch gegenüber den Führungskräften des Staatsapparates an der ehemaligen Akademie für Staats- und Rechtswissenschaft –, einfach sagen. Das bin ich den ehemaligen Staatsdienern, auch den ehemaligen Mitarbeitern des MfS, einfach schuldig.

Das bedeutet natürlich nicht – und wenn dieses Mißverständnis aufgetreten sein sollte, muß ich das natürlich korrigieren –, daß jetzt Angehörige dieses Ministeriums ihrerseits sich auf solche Einflüsse herausreden können. Daß sie gewissermaßen diese Einflüsse und das Versagen anderer nun als eine Art von Gehäuse der Hörigkeit interpretieren, aus dem sie nicht hätten ausbrechen können, ist nicht zu akzeptieren. Dann nivellieren wir das Subjekt völlig, und es gibt überhaupt keine Verantwortung mehr, sondern es gibt nur noch abrechenbare Einflüsse und Determinanten usw. Aber ich glaube, daß doch die These gerechtfertigt ist, daß diese Parteiintelligenz im engeren Sinne auch als Intelligenz versagt hat. Das bin ich denjenigen schuldig, die heute gewissermaßen als die Alleinverantwortlichen und Sündenböcke denunziert werden.

Ansonsten ist es im übrigen richtig – und das scheint mir jetzt eine These zu bestätigen, die ich von Hans-Peter Krüger hier übernommen habe –, was Helmut Bock gesagt hat. Daß man nämlich wirklich sagen muß: Die Konfliktlinien sind in den Apparaten und vielfach eben auch in den Individuen verlaufen. Wenn man das nicht zur Kenntnis nimmt, wird man wahrscheinlich überhaupt nicht zu einer einigermaßen differenzierten Beurteilung kommen können.

Der zweite Gesichtspunkt: Ich hatte mir vorgenommen, über ideologische Grundlagen der Repression zu reden. Ich bin absolut der Meinung von Helmut Bock, daß die Kritik systematischer, und damit auch differenzierter geleistet werden muß. Ich hätte es gern getan, aber es hätte Forschungen vorausgesetzt, das konnte ich nicht leisten. Freilich ist ein Reden über Machtideologie, über Vergesellschaftungskonzept und auch über Antifaschismus immer auch – ich hatte gehofft, daß das einigermaßen durchblickt – ein Reden über die Macht, über die wirklichen Prozesse der Vergesellschaftung als staatsbürokratische und über die wirkliche soziale Bewegung des Antifaschismus. Ich muß diese Analyse weitertreiben, das ist überhaupt keine Frage. Aber ich bitte, diese Mängel zu verstehen als Ausdruck auch der Schwierigkeiten, in kurzen Fristen etwas zu bieten, was eben im Grunde genommen ausführliche Forschungen voraussetzt.

Eine letzte Bemerkung. Ich weiß nicht, ob ich Horst Helas richtig verstanden habe, ob er da an meinen Ausführungen nicht etwas mißverstanden hat. Es geht nicht darum, mit dem Leiden der Antifaschisten etwas zu entschuldigen, sondern zu erklären. Ich will übrigens noch einmal ganz ausdrücklich sagen: Ich habe nicht etwa den Anspruch erhoben, hier das Antifaschismusproblem umfassend zu thematisieren. Aber in allem, was ich gelesen habe über geistige Zusammenhänge, über ideologische Aspekte oder Grundlagen von Repression – jedenfalls aus der ehemaligen DDR und auch sonst, was ich habe darüber lesen können –, ist in diesem Zusammenhang nicht oder kaum dieses Problem des Antifaschismus mitgegriffen worden. Jedenfalls habe ich es dann nicht zur Kenntnis genommen. Und meine Überlegung war ganz einfach: Wir müssen aufhören, auch wenn wir über diese Dinge hier reden, über Repression, über Machtsystem, gewissermaßen die Problematik des Antifaschismus auf dem Sockel zu belassen, auf dem sie steht. Wir müssen sie hineinnehmen auch in diese schwierige und sensible Frage. Und es war zumindest ein Versuch, und nach meiner Meinung sollte man das nicht ausklammern.

Sonja Kemnitz (Berlin): Ich habe mit der Herangehensweise von Schumann ein Problem. Wenn Schuld eine Frage der geistigen Verfassung von Parteiführung, Parteimitgliedern und leitenden Funktionsträgern dieser Macht war und zu diesem Ergebnis geführt hat, dann ist natürlich die Masse des DDR-Volkes unschuldig. Denn sie hat an diesen politischen Debatten und an diesem Machtspektakel nicht teilgenommen und hatte auch gar keinen Zugriff darauf. Diese Frage will ich einfach stellen. Nach meinem Empfinden braucht man dann überhaupt nicht das Klischee der falschen bürgerlichen Faschismus-Aufarbeitung im Westen zu bemühen, die sozusagen den Leuten ihre Unschuld suggeriert, sondern die Leute fühlen sich ja wirklich unschuldig. Wie gehen wir mit diesem Phänomen um? Meine Kollegen im Betrieb fühlen sich alle unschuldig. Und sie sind es in einem gewissen Maße auch, denn sie haben nicht mitgemacht, nach ihrem Verständnis.

Das zweite Problem: Was mir völlig fehlt, was ich hier auch aus der Sicht der Diskussion zum Beispiel in meinem Betrieb unbedingt anmahnen muß und wozu überhaupt nicht gesprochen wurde, ist das Problem der sozialen Privilegien, die sowohl im Ministerium für Staatssicherheit als auch in der Nationalen Volksarmee als auch von einer bestimmten Ebene an in der Partei sehr wohl vorhanden waren, und die eine eigenständige Dynamik in der Reproduktion von bestimmten Verhaltensweisen hervorgebracht haben.

Drittens: Ich denke, daß wir – gemessen an dem historischen Resultat, zu dem der sozialistische Versuch in der Weltgeschichte geführt hat – mit dem

Begriff Schuld etwas klarer umgehen müssen. Und ich kann es jetzt erstmal nicht anders machen, als mich auf Hegel zu berufen, der in der »Ästhetik« im Zusammenhang mit der Charakterisierung der klassischen griechischen Tragödie geschrieben hat, daß Schuld für die alten Griechen überhaupt keine Relation war, also auch keine Relation auf mögliche Unschuld. Die klassischen griechischen tragischen Helden waren so sehr in ihre Verhältnisse eingebunden, daß sie auch in vollem Maße ihren Untergang als Person verantwortet haben. Und ich glaube, daß wir mit der Herangehensweise dem Problem nicht gerecht werden, wenn wir die ganze Ursachenforschung nur auf der Ebene ideologischer oder geistiger Phänomene ansiedeln.

Rainer Börner (Berlin): Ich hätte gern Uwe-Jens Heuer einige Fragen gestellt. Sicherlich gibt es eine ganze Menge Einzelpunkte, die angesprochen werden könnten. Aber zwei Dinge, die mich besonders bewegt haben, möchte ich noch nachtragen.

Erstens die Frage, ob dieser sozialistische Versuch, du bist am Anfang darauf eingegangen, von vornherein zum Scheitern verurteilt gewesen ist. Du sagst nein. Nun geht es mir beileibe nicht darum, jene Menschen zu verurteilen oder ihnen nach 70 Jahren Abstand, was Rußland betrifft, zu sagen, sie hätten es lieber sein lassen sollen, es war von vornherein verkehrt. Das läßt sich überhaupt nicht beurteilen. Das ist auch nicht das Problem oder das Thema. Mir geht es eher um die Frage: Sind die Wurzeln für das Scheitern dieses Versuchs nicht viel tiefer und früher anzusetzen als der Beginn des Versuchs im Sinne seiner revolutionären Umsetzung. Da ist vor allen Dingen der Umgang mit der Kritik anzusprechen, den es von Anfang an zwischen Menschewiki und Bolschewiki, also schon vor 1917, gegeben hat, die Reaktion auf die Kritik von Rosa Luxemburg in einem entscheidenden Punkt der Herangehensweise durch Lenin, nämlich in der Machtfrage. Diese Herangehensweise von Kommunisten an die Machtfrage ist ja nicht etwas, was erst jetzt deutlich geworden ist, sondern etwas, was eine sehr lange Geschichte hat.

Es ist nicht uninteressant, daß gerade die Kritiker aus den eigenen Reihen, den sozialistischen Reihen, diejenigen waren, die der heranwachsenden Generation in der DDR oder in den real existierenden sozialistischen Ländern vor allem verschwiegen wurden.

Die zweite Frage bezieht sich auf das Tribunal, das Schorlemmer vorgeschlagen hat. Ich würde dann zu den Schlimmen gehören, die auch in der PDS ein Tribunal befürworten. Ich würde eher mit der Intention von Michael Schumann übereinstimmen. Für mein Verständnis geht es darum – ich habe nicht mit Schorlemmer darüber gesprochen –, näher herauszubekommen, wie seine Intentionen sind. Ich frage jetzt, ob es da engere Kontakte eurerseits gegeben hat. Meine Auslegung dessen, was ich dazu gelesen habe, ist, eben nicht einen juristischen Ersatz zu schaffen oder einen pseudojuristischen Ersatz, sondern ein politisch-moralisches Tribunal. Und das halte ich durchaus für machbar und für notwendig. Deswegen sollten wir auch bei allen Bedenken, die Michael Schumann geäußert hat, unbedingt versuchen, ein solches Tribunal zustande zu bringen und es nicht von vornherein abzulehnen, wie es Uwe-Jens Heuer getan hat.

Uwe-Jens Heuer (Berlin): Zunächst zu dem, was Horst Helas gesagt hat. Ich war 1945 17 Jahre alt. Ich war Hitlerjunge. Kein Hitlerjugend-Führer, wie die meisten Oberschüler – nicht, weil ich Widerständler war, sondern weil mir das Militärische an der Hitlerjugend nicht lag. Ich war nicht so gut geeignet für dieses Unternehmen. Und ich war auch vielleicht zu intellektuell dafür. 1945 war für mich und andere die Hauptfrage, daß dieser Krieg und sein Ende Ursachen haben mußten. Meine Vorstellung war – und das war der Grund, warum ich dann aus Schleswig-Holstein in den Osten Deutschlands, im Gegensatz zu der überwiegenden Wanderungsbewegung, gegangen bin –, daß die Ursache für den Faschismus im Kapitalismus liegt. Die Beseitigung des Privateigentums war für mich die Lösung der Probleme. Das war einfach zunächst einmal meine Vorstellung. Was nicht gesehen wurde, und dazu habe ich ja auch gesprochen, war, daß die Beseitigung des Privateigentums eben nicht alle Probleme löste, wie wir geglaubt haben. Im Grunde glaubten wir, daß die Phänomene letztlich alle nur auf den Kapitalismus zurückzuführen seien und daß demnach auch die Probleme, die wir am Faschismus kritisierten, eben mit der Beseitigung des Kapitalismus nicht mehr sein könnten. Das ist ja der Kern der ganzen Totalitarismus-Diskussion. Ich will die Diskussion jetzt mit Helmut Bock nicht führen. Wir haben dazu damals eben doch eine relativ oberflächliche Antwort gegeben. »Das kann man alles auf die Klassenfrage zurückführen«, war unsere Antwort.

Das war einfach falsch, das war ein Irrtum. Darüber hätte uns natürlich ein sorgfältiges Studium der Stalin-Periode damals schon belehren können. Deswegen war der XX. Parteitag für mich wie für Helmut Bock der Ausgangspunkt anderen Denkens, ich würde das so sagen. Das kann man nachlesen in dem, was ich danach geschrieben habe. Insofern ist es schon wahr, daß wir im Grunde meinten, die Phänomene des Faschismus seien alle nur ableitbar aus dem Kapitalismus, aus dem Privateigentum und insofern erledigt mit seiner Beseitigung. Und das ist eben einfach zu eng. Wir sind uns da schon einig.

Das zweite ist die Kritik an dem Nur-Ideologischen. Das Nur-Ideologische hat tatsächlich die Gefahr, daß man sagt: Wenn wir damals anders gedacht hätten, wäre alles anders gekommen. Ich möchte aber meinerseits darauf hinweisen, daß es auch reale Bewegungen gab, die andere Ziele hatten. Es gab zum Teil auch die Absicht und zum Teil auch den Willen, anders zu handeln. Und ich meine, daß es das auch in der DDR-Politik gab, und ich habe versucht, das Neue Ökonomische System zu charakterisieren. Nun ist mein Schicksal persönlich mit diesem System verbunden. Aber ich sehe es eben als einen echten Versuch in der gesellschaftlichen Realität an. Auf die kommt es natürlich an. Die Realität muß verändert werden. Allein anderes Denken genügt nicht.

Wir müssen ein gerechtes Bild der DDR gewinnen. Und wenn Thomas Kuczinsky dieses Bild anders sieht als ich, dann müssen wir uns eben darüber unterhalten. Aber von den politischen Gegnern der DDR ist es nicht zu erwarten, weil sie ihren Sieg über uns nur dadurch vollstrecken können, daß sie das alles niedermachen. Wir müssen ein gerechtes Bild machen, das ist unsere Aufgabe. Und das ist eine schwere Aufgabe, das bestreite ich überhaupt nicht, aber wir müssen uns darum bemühen.

Zu der Frage des Bürokratismus als Hauptgefahr. Da bin ich vielleicht falsch verstanden worden. Ich will sagen: Für den Sozialismus, in dem der Staat eine so ungeheure Rolle gespielt hat, jedenfalls in dieser spezifischen Form, waren natürlich das Problem die Entartung des Staates und die Allmacht des Staates. Und unser Problem bestand eben darin, daß sich damit die Wissenschaft nicht beschäftigt hat. Im Kapitalismus ist die Allmacht des Privateigentums die Hauptgefahr, dort gibt es auch das bürokratische Problem. Aber das Hauptproblem ergibt sich aus dem Privateigentum. Und bei uns war das Hauptproblem alles das, was sich aus der übersteigerten Macht des Staates ergab.

Und nun zu der Bemerkung: »Wir haben den kalten Krieg Gott sei Dank! verloren«. Es fällt mir schwer, dieser Ansicht zuzustimmen. Für mich war das eine schwere Niederlage. Eine Niederlage, die unvermeidlich war, da sich der Sozialismus als nicht reformierbar erwies. Aber ich war für einen reformierten Sozialismus, und nicht für das, was jetzt ist. Und da bin ich einig mit all denen, die damals das Papier »Für unser Land« unterschrieben haben, zu denen neben (bedauerlicherweise) Krenz auch Christa Wolf und andere gehörten. Und insofern ist für mich der November 1989 und vor allem der 18. März 1990 kein Sieg, wirklich nicht. Und ich sage auch nicht Gott sei Dank! dazu. Aber das muß jeder sehen, wie er es sieht.

Zur Genossin Goldenbaum. Sie hat zu mir gesagt, ich hätte nicht genug zu Staat und Recht gesagt. Ich meine, ich habe dazu gesprochen. Ich habe versucht, mich mit der Staats- und Rechtskonzeption auseinanderzusetzen. Ich habe übrigens auch Bücher zu der Staats- und Rechtskonzeption vor 1989 geschrieben, wo ich mich damit auseinandergesetzt habe (Uwe-Jens Heuer: Marxismus und Demokratie, Berlin und Baden-Baden 1989; Baden-Baden 1990 mit dem neuen Vorwort: Vom theoretischen Gewinn der Niederlage).

Zur Frage der »parteischädigenden« Nostalgie. Das ist vielleicht nicht so gemeint gewesen, eher ironisch von Sonja Kemnitz. Das Wort parteischädigend ist aber kein ironisches Wort für mich. Nach meinen Erfahrungen nicht, ich habe ein Parteiverfahren hinter mir. Für mich ist das kein ironisches Wort. Und ich habe auch gesagt, Nostalgie, also Schmerz in bezug auf eine DDR, die man sich erhofft hat, hilft uns nicht. Es hilft uns nicht der Schmerz, sondern die Erkenntnis. Aber ich kann den Schmerz verstehen, wenn jemand Schmerzen hat in bezug auf die DDR, so wie er sie sich gewünscht hat.

Christa Wolf hat diese Schmerzen auch, lieber Thomas und liebe Uschi. Und wer mit der DDR verbunden war, der hat diesen Schmerz. Aber ich meine, dieser Schmerz hilft nicht. Helfen kann nur die Erkenntnis.

Dann zur Genossin Kemnitz: Mir ist dein Satz ein bißchen unheimlich. »Dann ist die Masse des DDR-Volkes unschuldig.« Offenbar möchtest du gern, wenn ich dich ganz richtig und nicht unfair interpretiere, daß die Masse des DDR-Volkes schuldig sei. Woran soll die Masse des DDR-Volkes schuldig sein? Und wer ist berechtigt, die Masse des DDR-Volkes schuldig zu sprechen? Man kann die Frage stellen in bezug auf das Nazireich, bekanntlich ist ja von dort ein Weltkrieg ausgegangen. Aber von der DDR ist ja kein Krieg ausgegangen. Dieses Volk hier in diesem Land: dieses Land hat nicht andere Länder überfallen. Das DDR-Volk war nicht an einem Krieg beteiligt. Von diesem Land ist kein Krieg ausgegangen, das ist doch nun wirklich sicher. Ich gehe nicht in Sachsen in die Versammlungen und sage: »Ihr seid schuld«. Denn sie werden jetzt geschlagen, sie sind arbeitslos, sie werden abgewickelt. Und nun sagen wir ihnen noch: »Ihr seid schuld«?

Offen gesagt, ich mache das nicht mit. Du kannst jedem sagen, du hast damit zu tun, daß dieser Sozialismus nicht so verwirklicht wurde, wie er es hätte werden müssen. Aber nun dafür die berühmte CDU-Verkäuferin schuldig zu machen, das geht nicht. Jedenfalls sind wir nicht schuldig gegenüber der Bundesrepublik Deutschland. Du kannst fragen: Haben wir richtig gehandelt? Jeder sollte sich das fragen. Aber ich bin nicht dafür, die Masse des DDR-Volkes für schuldig zu sprechen. Ich meine, das geht nicht. Aber so sehe ich das eben.

Genosse Börner hat gefordert, sich mit der ganzen Geschichte auseinanderzusetzen. Ich habe ein Buch geschrieben, in dem ich mich mit Rosa Luxemburg auseinandergesetzt habe. Natürlich hat Rosa Luxemburg Kritik geübt. Natürlich ist der reale Kampf darum, wie Sozialismus aussehen soll, schon vor der Verwirklichung geführt worden. Da gab es verschiedene Strömungen. Ich bin völlig mit dir einverstanden, daß das in die Diskussion hineingehört. Aber das konnte heute nicht das Thema sein. In der Fragestellung stimme ich dir völlig zu.

Letzte Bemerkung zum Tribunal. Ich habe versucht, meine Bedenken darzustellen. Ullmann hat seinem Artikel die Überschrift gegeben »Nürnberger Tribunal«. Ich will darauf aufmerksam machen: Nürnberger Tribunal heißt auf deutsch Nürnberger Gericht. Und das war das Gericht über den deutschen Faschismus. Die Faschisten haben Zehntausende von Todesurteilen gesprochen, Millionen Juden wurden ermordet. Und solche Worte kann man nicht leichtfertig sagen. Und Ullmann hat sie gesagt. Und was man gesagt hat, hat man gesagt. Ich meine, daß das nicht geht. Und jetzt sagst du, es soll ein politisch-moralisches Tribunal sein, und kein juristisches. Ich will dir eines ganz offen sagen: In dieser Gesellschaft bietet ein juristisches Tribunal mehr Sicherheit als ein politisch-moralisches. Denn wir haben gegenwärtig im »Extra«, in der »Super-Illu«, in der »Quick« und überall dauernd politisch-moralische Tribunale. Mir ist beim juristischen Tribunal wohler. Ich bin für Aufarbeitung, ich bin für eine Konferenz, die hier gemacht wird, ich bin für weitere Konferenzen. Ich bin nicht für ein politisch-moralisches Tribunal über die DDR. Es setzt im übrigen auch eine

Einigung darüber voraus, welche Moral eigentlich als Maßstab dienen soll. Es gibt ja bekanntlich nicht »die« Moral.

Michael Schumann (Potsdam): Ich möchte gern zu Sonja Kemnitz noch etwas sagen. Ihre Überlegung war: Die ideologischen Muster haben in der SED und in anderen politischen Kollektivformen gewirkt. Daraus resultiert, daß man nicht von der Verantwortung des Volkes, das in diesem Zusammenhang gerade nicht Subjekt war, sprechen kann. So habe ich das verstanden. Die Frage ist natürlich eine völlig berechtigte. Aber ich glaube nicht, daß das richtig ist. Ich meine, daß diejenigen, die wie wir vor der Wende zur Einheitspartei gehörten und den Anspruch der Führung erhoben, der geistigen und der politischen Führung, daß wir mehr Verantwortung für Geschehenes und dann auch mehr Schuld tragen. Das ist keine Frage.

Aber wenn der eine mehr Schuld trägt als der andere, bedeutet das nicht, daß von der Schuld des anderen auch nur ein Gran abgenommen würde. Der Staatsbürger ist definiert als derjenige, der für die Gemeinschaft der Staatsbürger verantwortlich ist. Insofern der einzelne, auch wenn er nicht in der SED war, auch wenn er nicht zu den Eliten der Gesellschaft gehörte, insofern der einzelne sich aus dieser Verantwortung, aus dieser tätigen Verantwortung als Staatsbürger heraushielt und in die Nische ging, weil er befürchtete, daß seine Kritik ihm übelgenommen würde, weil er befürchtete, er könne soziale oder andere Nachteile erfahren, dann ist das etwas, was ich verstehe. Und diese Leute kritisiere ich nicht. Das verurteile ich höchstens selbstkritisch an mir, wenn ich das gemacht habe. Aber das hat den passiven Staatsbürger nicht freigemacht von seiner Verantwortung. Insofern ist er mitverantwortlich. Und es gibt nicht die Möglichkeit, die Gesellschaft einzuteilen in diejenigen, die Verantwortung haben und deswegen Schuld abtragen müssen, und diejenigen, die sauber geblieben sind, wenn ich noch von den wenigen humanistisch motivierten Widerständlern absehe. Es gibt wohl die Notwendigkeit der Differenzierung von Verantwortung und Schuld, das ist völlig klar. Diejenigen, die die Entscheidungsmacht für sich monopolisiert haben, haben selbstverständlich ein ganz anderes Ausmaß von Schuld und Verantwortung als diejenigen, die in dieses Monopol nicht einbezogen waren, wozu auch die meisten aller SED-Mitglieder gehörten.

Und ich möchte noch einen Satz sagen. Ich bin ja wie wahrscheinlich jeder nachdenkende ehemalige DDR-Bürger bereit, Schuld für das auf mich zu nehmen, wofür ich wirklich schuldig bin. Bloß das Problem ist doch folgendes – du hast es doch mit der griechischen Tragödie angesprochen: daß die wirkliche Tragödie nicht mehr vorkommt in diesem Spielplan, der hier abläuft. Das Problem ist, daß zur Farce gemacht wird, was gelaufen ist. Diese Analogisierung von Faschismus und DDR-Sozialismus, diese Behauptung, die DDR-Geschichte sei nichts anderes gewesen als eine Fortsetzung der nazistischen Diktatur unter roter Tünche. Das ist doch etwas, was bei dem einzelnen einen solchen moralischen Überdruck erzeugt, daß er sich sagt: Für so etwas kann ich nicht verantwortlich und schuld gewesen sein, das können nur andere gewesen sein, das kann nur das MfS, das kann nur Honecker gewesen sein. Und daher kommt dieser Reflex, den wir schon einmal hatten nach dem Zweiten Weltkrieg – ich war es nicht, Hitler war es. Und jetzt haben wir dasselbe wieder – ich war es nicht, das MfS und Honecker waren es.

Es ist ganz klar: Das Annehmen von Mitverantwortung und Schuld für die Geschichte wird unmöglich, wenn diese Geschichte entstellt wird, wenn ich dem, der diese Schuld und Mitverantwortung tragen soll, gar nicht mehr ermögliche, daß er seine eigene Geschichte, sein eigenes Tun wiedererkennt. Und das ist ganz genau das, was sich jetzt öffentlich abspielt.

Werner Grahn
Sinn oder Unsinn eines Tribunals. Ein Gutachten

Problemstellung

Von einigen Persönlichkeiten wurden unterschiedliche Forderungen nach einem Tribunal erhoben. Es wäre zu prüfen:
– Wer erhob mit welchen Motiven und Absichten eine solche Forderung?
– Welche Möglichkeiten böte ein Tribunal?
– Würde es nur der Befriedigung von Rachsucht dienen und die intolerante Situation weiter verschlechtern?
– Ginge es um eine Manipulation sowohl des Geschichtsbildes wie des politischen Denkens der Gegenwart?
– Könnte es sich um eine Instrumentalisierung der DDR-Geschichte gegen noch heute politisch aktive Kräfte handeln?
– Wäre ein Tribunal in der Lage, zwischen Recht und Unrecht, zwischen Recht und Nichtrecht, zwischen Verantwortung und Verantwortungslosigkeit zu unterscheiden und nicht die ganze Geschichte der DDR als verbrecherisch zu deklarieren?
– Wäre es in der Lage, die historische Vergangenheit objektiv darzustellen, Zusammenhänge aufzuzeigen, Erklärungen zu geben, zutreffende Wertungen vorzunehmen und insgesamt durch Wahrheit Aufklärung zu betreiben, um die Entgiftung der heutigen geistig-politischen Atmosphäre in Deutschland zu befördern?
– Welche Alternativen bestünden zu einem Tribunal?

Problemanalyse

1. Ganz unterschiedliche Persönlichkeiten wünschen ein Tribunal, so der Sozialwissenschaftler Detlev Claussen, der Nachlaßverwalter des MfS Gauck, Pfarrer Friedrich Schorlemmer (SPD), Wolfgang Thierse (SPD) und Dr. Wolfgang Ullmann (Bündnis 90). Weitere Namen sind mir nicht bekannt, aber denkbar. Gauck meint, nach der FAZ vom 13.10.1991:»Über SED-Politiker, die strafrechtlich nicht zur Verantwortung gezogen werden können, soll ein öffentliches Tribunal befinden.« »Auch wenn solche Feststellungen strafrechtlich nicht relevant sind, müssen sie im Bewußtsein der Bürger den gleichen Wert haben wie ein Urteil in einem Strafprozeß.« W. Thierse bedauert: »Unzufriedenheit, Enttäu-

schung, Verbitterung machen sich breit: Die moralische und juristische Aufarbeitung der Stasi- und SED-Vergangenheit der Ex-DDR will nicht recht in Gang kommen.«»Mein Vorschlag, meine Hoffnung, meine Bitte deshalb: Organisieren wir ein Tribunal Vergangenheit über den SED- und Stasi-Staat.« Ein solches Tribunal »könnte politische und moralische Schuld da benennen, wo das Strafrecht seine Grenzen hat«.[1]

2. Die Verfechter des Tribunals sind von den Möglichkeiten des Strafrechts und des Rechtsstaates enttäuscht. Der Prozeß gegen H. Tisch war eine Blamage. Ein Prozeß gegen Erich Honecker würde es gleichfalls werden. Die Erfindung der »Regierungskriminalität« durch die Senatorin J. Limbach aus Berlin setzt kein neues und anwendbares Recht. Eine justizielle Bewältigung der Vergangenheit ist nicht machbar.

Deshalb sucht man nach einem Ersatz, und weil die Justiz noch im Kopf ist, fordert man ein Tribunal. Besonders aus den Worten von Gauck geht hervor: Man will nicht nur wahre Erkenntnisse über die DDR-Vergangenheit, man will Abrechnung. A. Azzola wies bereits darauf hin, daß die Franzosen nach der Befreiung von der Nazi-Wehrmacht ihre Kollaborateure gelyncht haben, denn keine Justiz hätte die Erwartungen erfüllen können. Bezogen auf die Gegenwart, fragt er:»Will das Volk Lynche? Wenn ja, hat sich die Justiz dabei nicht zu verweigern? ... Eine Justiz, die Sieger und Besiegte kennt, ist keine unabhängige Justiz mehr, sondern selbst Partei. ... die Justiz nicht die Hure der Politik zu sein hat.«[2]

Da es die Justiz nicht tut, soll ein Tribunal die Hure der Politik werden?

3. Da die Tribunalidee der Bewältigung der Geschichte der DDR dienen soll, ist zu fragen, was Geschichtsbewältigung dem Wesen nach ist und wie sie zu betreiben wäre. Das ist ein schwieriges Thema und kann hier nicht – quasi nebenbei – geklärt werden. Es scheint aber ein Irrtum zu sein, wenn man glaubt, man könne überhaupt Geschichte bewältigen. Geschichte ist abgeschlossene Vergangenheit, an ihr ist nichts zu ändern. Was war – war. Was noch getan werden kann, ist folgendes:
a) man kann begreifen, was geschah und warum es geschah;
b) man kann das Vergangene bewerten;
c) man kann und muß die Probleme der Gegenwart lösen, und diese haben einen historischen Ursprung.

Punkt c ist von ausschlaggebender Bedeutung, a und b haben nur in ihrem Bezug auf c eine echte Bedeutung. Wer also Geschichtsbewältigung betreiben will, muß die Probleme der Gegenwart lösen – auch der Zukunft – unter Beachtung der historischen Dimension. Eine Geschichtsbewältigung als solche, gelöst von den Zeitproblemen der Gegenwart ist ausgeschlossen. Bei einem Tribunal wäre zu fragen, was es für einen Beitrag zur Lösung der brennenden Fragen der Gegenwart zu leisten vermag? Würde es erforderliches Wissen zur Geschichte der DDR liefern und die Produktivität des sozialen politischen Handelns erhöhen? Ansonsten wäre ein Tribunal belanglos.

4. Es ist schwer zu sagen, ob das Volk eine Abrechnung will. Man hat den Eindruck, einige Medien sind sehr bemüht, einen solchen Willen zu erzeugen oder den Anschein seiner Existenz zu behaupten. Es ist aber tatsächlich so, daß sich die früheren DDR-Bürger in ihrer überwiegenden Mehrheit aus der Öffentlichkeit ins Privatleben zurückgezogen haben, also auch keine Tribunale wollen.

Auch muß man konstatieren, daß wir ein verbreitetes »Denken« beobachten können, welches behauptet, wir waren alle Opfer, wir sind ohne Schuld, wir wurden gezwungen etc. Auch für die DDR-Geschichte gilt: Jedes Volk hat die Regierung, die es verdient (Hegel). Ein Volk, welches die eigene Mitschuld nicht begreifen will, ist nicht legitimiert, nach einem Tribunal zu rufen oder sogar den Richter zu spielen.

Nicht nur Spitzenpolitiker haben versagt, auch die Staatsbürger – ihre Mehrheit zumindest – und, wer es so hören will, auch die Arbeiterklasse, die Intelligenz etc. Wer werfe den ersten Stein?

5. Ein Tribunal zur Geschichte ist bisher ohne Beispiel. Das Nürnberger Tribunal war ein ordentlicher Gerichtshof, aber gerade das geht ja nicht, wie die Vorschlagenden selbst einräumen. Die Russell-Tribunale oder die zum Vietnamkrieg hatten die Funktion, die Weltöffentlichkeit auf aktuelles Unrecht hinzuweisen, die Welt gegen Unrecht zu mobilisieren. Im in Erwägung gezogenen Tribunal zur DDR-Geschichte sind aber die Vorgänge abgeschlossen; es geht um das Unrecht von gestern, falls sich das Tribunal überhaupt auf das Unrecht konzentriert.

6. Wer sollte beim Tribunal als Richter fungieren?
– *die Regierungsparteien?*
Sie haben nicht die Wende herbeigeführt, sie sind ohne historisches Verdienst und insofern nicht legitimiert. In der CDU und der FDP sind auch hinreichend Mitglieder von Parteien in der DDR, sind frühere Partei- und Staatsfunktionäre etc. Man kann hier Heuchelei beobachten und Verdrängung der eigenen Geschichte und von Mitschuld.
– *Westdeutsche als Richter?*
Wenn die, die sich als Sieger gegenüber den früheren DDR-Bürgern aufspielen, zum Richter werden, dann stehen die Urteile bereits ex ante fest und sind nur eine weitere Maßnahme des Siegers; sie sagen nichts über Schuld, Mitschuld oder Verantwortung. Ein antikommunistischer Triumph würde ins Haus stehen, mehr nicht.
– *SPD-Leute als Richter?*
Die jahrzehntelange Spaltung in der Arbeiterbewegung mit der traditionellen politischen Rivalität schließt hier unabhängige Richter aus.

– Vertreter von Bündnis 90 als Richter?
Sie haben die Wende in der DDR herbeigeführt und sind historisch legitimiert. Allerdings sind sie heute schon an den politischen Rand der Gesellschaft geschoben worden, und deshalb ist es fraglich, ob sie – käme es zu einem Tribunal – dominierenden Einfluß bekämen. Auch ist zu bedenken, einzelne Vertreter von Bündnis 90 sind nicht frei von Rache.
– Eine internationale »Jury« als Gericht?
Wäre sie zu finden, denn es geht um Geschichte? Wie erhielte sie Legitimation? Würde ihr Spruch von den Bürgern akzeptiert werden? Sie hätte es auch sehr schwer, denn sie kann das Denken und Fühlen der DDR-Bürger damals und gleiches bei den Bürgern der neuen Bundesländer kaum erfassen.
– Wissenschaftler als Richter?
Kommen sie aus der früheren DDR, wären sie zugleich auch Beschuldigte. Aber Richten ist nie eine Aufgabe der Wissenschaft, die Wissenschaft soll erforschen – Fakten, Zusammenhänge, Folgen etc.

Nicht zu vergessen ist, in der Wissenschaft stehen sich immer unterschiedliche Meinungen gegenüber, und auch in der Zeit ändert sich das Urteil der Wissenschaft. All das macht die Wissenschaft nicht gerade geeignet zum Richten. Auch verliert die Wissenschaft stark an Akzeptanz in der gegenwärtigen Epoche.

7. Wer soll angeklagt werden?
– Die früheren Staatsbürger der DDR?
Kaum, obwohl: Devoten machen Despoten. Welche Richter würden die durchschnittlichen Staatsbürger nach ihrer Verantwortung fragen?
– Die Partei- und Staatsfunktionäre?
Diese werden zur Zeit ausgegrenzt, wenn sie noch im Staatsapparat, in Polizei, Armee, Schule, Hochschule, wissenschaftlichen Instituten etc. tätig sind. Soll das Tribunal diese Welle von Denunziantentum, pauschaler Verurteilung, Berufsverboten, Verletzung der Rechtsstaatlichkeit, von Mißachtung des Rechts etc. fortführen und erweitern? Dagegen wandte sich bereits Robert Leicht.[3]
– Mitarbeiter der Stasi?
Für sie gilt das eben oben Gesagte. Sie erfahren in der Regel eine Pauschalverurteilung und das selbst bei arbeitsrechtlichen Maßnahmen. Wirkliche Menschenrechtsverletzungen werden nur selten aufgedeckt und durch die Justiz verfolgt. Ein Tribunal geriete in die Gefahr, die Benachteiligung und Verfolgung Unschuldiger auszudehnen.
– Die Parteiführung der SED?
Sie stellte sich bisher nicht der Öffentlichkeit, um Rechenschaft abzulegen und dürfte sich freiwillig nicht einem Tribunal stellen. (Als sich der PDS-Kreisverband Rudolstadt dem Thema Vergangenheit stellte und ehemalige leitende Funktionäre einlud, kam von 27 persönlich geladenen Gästen nur einer.)[4] Gab es Äußerungen, dann waren sie enttäuschend, denn Erich Honecker hat nichts begriffen, Günter Mittag ist selbst ein Opfer, Erich Mielke ist nicht verhandlungs-

fähig ... Die Anklagebank bliebe wohl leer.
- *Vertreter der ehemaligen Blockparteien?*
G. Götting, Homann u. a. würden sich analog dem ehemaligen SED-Politbüro verhalten. Andere Vertreter dieser Parteien haben die Vergangenheit verdrängt und sind in den heutigen Parteien unbehelligt und ohne Schuldgefühle politisch aktiv, sie sind sogar gewendete Exponenten von Denunziantentum und pauschaler Ausgrenzung. Einige scheinen ihre Unrechtshandlungen vor der Wende durch zahlreichere danach verdecken zu wollen.

8. Nach welchen Maßstäben sollte das Tribunal richten?

Da das Tribunal nicht die Arbeit der Justiz ersetzen soll und kann, können die Normen des Rechts direkt keinen Maßstab abgeben. Das Tribunal soll ja im Sinne der Erfinder die zu engen Grenzen des Rechts und des Rechtsstaates überschreiten. Es ginge nicht um die Frage, ob das Recht der DDR oder das der BRD oder das Völkerrecht ein geeigneter Maßstab ist. Höchstens am Recht orientierte analoge Normen könnten eine Rolle spielen. Da der Analogieschluß nicht zwingend ist, sind Aussagen über so gewonnene Normen nicht analysierbar. Da häufig bezüglich des Tribunals von einer ethisch-moralischen Bewältigung die Rede ist, denkt man offenbar an Moralnormen als Maßstab. Dagegen wandte sich sehr überzeugend bereits A. Azzola: »... die Justiz nicht die Hure der Politik zu sein hat. Auch nicht die Hure einer herrschenden Moral. Moralen sind beliebig. Nur das formelle Recht kann mit dem Anspruch der Verbindlichkeit auftreten...«[5] Konflikte mit dem Recht der Freiheit des Gewissens wären auch kaum vermeidbar.

Daß politische Normen wenig bringen würden, ist evident. Auch sie sind beliebig; es bestünde die Gefahr, daß der politische Sieger mit den Normen das Urteil bestimmt. Der Ausschluß politischer Normen dürfte bei einem öffentlichen Tribunal kaum gelingen.

9. Eine klare Aussage zum Gegenstand des Tribunals wäre unverzichtbar. Da Menschenrechtsverletzungen vor die Justiz gehören, stünden sie als solche nicht bei einem Tribunal zur Debatte. Das Tribunal könnte sich, über den Rahmen der Justiz hinausgehend, mit den Ursachen und Bedingungen der Menschenrechtsverletzungen befassen sowie ihren Auswirkungen auf die Opfer wie die Täter. Überhaupt bliebe dem Tribunal mehr die Analyse des Umfeldes, der historischen und der ökonomischen, politischen, geistigen , internationalen Zusammenhänge. Die DDR-Geschichte ist untrennbar verbunden mit der Sowjetunion, den Volksdemokratien, mit der deutschen Zweistaatlichkeit, mit dem feindlichen Druck von BRD und NATO im kalten Krieg, mit Entspannungspolitik, Perestroika etc. Da der Stoff, den ein Tribunal aufarbeiten kann, nicht unbegrenzt sein darf, wären Grenzziehungen unvermeidlich. Vage Vorstellungen – wie sie bisher geäußert wurden – genügen nicht.

10. Ein Tribunal könnte nur das leisten, was die Beweismittel begründen könnten. Bloße Rituale, Show-Veranstaltungen, Sensationsmärkte, Unterstellungen, Vermutungen, Verleumdungen, Übertreibungen etc. stellen auf alle Fälle den Sinn eines Tribunals in Frage. Manipulationsmechanismen existieren mehr als hinreichend. Das Tribunal sollte kein zusätzliches Manipulationsmittel werden. Vermeidbar dürfte das aber kaum sein, da es dazu selbst gegen den Willen der »Tribunalisten« kommen würde, wie die jüngsten Erfahrungen nahelegen. Natürlich würden Zeugen gehört werden, und sie wären sicherlich mehr oder weniger durch die intolerante Gegenwart geprägt. Die Quellen aus der DDR sind zugänglich, nicht aber die der BRD und andere. Der Zugriff zu den Dokumenten der Archive setzt deren Aufarbeitung, Sichtung und Auswertung voraus. Die dafür erforderliche Zeit ist größer als die, die bisher zur Verfügung stand. Es ist fragwürdig, ob das Tribunal sich bereits auf eine hinreichend umfassende Dokumentenanalyse stützen könnte. Auch Fachgutachten hätten so nur beschränkten Aussagewert.

11. Das Ziel des Tribunals wäre näher zu bestimmen als es bisher geschah. Da es um Vergangenheit geht, stellt sich die Frage: Sind nicht die Grabreden schon gehalten? Enthüllungen sind kaum noch zu erwarten. Soll der verunsicherte frühere DDR-Bürger in seinem Selbstwertgefühl weiter geschwächt werden? Diese Gefahr ist nicht von der Hand zu weisen, da gängige politische Phrasen umgehen wie: DDR war ein Unrechtsstaat, DDR war ein Unrechtssystem, DDR war ein Stasistaat etc. Bei diesen pauschalen Abwertungen entsteht der Eindruck, ein Tribunal hätte schon vor Beginn seiner Arbeit das fertige Urteil auf dem Tisch.

Dann bestünde das Ziel des Tribunals in Manipulation, Abrechnung und in einer Instrumentalisierung der DDR-Geschichte. Es wird schon jetzt vielen früheren DDR-Bürgern klar, daß sie ihr früheres Land und dessen Geschichte im herrschenden Geschichtsbild nicht wiedererkennen können.

Da sich die eigentlichen Hauptverantwortlichen – wie zu erwarten ist – nicht dem Tribunal stellen, würde dort als einzige politische Kraft die PDS stehen. Das Tribunal würde gewollt oder ungewollt zu einem Tribunal über die PDS werden. Läge das im Sinn derjenigen, die ein Tribunal wollen – bei Schorlemmer[6] und W. Thierse kann das nicht ausgeschlossen werden –, dann würde man auf einen Ersatzschuldigen zielen bzw. die ganze Schuld auf einen Mitschuldigen abladen. Die PDS wäre der Sündenbock, was sie in der Tagespolitik schon ist. Das Tribunal wäre dann nichts weiter als eine weitere Schlacht im politischen Kampf gegen die PDS.

Unbeachtet bliebe, daß es in der PDS echte Opfer gibt, ebenso Unschuldige und um politische sowie ethisch-moralische Korrektur bemühte Menschen. Die schwache politische Opposition im Lande würde weiter geschwächt werden. Der unverdiente Sieger könnte seinen Sieg weiter auskosten. Die brennenden Probleme der Gegenwart würden weniger als bisher im Interesse der einfachen Bürger gelöst werden.

12. Fazit: Ein Tribunal zur Bewältigung der DDR-Geschichte kam in die Diskussion, weil man nicht bereit ist, das geltende Recht und die durch das Recht gestützten Urteile zu akzeptieren und zu respektieren. Ein Tribunal würde unweigerlich nicht die Hauptschuldigen anprangern, sondern die Geschichte der DDR instrumentalisieren gegen noch heute politisch aktive Kräfte aus der früheren DDR – also hauptsächlich gegen die PDS. Alle anderen Deutungen sind politisch naiv. Das Tribunal würde die politisch-ideologische Manipulation fortführen. Das Tribunal wäre ein Autodafé.

13. Alternativvorschlag: Statt eines Tribunals mit den dargestellten Wirkungen sollte ein Dreifaches geschehen:
a) Die individuelle selbstkritische Analyse durch jeden früheren DDR-Bürger und die, die auf die DDR-Entwicklung spürbaren Einfluß ausübten.
b) Die sachlich-kritische, differenzierte Analyse der DDR-Geschichte im Beziehungsfeld der Welt durch die Wissenschaft nach Auswertung aller Quellen auf Konferenzen, Foren[7] und in Publikationen.

Gestützt auf b, sollte eine verantwortungsbewußte, um Objektivität bemühte Arbeit der Medien stattfinden, die den Bezug zu den anstehenden Problemen nach der Wende nicht ausklammert. Seriosität sollte den Vorrang vor tagespolitischen Zielen besitzen.

Nachtrag

Da zwischen dem Schreiben des Gutachtens und seiner Veröffentlichung eine beachtenswerte Zeitdifferenz liegt, in der die Tribunal-Idee kontrovers erörtert wurde und Friedrich Schorlemmer seine Ansicht änderte, macht sich eine Ergänzung erforderlich.

Obwohl Schorlemmers Denken sich von meinem sehr deutlich unterscheidet, kommt er nun zu einem Ergebnis, welches meinen Folgerungen nahekommt. Er setzt jetzt den Ausdruck »Tribunal« in Anführungsstriche, um ihn vom Juristischen abzuheben, um die freie Meinungsäußerung zu ermöglichen. Schorlemmer verficht nun ein Substitut seiner ursprünglichen Idee. Seine neue Position trug er am 29.11.1991 in Hannover auf dem 2. Alternativen Juristentag vor. Sie ist leicht gekürzt in der FAZ vom 2.12.1991 nachlesbar.

Falls ich Schorlemmer nicht mißverstehe, kann ich weitgehend seinen Postulaten folgen, so: Gesellschaft, Parteien und Staat der DDR sind in ihrer Zweideutigkeit (Welterlösungsabsicht einerseits und Diktatur andererseits) zu sehen; keine Rechte, auch nicht durch den nun existierenden Staat und sein Recht; Beachtung des Täter- und Opferschutzes; Zukunftsorientiertheit der Auseinandersetzung zur DDR, Offenheit durch rachefreien Dialog aller Gruppen, die in der DDR lebten (Anpasser, Opfer, Täter, Mitläufer). Das Ziel möge in der Versöhnung durch Wahrheit bestehen.

Als Mittel, um das Ziel zu erreichen, schlägt Schorlemmer die Errichtung eines zeitgeschichtlichen Dokumentationszentrums vor, weiter die Durchführung einer Zentralkonferenz und von regionalen Foren überall, um Aufklärung und Versöhnung zu erreichen.

Meine aus aktueller Erfahrung gewonnenen Einwände richten sich gegen zwei Aspekte seiner Vorschläge. Schorlemmer meint, für die vorgeschlagenen Gremien gäbe es keine andere Legitimation als eine parlamentarische. Da die Parlamente für die Gesetzgebung zuständig sind, sind wir aber auf diese Weise wieder dem Juristischen sehr nahe. Überdies aber sind die Parlamente auf allen Ebenen voll von Parteienzank, und gerade durch die Parteien würde mit absoluter Sicherheit versucht werden, die DDR-Geschichte für ihre politischen Absichten zu instrumentalisieren. Das kann man ja schon jetzt beobachten. Mein zweiter Einwand schließt sich nahtlos an. Friedrich Schorlemmer unterstellt die Möglichkeit eines quasi herrschaftsfreien Diskurses über die DDR. Den halte ich aber für ausgeschlossen, die DDR war selbst stets ein Politikum, und so hat sie sich auch selbst verstanden, und die Haltung zu ihr war es immer und ist es immer auch geblieben. Außerdem ist nicht zu übersehen, daß die Westdeutschen jetzt das ganze Leben in der früheren DDR bestimmen, und sie würden auch in den vorgeschlagenen Debatten dominieren.

Es ist schwer zu sagen, wie man den genannten Gefahren begegnen kann. Vielleicht sollten Personen die Durchführung der Foren in die Hände nehmen, die früher und jetzt parteilos waren, deren Berufsleben abgeschlossen ist und die zwar Beteiligte an der Geschichte waren, aber doch heute nicht durch starke Zwänge gebunden sind. Besonders denke ich an Personen, die ein hohes Ansehen in der Bevölkerung genießen – Schriftsteller, Wissenschaftler, Künstler u.a. Ich glaube, dieser Vorschlag wäre praktikabel, und er würde die Akzeptanz der Ergebnisse erleichtern. Gegen eine bessere Lösung würde ich mich natürlich nicht wenden.

Anmerkungen

[1] Leipziger Volkszeitung, 6.9.1991.
[2] Weltbühne (Berlin), 1991, S. 1385 f.
[3] Die Zeit (Hamburg), 1991, Nr. 42.
[4] Vgl. UNZ, 1991, Nr. 22, S. 7.
[5] Weltbühne, 1991, S. 1385 f.
[6] Vgl. A. Lederer und D. Liemann in Neues Deutschland (B), 26./27.10.1991.
[7] Ebenda.

Jan Bloch
Keine/r kann aus ihrer/seiner Zeit – für sich allein!

Revolutionen umwittern Mythen und Legenden. Worin aber bestand der Zauber der Herbstrevolution 1989?

War es nicht die erste Revolution in Deutschem Gedenken, in der Phantasie und Witz die Macht niederrang, die gewaltige Masse der Straße nicht nach Macht und Blut gierte, die Bilder, Denkmäler und Insignien der alten Herrschaft niedertrampelte und abfackelte, die erste Revolution mit kultureller Dimension, die die Transparente vielfarbig, die Gesichter hell, die Menschen offen, froh und aufrecht gehend machte – ohne Gewalt?

Die Massen der Straße forderten am 4.11.1989 nicht den Rücktritt der Mächtigen und ihre Ablösung durch neue Führer, sondern allgemeine Teilhabe und Mitbestimmungsmöglichkeiten, die Aufgabe der Führungsrolle der SED. Viele der Hoffnungen wurden enttäuscht – nie aber darf der Geist der Offenheit, der Phantasie und Kultur vergessen sein.

I. Freiheit und Macht

Wie mit Teilhabe an Macht, Schuld, Mitläufertum und Anpassung umgehen? Zunächst wird anerkannt werden müssen, daß die Voraussetzung für Machtverhältnisse die Freiheit ist. »Macht wird nur auf ›freie Subjekte‹ ausgeübt und nur sofern sie ›frei‹ sind.« (Michael Foucault) Wie weit aber können wir selbst freier werden?

Für das Verständnis von Individualität und Gemeinschaft ist sicher der entwicklungsgeschichtliche Aspekt interessant. Stellte sich doch Bewußtsein des Individuums zunächst als bewußtes Sein in und mit der Gruppe her, war bestimmt von der Notwendigkeit gemeinsamer Existenz.

Dieses Bewußtsein ist zugleich gewohnheitsmäßig unbewußt, als daß es mangels Orientierung ermöglichender Alternativen schwer zu hinterfragen ist. Das »Bewußtsein« der/des einzelnen ist Bestandteil der Gruppe, wie er/sie selbst.

Gewohnte Normen, Regeln, Recht und der Lebensweise entsprechende Werte bestimmen die gemeinschaftliche Existenz und individuelles »Bewußtsein«. In dem Maße, wie sich gesellschaftliche Differenziertheit und komplexe Beziehungsverhältnisse entfalten, kann sich Individualität ausprägen, eröffnen sich Vergleichs- und Selbstbestimmungsmöglichkeiten für das einzelne Individuum, das sich dadurch vorherrschenden Normen bewußt zu entziehen vermag.

Allerdings sind differenzierte Gesellschaftsstrukturen nicht Voraussetzung von Individualität, sondern prägen sich wechselseitig – ist gerade der Entfaltungsdrang des Individuums Triebkraft gesellschaftlicher Entwicklung, war unsere Unfreiheit letzten Endes selbst verschuldet.

II. Aufgewachsen in der DDR

Die Gesellschaftsstrukturen der DDR waren autoritär geprägt, überschaubar und wenig differenziert. Geradlinige Lebenswege, wenig ausgeprägte Lebensstile, »oben und unten«, fehlende Freiräume für alternative Kultur, Essen, Wohnen, Arbeiten und Reisen, gesicherte soziale Sorglosigkeit, geringe Mobilität und Beweglichkeit haben uns geprägt. Bestandteil der Erosion von Macht war eine schmale geistige und kulturelle Öffnung der DDR-Realität mit Gorbatschows Neuem Denken und dem KSZE-Prozeß.

Als DDR-BürgerInnen wuchsen wir mit dem Bild des jeweiligen Generalsekretärs in der Krippe auf. Als wir das erste Mal »ich« und »mein« sagten, waren wir schon auf Gruppenrhythmus kleiner »sozialistischer Persönlichkeiten« im Essen, Schlafen, Topfen und Spielen getrimmt, malten wenig später Parade- und Soldatenbilder, bildeten Spalier ... Gerade die Alltäglichkeit des Gleichlaufs, Gleichklangs, des Gleichschritts, der Uniformiertheit von Pioniertuch, Blauhemd, GST-Uniform machte uns nicht nur stumpf und unsensibel – sondern prägt uns noch heute.

III. Abspaltung bedeutet Unempfindlichkeit

In ihren Büchern beschreibt Alice Miller, wie Angstverdrängung, Gefühlsabspaltung zur völligen Wahrnehmungsunfähigkeit führt. »... sehr viele Menschen (können) sich kaum an die Qualen ihrer Kindheit ... erinnern, weil sie gelernt haben, sie als berechtigte Strafen für ihre eigene Schlechtigkeit anzusehen und weil ein Kind schmerzhafte Ereignisse verdrängen muß, um zu überleben.« »Unempfindlichkeit für das Leiden ... wird von der Gesellschaft voll unterstützt, weil die meisten Menschen, Fachleute nicht ausgenommen, diese Blindheit mit ihnen teilen«.[1]

Von frühester Jugend an werden wir auf Interessen, Vorstellungen und Gewohnheiten von Eltern und Lehrern getrimmt, erhalten Anerkennung und Zuwendung für leistungs- und normengerechtes Verhalten.

Fehlende Liebe wird mit Durchsetzung, Konkurrenz, Erniedrigung anderer, in Cliquen, sowie über Sachen und Abstraktionsspiele kompensiert. Der Mensch flüchtet sich in eine Rolle, wird zur Sache, zur Leistung und entsprechend gewertet. Er wird zu seiner Stellung, seiner Funktion und seinem Sachbesitz (Hund, Haus, Garten und Frau eingeschlossen).

Der Irrsinn von Faschismus und Stalinismus ist, daß er an den alltäglichen Norm-, Werte- und Gruppenstrukturen ansetzt, Hierarchien auf die bloße Spitze treibt.»... die Macht (ist) nicht nur eine theoretische Frage, sondern ein Teil unserer Erfahrung. Ich will nur zwei ihrer ›pathologischen Formen‹ anführen, jene zwei Krankheiten der Macht, Faschismus und Stalinismus. Einer der zahlreichen Gründe dafür, daß sie uns so verwirren, ist, daß sie trotz ihrer historischen Einmaligkeit nichts Ursprüngliches sind. Sie benutzen und erweitern Mechanismen, die in den meisten anderen Gesellschaften schon vorhanden waren. Mehr als das: trotz ihres inneren Wahnsinns haben sie in großem Ausmaße die Ideen und Verfahrensweisen unserer politischen Rationalität benutzt.« (Foucault)

Wenn wir uns das eingestehen, dann werden wir Wege im Umgang mit der Geschichte finden, die Kontinuität brechen, die die antifaschistischen Widerstandskämpfer prägte und sich in den Gesellschaftsstrukturen der DDR fortsetzte.

IV. Kontinuität der Macht

»... gerade auf (ein) Übermaß des Erduldens und Erleidens muß man zu sprechen kommen, wenn man die Unmenschlichkeit des nicht nur in den Anfängen von ehemals politisch und rassisch Verfolgten beherrschte Machtsystem der DDR verstehen will.

Kaum einer der führenden Politiker und Sicherheitsverantwortlichen in der Geschichte der ehemaligen DDR, der nicht seine eigene KZ-Erfahrung gehabt hätte. Schon kurz nach dem Krieg hat Eugen Kogon die persönlichkeitszerstörenden Wirkungen beschrieben, die mit den Leidensgeschichten der Verfolgten verbunden waren und die nur die stärksten Charaktere kompensieren konnten. Er spricht selbst von seelischer Primitivierung, die einsetzen mußte.

Ja, es ist eine Tatsache, daß viele der Gepeinigten, der eingekerkerten Antifaschisten, oft die Züge ihrer Peiniger annehmen, hart, unempfindlich und grausam werden mußten, um überleben zu können.

Die Verfolgten des Dritten Reiches, die Opfer, sie wurden zum Teil Täter, ohne damit aufgehört zu haben, Opfer zu sein.

Das Opfer, das zum Rächer wird, entwächst seiner Opferrolle nicht wirklich. Es gebiert neue Unterdrückung, provoziert neuen Widerstand, der wieder unterdrückt werden muß, und damit neuen Haß, der sich nicht mehr zurücknehmen kann. Die Spirale dreht sich weiter.«[2]

Dieser Gedankengang erklärt psychische Seiten der einst führenden DDR-Politiker. Viel wichtiger als das scheint mir die Frage, wie dieses Gesellschaftssystem wiederum uns prägte – vor allem, wie wir damit umgehen. Diese Frage wirft Michael Schumann nicht auf!

V. Vom Dialog zum Tribunal?

Der mit dem Zusammenbruch »in vielem hoffnungsvolle Dialog zwischen den einst Mächtigen und den Ohnmächtigen wurde zu einem schmerzhaften, aber letztlich läuternden Anfangsprozeß, der uns in eine neue Demokratie hätte bringen können. Die wirtschaftliche Insuffizienz der DDR, die immer mehr zutagetretende Skrupellosigkeit, mit der das Dreieck Mielke – Honecker – Schalck waltete, und das verlockende Wohlstands-Versprechen durch Einheit anderseits, brachten uns um die Kraft der Aufarbeitung. Das belastet jetzt nachhaltig den Transformationsprozeß in die Demokratie.«[3]

Der Dialog, von dem Friedrich Schorlemmer hier spricht, war von vornherein begrenzt und endete mit der Machtlosigkeit der einst Mächtigen. Es war wohl eher ein massenhafter Monolog der Anklage und Schuldzuweisung. Nicht wieder dürfen wir aber in die Falle der Generalisierung und des konfrontativen Blockdenkens fallen – die Kontinuität muß gebrochen werden.

Wirkliche Aufarbeitung hat im breiten Umfang und öffentlich noch gar nicht begonnen. Sie erfordert ein Aufeinanderzugehen und die Entwicklung von Sensibilität.

Der Dimension der kulturellen Revolution des Herbstes 1989 entspricht ein Forum vieler einzelner über und für sich selbst, damit wir gemeinsam verstehen, aus Erfahrung anderer lernen.

Ich hoffe, daß Ostdeutsche über Schranken und Blockaden miteinander, füreinander, jeweils nur für sich selbst und über eigene ostgemachte Erfahrungen sprechen, eigene Schmerzgefühle freimachen, um freier und toleranter zu werden.

Eigene Geschichte ist nur zu verstehen, indem mann/frau am eigenen Verstehen arbeitet.

Nachdem die Machtstrukturen der DDR zusammengebrochen waren, wir blindlings in die Einheit Deutschland schlidderten – muß nun die Zeit beginnen, in der wir mit Abstand uns selbst zu befragen beginnen, um erneut aufzubrechen. Es geht nicht darum, sich freizusprechen – sondern bedeutet, offen und frei zu sprechen!

Anmerkungen

[1] Alice Miller: Das verbannte Wissen, Frankfurt a. M. 1988, S. 245, 247.
[2] Michael Schumann auf der wissenschaftlich-historischen Konferenz der PDS. In: Neues Deutschland (B), 21.10.1991.
[3] Friedrich Schorlemmer: Einheit in der Demokratie – einig über Demokratie? In: Neues Deutschland (B), 2.10.1991.

Rolf Gössner
Die geschichtliche Aufarbeitung nicht dem Staat überlassen!

Lassen Sie mich zu Beginn meines Vortrages kurz folgendes zu dieser Konferenz anmerken: Ich finde es außerordentlich wichtig und allerhöchste Zeit, daß sich gerade die PDS als Nachfolgerin der SED ihrer Vergangenheit verstärkt stellt und die Aufarbeitung der DDR-Geschichte mitbetreibt. Meines Erachtens sollte dies noch wesentlich umfassender, offener und offensiver geschehen als bisher.

Ich weiß um die internen Auseinandersetzungen und Widerstände gerade in einer Partei, in der sich in besonderem Maße die früher herrschenden Kräfte und die Protagonisten des DDR-Systems versammelt haben – ich habe schon manche Veranstaltung und Diskussion auch im Rahmen der PDS mitgemacht. Und ich verkenne nicht, daß dem Wahrheitsförderungsprozeß in dieser Partei durch personelle Verstrickungen und individuelle Schuld eine gewisse Befangenheit entgegensteht. Um durchaus psychisch verständliche Beschönigungen und Rechtfertigungsmuster durchbrechen zu können, scheint es mir wichtig, daß auch von außen kritische Impulse kommen, die als Korrektiv dienen und diesen gewiß schmerzlichen Prozeß beschleunigen können, an dem trotz aller Schwierigkeiten meines Erachtens kein Weg vorbeiführt.

Denn die Nicht-Aufarbeitung der Geschichte hat immer gesellschaftliche (Langzeit-)Folgen – innerhalb einer Partei, aber insbesondere in der gesamten Gesellschaft. Je problematischer diese Geschichte war, desto fataler sind auch die Folgen.

I. Die Aufarbeitung der DDR-Geschichte nicht den Gerichten und Geheimdiensten überlassen!

Die Chance einer eigenständigen demokratischen Entwicklung in der DDR wurde frühzeitig vertan bzw. konnte nicht durchgesetzt werden. Hierfür gibt es viele Ursachen. Die DDR und ihre Funktionäre, aber vielmehr noch die DDR-Bevölkerung insgesamt und ihre oppositionellen Teile, die die »Wende« erst herbeigeführt haben, finden sich im vereinten Deutschland als geschichtliche »Verlierer« wieder. Diese schwer zu verkraftende individuelle und kollektive Niederlage respektive Zäsur fordert von allen Betroffenen eine differenzierte Aufarbeitung ihrer Geschichte – sowohl der positiven Ansätze als auch insbesondere der menschenrechtswidrigen Strukturen und Methoden des DDR-Herrschaftssystems, das mitverantwortlich gemacht werden muß für die weltweite Diskreditierung des Sozialismus. Diese bedeutende Aufgabe muß, so meine feste Überzeugung, prinzipiell von allen ehemaligen DDR-Bürgern und -Bürgerinnen bewältigt werden und darf keinesfalls den gesamtdeutschen Gerichten und Geheimdiensten überlassen bleiben. Denn da ist sie meines Erachtens am schlechtesten aufgehoben. Zwar besteht bei den unmittelbaren Stasi-Opfern, aber auch in der Mehrheit der ehemaligen DDR-Bevölkerung ein begreifliches »Ahndungsbedürfnis« bezüglich bestimmter krimineller Handlungen ehemaliger Stasi-Mitarbeiter. Ein genereller »Verzicht auf strafrechtliche Verurteilung würde den Eindruck der Legitimierung dieser Unrechtstaten erwecken«. (Begründung im B90-Entwurf Stasi-Unterlagen-Gesetz)

Auch die ehemalige DDR und ihre Funktionäre müssen sich an den allgemeingültigen Prinzipien der internationalen Menschenrechtskataloge messen lassen und entsprechend verantworten.

Trotz dieses berechtigten Anliegens – und hier befinden wir uns in einem unauflöslichen Dilemma – sollte die Stasi-Aufarbeitung per Strafverfolgung jedoch aus mehreren Gründen nicht im Vordergrund stehen:

– Zum einen ist die strafrechtliche »Bewältigung« von Geschichte dadurch äußerst eingeschränkt, daß es letztlich um aus dieser Geschichte herausisoliertes individuelles Fehlverhalten, um individuelle Schuld geht. Das Strafrecht ist per se »das juristische Medium der Entpolitisierung und des ›Kleinarbeitens‹ von gesellschaftlichen Konflikten« (U. K. Preuß) und historischen Perioden. Heraus kommt durchgängig eine verkürzte forensische Wahrheit, keineswegs die geschichtliche.

– Zum zweiten: Strafrechtlicher Ahndung von DDR-Unrecht in der Bundesrepublik haftet notgedrungen der Ruch von Siegerjustiz an. Besonders deutlich wird dies bei der gerichtlichen Verfolgung von ehemaligen Mitarbeitern der Stasi-(MfS-)Hauptabteilung Aufklärung (HVA) wegen Spionage gegen die alte BRD. Im übrigen ist gegenüber der bundesdeutschen politischen Justiz historisch begründete Skepsis angebracht, zumal diese Justiz ihre eigene terroristische Vergangenheit der NS-Zeit noch nicht einmal ansatzweise aufgearbeitet hat und seit Anbeginn, ihrer alten antikommunistischen Tradition folgend, wieder weitgehend mit zweierlei Maß mißt – zu Lasten der Linken in diesem Land.

– Zum dritten verhindert die strafrechtliche Verfolgung die geschichtliche Aufarbeitung nicht zuletzt dadurch, daß sie Chancen authentischer Wahrheitsfindung durch Strafandrohung nahezu unmöglich macht: Viele, die über eine intime Kenntnis der Stasi-Vergangenheit verfügen, schweigen aus verständlichen Gründen oder werden nicht konkret, um sich nicht strafrechtlichen Ermittlungen auszusetzen; und mutmaßliche Täter oder Täterinnen, gegen die bereits ermittelt wird, nehmen ihre strafprozessualen Rechte in Anspruch und machen vom Schweigerecht Gebrauch, mögliche Zeugen von ihrem Zeugnisverweigerungsrecht, um sich nicht selbst zu belasten.

– Zum vierten: Die vorgesehenen strafrechtlichen Regelungen im Stasi-Unterlagen-Gesetz werden ebenfalls in Richtung Verhinderung wirken. Insbesondere die Kriminalisierung von Besitz und Veröffentlichung von Stasi-Unterlagen wird sich als Zensur-Regelung entpuppen; die erwünschte Offenlegung von Stasi-Strukturen und -Machenschaften, unter Nennung von Namen, durch Insider, also ehemalige Stasi-Mitarbeiter, und die Verbreitung durch Multiplikatoren und die Bürgerkomitees wird dadurch massiv behindert werden.

Kurzum: Das Strafrecht behindert die geschichtliche Aufarbeitung eher, als daß es ihr nützen könnte. Außerdem besteht die Gefahr, daß die strafrechtliche Verfolgung praktisch zur (staatlichen) Ersatzhandlung für eine inhaltliche Auseinandersetzung der Betroffenen, der ehemaligen DDR-Bevölkerung, gerät. In diesem Zusammenhang wäre in der Tat zu überlegen, ob nicht eine international oder interdisziplinär besetzte Forschergruppe, eine Art »Internationale Jury«, besser geeignet sein könnte, die Entwicklungen und Fehlentwicklungen des Rechts- und Staatssystems der DDR differenziert und jenseits individueller Schuld aufzuarbeiten (andere sprechen von einem »Tribunal«).

Um eine ganz andersartige individuelle und kollektive Aufarbeitung der DDR-Stasi-Geschichte zu gewährleisten, müssen entsprechende klare politische und rechtliche Bedingungen geschaffen werden, die insbesondere auch von den Betroffenen akzeptiert werden können. Das Stasi-Unterlagen-Gesetz, wie CDU/CSU, SPD und FDP es planen (im folgenden: Mehrheitsentwurf), ist hierfür allerdings nur sehr bedingt tauglich.

Zunächst das Positive: Das anvisierte Gesetzesvorhaben ist immerhin ein Novum in der Geschichte und von größter politischer Tragweite für die demokratische Entwicklung in diesem Land. Noch nie wurde der Umgang mit der Hinterlassenschaft eines Staatssicherheitsdienstes rechtlich mit der Intention geregelt,
– allen ehemals Betroffenen, hier also den Stasi-Opfern, ohne Angabe von Gründen Einsicht in die sie betreffenden Unterlagen zu ermöglichen,
– ihnen damit den Weg zur persönlichen Aufarbeitung ihrer Lebensgeschichte sowie den Weg zur individuellen Rehabilitierung und Wiedergutmachung/Entschädigung für erlittenes Unrecht zu ebnen
– und darüber hinaus die wissenschaftliche, juristische, historische und politische Aufarbeitung zu gewährleisten und zu fördern.

So viel zur Dimension dieses Gesetzes. Wie Sie vielleicht wissen, war ich zur öffentlichen Anhörung über das Stasi-Unterlagen-Gesetz Ende August 1991 vom Innenausschuß des Bundestages als Sachverständiger geladen. In meinem Gutachten habe ich auf die wesentlichen Problemzonen und Mängel des Mehrheitsentwurfes aufmerksam gemacht. Um die individuelle und kollektive Aufarbeitung der Stasi-Vergangenheit tatsächlich und in vollem Umfang zu gewährleisten, um eine bürgernahe und kontrollierbare Archiv-Nutzung zu ermöglichen, und um negative Auswirkungen auf die betroffenen Personen zu vermeiden, habe ich folgende Kriterien für ein Stasi-Unterlagen-Gesetz angemahnt:
1. Vollständige Erfassung und Archivierung der Stasi-Unterlagen, das heißt keine, wie auch immer begründete Aussonderung von Aktenteilen, etwa aus Gründen des Staatswohls, aus den Archiven der Beauftragten;

2. den definitiven Ausschluß eines Zugriffs, einer Nutzung oder Weitergabe des Stasi-Materials durch den »Verfassungsschutz« oder durch andere in- und ausländische Geheimdienste; kein Geheimdienst darf die Stasi mit ihrer zumeist rechtsstaatswidrig zustande gekommenen Hinterlassenschaft beerben;
3. lediglich beschränkte Verwendung der Unterlagen durch Strafverfolgungsbehörden zur Aufklärung und Verfolgung bestimmter schwerer Straftaten;
4. Vorrang der Interessen der Betroffenen gegenüber den Staatsinteressen; die Behörden der Bundes- und Landesbeauftragten dürfen nicht zu neuen gesamtdeutschen Sicherheitsbehörden entwickelt werden und
5. den differenzierten Umgang mit den Stasi-Unterlagen hinsichtlich der Feststellung früherer Stasi-Mitarbeit bzw. der Überprüfung der sogenannten Verfassungstreue, um eine neue Berufsverbote-Welle zu vermeiden. Eine Groß-Einteilung in Opfer und Täter ist meines Erachtens jedenfalls wenig tauglich, die anstehenden Probleme angemessen zu lösen, zumal eine solche klare Unterscheidung – im Hinblick auf die Aktenlage – nicht durchgängig möglich ist. Außerdem ist Stasi-Mitarbeiter nicht unbedingt gleich Stasi-Mitarbeiter – hier müßten die konkreten Funktionen und Tätigkeiten differenziert werden. Bis heute fehlt eine verbindliche Bewertung der jeweiligen Funktionen und Tätigkeiten für das MfS – das bedeutet: der Mehrheitsentwurf eines Stasi-Unterlagen-Gesetzes basiert mehr oder weniger auf einer vorweggenommenen Pauschalverurteilung jeglicher MfS-Mitarbeit, also auch solcher Tätigkeiten, die nach internationalem Standard zu den »legitimen« Tätigkeiten eines (geheim operierenden) Sicherheitsdienstes gehören, ob man diese im einzelnen gutheißen mag oder nicht. Außerdem ist zu berücksichtigen, daß es Fälle gab, in denen Stasi-Opfer in eine Täter-Rolle gepreßt wurden.

Insofern müssen auch die konkreten Umstände und Motive, die zur Mitarbeit (und später eventuell zum Ausstieg) führten, sowie die hierarchische Stellung und die Art der gelieferten Informationen Berücksichtigung finden – ohne dabei allerdings die Tatsache aus den Augen zu verlieren, daß alle Mitarbeiter – zwar in unterschiedlicher Intensität, aber letztendlich doch – objektiv und aktiv einem Unterdrückungsapparat dienten, der sich nachweislich gegen weite Teile der eigenen Bevölkerung richtete.

Sollte sich nun in den laufenden parlamentarischen Beratungen des Stasi-Unterlagen-Gesetzes nichts Wesentliches in diese skizzierte Richtung verändern, und so sieht es gegenwärtig leider aus, dann steht zu befürchten, was in der Praxis bereits begonnen hat: daß staatliche Instanzen die »Aufarbeitung« in ihrem vorrangigen Staatssicherheitsinteresse betreiben; dann wird den Bürgern und Bürgerinnen der ehemaligen DDR, der politischen Opposition, die erst die Auflösung der Stasi ermöglichte – aber auch der Gesellschaft insgesamt –, die Aufarbeitung ihrer eigenen Geschichte (staatlich) »enteignet« werden. Meines Erachtens ist aber gerade eine solche staatsferne, unabhängige Aufarbeitung notwendige Voraussetzung für eine wirklich demokratische Entwicklung im gesamten Deutschland.

Doch die bisherige Praxis ist bereits durch äußere Staatsnähe geprägt, die notfalls auch illegal hergestellt wird. Das zeigt etwa die – offiziell lange geleugnete, endlich vom ehemaligen DDR-Innenminister Diestel und vom Bundesinnenministerium eingeräumte – Tatsache, daß dem »Verfassungsschutz« (VS) längst ohne rechtliche Grundlage Teile der Stasi-Unterlagen zugegangen sind. Ein dreifacher Skandal: Einmal handelt es sich, so schließlich die offizielle Version, zumeist um widerrechtlich zustande gekommene Akten eines erklärten »Unrechtsstaates«; zweitens wurden diese widerrechtlich an einen bundesdeutschen Geheimdienst transferiert und drittens nicht unverzüglich an den Sonderbeauftragten herausgegeben, wie es die einschlägigen rechtlichen Vorschriften verlangen. Eine nicht gerade vertrauensbildende Maßnahme; und die geheimdienstlichen Begehrlichkeiten lassen keineswegs nach und sollen nach dem Stasi-Unterlagen-Gesetz – zumindest in eingeschränktem, aber letztlich nicht begrenzbaren Umfang – eine rechtliche Grundlage erhalten (vgl. dazu eingehender R. Gössner: Nutzung der Stasi-Akten durch Geheimdienste. In: die andere [Berlin], 1991, Nr. 37; R. Gössner: Stasi-Akten gehören nicht in Geheimdiensthände. In: Neues Deutschland [B], 2.9.1991).

Der »Verfassungsschutz« ist praktisch, jenseits jeglicher öffentlichen Kontrolle, zum illegitimen Erben der Stasi-Hinterlassenschaft geworden. Seine Beförderung zum Legal-Erben steht bevor.

II. Was eine staatsferne Geschichtsaufarbeitung zu leisten hätte

Lassen Sie mich im folgenden in aller Kürze skizzieren, was ich unter einer umfassenden individuellen und kollektiven Aufarbeitung der DDR- und Stasi-Vergangenheit verstehe: nämlich die Aufdeckung der Strukturen und Arbeitsmethoden jenes autoritären Staatssicherheits- und Unterdrückungssystems, die Erforschung der sozioökonomischen Bedingungen und der psycho-sozialen Faktoren und Mechanismen in der DDR-Gesellschaft – unter besonderer Berücksichtigung der politischen Verantwortung der SED für die DDR-Staats- und Sicherheitskonzeption. Eine ernsthafte Aufarbeitung der Geschichte des Ministeriums für Staatssicherheit (MfS) der DDR kann
– nicht isoliert von der Analyse des bürokratischen Systems staatlicher und gesellschaftlicher Herrschaftsausübung in der DDR betrieben werden (Repressionsapparat aus Stasi, Polizei, Justiz, Armee; SED-Parteiapparat und Blockparteien als Stützen des Systems),
– nicht isoliert von der herrschenden Sicherheitskonzeption und dem stalinistischen Staats- und Politikverständnis der SED,
– aber auch nicht isoliert vom historischen Umfeld nach dem 2. Weltkrieg, der Zeit des kalten Krieges, der Rolle der Weltmächte in der Ost-West-Auseinandersetzung und der Rolle der alten Bundesrepublik als Bollwerk gegen den Kommunismus.

Diese Gesamtschau ist notwendig, will man zu einer fundierten, die historischen Zusammenhänge beachtenden Einschätzung der DDR-Geschichte, und damit auch der Geschichte des MfS, gelangen. Erst durch eine solche Untersuchung unter Einbeziehung der sozioökonomischen und psycho-sozialen Strukturen und Mechanismen wird sich auch herausfinden lassen, wie sich Menschen zu Spitzeldiensten abrichten lassen, wie dieses System, mit Hunderttausenden von individuellen Zuträgern aufgebaut, so lange Zeit aufrechterhalten werden konnte, und wie es – trotz dieses perfekt wirkenden Apparates – zu einer Umwälzung von unten kommen konnte, die letztlich zur Auflösung des Apparates und eines ganzen Staates führte. Aus den Erkenntnissen dieser öffentlichen »Entstasifizierung« – die gegen die Gnade des schnellen Vergessens, gegen die altbekannte Amnesie der Deutschen immer wieder erkämpft werden muß – wird die Bevölkerung nicht nur der ehemaligen DDR, sondern auch der alten BRD nur lernen können. Nicht zum Wohle eines gesamtdeutschen »starken« Sicherheitsstaates, sondern zum Wohle der politisch-demokratischen Kultur, die als historische Aufgabe begriffen werden muß: Das gesamte deutsche Volk, dem der Ruch von Autoritätsgläubigkeit und extremem Sicherheitsdenken anhaftet, wird mit diesen Erkenntnissen möglicherweise eher in die Lage versetzt werden, sich künftig politisch aufgeklärt und selbstbewußter gegen solche Überwachungsapparate, Feindbildproduzenten und Denunziationssysteme zur Wehr zu setzen. Das vereinte neue Deutschland, diese nun expandierende wirtschaftliche und politische Macht in Europa – die manche nicht zu Unrecht als bedrohlich empfinden – wird diese zu erwerbenden staats- und autoritätskritischen Tugenden bitter nötig haben.

III. Die geschichtliche Aufarbeitung eines ehedem geteilten Landes ist meines Erachtens unteilbar.

Das bedeutet: Die notwendige Aufarbeitung der Stasi-Geschichte der DDR kann nicht einsam bleiben. Will die Bundesrepublik ein wenig Glaubwürdigkeit für sich in Anspruch nehmen, muß auch die (Struktur-)Entwicklung und Tätigkeit ihres staatlichen Sicherheitssystems, ihrer (politischen) Justiz, Polizei und Geheimdienste – »Verfassungsschutz« (VS), Bundesnachrichtendienst (BND) und Militärischer Abschirmdienst (MAD) – aufgearbeitet werden. Schließlich sind sie nicht zuletzt nachhaltig von den Wirren des kalten Krieges geprägt, sind Entwicklung und Arbeit der (Geheim-)Dienste nicht ohne die Ost-West-Konfrontation, ohne die DDR-Existenz zu verstehen – bezogen sie doch fast vier Jahrzehnte lang ihre Hauptlegitimation aus diesen Gegebenheiten und Interaktionen.

Es gibt erheblichen politischen Bedarf, die rechtsstaatlichen Kosten der inneren Sicherheitsentwicklung in der alten Bundesrepublik eingehend zu untersuchen – mit dem Ziel, eine rechtspolitische Wende zu initiieren: Wenn wir uns etwa die 40jährige Geschichte des VS genauer betrachten, so müssen wir konstatieren, daß es sich letztlich um eine Geschichte der Skandale, der Bürgerrechtsverletzungen handelt. Alle drei Geheimdienste, deren Geschichte mit ehemaligen Nazis begonnen hatte, waren in diverse Skandale und verfassungswidrige Aktionen verwickelt, die sich gegen bestimmte oppositionelle Teile der Bevölkerung richteten – gegen (meist links-)politisch Andersdenkende, gegen Menschen, die sich dem herrschenden Konsens verweigerten. Gespeichert im nachrichtendienstlichen Informationssystem sind bzw. waren nicht etwa nur »Terroristen« und Spione – das würde die Millionen-Speicherungen wohl kaum erklären. Gespeichert waren und sind Mitglieder von Bürgerinitiativen, Atomkraft- und Startbahn-Gegner, Volkszählungs-Boykotteure und Friedensbewegte, Demonstranten und Gewerkschafter, Parteigänger von den K-Gruppen über die »GRÜNEN« bis zur SPD, Journalisten und Abgeordnete, sicherheitsüberprüfte Arbeitnehmer, ja sogar Jugendliche und Kinder – nur weil sie verdächtigt werden, sich »extremistisch« zu betätigen oder »extremistisch beeinflußt« zu sein oder einfach, weil sie »Kontaktpersonen« sind oder ins nach wie vor herrschende antikommunistische Feindbild passen.

Ich halte Demokratie und Geheimdienste, wie sie auch immer tituliert werden, prinzipiell für unvereinbar. Geheimdienste, die als Schutz der Demokratie legitimiert werden, widersprechen ihrerseits nämlich selbst dem Prinzip der demokratischen Transparenz und der öffentlichen Kontrolle: Eine Kontrolle kann nur sehr eingeschränkt stattfinden gegenüber einer Institution, die geheim und abgeschottet arbeitet und zu deren auftragsgemäßer Kunstfertigkeit es gehört, ihre eigenen Machenschaften gewerbsmäßig zu verdunkeln. Das zeigen die negativen Erfahrungen mit den Parlamentarischen Kontrollkommissionen zur Genüge.

Insofern wäre die Offenlegung von Stasi-Unterlagen über die Arbeitsweise und Strukturen der westlichen Geheimdienste von großer Bedeutung, der notwendigen Transparenz zuliebe.

Der »Verfassungsschutz« hat der politischen Kultur in der alten Bundesrepublik insgesamt wesentlich mehr geschadet, als er der Verfassung und einer doch immer noch recht reduzierten Demokratie nützt. Der VS ist Ausdruck eines verkürzten Demokratieverständnisses in Deutschland. Er wie auch die anderen Geheimdienste gehören aufgelöst.

Nach dem Umbruch in Ostdeutschland und Osteuropa, nach dem Ende des kalten Krieges und dem Zusammenbruch früherer Legitimationen, wie der allgegenwärtigen »kommunistischen Bedrohung«, gerieten die westdeutschen Geheimdienste – allen voran der VS – in eine tiefe Sinnkrise – sie wurden schlicht um ihre altbewährten Feindbilder gebracht. Die Ausgangsbedingungen für eine Auflösungsdiskussion, so hatte es zunächst den Anschein, könnten eigentlich recht gut sein.

Doch anstatt nun die berechtigte Frage nach der Existenzberechtigung dieser Institutionen zu stellen, auch und gerade in den neuen Bundesländern, wurden der Bevölkerung immer neue, publikumswirksame Legitimationen nachgeschoben: Nach den »traditionellen« Aufgabenfeldern Linksextremismus, »Terrorismus« und Spionage-Abwehr (wo dem VS nicht gerade Erfolge nachgesagt werden können), soll der »Verfassungsschutz« nun ganz besonders zur Aufdeckung von fortwirkenden unbekannten Stasi-Strukturen und -Seilschaften und gegen den Rechtsextremismus eingesetzt werden (teilweise wurde auch, systemwidrig, die »Organisierte Kriminalität« bemüht).

Doch diese neuen Legitimationen tragen meines Erachtens bei genauerem Hinsehen nicht. Will man tatsächlich den Teufel mit dem Beelzebub austreiben – sprich: die angeblichen personellen Reste eines ehemaligen Geheimdienstes mit einem neuen Geheimdienst klandestin bekämpfen? Ich halte es für nachgerade zynisch, wenn in der Begründung etwa des Thüringer Regierungsentwurfes zu lesen ist, daß das Thüringer Landesamt für VS mit der heimlichen Beobachtung – so wörtlich – »die wertvolle Arbeit der Bürgerkomitees auf diesem Gebiet« fortsetzen werde (Seite 26).

Und zum Thema Rechtsextremismus ist zu sagen: Ausgerechnet der VS, der schon von Anbeginn die »Gefahren des Kommunismus und Linksextremismus« an die Wand gemalt und die des Neonazismus systematisch verharmlost hat, soll nun plötzlich Garant für die Eindämmung dieser Gefahr werden? Was hat dieser Dienst bisher zur Aufklärung in diesem Bereich beigetragen? Ich meine, nichts Nennenswertes. Im Gegenteil: Er hat per Infiltration, per Einschleusung von V-Leuten in Neonazi-Szenen sogar partiell mitgemischt. Diesen Aufgabenbereich nun als besondere Legitimation für den VS zu reklamieren, halte ich für Augenwischerei, die auf antifaschistische Akzeptanz spekuliert. Eine starke antifaschistische, soziale und demokratisch legitimierte offene Politik wird auch in diesem Bereich eher in der Lage sein, das Gefahrenpotential zu verringern, als die Schaffung oder Aufrechterhaltung eines geheimen staatlichen Apparates, der ein zusätzliches Gefährdungspotential darstellt. Das gilt meines Erachtens auch für die aktuelle Problematik der Gewaltakte rechter Gruppierungen und Personen gegen Ausländer, gegen Asylsuchende.

Man wird den Eindruck nicht los, als solle mit der raschen Installierung von VS-Ämtern in den neuen Bundesländern frühzeitig sicherheitsstaatliche Vorsorge getroffen werden für den Fall, daß sich – aufgrund der zunehmenden sozialen Misere in diesem Land – die sozialen Krisenerscheinungen, und damit die politischen Auseinandersetzungen verschärfen könnten. Das ist das vielfach beschworene »Frühwarnsystem«, das weit im Vorfeld des Verdachts, im Bereich von Meinungsbildung und Meinungsäußerung, im Bereich des freien politischen Meinungskampfes ansetzt, obwohl gerade dieser Bereich das konstituierende Wesenselement der Demokratie darstellt, die der VS zu schützen vorgibt.

Der Marsch in den präventiven Sicherheitsstaat nach westdeutschem Modell ist in den neuen Bundesländern in vollem Gang. Die Überstülpung dieses Sicherheitssystems ist nicht zuletzt deshalb äußerst problematisch, weil es – entgegen der herrschenden Propaganda – eine recht unrühmliche Entwicklung genommen hat. Polizei und Geheimdienste agieren in der Bundesrepublik nämlich recht »unbekümmert« auf einem historischen Hintergrund, an den, wegen seiner spezifischen Brisanz gerade in Deutschland, nicht oft genug erinnert werden kann – übrigens nun nach den Stasi-Erfahrungen erst recht.

Aufgrund der leidvollen Erfahrungen mit der faschistischen Gestapo, der Geheimen Staatspolizei im Nationalsozialismus, die allumfassend nachrichtendienstlich und vollziehend tätig war, sollten nach 1945 – auf Veranlassung der Westalliierten – Polizei und Geheimdienste strikt voneinander getrennt etabliert und tätig werden. Es sollte mit diesem sogenannten Trennungsgebot eine undemokratische staatliche Machtkonzentration, das Wiederaufleben eines staatsterroristischen Systems von vornherein und vom Ansatz her verhindert werden. Geheimdienste sollten keine exekutiven Befugnisse haben, die Polizei keine nachrichtendienstlichen Mittel und Methoden anwenden dürfen; das Auftreten und Handeln der Polizei gegenüber den BürgerInnen sollte also prinzipiell offen, berechenbar und demokratisch kontrollierbar sein.

Übrigens: Mit dem DDR-Sicherheitssystem wurden diese Konsequenzen aus den Erfahrungen mit der Gestapo schon im Ansatz nicht gezogen – meines Wissens noch nicht einmal als theoretischer Anspruch. Doch auch in Westdeutschland währten die genannten Restriktionen nicht lange: Die mit Gründung der Bundesrepublik – im Zeichen des kalten Krieges, der Renazifizierung von Staat und Gesellschaft, im Zeichen der Westintegration und Wiederaufrüstung – frühzeitig wiedereinsetzenden Einschwörungen auf das neu-alte Feindbild Kommunismus – später »Linksextremismus« und »Terrorismus« –, ließen den historischen Blick für die politischen Gefahren einer wiedervereinigten und übermächtigen Sicherheitsbürokratie immer mehr verschwimmen. Längst ist eine zunehmende Verschmelzung der geheimdienstlichen und polizeilichen Tätigkeitsbereiche zu beobachten.

Parallel hierzu wurde, im Zuge einer forcierten Präventionsentwicklung, innerhalb des Polizeiapparates in den vergangenen zwei Jahrzehnten eine neue, verfassungswidrige Geheimpolizei mit Spezialabteilungen etabliert, abgeschottet gegenüber dem normalen Polizeibetrieb und der öffentlichen Kontrolle weitgehend entzogen. Mit Hilfe von nachrichtendienstlichen Mitteln, die der Polizei eigentlich nicht zustehen, wird weit im Vorfeld des Verdachts und strafbarer Handlungen aktive Informationsbeschaffung betrieben. Die geheimen Datenbeschaffer: V-Leute, Agents provocateurs und Undercover-Agenten mit falschen Legenden, Tarnnamen und Tarnpapieren, technischen Hilfsmitteln (zum Beispiel Wanzen), konspirativen Wohnungen und Scheinfirmen werden systematisch auf verdächtige Personen und politische Gruppen angesetzt, um sie umfassend ausforschen zu können – in vielen Fällen konnten sie enttarnt werden: Sie waren einschlägig tätig unter anderem in Antikriegs- und Knastgruppen, Mietervereinigungen und Anti-Atom-Initiativen. Die Polizei hat also inzwischen in ihren Händen exekutive und geheimdienstliche Machtmittel angehäuft. Mit dieser bereits illegal vollzogenen Kumulation ist innerhalb des Polizeibereichs das Trennungsprinzip praktisch aufgehoben und einer undemokratischen Machtkonzentration gewichen – voll zu Lasten bürgerlicher Freiheitsrechte. Und diese

Entwicklung wird gegenwärtig mit sogenannten Sicherheitsgesetzen (innerhalb der Landespolizeigesetze und der Strafprozeßordnung) rechtlich abgesichert – unter anderem unter dem Etikett »Organisierte Kriminalität«, inklusive Staatsschutz –, obwohl doch die jahrzehntelange Praxis im rechtsfreien Raum verheerende Auswirkungen zeitigte.

Besonders gravierend sind die Spuren der geheimen Staatsaktionen im »Terrorismus«-Bereich, der zur Legitimierung der bundesdeutschen Sicherheitsentwicklung herhalten mußte: So waren geheime Mitarbeiter des »Verfassungsschutzes« und des polizeilichen Staatsschutzes unter anderem in Waffen- und Sprengstoff-Beschaffungsaktionen verwickelt, sie betätigten sich als Agents provocateurs, ja die staatlichen Ämter schreckten nicht davor zurück, gleich selbst die Gründung »terroristischer Vereinigungen« zu betreiben sowie (staats-)terroristische Akte eigenhändig durchzuführen (etwa das berühmte »Celler Loch«).

Diese staatlichen Provokationen und Verstrickungen haben regelmäßig verhängnisvolle Auswirkungen auf die daraus resultierenden Strafverfahren. Die geheimen Einsätze führen nämlich zwangsläufig zu verfassungswidrigen Geheimverfahren, in denen Zeugen gesperrt und geheime Ermittlungsakten dem Gericht sowie der Verteidigung vorenthalten oder manipuliert werden. Beispiel ist der Mordfall Schmücker in Berlin, über den wegen dieser Vertuschungsmanöver über 15 Jahre verhandelt wurde, bis das Verfahren dann endlich eingestellt werden konnte. Die Hauptbeschuldigte mußte fast acht Jahre lang in Untersuchungshaft verbringen – lange Zeit unter den zerstörerischen Sonderbedingungen der Isolationshaft.

Insbesondere seit den Ungeheuerlichkeiten, die im Zuge der Auflösung des DDR-Stasi-Apparates bekannt geworden sind, spätestens seit dem Anschluß der DDR an die BRD scheinen solche Feststellungen vollends tabu geworden zu sein und fallen der rapiden Verdrängung anheim. Auch wenn die genannten Entwicklungen und Methoden in der Bundesrepublik, was Dimension, Struktur, Intensität und Auswirkungen auf die Bevölkerung angeht, nicht vergleichbar sind mit dem, was wir inzwischen aus der ehemaligen DDR erfahren mußten, so wäre eine Verdrängung der Thematik für die demokratische Entwicklung in Gesamtdeutschland fatal. Schließlich gibt es auch in der Bundesrepublik Opfer des kalten Krieges: Opfer der jahrzehntelangen administrativen und gerichtlichen Kommunistenverfolgung mit Ermittlungsverfahren gegen weit über 120.000 Personen, die häufig bereits in der NS-Zeit zu den Verfolgten gehört hatten, und mit weiteren 250.000 mittelbar Betroffenen sowie Opfern der Berufsverbotspolitik mit millionenfachen Anfragen an den »Verfassungsschutz«, etwa 10.000 Berufsverbote-Verfahren und weit über 1.000 Berufsverbote-Maßnahmen.

Auch diese von westlicher Staatsgewalt Betroffenen haben ein Recht auf Rehabilitierung – selbst dann, wenn die gegen sie gerichteten Verfahren und Maßnahmen in der Regel formell als »rechtsstaatlich« gelten, können sie – spätestens ex post betrachtet – materiell-politisch motiviertes Unrecht sein. Wir sehen also: Es gibt viel zu tun – ganz besonders in Ost, aber auch in West.

Volkmar Schöneburg
SED und Strafrecht. Thesen

Sicherheitspolitik der SED war immer auch mit einer bestimmten Rechts-, insbesondere Strafrechtspolitik verknüpft. Das illustriert nicht nur das unter führenden Funktionären geläufige, auf Lassalle zurückgehende, geflügelte Wort »Rechtsfragen sind Machtfragen«, mit dem anschließenden Zusatz: »Und an der Macht lassen wir nicht rütteln«. Vor allem das »politische Strafrecht« und die »politische Justiz« als justizförmig geführte Auseinandersetzung des Staates mit dem politischen Gegner[1] in der DDR belegen dies. Aber die Rechtsgeschichte der DDR und darin eingebettet die des Strafrechts kann nicht von ihrem Ende gedeutet werden, wie auch das den ostdeutschen Ländern übergestülpte Rechtssystem – einschließlich des Grundgesetzes – nicht Maßstab der Bewertung sein kann. Andererseits schadet, wie Thomas Kuczynski völlig richtig betont, jegliche DDR-Nostalgie unserem Anliegen. Jede radikale Kapitalismuskritik von uns findet nur Gehör, wenn sie von einer radikalen Kritik des Realsozialismus begleitet wird. Sicher: »Der Verdrängung der Nazi-Vergangenheit entspricht und dient die Dämonisierung der DDR-Geschichte. Vierzig Jahre Bautzen machen zehn Jahre Auschwitz vergessen«.[2] Aber: 40 Jahre Bautzen sind, gemessen an den sozialistischen Utopien und den Zielen der deutschen Arbeiterbewegung, 40 Jahre zu viel.

I.

Ohne linearen Kausalitätsketten das Wort zu reden, liegt ein Zugang zur DDR-Strafrechtsgeschichte auch in der Aufarbeitung linker Theorien zum Strafrecht. Wenn Michael Benjamin darauf verweist, daß dem Sicherheitsdenken in der DDR ein auf die entsprechenden Aussagen im »Manifest« beschränktes Rechtsverständnis zugrunde lag, welches durch die historischen Erfahrungen bekräftigt wurde,[3] so wird hier ein wesentlicher Teil unterschlagen. Die Erfahrungen der deutschen Arbeiterbewegung mit dem Recht und der Justiz in der Weimarer Republik waren nämlich durchaus widersprüchlicher. Zwar wurde die Instrumentalisierung des Rechts vor allem auf dem Gebiet der Hoch- und Landesverratsrechtsprechung scharf kritisiert, aber zugleich ergaben sich auch vielfältige Möglichkeiten, rechtliche Institutionen durch »Druck von unten« auszuformen bzw. für eine Korrektur der Rechtsprechung zu nutzen. Gerade unter dem Eindruck der faschistischen Herrschaft gewannen auch Juristen der KPD eine neue Sicht auf Errungenschaften der juristischen Kultur. Zum anderen waren es gerade die Instrumentalisierung des Strafrechts gegen die Arbeiterbewegung, die inhumanen und sozial destruktiven, weil auf Ausgrenzung zielenden Wirkungen des überkommenen Strafrechtsmodells sowie die letztlich sozialen Ursachen für Kriminalität, die die Konzipierung eines an der »Rücknahme des Staates in die Gesellschaft« und damit an einem Abbau staatlicher Zwangsgewalt ausgerichteten neuen Strafrechts nach der Novemberrevolution durch Kommunisten initiierten.[4] Um mit Marx/Engels zu sprechen: Kommunisten haderten in den 20er Jahren über die Strafe selbst und nicht nur über die Art und Weise ihrer Vollstreckung.[5]

Teilweise wurde dieses Konzept in der Sowjetunion der 20er Jahre gesetzgeberisch umgesetzt. Jedoch besaß diese Umsetzung, wie Radbruch feststellt,[6] zwei unterschiedliche Tendenzen: einerseits die Vorwegnahme eines zukünftigen sozialen Strafrechts einer klassenlosen Gesellschaft und andererseits die Qualifizierung der politischen Straftatbestände, die eng verbunden war mit der Auffassung von einer vorrangigen Unterdrückungsfunktion des Staates. Daneben läßt sich bereits hier ein Verlust an Rechtssicherheiten für das Individuum ausmachen, sanktionierte die Auffassung vom Absterben des Staates auch einen Rechtsnihilismus.

II.

Obwohl die Befreiung des deutschen Volkes vom Faschismus durch die Alliierten stattfand und damit die jeweiligen Besatzungszonen einer mehr oder weniger starken Fremdbestimmung unterlagen, waren 1945/46 in der SBZ Antifaschisten, Demokraten, Christen, Sozialisten, Sozialdemokraten und Kommunisten angetreten, eine antifaschistisch-demokratische Rechtsordnung und eine dementsprechende Justiz zu errichten. Für die dabei entworfenen Konzeptionen waren die Erfahrungen mit dem Recht und der Justiz von Weimar und mit dem faschistischen System konstitutiv. Konsens bestand in dem Ziel, rigoros mit der verhängnisvollen Tradition der »furchtbaren Juristen« zu brechen. Für diesen Versuch stehen bezüglich des Strafrechts Namen wie Werner Gentz, Harald Poelchau, Walter Hoeniger oder der Rechtsphilosoph Arthur Baumgarten. Ausgangspunkt war die Einsicht, daß in Deutschland nicht nur falsch, sondern viel zu viel gestraft werde. Das Strafrecht sollte aus dem magischen Gedankenzirkel von Sühne und Vergeltung gelöst und als Sozialrecht erkannt werden. Nicht Strafe sondern Hilfe durch die Gesellschaft sei bei Kriminalstraftaten nötig. Meist genüge die Wiedergutmachung. Hingegen könnten schon drei Tage Haft irreparablen Schaden stiften. Ein entsprechender Versuch war in Brandenburg die Einführung der »Bewährungsarbeit für Leichtbestrafte«, die etwa 85 Prozent der Straftäter in der SBZ ausmachten. Dies korrespondierte mit umfänglichen Forderungen zur Reformierung des Strafvollzugs, die zum Teil umgesetzt wurden.

Besonders Jugendliche sollten vor einem »brutalen Rechtsmechanismus« geschützt werden, da der Apparat erziehungswidrig sei. Dem entsprach der Vorschlag, das Strafmündigkeitsalter auf 18 Jahre festzusetzen. Andere Entkriminalisierungsforderungen wurden teilweise in den Ländern durchgesetzt.

Zu den weiteren Beispielen eines Abbaus staatlicher Gewalt bzw. dessen Konzipierung rechnen die zwischen 1945 und 1949 ausgesetzte strafrechtliche Verfolgung der Abtreibung (§ 218 StGB von 1871) und die Diskussion um die Entkriminalisierung der Homosexualität, um nur noch zwei Beispiele anzuführen.[7]

III.

Zugleich werden aber auch Widersprüche, Defizite, Symptome und Aspekte schon in dieser Zeit sichtbar, die später die Strafrechtswissenschaft und Praxis der DDR (negativ) mitbestimmen sollten: Aus der tendenziellen Instrumentalisierung besonders des politischen Strafrechts in der Weimarer Republik und der völligen Unterordnung unter die Machtpolitik der Faschisten nach 1933 wurde das Recht teilweise auf den Willen der Staatsmacht reduziert. Das Recht besitze demnach kein selbständiges Wesen und könne dem Staat nicht entgegengestellt werden.

Völlig richtig waren die Bemühungen in der SBZ, über ein formales Recht und dessen formale Anwendung hinauszugehen. Oft genug hatten die Protagonisten der Arbeiterbewegung erleben müssen, wie ihnen das herrschende Recht zum Unrecht ausschlug. Daher war die Forderung, nicht bei einer (Nur-)Gesetzlichkeit stehen zu bleiben, zutreffend. Doch fatal wird es eben, wenn bei einem (auch ehrlichen) Streben nach zukünftiger sozialer Gerechtigkeit die Gesetzlichkeit gänzlich auf der Strecke bleibt. Der Verzicht auf jeglichen Formalismus bedeutet die Auflösung des Rechts! Zumindest ansatzweise ist dies jedoch angelegt, wenn unter dem (zum Teil auch einseitigen) Eindruck der deutschen Rechtsgeschichte rechtliche Institutionen in der Zeit der SBZ mit dem Formalismusvorwurf abgewertet werden.

Daneben wird im Zusammenhang mit dem Formalismusvorwurf, der oft synonym für Positivismus steht, ein weiteres Manko sichtbar: Es fehlte an einer tieferen Analyse des Staates und des Rechts des Faschismus. Fälschlicherweise wurde der Positivismus, die bekannte These von Radbruch aufgreifend, für das Versagen der deutschen Justiz angeführt. Insofern führte die unbestritten verhängnisvolle Rolle, die die deutsche Justiz überwiegend im Zusammenhang mit der Machtergreifung und -ausübung der Faschisten spielte, nach 1945 zum Teil auch zu einer völligen Ablehnung der bürgerlichen Rechtsentwicklung, schwang unterschwellig eine Gleichsetzung von bürgerlicher Gesellschaft und Faschismus mit.

IV.

Diese Geburtsfehler sollten in dem Maße dominieren, wie sich die äußeren und inneren Bedingungen für die SBZ und die spätere DDR, die hier nur kurz skizziert werden können, veränderten: In den westlichen Besatzungszonen wird durch die Siegermächte immer mehr eine Politik der Restauration betrieben, so daß die Entnazifizierung zu einer Renazifizierung entartet. Die alten Machteliten aus Wirtschaft, Justiz, Verwaltung und Wissenschaft erlangen wieder Schlüsselpositionen, was die fundamentalistischen Positionen in der SBZ (scheinbar) nur bestätigt. Stalin reaktiviert als Antwort auf den von den Westmächten provozierten kalten Krieg seine Lagertheorie. Die Sowjetunion nimmt die Auseinandersetzungen mit Jugoslawien zum Anlaß, auf die westliche Politik des »Containment« mit einer totalen Unterwerfung der Staaten in ihrem östlichen Einflußbereich zu reagieren. Mit straf-»rechtlichen« Instrumentarien werden jegliche Ausbruchbestrebungen »vorbeugend« abgeschreckt. Die demokratischen Möglichkeiten in der SBZ verengen sich. 1948 erfolgt die offizielle Festlegung der SED auf das Stalinsche Sozialismus- und Parteimodell. In der SED setzt sich das Konzept der Machteroberung und des unbedingten Machterhalts für die Errichtung eines Sozialismus nach sowjetischem Vorbild durch. Dementsprechend wurde auch seit 1948 kontinuierlich das Machtmonopol der SED auf sicherheitspolitischem Gebiet ausgebaut. Der kalte Krieg diente der SED-Führung zur Begründung der falschen These von der gesetzmäßigen Verschärfung des Klassenkampfes. Das alte Freund-Feind-Schema nimmt überhand. Ulbricht erhebt 1948 die Niederhaltung der faschistischen Großkapitalisten und derjenigen, die formaldemokratische Verhältnisse restaurieren möchten, zur Funktion der Staatsgewalt. Einer solchen Politik mußte es letzten Endes entsprechen, das Recht lediglich als »Waffe« oder »Instrument« zu funktionalisieren, wie es Hilde Benjamin anläßlich des Ablebens Wyschinskis ausdrückte. Erst jetzt setzt sich zwischen 1948 und 1951 in der Parteiführung und vorherrschend in der SED jenes vereinfachte Rechtsverständnis durch, welches einseitig an bestimmte Erfahrungen der Weimarer Republik anschließt und an die Zeiten der »Sozialfaschismus-These« erinnert. Allerdings ist nicht zu übersehen, daß es neben willfährigen Exekutoren jener Auffassung auch immer differenzierende Interpretationen gab.

V.

Hinsichtlich des politischen Strafrechts bedeutete dies beispielsweise, daß – mit Bezug auf die extensive Anwendung der Staatsschutzdelikte in der Weimarer Republik – der intensivierte Klassenkampf angeblich eine Erweiterung des Rahmens der politischen Straftatbestände unvermeidlich mache. Artikel 6 der Verfassung von 1949 (Boykotthetze) fußte ganz auf diesem Verständnis. Mit zum Teil drakonischen Strafen wurde mit dem Bestehen der DDR auf Aktivitäten von

Gegnern des Systems und solchen, die dazu gestempelt wurden, reagiert. Ihre Legitimation für eine derartige Strafpolitik zog die SED aus den wirklichen geheimdienstlichen und anderen Tätigkeiten der Westmächte gegen die DDR oder aus dem ersten Staatsschutzgesetz der BRD (1951), welches unzweideutig gegen die KPD gerichtet war und die »politischen Straftatbestände« ins Uferlose ausdehnte, aber von führenden SED-Politikern schon als Grundlage einer »faschistischen Willkürjustiz«[8] charakterisiert wurde. Doch entsprach diese Strategie der »Unschädlichmachung« der Gegner auch dem Selbstverständnis der Führung der SED, die sich als »Monosubjekt«, als Inkarnation gesellschaftlicher Subjektivität verstand und organisierte. Gespeist aus dem Bewußtsein von der naturgesetzlichen Durchsetzungskraft des Sozialismus und seiner gesetzmäßigen Überlegenheit, wie es Schumann hier beschrieben hat, maßte sich der »Apparat« als einziges Subjekt der Gesellschaft einen Wahrheits-, Macht- und Führungsanspruch an. Insofern diente das »politische Strafrecht« sowohl der Machtbehauptung als auch der Herrschaftslegitimierung. In der Begründung des Entwurfes eines Strafgesetzbuches der DDR aus dem Jahre 1953, der die bisherige Rechtsprechung durch neue Normen reflektierte, wird dementsprechend die Härte gegen sogenannte Angriffe von außen und innen als Ausdruck der Humanität (!) umgedeutet: »Humanismus ist nicht Weichheit und Schwäche. Es ist ein tief humanistischer Zug unseres Strafrechts, wenn es die gefährlichsten Feinde des werktätigen Volkes mit schweren und schwersten Strafen bedroht und belegt, um den Frieden, das Glück und den Wohlstand für Millionen friedlicher und einfacher Menschen zu sichern.«[9] An anderer Stelle wird von der »heiligen Verpflichtung«, die neue Staatsmacht als Barriere gegen die kapitalistische Versklavung mit allen strafrechtlichen Mitteln zu verteidigen, gesprochen, was dieses religiöse Sendungsbewußtsein nur unterstreicht.

VI.

Doch blieben in der DDR die Auswirkungen der »Klassenkampfthese« nicht auf das »politische Strafrecht« im engeren Sinne beschränkt. Anfang der 50er Jahre wurde das Verbrechen überhaupt als eine Erscheinung des Klassenkampfes gesehen. Einmal in der Form, »daß sich die ausländischen Imperialisten im Kampf gegen die Deutsche Demokratische Republik als der Basis für die Einheit Deutschlands ... des Verbrechens als einem ihrer Kampfmittel und der Verbrecher als ihrer Helfershelfer bedienen. Es zeigt sich aber auch weiter darin, daß die Verbrechen, die von unseren Bürgern begangen werden, Ausdruck des alten, gegen das Neue kämpfenden Bewußtseins, der Disziplinlosigkeit, des Egoismus, der Verantwortungslosigkeit sind. Die Tatsache, daß das Verbrechen eine Erscheinung des Klassenkampfes ist, bedingt zwangsläufig auf der anderen Seite, daß auch die Abwehr des Staates gegen das Verbrechen, die Strafe, Ausdruck des Klassenkampfes ist.«[10] Mit dieser Auffassung begründet die Führung der

SED letztlich ein Strafrechtsmonopol, welches auf Zwang und Ausgrenzung setzt.[11] – Ein Modell, das sich mit der arbeitsteilig organisierten Gesellschaft, in der die Entwicklungsbedingungen ungleich verteilt sind und eine Monopolisierung ökonomischer und politischer Funktionen stattfindet, herausbildet (U. Ewald). Vorgegeben wird die Einflußnahme auf den Täter zum Zwecke der Besserung, doch die eigentliche Funktion besteht in erster Linie in der Festschreibung bestehender Macht-Ohnmacht-Strukturen.[12] Eine Einsicht, die führende Juristen der KPD bereits in den 20er Jahren gewonnen hatten. In dem Moment, wo die SED auf den unbedingten Machterhalt setzte, mußte sie sich von einem sozialintegrativen Strafrechtsmodell verabschieden und auf das StGB von 1871 oder einen eigenen Entwurf zurückkommen. Das strafrechtstheoretische Erbe der deutschen Arbeiterbewegung wurde damit jedoch ausgeschlagen. Von daher erschließt sich übrigens auch, neben der Wirkung der Sowjetunion, warum selbst ein repressives Sexualstrafrecht (Homosexualität) beibehalten worden ist.

Ein weiteres Beispiel für diese Tendenz ist das Schicksal des Werner Gentz. Noch 1946 empfiehlt ihn Karl Polak für den Posten des Vizepräsidenten der Deutschen Justizverwaltung, da er ein Kämpfer für die »Humanisierung des alten Strafvollzugs« sei und sowohl in der Theorie als auch Praxis einen sozialistischen Standpunkt vertrete. Im Juli 1951, als der Strafvollzug jeglicher Kontrolle entzogen und sukzessive dem MdI unterstellt wurde, wird Gentz, mittlerweile Leiter der Hauptabteilung Strafvollzug des MdJ, im Zuge einer Parteiüberprüfung als »Vertreter des humanistischen Strafvollzugs« denunziert. Er gehe nicht vom Klassenstandpunkt aus und habe den bürgerlichen Objektivismus noch nicht überwunden.[13]

VII.

Zu jenen Bereichen, die unter besonderem strafrechtlichen Schutz in der DDR standen, zählten das sozialistische Eigentum und die Wirtschaft. Straftaten gegen diese Rechtsgüter wurden ebenfalls politisiert. Dafür stehen die Wirtschaftsstrafverordnung (1948) oder das Gesetz zum Schutze des Volkseigentums (1952), welches bereits bei geringfügigen Verstößen 1 Jahr Zuchthaus als Mindeststrafe vorsah. Heute wird dieses Phänomen oft mit der Übernahme der Stalinschen These, daß jedes Delikt gegen das Volkseigentum ein Angriff auf die Grundlagen des Sozialismus sei, in Zusammenhang gebracht. In der Sowjetunion, wo man Ende der 20er Jahre von der Konzeption des Abbaus der Strafgewalt abließ, wurde 1932 ein ähnliches Gesetz, in dem die Täter zu »Feinden des Volkes« gestempelt wurden, erlassen. Der tiefere Sinn dieser Gesetzgebung und Rechtsprechung liegt aber wohl darin, daß der ökonomische durch außerökonomischen Zwang ersetzt und eine voluntaristische Politik der gewaltsamen Beschleunigung der gesellschaftlichen Entwicklung durchgeführt wurde.[14] Nicht ohne Grund wurde die Übernahme der Regelungen des Gesetzes zum Schutze des Volkseigentums in den Entwurf des Strafgesetzbuches von 1953 und die Ergänzung durch eine Vielzahl weiterer Normen, die gar nicht mehr Straftaten im eigentlichen Sinne waren, mit dem Beschluß, die Grundlagen des Sozialismus in der DDR aufzubauen, begründet. Nach der herrschenden Vorstellung war das Strafrecht ja zugleich Hebel gesellschaftlicher Umwälzungen,[15] was insbesondere bei der Kollektivierung auf dem Lande zu schlimmen Folgen führte. Daneben hatte man mit einer solchen Kriminalpolitik gleichzeitig die »Verantwortlichen« für etwaige Hemmnisse.

VIII.

Die Verfassung der DDR aus dem Jahre 1949 garantierte die Öffentlichkeit der Verhandlung, die richterliche Entscheidung über Haussuchungen, Festnahmen und die Unabhängigkeit der Rechtsprechung. Gleiches gilt für die Verfassung von 1968. In der politischen Strafjustiz wurden diese Grundsätze bei Bedarf außer Kraft gesetzt. Erschütterndstes Beispiel waren die Prozesse von Waldheim. Hier fanden im Jahr 1950 3.385 Verfahren gegen Personen, die bei der Auflösung der Internierungslager der sowjetischen Besatzungsmacht zur Aburteilung den Behörden und Gerichten der DDR übergeben wurden, statt. Die Regie dieser Prozesse lag direkt beim Zentralsekretariat der SED. Entlarvend ist hier die Äußerung Paul Hentschels, Mitarbeiter der ZK-Abteilung staatliche Verwaltung und mit der »politischen Beratung« der Prozesse beauftragt: »Überwiegend wurde die politische Schwäche der Kammern festgestellt, wenn es sich um Fälle handelte, wo eine Verurteilung aus politischen Gründen erfolgen muß und die für die formal-juristische Urteilsfindung erforderliche ›lückenlose Beweisführung‹ fehlt.«[16] Lediglich 4 Verfahren endeten mit Freispruch. Ein Recht auf Verteidigung war nicht gegeben. Neben wirklichen Nazi- und Kriegsverbrechern wurden auch Unschuldige verurteilt. Aber verfahrensrechtlich hält keines der Verfahren einer Prüfung stand. Ohne die einzelnen Ursachen für diese Schnellverfahren hier zu erörtern: Sie waren ein Schlag in das Gesicht des wirklichen Antifaschismus.

Aus den 50er Jahren lassen sich noch eine Reihe von Exempeln nennen, wo die Führung der SED direkt in gerichtliche Entscheidungen eingriff. Thomas Lorenz hat das dabei seit 1953 reibungslos funktionierende Zusammenspiel zwischen MfS, Justiz und Partei ja anschaulich illustriert. Hier greift die Definition Kirchheimers nicht mehr: Die Auseinandersetzung erfolgt nur noch scheinbar in justizförmiger Gestalt.

Da findet nach dem ersten Verhandlungstag gegen Wilhelm Wolf, der wegen Sabotage 1954 zum Tode verurteilt wird, eine Aussprache mit dem Gericht in Anwesenheit von ZK-Vertretern, des Bezirksstaatsanwalts, Instrukteuren des Justizministeriums und des Generalstaatsanwalts statt.[17] Andere Urteile werden von Ulbricht mit dem Vermerk »Einverstanden« genehmigt. Ein Urteil aus dem

Jahre 1955 wird von ihm ebenfalls abgezeichnet, doch korrigiert er den vermerkten Strafvorschlag »lebenslängliches Zuchthaus« für einen Angeklagten mit der Bemerkung »Vorschlag Todesurteil«.[18] In einer anderen Sache bittet Mielke in einem Schlußbericht des MfS über einen Untersuchungsvorgang Ulbricht um »Mitteilung, in welcher Höhe die Strafe ausgesprochen werden soll, oder ob die Stellung der Strafanträge und die Verurteilung dem Staatsanwalt und dem Gericht überlassen werden sollen«.[19] Die Beispiele könnten fortgesetzt werden. Sie sind die letztliche Konsequenz der skizzierten strafpolitischen Grundsätze der SED und des Selbstverständnisses ihrer Funktionäre. Die Richter hatten auf der Grundlage der sozialistischen Gesetzlichkeit und der Parteilichkeit zu entscheiden.[20] In Zweifelsfällen wurde von der Parteiführung die Parteilichkeit eingefordert und eine »gesellschaftlich notwendige« Entscheidung verlangt. Jedoch wäre das Bild undifferenziert, würde nicht auf den Widerstand von Richtern und anderen Justizfunktionären verwiesen, die versuchten, die vorgegebenen hohen Strafrahmen trotz der Disziplinierungsmechanismen in der Justiz zu umgehen.

IX.

Die Skizze wäre einseitig, würde nicht auch eine andere Tendenz innerhalb des DDR-Strafrechts aufgezeigt werden. Neben dem ausgeprägten Schutz wirtschaftlicher und politischer Verhältnisse findet sich auch immer wieder die Suche nach Alternativen zum überkommenen Strafrecht.[21]

Mit dem Strafrechtsergänzungsgesetz von 1957 wird der Artikel 6 der Verfassung in einzelne Tatbestände aufgelöst, aber auch die bedingte Verurteilung und der öffentliche Tadel eingeführt. Von der These, jedes Verbrechen als Ausdruck des Klassenkampfes zu sehen, wird am Ende der 50er Jahre Abstand genommen.

Anläßlich des Beschlusses des Staatsrates der DDR vom 1.10.1960 über die Gewährung von Straferlaß durch Gnadenerweis werden negative Seiten der Strafpolitik konstatiert.[22] Gleichzeitig wird die »Erziehung durch die Konfliktkommissionen« stärker akzentuiert. Gerade mit der Einführung der Gesellschaftlichen Gerichte (GG) bildet sich ein »originär-sozialistischer Ansatz« zur Konfliktbewältigung heraus, der sowohl durch eine Entkriminalisierung (beispielsweise im Bereich der Diebstahlskriminalität) als auch durch Rücknahme des Staates geprägt ist. Auch hier ließen sich weitere Beispiele benennen.[23]

Beide hier aufgezeigten Tendenzen finden sich in der Strafgesetzgebung und -rechtsprechung der DDR bis 1989. Auch wenn die unmittelbare Einflußnahme auf die Strafjustiz nicht mehr so offensichtlich war, aufgegeben wurde sie nicht. Dafür sind nicht nur die Prozesse gegen R. Havemann und die Bürgerrechtler Ende der 80er Jahre Beleg. Zumindest hinsichtlich der »politischen Straftatbestände« des StGB von 1968 war der Standpunkt der 50er Jahre determinierend. So äußerte Mielke in Vorbereitung einer Tagung zu diesem StGB am 30.1.1967: »Unsere Auffassung hinsichtlich des Zwangscharakters und der Erziehungsfunktion, des Verhältnisses von Zwang und Überzeugung hat sich durchgesetzt. In der Vergangenheit wollten Verschiedene eine Überbetonung der Erziehung. Gegen Feinde und Verbrecher gibt es nur Zwang (das zeigt sich auch in der Rückfallkriminalität) ...« Im StGB von 1968 sind beide Richtungen, die obige und die sozial-integrative, enthalten.

Anmerkungen

[1] So die klassische Definition von O. Kirchheimer. In: Politische Justiz, Frankfurt/M. 1981.
[2] H. Müller: Was wird aus dem größeren Deutschland? In: Sinn und Form, 1991, H. 4, S. 667.
[3] Vgl. M. Benjamin: Zur Staatskonzeption und Sicherheitspolitik der SED. In: Mitteilungen der Kommunistischen Plattform der PDS, 1991, Nr. 21, S. 10 ff. Daß Benjamin den Anschein erweckt, E. J. Gumbel, C. v. Ossietzky u.a. hätten den verkürzten Standpunkt vieler Kommunisten zum bürgerlichen Recht geteilt, soll nicht weiter kritisiert werden. Nur soviel: Gerade durch die Arbeit in der Deutschen Liga für Menschenrechte legten sie ihr Augenmerk auf eine Seite, die von Kommunisten oft als »Schein« abgewertet wurde. Leider läßt Benjamin auch eine selbstkritische Reflexion seiner Publikationen aus dem Jahre 1989 (vgl. u.a. Die Deutsche Demokratische Republik – ein sozialistischer Rechtsstaat. In: Einheit, 1989, Nr. 6, S. 532 ff.), in denen er noch die wachsende Funktion des Rechts als »staatliches Leistungsinstrument« und das »ausgebildete System rechtlicher Garantien« pries, vermissen.
[4] Vgl. beispielsweise R. Luxemburg: In: Gesammelte Werke, Bd. 4, Berlin 1987, S. 404 ff. Mit weiteren Literaturangaben: V. Schöneburg: Menschenrechte, Strafrecht und Arbeiterbewegung. In: Staat und Recht, 1991, Nr. 1, S. 32 ff.
[5] Vgl. F. Engels/K. Marx: Die heilige Familie. In: MEW, Bd. 2, S. 187 f.
[6] Vgl. G. Radbruch: Rechtsphilosophie, Stuttgart 1950, S. 268. Zu den Gründen dafür vgl. V. Schöneburg, Fußnote 4.
[7] Vgl. zum folgenden detaillierter V. Schöneburg: Sozialismus und Strafrecht. Visionen, Forderungen und Erfahrungen aus 40 Jahren DDR. In: Widersprüche, 1990, Nr. 36, S. 23 ff., ders. Rechtsgeschichte im Widerspruch. In: Festschrift für John Lekschas, Berlin 1991, S. 67 ff. Ausgeklammert wurde hier die Rechtsprechung auf der Basis der SMAD-Befehle.
[8] Institut für Geschichte der Arbeiterbewegung (IfGA), Zentrales Parteiarchiv (ZPA), NL 90/444.
[9] Ebenda.
[10] Ebenda.
[11] Der StGB-Entwurf von 1953 sah für eine Reihe von Delikten die Todesstrafe und als obere Grenze des Freiheitsentzugs 25 Jahre vor. Interessant ist der Umstand, daß sowjetische Experten im Mai 1953 die unbestimmte Formulierung vieler Tatbestände, die Kriminalisierung von »Unachtsamkeiten« in der Wirtschaft und die Höhe der angedrohten Strafen kritisierten (vgl. IfGA, ZPA, NL 90/444). Diese Kritik und die Ereignisse des 17. Juni ließen das Projekt offensichtlich scheitern. Doch obwohl der Entwurf nicht Gesetz wurde, ist er relevant für die dominierende Strafrechtspolitik und das Strafrechtsdenken dieser Zeit.
[12] Vgl. M. Foucault: Überwachen und Strafen. Die Geburt des Gefängnisses, Frankfurt/M. 1989 (8. Auflage).
[13] Vgl. IfGA, ZPA, NL 182/1185, I2/13/419.
[14] Vgl. H. Niemann: Vorlesungen zur Geschichte des Stalinismus, Berlin 1991.
[15] Vgl. die Artikel, die 1991 in der Neuen Justiz abgedruckt wurden. Außerdem: F. Werkentin: Scheinjustiz in der frühen DDR. Aus den Regieheften der »Waldheimer Prozesse« des Jahres 1950. In: Kritische Justiz, 1991, Nr. 3, S. 333 ff.
[16] Zitiert nach: F. Werkentin, a.a.O., S. 340; vgl. auch IfGA, ZPA, IV 2/13/432.

[17] Vgl.IfGA, ZPA, IV 2/13/410.
[18] Vgl.IfGA, ZPA, IV 2/13/411. Ausführlich zu den genannten Fällen: F. Werkentin: Walter Ulbricht als oberster Gerichtsherr – DDR-Strafjustiz in den 50er Jahren. In: Vorgänge, 113/1991.
[19] Zitiert nach: F. Werkentin, a.a.O. Unter Berücksichtigung dieser Fakten ist es schon zynisch und menschenverachtend, wenn M. Benjamin feststellt (Die Deutsche Demokratische Republik – ein sozialistischer Rechtsstaat. In: Einheit, 1989, Nr. 6, S. 533), daß die Grundsätze, wonach niemand seinem gesetzlichen Richter entzogen werden darf und das Verbot von Ausnahmegerichten zu den strikt beachteten Verfassungsgrundsätzen in der DDR gehörten und Entscheidungen durch die Rechtspflegeorgane getroffen wurden, die bei allen Überspitzungen in keinem Falle unumkehrbar waren! Selbst unschuldig verbüßte Freiheitsstrafen sind unumkehrbar!
[20] Vgl. IfGA, ZPA, IV 2/13/103.
[21] Vgl. J. Lekschas: Probleme künftiger Strafpolitik in der DDR, Berlin 1989.
[22] Vgl. IfGA, ZPA, IV 2/13/417. U.a. werden die Verletzung der Verteidigungsrechte, die unberechtigte Einmischung anderer Organe, zögernde und falsche Anwendung der bedingten Verurteilung, eine Strafpolitik, die die Republikflucht begünstigt sowie Fälle, in denen kein Verfahren nötig gewesen wäre, kritisiert.
[23] Vgl. U. Ewald: DDR-Strafrecht – quo vadis? In: Neue Justiz, 1990, Nr. 4, S. 134 ff.

Detlef Joseph
Der »DDR-Unrechtsstaat« und die »Vergangenheitsbewältigung«

I.

Es gibt offenbar drei Grundmöglichkeiten der »Vergangenheitsbewältigung« für die DDR und deren Bürger. Die eine läßt sich kurz auf den Nenner bringen: »Stasi raus!« – es fragt sich nur, wohin?! So kann man tatsächlich in der »Stellungnahme des Personalrates zur Erneuerung der Charité« vom 4.9.1991 lesen: »Der Personalrat hat im Rahmen seines Mitwirkungsrechtes jeder außerordentlichen Kündigung wegen Stasi-Mitarbeit zugestimmt. Auf diese Weise hat die Charité von sich aus als eine der wenigen Einrichtungen des öffentlichen Dienstes in den neuen Bundesländern konsequent die Vergangenheitsbewältigung angepackt.«[1] Ob dieser missionarische Eifer behördenamtlich belohnt wird, ist durchaus noch offen. Die andere Art der »Vergangenheitsbewältigung« trägt die Kurzformel »SED-Unrechtsstaat«. Das Dritte ist die sachliche, Nachdenken und Zeit erfordernde Analyse des Gewesenen. Eine Herangehensweise, die hier versucht wird, aber, so scheint es, wie das Rufen in der Wüste anmutet.

In den beiden erstgenannten Fällen handelt es sich erstens um die schreckliche Vereinfachung zu einer Gruppen-Kollektivschuld, die tatsächliche individuelle Verantwortung, Verantwortlichkeit und Schuld nicht hinterfragt und nicht hinterfragen will, zweitens um die Verdrängung der eigenen »Vergangenheit«, die, ich gebrauche bewußt diesen Begriff, den Versuch bedeutet, die Dialektik des Geschichtsprozesses in Deutschland – denn die Geschichte der DDR und der BRD ist nur als Geschichte Deutschlands begreifbar – aus dem Bewußtsein zu verdrängen und als Saubermann der Geschichte zu erscheinen. Geschichte ist demnach immer nur das Handeln der DDR gewesen, obwohl im Gegenteil vieles, was die deutsche Entwicklung gravierend beeinflußte, nicht unwesentlich von den Westzonen bzw. von der BRD und ihren alliierten »Freunden« ausgelöst, wenn nicht mitbestimmt wurde.

Ich betone ausdrücklich: Meine Ablehnung, die DDR als Unrechtsstaat zu brandmarken, bedeutet nicht, nicht anzuerkennen und zu bedauern, daß in dieser DDR vielen Menschen Unrecht angetan wurde, das wiedergutzumachen ist, sofern das möglich sein kann. Sie ist auch nicht identisch damit, nicht anzuerkennen und zu fordern, daß jene, die sich der Verübung tatsächlichen Unrechts schuldig gemacht haben, dafür mit Einzelfallprüfung zur Verantwortung gezogen werden sollen. Es geht nicht um die Verniedlichung oder Verdrängung individueller Schuld. Ich frage mich nur, ob viele der heutigen Ankläger der DDR auch tatsächlich legitimiert sind. Insbesondere wende ich mich gegen jene Kritiker, vor allem der Altbundesländer, die sich scheinheilig mit dem Argument an die Brust schlagen, sie wollten nunmehr die »Fehler«, die bei der Nichtverfolgung der Naziverbrechen gemacht wurden, nicht wiederholen und müßten deshalb strenge Richter gegen die Kommunisten sein. Diesen Leuten spreche ich die moralische und juristische Berechtigung ab, über die DDR-Vergangenheit und die Handelnden in der DDR zu urteilen.[2] Deren Geisteshaltung manifestiert sich beispielsweise in der Ansicht Carl Hermann Ules, auf dessen eigene braune Vergangenheit Uwe Wesel kürzlich hinwies. Ule formulierte, daß die »politische Überprüfung« der Richter der DDR »noch notwendiger (ist) als nach 1945, weil der NS-Staat nur zwölf Jahre Bestand gehabt hatte und sich in seiner Richterschaft noch viele befanden, die schon 1933 in der Weimarer Zeit Richter gewesen waren, während das SED-Regime über 40 Jahre, also über ein Menschenalter, bestanden, und seine Justiz nach 1945 konsequent mit linientreuen Anhängern ... besetzt hat. Die politische Trennung von überzeugten Kommunisten, die an der Staats- und Rechtstheorie des Marxismus-Leninismus festhalten, hat daher in der Liquidation des SED-Staates einen weit höheren Stellenwert als die sogenannte Entnazifizierung in den westdeutschen Besatzungszonen der ersten Nachkriegszeit«.[3] Gegen Ule verweise ich unkommentiert auf den Standpunkt Theo Rasehorns, der von den Richtern der Westzonen nach 1945 schreibt, daß sie nicht selbstbewußt auftreten konnten, »weil sie wortwörtlich ›Leichen im Keller‹ hatten, die 30 bis 50 Tausend Todesurteile aus der NS-Zeit. Für diese waren nicht junge, von der NS-Ideologie durchdrungene Juristen – diese Generation stand an der Front –, sondern eher unpolitische Richter verantwortlich, die aber als national und kaisertreu selbst in Urteilen gegen die Weimarer Republik polemisiert hatten. Von dieser Generation hat fast keiner die NS-Zeit fleckenlos überstanden. So gut wie jeder war vor allem in der Kriegszeit bei Sondergerichten tätig gewesen, hatte an deren Todesurteilen mitgewirkt. Wer aber als Richter in der Wehrmacht oder in den besetzten Ostgebieten beschäftigt war, mußte für noch weit mehr – nicht verantwortbare – Todesurteile einstehen. Während die DDR hier reinen Tisch gemacht hatte, kehrten in der Bundesrepublik fast alle diese Richter spätestens auf Grund Art. 131 GG in ihr Amt zurück und sprachen jetzt ›demokratisches‹ Recht.«[4]

II.

Wenn man die Herrschaftspraktiken der heutigen Machthabenden in Deutschland betrachtet, dann scheint sich erneut zu bestätigen, daß der Sieger entscheidet, welches Recht als gerecht und richtig angesehen wird.[5] Schon Livius berichtete in seiner »Römischen Geschichte seit Gründung der Stadt« über das Auswiegen des Lösegeldes für das römische Volk: »... die Gallier brachten falsche Gewichte, und als der Tribun sie zurückwies, warf der maßlos unverschämte Gallier (Brennus) noch sein Schwert auf die Waagschale, und man hörte den für Römer unerträglichen Ausruf: ›Wehe den Besiegten!‹«[6] Und Theodor Mommsen schrieb: »Unparteilichkeit in politischen Prozessen steht ungefähr auf einer Linie mit der unbefleckten Empfängnis; man kann sie wünschen, aber nicht sie schaffen.«[7] Es ist schon ein Phänomen besonderer Art, daß die BRD zunächst mit dem souveränen Völkerrechtssubjekt DDR einen Vertrag über die Herstellung der Einheit abschloß, mithin mit einem Subjekt, das auch über die Souveränität der Gesetzgebung verfügte, um nach dem vollzogenen Anschluß aber die Gesetzgebung und die auf ihrer Grundlage erfolgte staatliche und andere Tätigkeit unter strafrechtliche Verfolgung auf der Grundlage der Gesetzgebung der BRD zu stellen, die vor dem Anschluß in der DDR und für die Bürger der DDR nicht galt.

Hier steht dann nicht ein tatsächliches DDR-Unrecht zur Debatte, sondern das der kapitalistischen Gesellschaftsordnung entstammende Recht wird zum Maßstab genommen, um eine völlig andere sozial-ökonomische Ordnung zu beurteilen. Das und nur das wird als Recht angesehen, was der kapitalistische Staat BRD als Recht gesetzt hat. Das Zwiespältige wird z.B. deutlich, wenn einerseits mit Fug und Recht die Rechtskraft von Urteilen der DDR-Gerichte grundsätzlich nicht angezweifelt wird[8] und andererseits Tätigkeiten, die auf der Grundlage der Gesetze der DDR und zum Schutze der DDR und ihrer Gesetzgebung vollzogen wurden, nach BRD-Recht bestraft werden sollen. Immerhin steht im Grundlagenvertrag vom 21.12.1972 der Artikel 6 mit dem bedeutungsschweren Wortlaut: »Die Deutsche Demokratische Republik und die Bundesrepublik Deutschland gehen von dem Grundsatz aus, daß die Hoheitsgewalt jedes der beiden Staaten sich auf sein Staatsgebiet beschränkt. Sie respektieren die Unabhängigkeit und Selbständigkeit jedes der beiden Staaten in seinen inneren und äußeren Angelegenheiten.« Und in der »Denkschrift zum Einigungsvertrag« wird konstatiert, daß die DDR »mit dem Beitritt als selbständiges Völkerrechtssubjekt untergeht«, was ja nur möglich ist, wenn sie vor dem Anschluß ein auch von der BRD anerkanntes Völkerrechtssubjekt war.

Im Nachhinein das BRD-Recht zum alleinigen Maßstab des Rechten zu erklären, ist unredlich gegenüber der untergegangenen DDR und reflektiert zugleich eine Anmaßung sondergleichen, weil sich dahinter auch verbirgt, die Rechtsordnung der alten BRD als Beste aller Welten anzusehen. Das wird insbesondere deutlich an der Ablehnung, das Grundgesetz zu ändern und Positives aus der Gesetzgebung der DDR in das BRD-Recht zu integrieren. Es dürfte allerdings unbestritten sein, daß selbst im Rahmen der EG die einzelnen Staaten unterschiedliches Recht gesetzt haben und setzen. Die Schwierigkeiten bei der Vereinheitlichung der nationalen Gesetzgebungen zu einem einheitlichen Europa-Recht machen das sichtbar.

Und noch ein Beispiel: Die BRD kennt keine Todesstrafe mehr, wie auch die DDR 1987 die Todesstrafe aufgehoben hatte, nachdem zuvor bereits seit längerem keine Todesurteile mehr ausgesprochen wurden, obwohl sie gesetzlich noch möglich waren. Die BRD betrachtet die Nichtexistenz der Todesstrafe als Recht und rechtens. Wie stellt sie sich zu der Tatsache, daß die USA die Todesstrafe nach wie vor anerkennen und auch nach Kräften anwenden? Sind die USA dadurch ein Unrechtsstaat? Das Beispiel soll verdeutlichen, daß die Kategorie »Unrecht« zur Charakterisierung des Inhalts und Gehalts von gesetztem Recht schon innerhalb einer gleichartigen Gesellschaftsordnung äußerst fragwürdig ist. Oder will man z.B. der BRD Unrechtscharakter deshalb zusprechen, weil sie das in der Menschenrechtsdeklaration über wirtschaftliche, soziale und kulturelle Rechte verbriefte Recht auf Arbeit (Art. 6 Abs. 1) durch die verwässerte Formulierung des Art. 12 Abs. 1 des Grundgesetzes praktisch wirkungslos gemacht hat?

Dem Grunde nach kann der Unrechtsvorwurf, wenn er denn einmal erhoben wird, sowohl gegen manche Regeln des politischen Strafrechts der DDR aber auch gegen manche Strafprozeßregeln und insbesondere -praktiken der BRD gerichtet werden, nicht aber gegen das DDR-Recht zur Gänze und nicht gegen die DDR-Justiz als Ganzes. Der Maßstab kann dabei nicht das BRD-Recht sein, dessen politische Strafrechtsnormen durchaus nicht das Nonplusultra der Gerechtigkeit darstellen und schon gar nicht in der Vergangenheit darstellten.[9] Zu befragen wären die Menschenrechtsdeklarationen. Auf ihrer Grundlage müßte geprüft werden, welches Maß der legitimen Verteidigung der staatlichen Existenz der DDR durch das Grenzgesetz der DDR oder durch die Unterdrückung Andersdenkender durchbrochen wurde, inwieweit Grundrechte unzulässig beeinträchtigt wurden, inwiefern Strafrechtsnormen rechtsstaatlichen Anforderungen nicht entsprachen usw.

Jedenfalls hätte aus dem bisherigen Verhalten der BRD zum Völkerrechtssubjekt DDR doch wohl kein DDR-Bürger abzuleiten brauchen, können oder müssen, daß seine Handlungen als DDR-Bürger später BRD-strafrechtswürdig sein oder werden könnten. Daß die Gesetzgebung der souveränen DDR vor dem Anschluß seitens der BRD anerkannt wurde, wird zudem durch die Tatsache unterstrichen, daß im Einigungsvertrag Überleitungen des DDR-Rechts, zeitweiliges Weitergelten von DDR-Recht, zeitweilige Ausnahme des Inkrafttretens von Bundesrecht im Zutrittsgebiet usw. formuliert sind.

Die Anklageerhebung wegen des sogenannten Schießbefehls – die Wortwahl »Schießbefehl« ist bereits ideologisch-manipulierend, denn es müßte doch wohl eigentlich heißen »Schußwaffen-Gebrauchsbestimmung« – und wegen der MfS-Tätigkeit gegen die BRD, verstößt gegen die vormalige Souveränität der DDR.

Wollte man von dieser Negierung der DDR-Souveränität einmal absehen und sie als gegeben annehmen – was man korrekterweise nicht tun kann –, dann wäre allerdings daran zu erinnern, daß die heutige strafrechtliche Verfolgung der DDR-Bürger auch gegen den Grundsatz verstößt, der eine Errungenschaft der bürgerlichen Emanzipation gegen Willkür und Inquisition war und ist, den Grundsatz des Verbots der Rückwirkung von Strafgesetzen. Immerhin fixiert selbst der Einigungsvertrag im Art. 8, daß »mit dem Wirksamwerden des Beitritts ... in den in Artikel 3 genannten Gebieten Bundesrecht in Kraft« tritt. Was ja wohl nur bedeuten kann, daß vor dem Beitritt – wie es rechtens ist – das Recht der DDR und nicht das der BRD galt.[10] Es scheint sich nunmehr noch nachträglich die Richtigkeit des Vorwurfs der DDR zu bestätigen, daß die BRD-Gesetzgebung und -Rechtspraxis vom ersten Tage der Existenz der BRD an gegenüber der DDR interventionistisch war, was nicht wenig zur Verhärtung der Fronten zwischen der DDR und der BRD beigetragen hat. Die Völker in Europa sind gut beraten, das Eroberergebaren der BRD, auch das »rechtliche«, gegenüber der unterlegenen DDR aufmerksam zu beobachten.

Im übrigen stellt sich zwingend die Frage: Was ist ein Unrechtsstaat? Es ist bemerkenswert, daß keiner von der Politprominenz Bonns und keiner der regierungstreuen Juristen sich bisher dazu bereit fand zu definieren, was sie unter dem »Unrechtsstaat DDR« außer einer Pauschalanklage eigentlich zu verstehen geruhen. Auch H. Sendler bleibt bei einigen Aspekten stehen, die im allgemeinen als Elemente eines Rechtsstaates angeführt werden, wie Primat und Unparteilichkeit des Rechts, Gesetzmäßigkeit der Verwaltung und Kontrolle durch unabhängige Gerichte, Gewaltenteilung, Bindung an Menschenrechte und sonstige Grundrechte, ohne diese selbst zu hinterfragen, wie das nicht wenige westliche Autoren z.B. auch der Bundesrepublik für die Analyse der Bundesrepublik schon getan haben mit dem Ergebnis, daß nicht alles Gold ist, was rechtsstaatlich glänzt.[11]

An Bestimmterem zur Unrechtsanklage gegen die DDR gibt es im wesentlichen die globale Beschuldigung, die DDR habe die Menschenrechte verletzt, was im einzelnen hinausläuft auf die mangelnde Freizügigkeit außer Landes, die Wahlfälschung und -manipulation, die Repression gegenüber freier Meinungsbildung und -artikulation, die nicht mit den ideologischen Vorstellungen und Äußerungen der SED-Oberen und dem von ihnen privilegierten »Marxismus-Leninismus« übereinstimmte,[12] die undurchsichtige Verfolgungspraxis gegenüber politisch Andersdenkenden ebenso wie gegen tatsächliche Gegner, die auf schwammigen politischen Straftatbeständen, unveröffentlichten Dienstanweisungen, Richtlinien usw., auf Nichteinhaltung prozessualer Regeln in rechtlichen Verfahren sowie dem über weite Strecken rechtsfreien und damit willkürlichen Verwaltungshandeln beruhte. Das alles ist selbstverständlich schlimm genug, das waren genügend Verstöße gegen zivilisatorisch bereits ausgeformte Rechtsgrundsätze, die zu verurteilen sind und bei denen die Betroffenen ein Recht auf Rehabilitation und Entschädigung haben. Die für den Sozialismus und im Namen des Sozialismus sprachen, waren ja ursprünglich angetreten, eine Gesellschaft zu errichten, die sich grundsätzlich und positiv von negativen Herrschaftspraktiken im politischen System des Kapitalismus unterscheiden sollte. Heraus kam über weite Strecken eine Hypertrophierung der politischen Gewalt, der Verdächtigung Unschuldiger, der Unterdrückung, der Negation des Fortschrittlichen in der bürgerlichen Entwicklung, was eben auch auf rechtlichem Gebiet erreicht worden war. Hier liegt Unrecht, das geahndet werden muß.

III.

Wie kam es zu diesem Unrecht? Friedrich Wolff, langjährig Rechtsanwalt und Verteidiger auch in gravierenden Unrechtsprozessen, hat dazu Ausführungen gemacht, die ich, völlig mit ihm übereinstimmend, zitieren möchte:

»Wichtig ist ..., daß die Chronologie des Verlaufs des juristischen Unrechts nicht außer acht gelassen wird. ... Auch innerhalb der DDR gab es eine geschichtliche Entwicklung. Jedes Jahrzehnt der Justizgeschichte der DDR hat seine eigene Note. Es wird noch abzuwägen sein, in welchen Zeitabschnitten das größte Unrecht geschah. Aus meinem Erleben als Anwalt möchte ich sagen, daß eine allmähliche Hinwendung zum Rechtsstaat, zumindest für den wohlwollenden Betrachter, erkennbar war.

Die Justiz in der DDR war immer eine politische Justiz. Das Primat der Politik gegenüber dem Recht wurde offen ausgesprochen und stets verwirklicht. So wurden politische Fehler auch immer zu juristischen Fehlern. ...

Inhaltlich konzentriert sich juristisches Unrecht der Vergangenheit auf einige Tatbestände des politischen und des Wirtschaftsstrafrechts. Danach wurden Tausende von Menschen zu Freiheits- und anderen Strafen verurteilt. Das Strafrecht diente der Niederwerfung und Niederhaltung des politischen Gegners und der Überführung von Privateigentum in sogenanntes Volkseigentum. Diese Beherrschung des Rechts, insbesondere des Strafrechts, von einer politischen Zielrichtung war die Quelle des juristischen Unrechts. Sie entwickelte sich aus der Verurteilung der ehemaligen Nationalsozialisten mittels des Kontrollratsgesetzes Nr. 10 und der Direktive 38 des Kontrollrats. So legitim die Bestrafung nationalsozialistischen Unrechts war, so schädlich waren die dadurch ausgelösten Nebenwirkungen. Die Bekämpfung des ehemaligen Nationalsozialisten, des politischen Todfeindes, reduzierte offenbar die Hemmschwelle der Anwendung des Strafrechts auf die Bekämpfung des politischen Gegners schlechthin. So wurde die Direktive 38 schließlich auch die Rechtsgrundlage für die Bekämpfung anderer politischer Gegner nach 1945. Ihre Haltung und ihre Aktivitäten wurden faschistischen gleichgesetzt. Das war der Anfang, dem man hätte wehren müssen.«[13]

Zugleich hat die DDR auf weiten Strecken den zivilisatorischen Forderungen der Gegenwart, den humanistischen Normen, wie sie u.a. in den UN-Menschenrechtsdeklarationen formuliert worden sind, Rechnung getragen. Insbesondere die aktive Friedenspolitik der DDR, die dem Grundrecht auf Frieden und die soziale Sicherheit, die u.a. dem Recht auf Wohnraum und dem Recht auf Arbeit entsprachen, können und dürfen nicht außer acht gelassen werden. Es ist bemerkenswert, daß das Bemühen der DDR, vor allem die sozialökonomischen Grundrechte zu verwirklichen, die in der Menschenrechtsdeklaration über wirtschaftliche, soziale und kulturelle Rechte fixiert sind, nicht in die »Rechnung« einbezogen wird – oder richtiger: überhaupt nicht erwähnt wird –, wenn das Thema »Unrechtsstaat DDR« abgehandelt wird. Es ist deshalb unredlich, den Gesamtstaat DDR »im Kern« als einen Unrechtsstaat zu verteufeln und durch sukzessive

Kriminalisierung der Handlungen der Staatsbürger der DDR die Bedingungen für den generellen politischen Rachefeldzug zu schaffen.[14]

Daß das so ist, entspricht den Herrschaftsinteressen des Großkapitals von heute. Darüber sollte man sich nicht wundern. Und daß diese intime und westdeutsche Feindschaft gegen die andersartige ökonomische und politische Macht, die Ende 1989 aus der DDR selbst heraus auf friedlichem Wege beseitigt wurde, rundum alles niederzumachen wünscht, was für den Sozialismus eintrat oder an ihn erinnert – auch das ist völlig verständlich. Nur, dagegen muß man sich zur Wehr setzen, denn das übertönige Geschrei vom ausschließlichen DDR-Unrecht ist Selbstgerechtigkeit und Arroganz des Siegers. Um nicht mißverstanden zu werden: Jeder einzelne Fall einer politisch motivierten Fehlentscheidung durch DDR-Organe ist ein Fall zuviel, handelt es sich doch in jedem Fall um Menschen. Und die Formel »Wo gehobelt wird, da fallen Späne«, ist eine zutiefst inhumane Formel. Gerecht ist es, wenn durch Kassation Urteile, die auf einer schwerwiegenden Verletzung des ehemals geltenden DDR-Rechts beruhen, für ungültig erklärt werden. Gerecht ist es auch, wenn ein Verurteilter dann rehabilitiert wird, »wenn die politisch motivierte Richter-Entscheidung nach dem Recht der Besatzungszone oder der DDR zwar rechtmäßig war, aber verfassungsmäßige politische Grundrechte verletzte.«[15]

Was aber die politisch-ideologisch indoktrinierende Behauptung anlangt, die DDR sei nichts als ein Unrechtsstaat gewesen, sind Zweifel anzumelden. Beim Ausmaß der nach dem Anschluß der DDR in den Medien einsetzenden Meinungsmanipulation zur Verketzerung der DDR hätte man hinsichtlich der Rechtsprechung erwarten müssen, daß ...zig Millionen Kassations- bzw. Rehabilitierungsanträge gestellt würden. In der Realität gestaltete sich die Sache in der Weise, daß ca. 200 000 Anträge geschätzt wurden, die politische Strafsachen bzw. politisch motivierte Urteile betreffen.[16] Inzwischen ist von 50 000 Anträgen auf Rehabilitierung und Entschädigung für erlittenes Unrecht durch die frühere DDR-Justiz die Rede.[17] Hinsichtlich der allgemeinen Rechtsprechung der DDR erweist sich, daß die gesprochenen Urteile so falsch doch nicht waren. In den Fällen, in denen Kassation oder Rehabilitierung bei allgemeinen Strafrechtsfällen beantragt waren, erfolgte in der Regel eine Bestätigung der von DDR-Richtern ausgesprochenen Entscheidungen. In einigen Fällen bestand die Kritik nur darin zu erklären, daß die ausgesprochenen Strafen zwar hart, aber mit rechtsstaatlichen Ansprüchen dennoch nicht unvereinbar seien.[18]

IV.

Um die Anklage, die DDR sei ein Unrechtsstaat und nur ein Unrechtsstaat gewesen, zu »beweisen«, wird immer wieder der Vorwurf erhoben, es habe keinerlei Unabhängigkeit bei der richterlichen Urteilsfindung gegeben, weil die Richter pausenlos zur Parteilichkeit angehalten worden seien. Der Vorwurf, der

Parteilichkeit angehangen zu haben, ist das gängigste Argument gegen die DDR-Justiz, wobei die Ankläger sich überhaupt nicht die Mühe machen, hinter den Inhalt dessen zu kommen, was es mit der Forderung nach »Parteilichkeit« auf sich hatte. Zitiert wird im allgemeinen nur, was die Pflicht des Richters zur parteilichen Entscheidung benennt, um daraus auf grundsätzliche Voreingenommenheit der Urteilenden gegen die Bürger der DDR und für das »SED-Regime« zu schließen. So hat der für Mecklenburg-Vorpommern importierte Justizminister Ulrich Born die Generalbegründung zur Hand, weshalb wohl kaum einer der Richter oder Staatsanwälte der DDR übernommen werden könne: »Schon wer zum Jurastudium zugelassen wurde, war auf totale FDJ- und SED-Gefolgschaft hin durchleuchtet worden. Und wer Richter oder Staatsanwalt wurde, hatte sich völlig der Parteijustiz unterzuordnen. Es gibt viele erschütternde Beispiele, wo Richter und Staatsanwälte als SED- und Stasi-Handlanger die von ihnen erwartete Parteilichkeit in ihren Strafanträgen und Urteilen erheblich übertrafen.«[19] Daß die Feststellung der Parteilichkeit in der juristischen Literatur und in den Rechtsvorschriften der DDR nur offen ausspricht, was als allgemeines Problem des Rechts und der Rechtsprechung etwas zu tun hat mit den theoretischen, moralischen, ideologischen, geistig-kulturellen Voraussetzungen der Gesetzgebung und der Rechtsprechung und nicht zuletzt mit der allgemeinen Funktion des Rechts, auch Instrument zur Sicherung der politisch-staatlichen Macht der Herrschenden und der sozialökonomischen Grundlagen der bestehenden Gesellschaft zu sein, wird in der ideologischen Verklärung des »Rechtsstaates« verdrängt. Zur Apologetik des politischen und juristischen Herrschaftssystems des Kapitalismus gehört es eben auch, die tatsächlichen Zusammenhänge in der Ausbildung, Stellung und Handlung des Richters, des Staatsanwalts zu verschleiern, während die marxistische Theorie in diesem Punkte – und nicht nur in diesem –, ohne Umschweife und Verklärung versuchte, sich der Wahrheit zu nähern.[20] Das Gesagte soll keineswegs verdecken, daß es insbesondere in politischen Strafverfahren auf die Richter und Staatsanwälte direkte Einwirkungen seitens des Parteiapparates gegeben hat, gewünschte Entscheidungen zu treffen.

Es ist schon richtig, wenn der DDR-Justiz vorgeworfen wird, sie sei politisiert gewesen. Aber, die Frage ist wohl erlaubt, gibt es überhaupt eine Justiz, die nicht politisiert wäre?[21] In einer Rezension des Buches von B. Rüthers »Entartetes Recht – Rechtslehrer und Kronjuristen im Dritten Reich«, war zu lesen: »Wie kann man das Recht so fest vermauern, daß es nicht wieder zum Unrecht wird? Das Dilemma, vor dem nicht nur Bernd Rüthers steht, ist folgendes: Auf der einen Seite ist er einer der wenigen deutschen Juristen, die klar erkannt haben und es auch offen sagen, daß jedes juristische Urteil letztlich eine politische Entscheidung ist, mehr oder weniger unabhängig vom Gesetz, an das der Richter an sich gebunden sein soll. Anders ausgedrückt: Juristisch läßt sich meistens alles begründen, wenn man es politisch will. Auf der anderen Seite versucht er trotzdem, im Grunde wider besseres Wissen, Sicherheiten einzubauen gegen solche Möglichkeiten politischen Mißbrauchs.«[22] Damit ist aber doch zumindest zu fragen, welches ist das Maß für noch zu akzeptierende politisch geprägte juristische Entscheidung, und – was viel komplizierter sein dürfte – wer hat das Recht dazu bzw. wer ist integer und »neutral« genug, dieses Maß zu bestimmen. Generell wird man sagen können und müssen, daß ein Kriterium das bereits erreichte Maß des Humanistischen und Zivilisatorischen in der Menschheitsentwicklung ist, wie es sich beispielsweise in den Menschenrechtsdeklarationen manifestiert. Aber auch da wird es bereits problematisch. Daß Kriminalisierung der freien Meinungsäußerung Unrecht ist, dürfte unstrittig sein. Aber: Welcher Inhalt freier Meinungsäußerung darf straflos bleiben? Auch die Verherrlichung von Rassen- und Ausländerhaß? Oder die Blockade von Mutlangen gegen die Raketenstationierung, die ja bekanntlich strafrechtliche Konsequenzen hatte?

Es sei nochmals betont: Es geht nicht um Entschuldigung tatsächlich praktizierten Unrechts, wie es sich beispielsweise in Rechtsbeugung manifestiert. Aber das ist dann auch konkret und individuell nachzuweisen. Die generelle und pauschalisierende Charakterisierung der DDR als »im Kern Unrechtsstaat« ist politisch motivierte Vor- und Nachverurteilung durch den aktuellen Sieger in der jahrzehntelangen Auseinandersetzung der sich feindlich gegenüberstehenden Systeme. Diese Auseinandersetzung war zeitweilig kalter Krieg und permanent Versuch, mit der Politik der kleinen oder großen Nadelstiche dem anderen zu schaden, wo dies nur möglich war. Wer sich deshalb heute hinstellt und erklärt, die Geheimdiensttätigkeit des BND sei die einer Demokratie, folglich rechtens und straflos, und die der DDR sei die einer Diktatur und daher Unrecht und strafrechtlich durch die BRD zu verfolgen, handelt als pharisäischer Sieger, der dem Wehrlosen das Messer an die Kehle setzt. Die politische, nicht die rechtsstaatliche Rechtfertigung für ein solches Denken und Handeln gewinnen die Sieger aus der Behauptung, die DDR sei nichts als ein Unrechtsstaat gewesen. Leider waren es auch gewisse DDR-Unterhändler, die die Formel vom »SED-Unrechts-Regime« in den sogenannten Einigungsvertrag hinein- und unterschrieben, und leider beschloß eine Mehrheit in der Volkskammer diese Pauschalformel.[23]

Man sollte nicht verkennen, daß das jetzt propagierte und praktizierte Abgehen vom Grundsatz des Verbots der Rückwirkung von Strafrechtsnormen, wenn es darum geht, die politisch Unterlegenen zu »bestrafen«, ein durchaus überzeugendes Beispiel parteiischer Rechtsprechung ist, die von der »Parteilichkeit« des Einigungsvertrages getragen wird und eine Parteilichkeit ist, die geprägt ist vom Sieg des Kapitalismus über die gedachte sozialistische Alternative. Diese Rechtsprechung ist auch deshalb parteilich, weil sie dazu dient, für die Zukunft abzuschrecken, sich jemals wieder am kapitalistischen Privateigentum »zu vergreifen« und eine antikapitalistische Ordnung schaffen zu wollen. Die allerorten verkündete Heiligkeit des Privateigentums (an den Produktionsmitteln) als Nonplusultra der Menschenrechte ist Parteilichkeit in Potenz!

V.

Man ist in der heutigen Situation hin- und hergerissen: Soll man die Art und Weise der Behandlung von Nazi- und Kriegsverbrechen nach 1945 in den Westzonen Deutschlands bzw. in der BRD vergleichen mit der heutigen Art und Weise des Umgangs mit den Anhängern und aktiven Vertretern der Sowjetischen Besatzungszone bzw. der DDR oder soll man dies nicht tun? Die bedingungslose Vergleichung würde letztlich implizieren, man könnte und wollte bereit sein, die faschistische Herrschaft von 1933 bis 1945 ohne weiteres gleichzusetzen mit der Machtausübung unter den Vorzeichen der antifaschistisch-demokratischen Ordnung, der Diktatur des Proletariats, des Arbeiter-und-Bauern-Staates von 1945 bis 1989. Das aber geht nicht an, wenngleich interessierte Kräfte nicht müde werden, unter Nutzung des Begriffs »Totalitarismus« das Unrechtssystem des Hitlerfaschismus mit der DDR inhaltlich zu identifizieren, dabei nur die »Färbungen« austauschend: Statt brauner ist von roter Herrschaft die Rede.

Wenngleich nicht geleugnet werden kann, daß bestimmte Erscheinungsformen faschistischer Machtausübung mit Machtausübung in Gestalt des Stalinismus in seiner historisch konkreten und verschiedenen Ausprägung vergleichbar sind,[24] ist es dennoch Geschichtsfälschung und politischer Trickbetrug, nicht auch zugleich die gravierenden inhaltlichen Unterschiede zu betonen. Die wesentlichsten Unterschiede liegen in den sozialökonomischen Grundlagen und Zielen dieser Formen staatlich-politischer Machtausübung, aber auch in der Methodik dieser Machtrealisierung. Und gerade diese Unterschiede werden absichtlich oder unabsichtlich, aus politischem Kalkül oder politischer Unerfahrenheit verschwiegen. Und weil diese Unterschiede verschwiegen werden, von den Politikern und Medien des militanten Antikommunismus sogar absichtlich verschwiegen werden, deshalb ist es auch möglich und notwendig, die Anfangsfrage bejahend zu beantworten: Man kann und muß die – wie Jörg Friedrich es nannte – »kalte Amnestie«[25] der NS-Täter in der deutschen Bundesrepublik mit der Verfolgungswut gegenüber den praktizierenden Anhängern der DDR vergleichen, obwohl der Wertmaßstab zur Beurteilung des Staates DDR grundsätzlich nicht der Vergleich mit dem Hitlerfaschismus sein kann, sondern die Praxis der DDR sich daran messen lassen muß, mit welchem humanistisch-sozialistischen Anspruch diejenigen antraten, die eine neue, nichtkapitalistische Welt schaffen wollten.

Man muß untersuchen, warum jene, die damals den NS-Tätern gegenüber schonende Gnade walten ließen, heute so vehement dafür plädieren, »kommunistische Überzeugungstäter« in undifferenzierter Weise ohne Schonung zu verfolgen. Einerseits ist unstrittig, daß die Negativerfahrungen mit dem Faschismus und die Abscheu vor dem terroristischen Hitlerismus damals in allen Besatzungszonen antifaschistisches Fühlen, Denken und Handeln hervorbrachten. Man lese nur die ersten beiden Sätze des von der CDU längst begrabenen Ahlener Programms dieser Partei vom Februar 1947: »Das kapitalistische Wirtschaftssystem ist den staatlichen und sozialen Lebensinteressen des deutschen Volkes nicht gerecht geworden. Nach dem furchtbaren politischen, wirtschaftlichen und sozialen Zusammenbruch als Folgen einer verbrecherischen Machtpolitik kann nur eine Neuordnung von Grund auf erfolgen.«[26] Und Adenauer, der später den Rassengesetz-Kommentator Globke zu seinem Staatssekretär machte, forderte im Januar 1947 gar: »Die CDU ist grundsätzlich mit der Entfernung aller derjenigen Männer, die im Dritten Reich an leitender Stelle tätig waren oder nationalsozialistische Gedankengänge gefördert haben, einverstanden.«[27] Zugleich waren es damals offensichtlich aber »gleiche Brüder«, über die man nach den alliierten Nürnberger Kriegsverbrecher-Prozessen westlich der Elbe zu Gericht sitzen sollte und nicht wollte. Zugegebenermaßen waren es Kapitalismus-Verteidiger, die diskreditiert waren, weil sie im »Dritten Reich« in »überspitzter« und »auswüchsiger« Weise agiert hatten. Man konnte sich in der antifaschistischen Atmosphäre nach 1945 schlecht offen für Massenmörder engagieren –, aber immerhin: Das kapitalistische System war von den Nazi-Faschisten niemals angetastet worden,[28] sondern im Gegenteil, ihr Handeln trug dazu bei, dieses kapitalistische Eigentum zu mehren – sofern es nicht gerade jüdisches Eigentum war. Und weiter: Hitler hatte versprochen, den Marxismus auszurotten[29] und mühte sich nach Kräften, dieses Ziel zu verwirklichen. Das entsprach den Interessen bestimmter Teile des Großkapitals und Junkertums, die im November 1932 Hindenburg flehentlich baten, »die Übertragung der verantwortlichen Leitung eines mit den besten sachlichen und persönlichen Kräften ausgestatteten Präsidialkabinetts an den Führer der größten nationalen Gruppe« zu vollziehen.[30] Der drohenden »Gefahr« einer Linksherrschaft sollte 1933 konsequent, auch unter Einsatz von Terror, begegnet werden.

Mindestens ab der berüchtigten Fulton-Rede Churchills wurden die alten – »demokratisch« gewendeten – Nazifaschisten in der fortgesetzten antikommunistischen Konfrontation als Akteure gebraucht, während man heute mit den Anhängern der DDR dafür abrechnen will, daß sie Antikapitalismus und Sozialismus versuchten. Die Faschisten hatten zwar 12 Jahre lang dem extrem terroristischen Hitlerregime gedient, aber ihr Anliegen war es in den »tausend Jahren« nicht gewesen, das Monopolkapital anzutasten. Sie schützten das kapitalistische Privateigentum auch gegen ihre eigenen Anhänger, z.B. in der SA, die der »antikapitalistischen« Demagogie geglaubt hatten,[31] und praktizierten stringenten Antikommunismus bei besonderer Ausprägung des mörderischen antisemitischen Rassismus. Die Akzeptanz der Litanei von »Entschuldigungsgründen« nach 1945 ist nur dadurch erklärbar, daß die Leute, die sich dieser Gründe bedienten, im Grunde mit den nazistischen Tätern mehr oder weniger intensiv sympathisierten. Die 131er Beamten wurden zur Stabilisierung des kapitalistischen Systems in Westdeutschland gebraucht. Was erklärt, warum selbst ein solcher Mann wie Globke engster Vertrauter Adenauers sein konnte. Wenn jemand nicht mehr bundeshoffähig war, dann in erster Linie, weil er zu sehr in die Öffentlichkeit geraten war und das freiheitlich-demokratische Rechtsstaatsantlitz zu beflecken drohte.

Aber der Abgang auch solcher entlarvter Naziverbrecher war immer schön rechtsstaatlich und moderat. So wurden denn eben den Richtern und Staatsanwälten, die sich belastet fühlten, anheim gestellt, sich in den Ruhestand versetzen zu lassen – natürlich mit einer Pensionshöhe, die nicht als Strafmaßnahme verstehbar sein konnte.[32] Mit ehemaligen Angehörigen des Ministeriums für Staatssicherheit der DDR geht man da ganz anders um, wie u.a. das Gesetz zur Herstellung der Rechtseinheit in der gesetzlichen Renten- und Unfallversicherung (Renten-Überleitungsgesetz – RÜG) vom 25.7.1991 beweist.[33]

VI.

Wer generalisierend gegen »DDR-Unrecht« zu Felde zieht und die DDR als Gesamtgebilde im Einigungsvertrag als Unrechtsstaat bezeichnet, ist blauäugig. Schließlich war die DDR ein international anerkannter Staat und, zumindest ob ihrer Friedenspolitik, auch ein geachteter Staat. Selbst die BRD hatte ihre zwar stets als »besondere« apostrophierten Beziehungen, die aber dennoch den völkerrechtlichen Prinzipien in weiten Teilen entsprachen.

Die Blauäugigkeit besteht insbesondere darin zu vergessen, daß auch die BRD, zumindest partiell, ein »Unrechtsstaat« war und ist. Oder wie will man die politischen Urteile charakterisieren, die im kalten Krieg der 50er und 60er Jahre als Kommunistenverfolgung oder später bis in die Jetztzeit in Sachen Berufsverbote oder in den Sitzblockaden-Prozessen gefällt wurden – schön rechtsstaatlich drapiert und nach allen Regeln juristisch-prozessualer Kunst selbstverständlich, aber in ihrem Inhalt deshalb nicht weniger »Unrecht« enthaltend als die Prozesse der DDR gegen Andersdenkende.

Hinsichtlich der Verfolgung durch das politische Strafrecht der BRD erklärte der Strafrechtler Prof. Dr. Hans-Heinrich Jeschek euphemistisch: »Das politische Strafrecht des 1. Abschnitts wurde im Jahre 1968 aus seiner zu einseitigen Fixierung auf das bestehende Spannungsverhältnis zur DDR gelöst und in Übereinstimmung mit den Grundsätzen eines seiner selbst gewissen Rechtsstaats freiheitlich ausgestaltet.«[34] Die Opfer dieser »zu einseitigen Fixierung« wurden allerdings weder rehabilitiert noch entschädigt.

John Lekschas charakterisierte das politische Strafrecht in der DDR in folgender Weise: »Nach der bisherigen Theorie ... war der Staat, ganz gleich in welcher Gestalt er existierte, das Allerheiligste, Schützenswerteste. Wer den Staat angreift, griff den Sozialismus an. Aus diesem sehr vereinfachenden Denken sind die politischen Straftatbestände entstanden.«[35] Nüchtern kommentiert N. Paech diese Ausführungen Lekschas: »Zweifellos richtig. Aber ersetzen Sie ›Sozialismus‹ durch ›Rechtsstaat‹ und Sie haben den Kern des Staatsverständnisses des politischen Strafrechts der BRD.«[36] Das politische Strafrecht war und ist nirgendwo und nie besonders delikat und zurückhaltend gegen die als tatsächliche oder vorgebliche »Gegner« oder »Feinde« Ausgemachten.[37]

Es ist schon bemerkenswert, daß Repräsentanten des »Rechtsstaates« einerseits die DDR generell als Unrechtsstaat verteufeln, die Justiz im besonderen völlig undifferenziert der »Unrechtsprechung« und »Willkürentscheidung« anklagen und in ihrem Verfolgungswunsch zugleich zu einem derart schwammigen Begriff Zuflucht nehmen wie dem der »Regierungskriminalität«. Sich als Kenner ansehende Politiker und Juristen wollen offensichtlich nicht bemerken, daß sie die im Rechtsstaat berechtigt so betonte und geforderte Exaktheit der Straftatbestände und deren Definierung schuldig bleiben. »Regierungskriminalität« ist kein Tatbestand, sondern ein politischer Begriff, ideologisch belastet und nur eingesetzt, um den Boden der pauschalen Vorverurteilung zu bereiten.[38] Ganz abgesehen von der Erfindung dieser »Regierungskriminalität« ist es schon ein Spezifikum des deutschen kulturvollen Umgangs mit dem Völkerrecht, einen durch freiwilligen Entscheid der BRD beigetretenen Staat im nachhinein entgegen dem Verbot der Rückwirkung von Strafrecht mit einem strafrechtlichen Rachefeldzug zu überziehen.

Man möchte schon gern wissen, was es denn für »leidvolle Erfahrungen mit der Entnazifizierung und der verspäteten Aufarbeitung dieses düsteren Kapitels der deutschen Geschichte« waren,[39] die die altbundesländischen Moral- und Strafrichter heute so vehement gegen das von ihnen allerorten ausgemachte »DDR-Unrecht« auftreten läßt. Es nimmt auch nicht wunder, wenn aus der konservativen Ecke des Herrn Hermann Lübbe der denunziatorische Aufruf kommt, bei der in Aussicht genommenen Strafverfolgungswelle nur ja nicht die »intellektuellen Repräsentanten der Ideologie« zu vergessen.[40]

Der ehemalige Bundesverfassungsrichter Prof. Martin Hirsch konzedierte auf die Frage eines Reporters, die DDR-Bürger nähmen mit Verwunderung die Fülle politischer Straftatbestände im StGB der BRD zur Kenntnis: »Es ist richtig, das Strafgesetz der DDR unterscheidet sich so sehr nicht von unserem. Aber entscheidend ist natürlich die Anwendung. Es gibt Bestimmungen, die zweifelhaft sind, auch bei uns. Bloß ist es bei uns immer möglich gewesen, dagegen anzugehen.«[41] Die Frage sei erlaubt, was die Kritik am Gesetz denn für dessen Opfer gebracht hat? M. Hirsch vergißt offenbar die vielen Unrechtsurteile, die in politischen Strafverfahren der BRD gefällt worden sind, insbesondere in der Zeit des kalten Krieges. Das Bundesverfassungsgericht erklärte beispielsweise § 90 a StGB für verfassungswidrig.[42] Die nach diesem Paragraphen damals bereits Verurteilten wurden aber nicht rehabilitiert. Es handelte sich auch nur um Linke.

VII.

Im Gegensatz zur moderaten Behandlung der Nazi- und Kriegsverbrecher nach 1945 geht es nach dem Anschluß der DDR offenbar um etwas anderes. Endlich scheint sich die Möglichkeit zu bieten, das mit Waffengewalt nicht Erreichbare nun zu realisieren: die Liquidierung der seit dem Oktober 1917 potentiell existierenden antikapitalistischen Alternative auf »friedlichem« Wege. Daß der Kommunismus auf dem Müllhaufen der Geschichte landen möge, war der Wunsch des Kapitals seit 1917. Nach dem gegenwärtigen Niedergang des ersten längerdauernden Versuchs, eine nichtkapitalistische Alternative zu schaffen, eröffnet sich nunmehr die Gelegenheit, umfassend Rache zu üben für die Niederlage, die der Weltkapitalismus 74 Jahre lang erdulden mußte.

Zugegeben: Es ist eine Rache, die in der BRD gegenwärtig im allgemeinen noch relativ moderat praktiziert wird. Noch überwiegen »nur« die Stockschläge auf den Rentnermagen, noch werden »Staatsnahe und Systemträger« »nur« arbeitslos, noch finden Strafprozesse vereinzelt statt. Aber manches ist schon massenhaft »angedacht« oder wird praktiziert: so die berufliche Ausgrenzung der Angehörigen des ehemaligen Ministeriums für Staatssicherheit und die Masse eingeleiteter Ermittlungsverfahren gegen sie oder der »Musterprozeß« gegen die sogenannten Mauermörder oder das Verlangen, das MfS zur »verbrecherischen Organisation« zu erklären, oder das Verlangen, die PDS als bloße Nachfolgerin der SED zu kriminalisieren und völlig zu enteignen, angeblich nur, um mit dem eingezogenen Vermögen die Opfer des »SED-Unrechts« zu entschädigen.

Und weil es nunmehr gegen die »Aktivisten« und Anhänger eines antikapitalistischen Versuchs geht, lohnt es sich schon, darüber nachzudenken, warum die faschistischen Verbrecher so milde und »verständnisvoll« angefaßt und behandelt wurden und warum heute »Versöhnung« nicht Platz greifen soll.

Das heuchlerischste Argument ist jenes, man wolle den Fehler der nach 1945 versäumten und verschleppten Vergangenheitsbewältigung des Faschismus heute nicht wiederholen. Man habe es damals leider »versäumt«, die Naziverbrechen mit strafrechtlicher Konsequenz aufzuarbeiten und dürfe diesen »Fehler« nach dem Anschluß der DDR mit den »kommunistischen Dienern des Unrechtsstaates« nicht wiederholen. Nunmehr sei Konsequenz, Härte und Unerbittlichkeit angezeigt, damit der Rechtsstaat BRD und seine Justiz nicht noch einmal »in Verruf« geraten.

Man lese, was heutzutage geschrieben wird, um die in der BRD verschleppte Verfolgung von NS-Verbrechen zu »begründen«. Allen Ernstes wird behauptet: »Es fehlten die umfassende Kenntnis des Geschehens und dessen Einbettung in die Maschinerie des Systems. Aber auch die Erkenntnis von Verantwortlichkeit, Ursache und Wirkung.«[43] Als habe es den Prozeß gegen die Hauptkriegsverbrecher und die Nachfolgeprozesse nicht gegeben, die durchaus genügend vom Mechanismus des faschistischen Systems offenbarten und bewiesen. Es hätte durchaus nicht der Einrichtung einer »zentralen Stelle zur Aufklärung nationalsozialistischer Verbrechen« bedurft – wenn überhaupt, dann nicht erst 1958, wie geschehen –, um »das Dunkel, das die NS-Verbrechen umgab, aufzuhellen«. Man begann mit der systematischen Archivierung, aber nicht, um schnellstens Prozesse einzuleiten. Für die Verfolgung von Naziverbrechen durch die BRD galt das böse, aber leider zutreffende Wort, der Staatsanwalt gleiche bei der Verfolgung eines Naziverbrechers einem Hund, den man zum Jagen tragen müsse. Heutzutage ist das natürlich anders. So steht für R. Wassermann die »Aufarbeitung der DDR-Vergangenheit ... bei der Prioritätensetzung ganz oben an – ... In der Bundesrepublik hat man die Nazi-Spitzen nach 1945 aus der Justiz entfernt, im übrigen aber das alte Personal fast ausnahmslos wieder übernommen. Es sieht ganz danach aus, als ob man diesen Fehler in der DDR wiederholen ... möchte.«[44] Inzwischen wird Herr Wassermann, der seinen Haß gegen die DDR in die Worte bringt: »Solange die SED herrschte, war die Justiz die Dirne des Regimes, willfähriges Instrument rot gefärbter Klassenherrschaft«,[45] beruhigt sein: der Rache- und Reinigungsfeldzug gegen die »Staats- und Systemnahen« hat sich längst umfassend entfaltet.

Für andere war die personelle Kontinuität in der westdeutschen Justiz nicht einmal ein »Fehler«. Auf dem westdeutschen Juristentag in München im September 1990 erklärte der Juristentagspräsident Harald Franzki, man habe im Gegensatz zu den Machthabern in der DDR, die »die juristischen Verantwortungsträger radikal und ohne Prüfung individueller Schuld eliminiert und einen völlig neuen Juristenstand etabliert hätten«, »Verständnis für Irrtum und ideologische Befangenheit gezeigt und den meisten die Chance zur Einsicht, inneren Umkehr und Mitarbeit am Wiederaufbau der Demokratie eröffnet«. Der Verfasser des Berichts über den Juristentag, Heribert Prantl, stellt nach diesen zitierten Redepassagen die Frage: »Ob man den DDR-Juristen diese Chance auch gibt?«[46] Der seitherige massenhafte Hinauswurf der DDR-Juristen hat die Antwort gegeben – es waren ja keine Nazis. Selbstverständlich gibt es dafür auch die passende unabhängig-ideologiefreie Begründung: »Oft wird gegen die Forderung nach strenger Prüfung der DDR-Richter vor ihrer Weiterverwendung eingewandt: Mit den Staatsfunktionären der ehemaligen DDR würde strenger verfahren als seinerzeit mit den NS-Richtern bei der Entnazifizierung. Dieses Argument ist jedoch verfehlt. Der bundesrepublikanischen Justiz ist immer wieder angekreidet worden, daß sie den Richtern der NS-Zeit gegenüber zu lax verfahren sei. Jetzt besteht die Chance, es besser zu machen. Wird sie nicht ergriffen, so steht ein neuer Justizskandal ins Haus, der die Bundesrepublik nicht weniger belasten wird als der frühere.«[47] Das Pharisäertum ist kaum noch zu überbieten! Derselbe Wassermann, der nicht bemerkte, daß und wie die NS-Täter bewußt laufen gelassen wurden, formuliert nun rigoros: »Es wäre ja schlimm, wenn wir, nachdem wir jeden NS-Gewalttäter vor Gericht gestellt haben, dessen wir habhaft werden konnten, jetzt nichts gegen die Mauerschützen unternähmen.«[48]

Immer wieder ist auch zu vernehmen, man könne und dürfe gegenüber den »Handlangern des SED-Regimes« keine Milde walten lassen, weil die 40 Jahre lang unterdrückten und terrorisierten DDR-Bürger das nicht verstehen und akzeptieren würden. »SED-Unrechtstaten finden bei Opfern keine Resonanz. Eine Amnestie verliert ihre friedensstiftende Wirkung, wenn die Taten ungesühnt bleiben«,[49] weiß Frau Limbach zu verkünden. Abgesehen davon, daß man wieder einmal meint, die Volksmeinung genauestens zu kennen, obwohl man es mit der Erforschung der Volksmeinung z.B. durch Volksbefragungen überhaupt nicht gern zu tun hat – den Opfern der Naziverbrecher konnte man es jahrzehntelang durchaus »antun«, diese Verbrechen nicht zu sühnen, obwohl Namen und Adressen bestens bekannt waren.

1960 war zu lesen, daß nur ein Zehntel der 1000 belasteten Richter, deren Namen die DDR veröffentlicht hatte, sich im »Dritten Reich« so schuldig gemacht hätten, daß eine Verwendung dieser Richter »für einen Rechtsstaat unzumutbar geworden« sei.[50] Diesem Zehntel müsse aber eine Rechtsbeugung nachgewiesen werden, was sehr schwer sei, denn zu diesem Nachweis gehöre die »rechtsbeugende Absicht des Richters«. Die Entlastung wurde noch weiter begründet mit der Feststellung, daß man für die Umstände des Unrechtsstaates und die Pervertierung der Justiz »dem einzelnen Richter keinen Vorwurf machen« könne. Schließlich müsse die Schuld für die Verbrechen der Justiz im Dritten Reich »die ganze Nation verantworten«! Und der damalige Justizminister von Schleswig-Holstein, Leverenz, unterstrich, man könne dem größten Teil der Richter des Nazireiches »nicht den guten Glauben absprechen, daß sie noch immer nach bestem Wissen und Gewissen nach Gerechtigkeit strebten, wenn auch nach einer Gerechtigkeit im Sinne der damaligen Wertvoraussetzungen«.[51] Was ja die faschistischen waren!

Es steht zu vermuten, daß sich die Rechtsprechung in den Altbundesländern gedanklich nicht in die Lage versetzte anzunehmen, daß die Urteilsbegründungen zur Entlastung von Faschisten eines Tages in Erinnerung zu rufen seien, wenn es darum geht, über die Anhänger des als diktatorisch apostrophierten »Unrechtsstaates« DDR ein Urteil zu fällen.

Man sollte doch annehmen, daß den Anhängern der einen »Diktatur«, des einen »Unrechtssystems«, genau dasselbe Recht des Rechtsstaates zuerkannt wird wie den Anhängern und Praktikanten der anderen Diktatur, die immerhin einen internationalen Gerichtshof zur Folge hatte. Allem Anschein nach ist das nicht beabsichtigt. Wohlgemerkt: Ich wende mich gegen die Identifizierung von faschistischer Herrschaft und sich als sozialistisch betrachtender Machtausübung. Faschismus und Stalinismus (stalinistische Herrschaftsausübung) sind bei vielen fürchterlichen und bedauerlichen gemeinsamen Praktiken dennoch nicht identisch. Um so mehr besteht der Anspruch für die Praktizierenden tatsächlichen oder behaupteten Unrechts im Sozialismus, daß zumindest die Entschuldigungsgründe akzeptiert werden, die den Nazifaschisten ohne weiteres zuerkannt wurden.

So wurde den NS-Richtern das »Richterprivileg« als Entschuldigung selbst für ihre Bluturteile abgenommen. Erstmals erschien diese »Begründung« in dem Urteil des BGH vom 29.5.1952. Danach konnte ein Richter im Gehorsam gegenüber den damals bestehenden Rechtsvorschriften auch mit dem barbarischsten Urteil kein Verbrechen begehen, es sei denn, er wäre sich des Unrechts bewußt gewesen und hätte vorsätzlich gegen sein Rechtsgefühl entschieden und damit Rechtsbeugung begangen.[52] Es versteht sich, daß das keinem nachzuweisen war. Man darf gespannt sein, ob einem DDR-Richter Nämliches widerfährt wie seinerzeit Wolfgang Immerwahr Fränkel. Dieser war am 30. März 1962 zum Generalbundesanwalt berufen worden, was die DDR veranlaßte, an die Vergangenheit Fränkels in der ehemaligen Reichsanwaltschaft zu erinnern. Fränkel hatte wesentlich daran mitgewirkt, daß im »Dritten Reich« aus Freiheitsstrafen Todesurteile wurden. Die Staatsanwaltschaft Karlsruhe leitete ein Ermittlungsverfahren wegen zweifachen Mordes und Beihilfe zum Mord sowie versuchten Mordes in vier Fällen ein. Dieses Verfahren wurde zwei Jahre später durch Beschluß des Oberlandesgerichts Karlsruhe eingestellt mit der Begründung, ein Tötungsdelikt liege nur dann vor, »wenn das Gericht gültige Gesetze zu rechtsfremden Zwecken mißbraucht und unter bewußter und gewollter nicht zu rechtfertigender Ausnutzung eines weit gespannten Strafrahmens wider seine bessere Überzeugung die Todesstrafe ausspricht und damit das Recht beugt ... Hält er (der Richter oder Staatsanwalt) die Todesstrafe irrtümlich für die der Tat angemessene und daher gerechtfertigte Strafe, so ist ein Tatbestandsirrtum gegeben (§ 59 StGB), der den Vorsatz ausschließt.«[53]

Ich betone noch einmal ausdrücklich: Es geht nicht um eine Reinwaschung, wo offenkundig Unrecht geschehen ist. Aber man muß schon daran erinnern: In den Kriegsjahren von 1939 bis 1945 wurden mindestens 60 000 Menschen aus allen europäischen Staaten in Nazideutschland aufs Schafott oder an den Galgen gebracht. Allein der »Volksgerichtshof« sprach mindestens 5243 Todesurteile aus,[54] die u.a. ergingen gegen Bürger, die ihr Bedauern über das Mißlingen des Attentats vom 20. Juli 1944 zum Ausdruck brachten, die das Verbot übertraten, ausländische Sender abzuhören, die Flugblätter verteilten, die den Wunsch nach baldiger Beendigung des Krieges artikulierten oder die negativ über die Person Hitlers sprachen. In der DDR wurden 149 Nazi-Juristen rechtskräftig verurteilt; in den Altbundesländern »brachte man 11 ehemalige NS-Juristen vor Gericht, aber nur vier wurden rechtskräftig verurteilt, und zwar ausschließlich ehemalige Ankläger oder nebenamtliche Beisitzer der im Frühjahr 1945 gebildeten Standgerichte.«[55]

Die Statistik der Todesurteile der DDR in ihren 40 Jahren sieht um einiges anders aus. Auch wenn die heutigen Medien von einem sensationellen Fund sprachen, als sie das Exekutionsregister aus Dresden vermeldeten. Ein Mordregister der DDR-Justiz ist das nicht! Auch wenn nunmehr die Legitimität von Todesurteilen und deren Vollstreckung in der DDR überhaupt in Zweifel gezogen wird.[56] Auch wenn eine tendenziöse Berichterstattung unter dem reißerischen Titel »Das Tabu der DDR – Geheime Hinrichtungen«[57] einen solchen Eindruck hervorzurufen sucht. Und auch, wenn der Fall der Hinrichtung von Ernst Wilhelm und Johann Muras aus Obergebra bei Nordhausen, wie die Umstände vermuten lassen, tatsächlich ein Justizmord war.[58]

In der Diskussion über die angeblich nötige Generalabrechnung mit dem »SED-Unrechtssystem« sollte man ehrlicherweise nicht aus den Augen verlieren, wie sich eine Unrechtsbeschuldigung auch quantitativ beweisen läßt. Ich folge dabei grundsätzlich F. Wolff, wenn er meint, man könne »Unrecht ... nicht quantitativ aufrechnen«, weshalb er es nicht für sinnvoll hält, die »Diktatur des Proletariats« in der DDR mit der faschistischen Diktatur im Nazireich zu vergleichen und Unrecht zahlenmäßig gegenüberzustellen.[59] Es ist nur so, daß die heuchlerische Pose der »Entschuldiger« der mangelhaften Verfolgung der Naziverbrecher gegenüber der untergegangenen DDR meines Erachtens auch zu solchen Vergleichen zwingt. Es geht dabei nicht – das sei wiederholt – um Generalpardon. Jedes ungesetzliche Todesurteil ist eines zuviel – sofern man nicht überhaupt Todesurteile in Frage stellen sollte. Aber dennoch verlangt die Wahrheit und die gerechte Beurteilung des möglichen Ausmaßes juristischen Unrechts, sich darüber im klaren zu sein, ob z.b. die Zahl an Todesurteilen Vergleichbarkeit am Ausmaß der massenmörderischen Blutjustiz Hitlers mit dem Ausmaß an Unrecht der DDR-Justiz zuläßt, um die DDR zu einem Unrechtsstaat zu erklären. Auch das sollte bedacht werden: Nach Feststellung des Justizministers der DDR gab es auf allen Rechtsgebieten jährlich im Durchschnitt 220.000 Verfahren, von denen reichlich ein Prozent politisch bedeutsam gewesen sei. Der Justizminister wandte sich berechtigt gegen die pauschale Verurteilung der Richter der DDR und betonte, daß die übergroße Zahl der Richter gesetzliche Entscheidungen getroffen habe, überwiegend auch im Strafrecht.[60]

Verfolgt man jedenfalls die Eskalation der Hetze in den Massenmedien und die sich häufenden Äußerungen »seriöser« Beamter über das »SED-Unrechtsregime«, dann kann man sich des Eindrucks nicht erwehren, daß es nicht um eine objektiv-vorurteilslose Beurteilung der staatlichen Tätigkeit im allgemeinen wie der Justiztätigkeit der DDR im besonderen geht, sondern um die politisch geprägte Generalverteufelung des endlich Niedergeworfenen durch die Sieger. Wie anders ist es zu verstehen, wenn berichtet wird, daß die Justizsenatorin Limbach (SPD) erklärt habe, fast jeder Richter im ehemaligen SED-Regime sei politisch vorbelastet und habe das SED-Regime aktiv unterstützt.[61] Es seien »unglaubliche Unrechtsurteile« entdeckt worden, die zur Ablehnung von Bewerbern für das Richteramt führen würden. Zu solchen »unglaublichen Unrechtsurteilen« rechnet die Justizsenatorin offenbar die Tatsache, daß ein Haftbefehl allein wegen des Spruchs »Die Mauer muß weg!« erlassen wurde, daß Zwangsadoptionen von Kindern sogenannter Republikflüchtlinge verfügt wurden – von den ursprünglich posaunten Tausenden von Zwangsadoptionen ist bereits nicht mehr die Rede[62] – und Richter »Schauprozesse« geführt hätten.[63] So schlimm das alles ist, ob sich daraus allerdings Horrorrufe rechtfertigen, ist fraglich.

Anmerkungen

[1] Humboldt-Universität, Ausg. 1-1991/92 (36. Jg.), S. 4.

[2] »Das wesentliche Argument, man wolle nicht die Fehler wiederholen, die die Aufarbeitung des Nazismus begleiteten, ist unüberbietbar selbstgerecht. Wer Globke als Staatssekretär und Gehlen als BND-Obersten aushielt, Markus Wolf aber verfolgt und erneut ins Exil zwingt oder

in die Haft, der arbeitet nicht auf, sondern setzt den Krieg der Nazis fort. Gehlen gehörte zu den Todfeinden Wolfs, Globke kommentierte das Unrecht der Juden-Verfolgung als Recht. So begann diese Bundesrepublik, und sie schuf damit Gründe genug, sie zu bekämpfen.« (G. Zwerenz: Der Fall Bilke – Liebeserklärung an meine Freunde, die Opfer, und an die letzten sieben aufrechten PDSler. In: Neues Deutschland (B), 27.9.1991, S. 8).

[3] C. H. Ule: Gerichte und Richter der DDR – Garanten der Rechtsstaatlichkeit? In: Die öffentliche Verwaltung 1990, Nr. 10, S. 423. H. Kühnert schreibt in der Deutschen Zeitschrift für europäisches Denken die markanten Sätze: »Die Belastung der DDR-Richter mit dem Müll von Marx, Engels und Stalin wiegt aus der Sicht des Rechtsstaates schwerer als die Nachkriegslast der NS-Juristen. Die Hitler-Herrschaft dauerte nur 12 Jahre. die NS-Juristen waren noch von rechtsstaatlichen Verhältnissen geprägt. Zwar reichten diese Juristen die Hände zu unvorstellbaren Verbrechen, aber sie wußten doch, was Recht war. Das permanente Vertuschen der Verbrechen, der Unrechtsgesetze und -judikate unter Hitler beweist es. Nach dem grauenhaften Dutzend konnten reuige, ehrlich gewendete Jahre folgen. Das war immerhin möglich und es geschah oft. Die SED-Herrschaft aber dauerte 40 Jahre, und die Richter in der DDR sind niemals von bürgerlich-rechtlichen Überzeugungen, von Aufklärung und Demokratie geprägt worden, sondern von den Idealen und Indoktrinationen einer Weltanschauung mit falschem Menschenbild und der Arroganz der Besserwissenden, die keinen Pluralismus kennen und glauben, Recht sei, was dem Kommunismus nützt. Bei Betrachtung der beiden Problemkreise, hier NS-Juristen, dort SED-Juristen, erweist sich also rasch, daß die ersten viel fürchterlicher waren, die zweiten aber schwieriger sind, langwieriger, gefährlicher, indoktrinierter, eben in der Wolle giftrot gefärbt. Ihre Bekehrbarkeit zu rechtsstaatlichem Denken muß als äußerst gering veranschlagt werden.« (Zit. in: N. Paech: Schuldhaftes Schweigen. In: VDJ-Forum, 1990, Nr. 4, S. 22) Diese Glorifizierung angeblich rechtsstaatlicher »Abstammung« und Denkweise der NS-Richter stimmt mit den Tatsachen in keiner Weise überein und ist wohl auch mehr zur Desinformation eines sachunkundigen Lesers gedacht. Tatsächlich ist für die Richterschaft der Weimarer Republik generell ihre antirepublikanische Haltung charakterisierend. H. Rottleuthner resümiert: »(1) Schon die Vereidigung der Beamten auf die Weimarer Verfassung (nach Art. 176 WRV) führte zu heftigen Kontroversen. (2) Zumindest bis 1922 wurde eine eindeutige Tendenz der politischen Justiz gegen Linke festgestellt. Für die Rechtsprechung des 1926 gegründeten Reichsarbeitsgerichts zeigte Otto Kahn (1931) autoritäre Tendenzen in Richtung auf ein faschistisches ›Sozialideal‹ auf. (3) Eine Analyse der Deutschen Richterzeitung ... zeigt eine antiparlamentarische Einstellung der Standesvertreter... Ansätze einer Personalpolitik zugunsten republikanisch eingestellter Richter wurden vom Deutschen Richterbund bekämpft als unzulässige parteipolitische Eingriffe in die unabhängige Rechtsprechung...« (H. Rottleuthner: Rechtspositivismus und Nationalsozialismus. In: Demokratie und Recht, Nr. 4/1987, S. 377 f.). Für Bundesjustizminister Klaus Kinkel gibt es dagegen keinen Zweifel, »daß stärker als im Dritten Reich gerade Richter und Staatsanwälte im SED-Regime Steigbügelhalter und Garanten des Systems waren«. (Junge Welt-Interview mit Klaus Kinkel, In: Junge Welt, 18.9.1991, S. 3)

[4] Th. Rasehorn: Die dritte Gewalt – von innen betrachtet. In: Demokratie und Recht – Sonderheft 1989, S. 28.

[5] Vgl. O. Kirchheimer: Politische Justiz. Verwendung juristischer Verfahrensmöglichkeiten zu politischen Zwecken, Frankfurt/Main 1985, S. 447-508.

[6] V. Buch, Kapitel 48, 9.

[7] Th. Mommsen: Römisches Strafrecht, zitiert nach O. Kirchheimer, Politische Justiz, a.a.O., S. 447.

[8] Vgl. Art. 18 des Einigungsvertrages »Fortgeltung gerichtlicher Entscheidungen«. F. Wolff: So wird die Einheit in Recht und Freiheit nicht geschaffen. In: Neues Deutschland, 2.10.1991, S. 11.

[9] Für die Schweiz wird festgestellt: »Daß die strafrechtliche Repression kritischer Geister in der DDR nicht als isoliertes, der Vergangenheit angehörendes Phänomen betrachtet werden

kann, wird dem Beobachter aus der Schweiz über das Verfahren gegen Jutta Braband klar. Die Ähnlichkeit des von ihr zitierten StGB der DDR mit Art. 266 des schweizerischen StGB ist allzu eklatant: auch dort wird die bloße Kontaktnahme mit einem fremden Staat, ausländischen Parteien, Organisationen oder Agenten oder die bloße Aufstellung von Behauptungen unter Strafe gestellt, wenn damit gegen die ›Sicherheit‹ der Schweiz verstoßen wird; Art. 272 erhebt sogar zum ›Nachteil der Schweiz oder ihrer Angehörigen, Einwohner und Organisationen‹ getätigte Nachrichtenvermittlung zum Straftatbestand. Es gäbe bei uns wie vielleicht auch anderswo wahrlich eines vor und hinter der eigenen Tür zu wischen.« (Ph. Zogg: DDR-Richter – untragbar im demokratischen Rechtsstaat? In: VDJ-Forum, Nr. 1/1991, S. 20).

[10] Laut Die Welt vom 30.10.1990 forderte die CSU eine »Zentralstelle zur Verfolgung von SED-Unrechtstaten«, mußte sich damals aber sagen lassen, daß es »einen rechtsstaatlichen Stolperstein (gebe): Tun und Lassen von Dienern des SED-Staates könnten nur nach dem in diesem Staat geltenden Recht be- und verurteilt werden – es sei denn, man übergehe den Grundsatz ›Nulla poena sine lege – (keine Strafe ohne das für Tatzeit und -ort geltende Gesetz). So seien zwar beispielsweise die Siegermächte nach dem Zweiten Weltkrieg zwecks Entnazifizierung verfahren, etwa mit Umkehr der Beweislast auf den Beschuldigten. Doch streng rechtsstaatsgemäß könnten wohl ›nur‹, aber eben auch ›immerhin‹ Verbrechen verfolgt werden, die nach dem Gesetz beider vormaliger Staaten in Deutschland unter Strafe standen – zum Beispiel Mord samt Beihilfe oder Anstiftung (Befehl).«

[11] H. Sendler: Über Rechtsstaat, Unrechtsstaat und anderes – Das Editorial der Herausgeber im Meinungsstreit. In: Neue Justiz, 1991, Nr. 9, S. 379 ff.

[12] Nebenbei bemerkt: Wer einen Eindruck von der neuen Meinungsfreiheit gewinnen möchte, der lese den Artikel der Berliner Zeitung vom 24.7.1991, S. 3: Schweigen ist Silber – Reden bedeutet ›raus‹!

[13] F. Wolff: Blick zurück nach vorn. In: VDJ-Forum, 1991, Nr. 1, S. 11.

[14] Bis Ende Juli 1991 wurden z.B. 1650 Ermittlungsverfahren gegen Mitarbeiter der Hauptverwaltung Aufklärung des ehemaligen MfS eingeleitet (Neues Deutschland vom 17.7.1991, S. 1). Generalbundesanwalt A. von Stahl gab an, daß er »mit insgesamt 5000 Spionageverfahren gegen Ostdeutsche« rechne (Berliner Zeitung vom 10.7.1991, S. 6). Nach Mitteilung der Jungen Welt vom 12.9.1991, S. 4, laufen bereits mehr als 1000 Verfahren wegen vermuteter Rechtsbeugung von früheren DDR-Richtern.

[15] Vgl. die Äußerungen des ehemaligen Bundesjustizministers Engelhardt, über die in der Welt vom 27.10.1990, S. 8, berichtet wurde.

[16] Vgl. Die Welt vom 27.10.1990. Detaillierte Angaben über den Zeitraum von 1980 bis 1989 veröffentlichte die Generalstaatsanwaltschaft der DDR. Danach gab es 77613 Verurteilungen wegen Beeinträchtigung der öffentlichen Sicherheit durch asoziales Verhalten, 22 610 wegen Republikflucht, 10 873 wegen Widerstandes gegen staatliche Maßnahmen und 2469 wegen Staatsverbrechen (Die Zeit vom 13.7.1990 – Nr. 29). Zur Bewertung der Verurteilungen wegen Asozialität vgl. Anm. 18. »In den vierzig Jahren DDR soll es bis zu 200 000 politische Gefangene gegeben haben.« (Der Tagesspiegel vom 16.7.1991, S. 2).

[17] Berliner Zeitung, 5.7.1991, S. 5.

[18] So stellte der Vorsitzende der 6. Strafkammer des LG Berlin in einem Kassationsverfahren fest, daß die Beweiswürdigung durch das Stadtgericht Berlin rechtsstaatlichen Ansprüchen ebenso genügt habe wie die ergangenen Schuldsprüche. Die ausgesprochenen Strafen seien zwar hart und schwer, aber mit rechtsstaatlichen Ansprüchen nicht unvereinbar. Man müsse sich von dem Gedanken frei machen, eine Strafe sei nicht rechtsstaatlich, weil sie nicht den Maßstäben der BRD entspreche (vgl. Neues Deutschland vom 8.8.1991, S. 5). Der Vorsitzende Richter am LG Berlin, Hans-Georg Bräutigam, ist der Ansicht, daß Politiker überzogene Erwartungen hinsichtlich einer Wiedergutmachung bei zu Unrecht von DDR-Gerichten Verurteilten erweckt hätten. Die Antragsteller seien nun herb enttäuscht, daß allein die Tatsache, daß im Rechtsgebiet der alten Bundesländer eine mildere Strafe ausgesprochen worden wäre, die in der DDR verhängte Strafe noch nicht gröblich unrichtig mache (vgl. Neues Deutschland

vom 6.8.1991, S. 5). W. Keck von der Berliner Außenstelle des Bundesjustizministeriums »räumte ein, daß in der DDR generell eine schärfere Strafmessungspraxis als in der Bundesrepublik geherrscht habe. Das aber sei, für sich genommen, noch kein Unrecht« (Der Tagesspiegel vom 28.6.1991, S. 4). Man lese in diesem Zusammenhang die inzwischen beispielsweise in der Deutsch-Deutschen Rechts-Zeitschrift veröffentlichten Entscheidungen: z.B. LG Berlin, Beschl. vom 6.12.1990 – 506 Kass 74/90 (a.a.O., S. 151 f.); LG Berlin, Beschl. vom 6.12.1990 – 506 Kass 108/90 (a.a.O., S. 153 f.). Beachtlich ist insbesondere der Beschl. des LG Berlin vom 18.3.1991 – (550 Rh) 4 Js 214/91 (129/90), mit dem ein Rehabilitierungsantrag als offensichtlich unbegründet verworfen und in dem der Leitsatz formuliert wurde: »Der Verurteilung wegen Gefährdung der öffentlichen Ordnung durch asoziales Verhalten (§ 249 DDR-StGB) liegt in der Regel keine Handlung in Wahrnehmung verfassungsmäßiger politischer Grundrechte zugrunde.« (DtZ 8/1991, S. 311). Von speziellem Interesse dürfte das Urteil des BVerwG vom 24.6.1991 – 9 C 10/90 (Münster) sein, nach dem die Verurteilung in der DDR wegen Spionage nach Befragung durch westliche (US-amerikanische) Geheimdienste keine Rehabilitierung rechtfertigt (NJW 39/1991, S. 2508 f. und DtZ 8/1990, S. 277 ff.). Die Berliner Zeitung informiert, daß bislang zwei Drittel der Kassationsanträge zur Korrektur von Urteilen zu Straftaten, die unter geltendem DDR-Recht verübt worden waren, abgelehnt wurden (24.7.1991, S. 2).

[19] Die Welt, 15.11.1990, S. 4.

[20] H. Roggemann schreibt, daß »die Auswirkungen dieses Richterbildes (der DDR – D.J.) auf die sozialistische Verfassungswertordnung ... – freilich mit anderen Vorzeichen – der Verpflichtung aller Beamten und Richter zur positiven Identifikationsbereitschaft mit der Verfassungsordnung des Grundgesetzes (vgl. auch § 9 DRiG) gegenübergestellt werden kann« (»Richterwahl und Rechtspflege in den Ländern der früheren DDR«. In: NJW 1991, Nr. 8, S. 458).

[21] H. – D. Lehmann: Gedanken zur politischen Strafjustiz der DDR. In: VDJ-Forum, 1991, Nr. 3, S. 28. W. Geiger: Die Rolle des Richters unter den gegenwärtigen Bedingungen unserer freiheitlich-rechtsstaatlichen Demokratie. In: DRiZ, 1982. Nr.9, S. 322, schreibt: »Er (der Richter – D.J.) ist politischer Richter, insofern er die konkrete geltende Rechtsordnung anerkennt. Er wäre politisierender Richter, wenn er die geltende Rechtsordnung verändern wollte.« An dieser Stelle findet der bekannte Satz von K. Marx seinen Platz: »Welch eine törichte, unpraktische Illusion ist überhaupt ein parteiloser Richter, wenn der Gesetzgeber parteiisch ist?« (K. Marx/ F. Engels: MEW, Bd. 1, S. 145).

[22] U. Wesel: Rezension. In: Kritische Justiz, 1988, Nr. 4, S. 475.

[23] So benennt Art. 17 des Einigungsvertrages es als Aufgabe, die »Opfer des SED-Unrechts-Regimes« zu rehabilitieren und zu entschädigen. Die »Denkschrift zum Einigungsvertrag« erläutert den 4. Abs. der Präambel des Einigungsvertrages als Erinnerung daran, »daß das vereinte Deutschland in der Kontinuität seiner Geschichte steht, zu der in diesem Jahrhundert auch die Folgen der beiden Kriege und der nationalsozialistischen Gewaltherrschaft sowie des kommunistischen Unrechtsregimes in der Deutschen Demokratischen Republik gehören.« (B. Besonderer Teil: zur Präambel). Eine von nüchternem Sachverstand geprägte objektive Beurteilung gibt H. Roggemann: Richterwahl und Rechtspflege ...«, a.a.O., S. 460, indem er im Zusammenhang mit der Frage, ob man DDR-Richter in das bundesdeutsche Justizsystem übernehmen könne, eine Frage, die er differenziert beantwortet, schreibt: »An die Stelle der politischen Einbindung des Richters in die frühere sozialistische Verfassungswertordnung ... ist damit durch die – in der Reichweite ihrer inhaltlichen Anforderungen im einzelnen umstrittene – politische Treuepflicht gegenüber der grundgesetzlichen Verfassungswertordnung getreten. Diesen Wertewechsel überspitzt Art. 17 Einigungsvertrag, der im Sinne einer allzu weitgehenden, da einschränkungslosen pauschalen ›Nachverurteilung‹ vom ›SED-Unrechts-Regime‹ spricht.« Weiter heißt es bei Roggemann: »Um unhaltbare Folgen dieser zu weit greifenden Formulierung zu vermeiden, ist Art. 17 Einigungsvertrag daher restriktiv und differenzierend dahin zu interpretieren, daß als ›Unrecht-Regime‹ nur diejenigen Teile und Funktionsträger innerhalb des SED-Herrschaftssystem zu qualifizieren sind, die durch Unrechtshandlungen

rehabilitierungs- oder kassationsbedürftige oder sogar disziplinar- oder strafrechtsrelevante Unrechtstatbestände gesetzt haben.« (a.a.O., S. 461).

[24] Vgl. W. Ruge: Stalinismus. Eine Sackgasse im Labyrinth der Geschichte, Berlin 1991, S. 128 ff.; H. Bock: Es führt kein Weg zurück. »Stalinismus« in der DDR. In: Utopie kreativ, 1991, Nr. 13, S. 62 ff.; G. Lotzek: Totalitarismuskonzept – Bestandteil kritischer Gesellschaftsanalyse. In: Pressedienst PDS, Nr. 23 vom 7.6.1991, S. 17 f.

[25] J. Friedrich: Die kalte Amnestie – NS-Täter in der Bundesrepublik, Frankfurt/Main 1988; J. Müller: Furchtbare Juristen, München 1989.

[26] Zitiert nach. R. Badstübner: Zur Problematik und historischen Bedeutung des Ahlener Programms der westdeutschen CDU. In: Zeitschrift für Geschichtswissenschaft, 1961, Nr. 8, S. 1793.

[27] a.a.O., S. 1812.

[28] Vgl. E. Fraenkel: Der Doppelstaat, Recht und Juristen im »Dritten Reich«, Frankfurt/Main 1984 (Die amerikanische Originalausgabe erschien bereits 1941).

[29] A. Hitler: Mein Kampf, München 1939, S. 171: »In den Jahren 1913 und 1914 habe ich ... zum ersten Male ... die Überzeugung ausgesprochen, daß die Frage der Zukunft der deutschen Nation die Frage der Vernichtung des Marxismus ist.« H. Göring erklärte im März 1933: »Nicht nur ausrotten werden wir diese Pest. Wir werden das Wort Marxismus aus jedem Buch herausreißen. In fünfzig Jahren darf in Deutschland überhaupt kein Mensch mehr wissen, was das Wort bedeutet.« (Zitiert nach D. Eichholtz/K. Goßweiler (Hrsg.), Faschismus-Forschung, 2. Aufl., Berlin 1980, S. 160). Ob die Denkmals-Stürmer, die Schulbuchbeseitiger, die »Entideologisierer« der Universitäten usw. von heute ähnliche Intentionen haben?

[30] »Eingabe von Industriellen, Bankiers und Großagrariern an Reichspräsident von Hindenburg vom November 1932«. In: H. Brüdigam, Faschismus an der Macht, Frankfurt/Main 1982, S. 36.

[31] Vgl. E. Fraenkel: Der Doppelstaat, Recht und Justiz im »Dritten Reich«, Frankfurt/Main 1984, S. 101 ff. In der bereits 1941 in den USA erschienenen Schrift liest man, »daß der Nationalismus als politisches Phänomen ein Produkt der jüngsten kapitalistischen Entwicklung in Deutschland ist.« (S. 101) Eine Erkenntnis, die in der bundesdeutschen wissenschaftlichen Literatur kaum, in den bürgerlichen Massenmedien überhaupt nicht verbreitet wird. Bei Fraenkel heißt es weiter: »Obwohl der Maßnahmestaat den Apparat besitzt und über die Handhabe verfügt, in den Wirtschaftsprozeß einzugreifen wann und wo es ihm beliebt, sind die rechtlichen Fundamente der kapitalistischen Wirtschaftsordnung erhalten geblieben ... Den Gerichten liegt es ob, dafür Sorge zu tragen, daß Grundprinzipien der kapitalistischen Wirtschaftsordnung erhalten bleiben –... Die publizierten Entscheidungen zeigen, daß die Gerichte mit Erfolg das für das Funktionieren des Kapitalismus notwendige Rechtssystem einschließlich seiner wesentlichen Rechtsinstitute konserviert haben.« (S. 102 f.)

[32] Vgl. Entschließung des Deutschen Bundestages vom 14. Juni 1961 – Bundestags-Drucksache III/2785 und § 116 des Deutschen Richtergesetzes vom 8. September 1961 (BGBl. I, S. 1665). Auf die Große Anfrage der Fraktion DIE GRÜNEN zur NS-Justiz (Bundestags-Drucksache 10/5148 vom 5.3.1986) wußte die Bundesregierung zur Frage nach der Summe, die für die Ruhegeldzahlung für jene Nazi-Beamten aufzuwenden ist, die nach § 116 Richtergesetz ausgeschieden waren, nur zu antworten: »Die Bundesregierung ist nicht in der Lage, mit vertretbarem Aufwand die ausschließlich in den Ländern entstandenen Kosten für die in diesem Zusammenhang angefallenen Pensionszahlungen zu ermitteln.« (Bundestags-Drucksache 10/64566, S. 24).

[33] BGBl. I, Nr. 46, S. 1606. Wie anders war auch in diesem Falle die Behandlung der Nazis! Man lese bei Ingo Müller, Furchtbare Juristen, München 1989, S. 262 ff., den Abschnitt über die »Versorgung der Täter und der Opfer«. Extra für die materielle Sicherstellung ehemaliger NS-Beamter entwickelte das Bundessozialgericht mit seinem Urteil vom 24.11.1965 das »Grundprinzip der wertfreien Sozialversicherung« (BSGE 24, S. 106). Das Bundesverwaltungsgericht schloß sich mit dem Urteil vom 16.7.1970 (ZBR 1971, S. 26) diesem Prinzip an –

»ausgerechnet anläßlich der Entscheidung über die Rente des ehemaligen Braunschweiger Innenministers und späteren Ministerpräsidenten Dietrich Klagges, der Hitler 1932 mit der Ernennung zum Oberregierungsrat die deutsche Staatsbürgerschaft beschafft hatte« (I. Müller, a.a.O., S. 263). Die jüngst bekanntgegebene Absicht, die Renten der Verfolgten des Nazi-Regimes in der DDR zu kürzen, spricht Bände!

[34] H.- H. Jeschek: Einführung. In: StGB. Beck-Texte im dtv. 23. Aufl., München 1987, S. XXII. Auf die an den Bundesminister der Justiz im Juli 1991 gestellte Frage, ob es denkbar sei, daß es jetzt in den alten Bundesländern zu einer Art beruflicher Rehabilitierung – Stichwort Berufsverbot – komme, antwortete K. Kinkel: »Die Frage ist mir nicht verständlich. In der Bundesrepublik Deutschland alten Zuschnitts gibt es keine Berufsverbote.« (Junge Welt vom 25./26.5.1991, S. 3). Das ist die altbundesdeutsche Art von »Vergangenheitsbewältigung«!

[35] J. Lekschas: Politisches Strafrecht soll den Staat schützen, was aber ist der Staat? In: Neues Deutschland (B), 10./11.2.1990, S. 10.

[36] N. Paech: Schuldhaftes Schweigen. In: VDJ-Forum, 1990, Nr. 4, S. 22.

[37] Als Beispiel für die sich mit der Problematik befassende Literatur seien genannt: H. Gerats/G. Kühlig/K. Pfannenschwarz: Staat ohne Recht. Des Bonner Staates strafrechtliche Sonderjustiz in Berichten und Dokumenten, Berlin 1959; D. Posser: Politische Strafjustiz, Karlsruhe 1961; Richard Schmid: Politische Strafprozesse, Hannover 1962; Lutz Lehmann: Legal und Opportun, Politische Justiz in der Bundesrepublik, Berlin 1966; A. von Brünneck: Politische Justiz gegen Kommunisten in der Bundesrepublik Deutschland 1949 bis 1968, Frankfurt/Main 1978; M. Schneider: Auf die bundesdeutsche Unschuld fällt kaum noch ein Schatten. In: Neues Deutschland (B) 29./30.12.1990, S. 10; A. Azzola: Wird Recht als Kriegswaffe verwendet, existiert kein Recht. In: Neues Deutschland (B) 5./6.1.1991, S. 10; O. Kirchheimer: Politische Justiz, Frankfurt/Main 1985, schreibt: »Die Bundesrepublik Deutschland hat schon 1951 ein umfassendes Netz gesetzlicher Sicherheitsbestimmungen geschaffen, das sie seitdem ständig vergrößert, um jeden Hasser und Hetzer (etwa Hitlerscher Schattierungen), der sich aus der Zone gemäßigter Kritik hinauswagen sollte, einzufangen. Bis jetzt ist diese Gesetzgebung überwiegend dazu benutzt worden, die blassen Spuren der politischen Betätigung von Kommunisten systematisch, ohne Aufregung, mit geschäftsmäßiger Routine auszumerzen.« (S. 78 f.). Für die Verfolgungen in der BRD zur Zeit des kalten Krieges findet E. Jens die verniedlichenden Worte: »... gewiß gab es in den 50er Jahren Maßnahmen gegenüber kommunistischen Aktivitäten, die nicht alle den Geist der Liberalität atmeten.« (Frankfurter Allgemeine Zeitung, 31.3.1989, S. 14).

[38] Frau Justizsenatorin Limbach gab immerhin zu, daß das deutsche Strafrecht »so etwas wie kollektives Regierungsunrecht als Straftatbestand nicht« kennt (zitiert nach: Berliner Zeitung vom 10.6.1991, S. 6), was sie allerdings nicht daran hindert, weiter von »Regierungskriminalität« zu reden. Offenbar soll gelten: Man muß nur oft genug davon sprechen, dann wird sich das ins Bewußtsein schon eingraben und als Realität erscheinen.

[39] J. Bischoff: Die Qualen der Schuld und der Nebel des Vergessens. In: Der Tagesspiegel, 10.7.1991, S. 3.

[40] Ebenda.

[41] Neue Berliner Illustrierte, 1990, Nr. 42, S. 15.

[42] Urteil des BVerG vom 21.3.1961. In: BVerGE 12, S. 196 ff.

[43] R. Wassermann: Vergangenheit bewältigen. In: Die Welt, 10.12.1990, S. 2.

[44] Ebenda.

[45] R. Wassermann: Ein Justizskandal droht. In: Die Welt, 19.10.1990, S. 2.

[46] Süddeutsche Zeitung, 20.9.1990.

[47] R. Wassermann: Ein Justizskandal ..., a.a.O.

[48] Die Welt vom 17.11.1990, S. 7. Der Vorsitzende des Richterbundes, Franz Joseph Petz, »warnte« in einem Interview mit den Stuttgarter Nachrichten, »die westdeutsche Justiz habe nach dem Kriege eine Vergangenheitsbewältigung versäumt und dürfe Fehler, die sie später erkannt habe, nicht wieder machen.« (Die Welt, 27.10.1990, S. 8) Frau Limbach ist der Ansicht,

daß nach dem Ende des Zweiten Weltkrieges in Ost- und Westdeutschland die Chancen verpaßt worden seien, die NS-Vergangenheit aufzuarbeiten (Der Tagesspiegel, 10.7.1991, S. 2). Das entspricht völlig der aktuellen »Generallinie«, der DDR jegliche wirkliche und ernsthafte antifaschistische Bemühungen abzusprechen. Es entbehrt nicht einer gewissen »Pikanterie«, feststellen zu müssen, wer denn zu den »Saubermännern« gehört, die den »DDR-Justiz-Augias-Stall« reinigen müssen. Der Anschluß bescherte dem Lande Mecklenburg-Vorpommern einen stellvertretenden Generalstaatsanwalt, der sich dadurch als qualifiziert zur Reinigung der DDR-Justiz auswies, daß er das Verfahren gegen den SS-Obergruppenführer Arnold Strippel einstellte, der den Befehl dazu erteilt hatte, an 20 jüdischen Kindern in Hamburg Tuberkulose-Experimente zu machen und die Opfer dann zu ermorden. Helmut Münzberg, so der Name des stellvertretenden Generalstaatsanwalts, befand, daß dem Mord an den Kindern das Mordmerkmal Grausamkeit fehlte. Denn die Kinder waren vor dem Erhängen mit Morphium betäubt worden. Und Münzberg wörtlich: »Ihnen ist also über die Vernichtung ihres Lebens hinaus kein weiteres Übel zugefügt worden, sie hatten insbesondere nicht besonders lange seelisch oder körperlich zu leiden!« (vgl. G. Schwarzberg: Ihr naht Euch wieder ... In: Neues Deutschland (B), 3./4.8.1991, S. 1).

[49] Berliner Kurier am Morgen, 10.7.1991, S. 2.

[50] G. Gillesen: Not der Richter. In: Frankfurter Allgemeine Zeitung, 25.2.1960.

[51] Die Welt, 21.5.1960.

[52] »Der Richter, der ein Todesurteil fällt, kann sich dadurch nur dann strafbar machen, wenn er das Recht beugt. Dies setzt voraus, daß er bewußte und gewollte Verstöße gegen das Verfahrensrecht oder das sachliche Recht begeht, ohne die es zu keinem Todesurteil gekommen wäre. Unterlaufen dem Richter fahrlässige, zu einem Todesurteil führende Verletzungen des Rechts, so scheidet seine Haftung auch unter dem Gesichtspunkt fahrlässiger Tötung aus. Solange der Richter bestrebt ist, in einem ordnungsgemäßen Verfahren das sachliche Recht zu verwirklichen, ist er für eine etwaige Fehlentscheidung unter keinen Umständen strafrechtlich verantwortlich. Nur wenn er bewußt und gewollt gegen das Recht entscheidet, d.h. das Recht beugt, trifft ihn diese Verantwortung.« (BGH, Urt. vom 29.5.1952 – 2 StR 45/50, in: MDR 11/1952, S. 695).

[53] Beschl. des OLG Karlsuhe 1 WS 252/63 vom 3.9.1964, zitiert nach: Lutz Lehmann: Legal und Opportun. Politische Justiz in der Bundesrepublik, Berlin 1966, S. 16.

[54] G. Wieland: Das war der Volksgerichtshof, Berlin 1989, S. 99. Schon 1968 war begründet geschätzt worden, daß annähernd 80 000 Menschen der Terrorjustiz des Nazi-Faschismus zum Opfer gefallen sind (vgl. Braunbuch. Kriegs- und Naziverbrecher der Bundesrepublik, Berlin 1968, S. 113). I. Müller: Furchtbare Juristen. Die unbewältigte Vergangenheit unserer Justiz, München 1989, S. 201: »Da ... speziell die Gerichte im Osten die Todesstrafe inflationär anwandten und der innerstaatliche Terror im Sommer 1944 in seine blutigste Phase trat, kommt die Zahl von 80 000 Justizopfern der Realität wohl am nächsten.«

[55] G. Wieland: Das war der Volksgerichtshof, a.a.O., S. 126.

[56] K. W. Fricke: Hingerichtet in Dresden – warum? In: Deutschland-Archiv, Nr. 6/1990, S. 820 ff.

[57] Nahschuß in den Hinterkopf. In: Der Spiegel, vom 26.8.1991, S. 84 ff.

[58] H. Behrendt: Justizmord. In: Neue Berliner Illustrierte, 1990, Nr. 26, S. 7 ff.

[59] F. Wolff: Blick zurück nach vorn. In: VDJ-Forum, 1991, Nr. 1, S. 11.

[60] Vgl. Neue Berliner Illustrierte, 1990, Nr. 7, S. 10 f.

[61] Man lese zur Beurteilung solcher Vorwürfe gegen die DDR-Richter einmal den § 9 des Deutschen Richtergesetzes über die Voraussetzungen für die Berufung in das Richteramt sowie die Aufsätze, die über die Treuepflicht der Beamten im allgemeinen und der Richter im besonderen in der Bundesrepublik verfaßt wurden. Aber man kennt natürlich den sofortigen Einwand: Die Bundesbeamten sind Diener der Demokratie, die Ostfunktionäre waren Diener der Diktatur.

[62] »Von allen in der DDR durchgeführten Adoptionen weist die Statistik neun Prozent aus,

die gegen den Willen der Eltern geschahen. Das aber hieße nicht, so die Experten, daß sie alle politisch motiviert waren. Ein Entzug des Sorgerechts kann auch aus anderen, tatsächlich lebensbedrohenden Gründen zum Schutz des Kindes vorgenommen werden. Hier sei äußerst vorsichtig heranzugehen. Auch deshalb, weil es die Methode gab, Mütter zunächst zu kriminalisieren, um ihnen dann die Kinder zu nehmen.« (Berliner Zeitung vom 11.9.1991, S. 4).

[63] Vgl. Die Welt vom 15.1.1991, Junge Welt vom 15.1.1991. Ganz am Rande und dennoch zum Thema »Unrecht« gehörig: Man stelle sich nach dem Lesen der Berichte über den skandalösen Schmücker-Prozeß die Frage, welche personellen Konsequenzen gezogen worden sind. Vgl. z.B. Süddeutsche Zeitung vom 29.1.1991; Neues Deutschland vom 29.1.1991; J. von Wedel, Schmückerprozesse am Ende. In: Demokratie und Recht, 1991, Nr. 3, S. 251 ff.

Thomas Lorenz
Über das Verhältnis von MfS und Justiz

Das MfS wie auch die Justiz in der DDR waren Verfassungsorgane, das heißt, sie hatten im Rahmen der Staatsorganisation spezifisch festgelegte Aufgaben zu erfüllen.

Die Entwicklung der DDR vollzog sich mehr oder minder nach sowjetischem Modell, somit waren auch das MfS und die einzelnen Bereiche der Justiz von dem damals herrschenden sowjetischen System geprägt.

Das MfS war als Staatsschutz am 8.2.1950 auf der Grundlage eines Volkskammergesetzes gebildet worden. Seine Vorläufer waren die Kommissariate »5«, welche in Durchführung des Befehls 201 der SMAD vom 16.8.1947 entstanden waren, sowie die »Kommission zum Schutz des Volkseigentums«.[1]

Die Justiz war kein unabhängiges Organ der öffentlichen Gewalt, sondern formal dem Parlament unterstellt. Dabei kam der Staatsanwaltschaft die dominierende Rolle innerhalb der Justiz zu. Mittels der Übertragung einer allumfassenden Gesetzlichkeitsaufsichtspflicht sollte sie die Rechtmäßigkeit der öffentlichen Gewalt sichern. In der Endkonsequenz wurde sie aber zu einem Instrument zur Realisierung der Sicherheitsdoktrin der SED-Führung.

Infolge der Justizreform 1952 kam es zu einer Neustrukturierung des gesamten Rechts- und Justizsystems, welche unter anderem durch die Wahl der Richter auf allen Ebenen durch die jeweiligen Volksvertretungen (ab 1959) und die Schaffung von Kollegien der Rechtsanwälte (1953/54) zur Integration dieser Berufsgruppe in das politische System der DDR ihren Ausdruck fand.

Insgesamt hatte die Justiz die Aufgabe, als Rechtspflegeorgan gesetztes Recht anzuwenden. Die Justiz wie auch das MfS waren somit Werkzeuge zur Durchsetzung der Rechts- und Sicherheitspolitik der SED, einerseits im Rahmen eines Weisungs- und Dienstverhältnisses der Regierung (außer Rechtsanwälte) und andererseits durch die mehrheitliche Mitgliedschaft der Mitarbeiter in der SED. Dies wirkte sich besonders fatal aus, weil beide Bereiche mit Repressivfunktionen legitimiert waren, diese Politik durchzusetzen.

Das Rechtsdenken innerhalb der SED, insbesondere manifestiert in der SED-Führung, war gekennzeichnet durch einen pragmatischen Rechtsnihilismus, das heißt, es wurde die Doppelfunktion des Rechts als Instrument und als Maß von öffentlicher Gewalt geleugnet. Das Recht ist einseitig als der materiell bedingte Wille der herrschenden Klasse erklärt worden. Deshalb kam es zu einer permanenten Auflösung des Rechts in der Politik der SED-Führung.

Dieser Rechtsnihilismus – gepaart mit einem Sicherheitsdenken zum Schutz der »Errungenschaften der sozialistischen Revolution«, welches angeheizt war durch die Stalinsche These der »Verschärfung des Klassenkampfes im Innern«

– führte zu einer linearen Instrumentalisierung der Justiz und des MfS als Machtstützen des SED-Regimes.

Insgesamt sollte der DDR-Bevölkerung – mit einer vormundschaftlichen Methodik – eine Erziehungsdiktatur unter dem Namen »Sozialismus« aufgezwungen werden. Dabei wurde nicht vor Versuchen zurückgeschreckt, alle mißliebigen und oppositionellen Personen zu kriminalisieren. Diese Tendenz hielt von der Gründung der DDR bis zum Umbruch 1989 mit unterschiedlicher Graduierung an. Natürlich muß man als begünstigende Umstände auch die internationale Situation, den kalten Krieg und die Rivalitäten innerhalb der SED-Führung berücksichtigen, wobei das Wirken der »Organisation Gehlen« (ab 1956 BND) und die militanten Terroraktionen der »Kampfgruppe gegen die Unmenschlichkeit« (bis 1959) von seiten der BRD die Schaffung und Entwicklung des MfS mitbedingten. Bei der konkreten Betrachtung der Zusammenarbeit zwischen dem MfS und der Justiz muß man von einer gesetzlichen Pflicht ausgehen, da das MfS im Sinne der Strafprozeßordnung (StPO) ein legales Untersuchungsorgan wie zum Beispiel die Polizei, der Zoll oder die Steuerfahndung war.

Durch den allumfassenden Staatsschutzauftrag, welcher durch das Selbstverständnis geprägt war, als »Schild und Schwert der Partei« zu agieren, hatte sich innerhalb des MfS ein Instrumentarium entwickelt, welches ohne jegliche juristische oder parlamentarische Kontrolle zu einem totalen Überwachungsapparat gegenüber der Bevölkerung entartete. Etwaige Kontrollinstanzen innerhalb des MfS hätten die jeweiligen Parteileitungen sein können, aber die militärische Struktur und die Konspirativität der Aufgabenrealisierung blockierten auch diese Form der Kontrolle.

Bei der Untersuchung des internen Instrumentariums zur Überwachung der Bevölkerung ragen besonders zwei Weisungen hervor. Da ist einerseits die »Richtlinie Nr. 1/81 über die operative Personenkontrolle«,[2] welche das Anlegen von konspirativen Informationssammlungen bei eventuellen Verdachtsmomenten regelt, und andererseits die »Richtlinie Nr. 1/76 zur Entwicklung und Bearbeitung operativer Vorgänge«,[3] in der die Weiterführung bei erhärteten Verdachtsmomenten ausgeführt ist. Die Legaldefinition von Erich Mielke lautete dazu folgendermaßen: »Operative Vorgänge sind anzulegen, wenn der Verdacht der Begehung von Verbrechen gemäß erstem oder zweitem Kapitel des StGB – Besonderer Teil – oder einer Straftat der allgemeinen Kriminalität, die einen hohen Grad an Gesellschaftsgefährlichkeit hat und in enger Beziehung zu den Staatsverbrechen steht bzw. für deren Bearbeitung entsprechend meinen dienstlichen Bestimmungen und Weisungen das MfS zuständig ist, durch eine oder mehrere bekannte oder unbekannte Personen vorliegt. Der Verdacht auf eine der oben genannten Straftaten liegt vor, wenn aus überprüften inoffiziellen bzw. offiziellen Informationen und Beweisen aufgrund einer objektiven, sachlichen, kritischen und tatbestandsbezogenen Einschätzung mit Wahrscheinlichkeit auf die Erfüllung eines Straftatbestandes oder mehrerer Straftatbestände geschlossen werden kann.«[4]

Danach wird aus der gesetzlichen Pflicht der StPO heraus der Staatsanwalt benachrichtigt und mittels seiner Befugnisse ein richterlicher Haftbefehl erwirkt.

Aus juristischer Sicht stellen beide Weisungen eine extensive Weitung der StPO dar. Inwieweit sie verfassungs- oder gesetzwidrig sind, ist leider nie gerichtsnotorisch festgestellt worden, da es zur Justizpraxis der DDR gehörte, Rechtsnormen oder sonstige Normativakte nicht hinsichtlich ihrer Verfassungskonformität zu überprüfen. Zudem stellte in der DDR der Verfassungsbruch durch Personen im Amt, also Funktionsträger im politischen System, immer eine Art »Kavaliersdelikt« dar.

Innerhalb des MfS hatte die HA IX die Aufgaben und die Befugnisse eines Untersuchungsorgans gemäß StPO hinsichtlich von Staatsschutzdelikten – welche auch im allgemeinen Sprachgebrauch als politische Straftaten bezeichnet werden – inne.

Daneben war die HA XIV für die Untersuchungshaft zuständig, wenn Personen, gegen die die HA IX ermittelte, durch die HA VIII in Haft genommen wurden. Alle diese Abteilungen arbeiteten in der MfS-Struktur auf Bezirksebene und dort mit der Bezirksstaatsanwaltschaft zusammen.

Daneben gab es eine zentrale Zusammenarbeit des MfS mit dem Obersten Gericht, der Generalstaatsanwaltschaft und dem Ministerium der Justiz bezüglich der Erarbeitung und Beratung von Gesetzen, Verordnungen und Richtlinien, die die verschiedenen Sicherheitsbereiche der DDR betrafen.

Neben den gesetzlich festgelegten Formen der Zusammenarbeit gab es in unterschiedlicher Weise Absprachen, Verhandlungen und anderes mehr zwischen dem MfS und der Justiz, auch mit Rechtsanwälten. Diese sind jedoch konkret von Fall zu Fall zu analysieren, da sie nicht allgemeinverbindlich festgelegt waren.

Darüber hinaus unterlagen alle Mitarbeiter der Justiz einer Sicherheitsprüfung durch das MfS, und bevor ein Mitarbeiter eine höhere Funktion im System der staatlichen Justiz ausüben konnte, erfolgte eine erneute Sicherheitsüberprüfung. Natürlich waren auch alle Mitarbeiter der Justiz – wie die gesamte Bevölkerung der DDR – eventuellen operativen Personenkontrollen durch die HA XX unterworfen.

Eine weitere justitielle Befugnis des MfS möchte ich nur am Rande erwähnen, es ist die Haftverbüßung im MfS-internen Strafvollzug, da bereits 1950 die Befugnisse über den Strafvollzug im Ministerium der Justiz an das Ministerium des Innern übertragen wurden. Der Hauptgrund dafür war die Tatsache, daß in den damaligen Ländern der DDR die Justizverwaltungen – gemäß Parteienproporz – von Vertretern der anderen Blockparteien geleitet wurden und sich die SED diesen brisanten Sicherheitsbereich nicht entgehen lassen wollte.

Um meine bisherigen theoretischen Ausführungen etwas plastischer zu machen, habe ich mir einen politisch inszenierten Prozeß als Fallstudie herausgesucht. Bei diesem Rechtsfall ist die Justiz »Opfer« und »Täter« gleichzeitig, und er ereignete sich 1956/57 – einem Schicksalsjahr der DDR, weil sich die damalige SED-Führung entschloß, nach dem XX. Parteitag der KPdSU und der 3. Parteikonferenz anstatt einer sozialistischen Demokratie einen »poststalinistischen Polizeistaat« aufzubauen.

Die Chronologie eines politisch inszenierten Prozesses[5]:

18.6.1955: Der Vorsitzende des Rechtsanwaltskollegiums Erfurt wird auf Grundlage eines Haftbefehls gemäß §346 StGB »Begünstigung im Amt« in Untersuchungshaft beim MfS genommen. Tatvorwurf: Der Rechtsanwalt (RA) hat eine Person dazu verleitet, ihren Wohnsitz nach Westberlin zu verlegen, weil diese Person im alkoholisierten Zustand ein Bild des damaligen Präsidenten der DDR zerstört hat und sich einer Strafverfolgung entziehen wollte.

25.10.1955: Anklage gegen den RA gemäß Artikel 6 der Verfassung der DDR wegen »Boykotthetze«, in Gestalt der Beihilfe zur »Republikflucht«. Die Umwandlung des Vorwurfs von §346 StGB in Artikel 6 der Verfassung mußte erfolgen, da ein RA kein Beamter im Sinne §359 StGB ist und eine »Begünstigung im Amt« an den Status eines Beamten gebunden war.

Artikel 6 Absatz 2 der Verfassung: »Boykotthetze gegen demokratische Einrichtungen und Organisationen, Mordhetze gegen demokratische Politiker, Bekundung von Glaubens-, Rassen-, Völkerhaß, militaristische Propaganda sowie Kriegshetze und alle sonstigen Handlungen, die sich gegen die Gleichberechtigung richten, sind Verbrechen im Sinne des StGB. Ausübung demokratischer Rechte im Sinne dieser Verfassung ist keine Boykotthetze.«

Artikel 10 Absatz 3 der Verfassung: »Jeder Bürger ist berechtigt auszuwandern. Dieses Recht kann nur durch ein Gesetz der Republik beschränkt werden.«

Exkurs zur Rechtslage:

Die Rundverfügung Nr. 126/50 des Ministers der Justiz vom 26.9.1950 legte fest, daß bei Überschreiten der Staatsgrenze die Paßstraf-VO vom 27.5.1942 (RGBl. I, Seite 348) anzuwenden sei, jedoch die BRD und Westberlin kein Ausland im Sinne dieser Verordnung sind. Das Paßgesetz vom 15.9.1954 (GBl. Nr. 81, S. 786) – als 1. Republikgesetz dazu – hob diese Strafverordnung auf und blieb bei dem Grundsatz, daß die BRD und Westberlin kein Ausland seien. Erst mit dem Änderungsgesetz zum Paßgesetz vom 11.12.1957 (GBl. I, S. 650) wird das Verlassen der DDR in Richtung BRD und Westberlin im Paragraph 8 zum Straftatbestand erklärt. Aus diesem Paragraph 8 des Paßgesetzes wird im neuen StGB (1968) der fatale Paragraph 213 »Ungesetzlicher Grenzübertritt«. Somit war 1955 weder die »Republikflucht« und natürlich noch weniger die Beihilfe dazu ein Straftatbestand.

10.12.1955: Verurteilung des angeklagten RA gemäß Artikel 6 durch das Bezirksgericht Erfurt zu 8 Jahren Freiheitsentzug.

6.1.1956: Abweisung der Berufung durch den Strafsenat des Obersten Gerichtes als »offensichtlich unbegründet«.

20.7.1956: Antrag des Vorsitzenden des RA-Kollegiums Leipzig an den Präsidenten des Obersten Gerichtes, um infolge der neuen politischen Gegebenheiten (XX. Parteitag der KPdSU) dieses Urteil zu überprüfen.

3.11.1956: Das Plenum des Obersten Gerichtes hebt auf Antrag des Präsidenten des OG die Entscheidung des Strafsenats beim OG auf, damit erneut über die Berufung entschieden werden kann.
6.12.1956: Der Strafsenat beim OG hebt das Urteil des Bezirksgerichtes Erfurt auf und verweist es zur erneuten Verhandlung an das Bezirksgericht Leipzig, um die Objektivität des Verfahrens zu wahren. Zwischenzeitlich wird der RA auf Anordnung des OG auf freien Fuß gesetzt, so daß man ihn von seiten der Staatsanwaltschaft nicht mehr darüber informiert, daß seine Haftstrafe im Rahmen der »listenmäßigen Begnadigungen« auf vier Jahre herabgesetzt wurde.
15. bis 23.2.1957: Hauptverhandlung vor dem 1. Strafsenat des Bezirksgerichtes Leipzig. Das Urteil lautete: Freispruch mangels Schuld. Die Verhandlungen fanden ab dem 2. Verhandlungstag unter Ausschluß der Öffentlichkeit statt, wobei es dabei zu einem Zwischenfall kam, weil der Vertreter des MfS sich weigerte, den Gerichtssaal zu verlassen, mit dem Hinweis, daß die Richterin »wohl nicht wisse, daß er ein Vertreter des höchsten Organs in der DDR« sei. Das Gericht stellte bezüglich der Tatvorwürfe »Beihilfe zur Republikflucht« und der »Staatsverleumdung gegen die DDR« fest, daß weder die Aussagen gegenüber einem Kreisgerichtsdirektor noch im Rahmen der Untersuchungshaft den Tatbestand der Staatsverleumdung erfüllen und die »Beihilfe zur Republikflucht« kein strafwürdiges Verhalten darstellt. Jedoch sind in dieser Verhandlung durch das Gericht Rechtsverletzungen des Untersuchungsorgans MfS festgestellt worden.
1. Die Vernehmungen trugen zum großen Teil keine Zeitangaben.
2. Der Kreisgerichtsdirektor wurde als Zeuge 24 Stunden mit einer kurzen Unterbrechung verhört, so daß er danach zur Überzeugung kam, daß der RA ein Staatsfeind sei.
3. Ein Belastungszeuge war frei erfunden und hatte nie in der Untersuchungshaftanstalt eingesessen.
4. Der Hauptbelastungszeuge – also diejenige Person, die auf Anraten des RA die DDR verlassen haben soll – war aus einem Flüchtlingslager aus Westberlin durch das MfS zurückgeholt, und bei positiver Aussage und Mitarbeit als IM war ihm Straffreiheit zugesichert worden.

Nachdem der RA freigesprochen war, wollte er seine Mitgliedschaft in der SED und seine Zulassung als Rechtsanwalt wiedererlangen und stellte darüber hinaus berechtigte Schadensersatzforderungen.
20.6.1957: Die Bezirksleitung Erfurt der SED wendet sich an das Zentralkomitee der SED mit der Begründung, daß der Freispruch nicht gerechtfertigt und der RA ein Feind der DDR sei. Falls er im Bezirk Erfurt wieder eine Zulassung als Rechtsanwalt erhalten würde, würden der Vorsitzende des 1. Strafsenats des Bezirksgerichtes Erfurt und der Bezirksstaatsanwalt von ihrem Amt zurücktreten.
2.11.1957: In der Beratung des Politbüros des ZK der SED wird festgelegt, eine Arbeitsgruppe zu bilden, bestehend aus den Ministern für Justiz, für Staatssicherheit und dem Generalstaatsanwalt, um die Strafsache zu überprüfen. Aus der

Tätigkeit dieser Arbeitsgruppe soll nur eine Passage über die Zielrichtung ihres Wirkens Auskunft geben. Im Schreiben des Ministers der Justiz an den Minister für Staatssicherheit vom 23.11.1957 heißt es unter anderem: »In letzter Hinsicht bleibt festzustellen, daß der RA auf alle Fälle Hetze im Sinne von Paragraph 131 StGB betrieben hat, die eine Strafe von etwa 1 bis 2 Jahren rechtfertigen würde. Es ist jedoch formal schwer, die Urteile anzugreifen, weil sie auf der Plenarentscheidung des OG beruhen, das keiner Aufhebung unterliegt. Das ist nach Auffassung des Genossen ... auch der Grund gewesen, weshalb der Generalstaatsanwalt den Protest gegen das Leipziger Urteil zurückgenommen hat. Es wird jedoch gemeinsam mit dem MdI und dem GStA unter Ausnutzung aller rechtlichen Möglichkeiten ein Kassationsantrag ausgearbeitet werden.«

Im Abschlußbericht dieser Arbeitsgruppe an das Politbüro des ZK der SED vom 6.12.1957 (bestätigt auf der Beratung des Politbüros vom 7.1.1958) wurde für den Freispruch des RA das Oberste Gericht wegen seiner »liberalistischen Tendenzen seit der 3. Parteikonferenz der SED« verantwortlich gemacht. Die Kassation richtete sich gegen das Urteil des Bezirksgerichtes Leipzig, und darüber entschied wieder der gleiche Strafsenat des OG. Er hob das Urteil auf und verwies es zur erneuten Entscheidung an das Bezirksgericht Erfurt, mit dem Urteilstenor, daß der RA zum Staatsfeind erklärt wurde und er nun gemäß dem mittlerweile in Kraft getretenen Strafrechtsänderungsgesetz zu verurteilen sei.

Fazit:
1. Der RA konnte sich durch die Flucht in die BRD einer erneuten Verhaftung und Verurteilung entziehen.
2. Sein Verteidiger, der Vorsitzende des RA-Kollegiums von Leipzig, wurde in seiner weiteren gesamten Tätigkeit durch das MfS observiert, bis er dann auch die DDR verlassen hat.
3. Die Richterin aus Leipzig, die den Freispruch ausgesprochen hatte, mußte sich in persönlichen Aussprachen vor der Zentralen Parteikontrollkommission und der Ministerin der Justiz dafür verantworten. Während sie in diesen Aussprachen noch mit Vehemenz die Richtigkeit ihres Urteils verteidigte, übte sie vier Wochen später »reumütige Selbstkritik« über die Fehlerhaftigkeit ihres Handelns.
4. Der Vizepräsident des OG hatte die politische Verantwortung für diesen Fall zu tragen und wurde an das Bezirksgericht Frankfurt/Oder strafversetzt.

Nachbetrachtungen:
Dieser Fall zeigt meines Erachtens die Menschenverachtung von Parteifunktionären und die Arroganz der Macht in der DDR, um mittels Rechtsbeugung unliebsame und kritische Mitbürger zu kriminalisieren. Er macht aber auch deutlich, daß die DDR kein Unrechtsstaat war. Wenn man sich des untauglichen Versuchs bedient, die DDR mit der Todesfabrik Deutschland 1933 bis 1945 zu vergleichen und dabei die klassische Analyse des Doppelstaates[6] anwendet, wird man feststellen, daß die DDR immer ein »Normenstaat« – auch wenn die Normen hinterfragungswürdig sind jedoch nie ein »Maßnahmestaat« im klassischen Sinne war.

Bei kritischer Würdigung der Kriminalisierung von Andersdenkenden, der

Rechtsbeugungen und der politischen Erniedrigung und Demütigung der Mehrheit der DDR-Bevölkerung ist es meines Erachtens falsch, das MfS als Inkarnation des Bösen zu stigmatisieren. Es ist sinnentleert,»Schild und Schwert« für das Wirken seines Befehlsgebers – also der SED, insbesondere deren Führung – bestrafen zu wollen.

Das eigentliche Problem besteht aber darin, daß man zwar Rechtsbeugungen und Kriminalisierung rehabilitieren – und in geringem Umfang eventuell Personen konkret bestrafen – kann, nur sind der Haß, die Empörung und die Wut der politisch Gedemütigten nicht justitiabel.

Wir stehen hier vor dem allgemeinen Problem des Verhältnisses von Moral und Recht, inwieweit ein moralisches Tribunal hier hilfreich sein kann, ist fraglich.

Drei widersprüchliche Gedanken zu den ehemaligen Mitarbeitern des MfS:
1. Genausowenig wie man die vormundschaftliche Erziehungsdiktatur DDR mit der Todesfabrik Deutschland 1933 bis 1945 vergleichen kann, weil es eine Verhöhnung der Opfer dieser Todesfabrik bedeuten würde, genausowenig war das MfS eine »verbrecherische Organisation«, vielmehr ein Verfassungsorgan der DDR.
2. Es spricht für die Kulturlosigkeit der jeweils herrschenden Polit-Aristokratie im Deutschland des 20. Jahrhunderts, daß man sich der Demagogie bedient, um durch Schaffung von Sündenböcken der Nation den sozialen Frust innerhalb der Gesellschaft zu kanalisieren.
3. Vorschlag zu einem Gedankenexperiment: Wie würden Sie mit den Mitarbeitern der Sicherheitsorgane, der Justiz und den Politikern umgehen, wenn sich die BRD der DDR angeschlossen hätte?

Anmerkungen

[1] Eine weitere Darstellung zur Geschichte des MfS in: Fricke: Das MfS, Köln 1989.
[2] Gill/Schröder: Das MfS – Anatomie des Mielke-Imperiums, Berlin 1991, S. 322 ff.
[3] Ebenda, S. 346 ff.
[4] Ebenda, S. 370.
[5] Dieser Prozeß ist in seiner Gesamtheit im Zentralen Parteiarchiv der PDS dokumentiert. Da nach Kenntnis des Autors bisher kein Rehabilitierungsverfahren dazu durchgeführt worden ist, und um die darin handelnden Personen vor einer medienwirksamen Vorverurteilung zu schützen, hat er auf eine konkrete Quellenangabe verzichtet.
[6] Fraenkel: Der Doppelstaat, Frankfurt/Main 1984.

Michael Kowal
Zu einigen rechtlich relevanten Aspekten der Tätigkeit des ehemaligen MfS

Vorbemerkungen

Im Rahmen der unbedingt notwendigen Auseinandersetzung mit der Theorie und Praxis der kommunistischen Bewegung und der von ihr dominierten Staaten ist die Analyse der verschiedenen Entwicklungsetappen der DDR ein logischer Teilabschnitt im gesamten Komplex der politischen, wissenschaftlichen, historischen und juristischen Aufarbeitung der nichtkapitalistischen Gesellschaftsformation.

Zwingend notwendig wird diese Beschäftigung mit der eigenen Geschichte auch für die zukünftige Glaubwürdigkeit und politische Akzeptanz der PDS als einer linken Kraft in Deutschland.

Bei der Zergliederung des vernetzten Partei- und Staatsapparates der DDR ist besonders bei der Untersuchung der für die Aufrechterhaltung der inneren Ordnung und die Gewährleistung der staatlichen Sicherheit verantwortlichen Organe wissenschaftliche Objektivität zu wahren und die Einbindung dieser Organe in die damals herrschende Sicherheitsdoktrin der DDR (als integraler Bestandteil des Warschauer Vertrages) zu beachten.

Eine pauschale Verurteilung und Diskriminierung aller Mitarbeiter des ehemaligen MfS ist meines Erachtens daher abzulehnen.

Die Einbindung der DDR in den Warschauer Vertrag

Bei der konkreten Auseinandersetzung mit speziellen Abschnitten der DDR-Geschichte wird dieser Staat oft als unabhängig in der Weltpolitik agierendes Subjekt verstanden, ohne seine grundsätzliche Einbindung in das komplexe politische, wirtschaftliche und militärische Bündnis der ehemaligen nichtkapitalistischen Staaten zu beachten.

Die aus dem Zweiten Weltkrieg hauptsächlich als militärische Großmacht hervorgegangene Sowjetunion schuf sich zur Absicherung ihrer spezifischen Interessensphären vor allem in Osteuropa ein zusammenhängendes, eng vernetztes System von abhängigen Satellitenstaaten, zu dessen Regulierung Elemente der Disziplinierung und politischen Einflußnahme installiert wurden.

Bedingt durch die schrecklichen Zerstörungen und menschlichen Verluste im Zweiten Weltkrieg war die UdSSR objektiv daran interessiert, für die nun erforderliche Wiederaufbauperiode des Landes vor ihren Westgrenzen eine Art Pufferzone zu schaffen, mit der eine erneute militärische Bedrohung verringert werden sollte.

Während der Zeit des kalten Krieges versuchten die beiden Hauptkontrahenten USA und UdSSR, die von ihnen dominierten Staaten fester an sich zu binden und so ihren Machtbereich weiter auszubauen. Als Antwort auf die Gründung der NATO im Jahre 1949 entstand 1955 als politisch-militärisches Bündnis der Warschauer Vertrag, in dem die Sowjetunion die Führungsrolle einnahm.

Das höchste Führungsorgan war der Politische Beratende Ausschuß, in dem die jeweiligen Generalsekretäre der staatsführenden Parteien die Grundorientierung für die Entwicklung aller zum Pakt gehörenden Mitgliedsstaaten festlegten. Für die DDR wurden diese Empfehlungen durch den Nationalen Verteidigungsrat und die Abteilung Sicherheitsfragen des ZK der SED konkretisiert. Auf dieser Grundlage erließ der Minister für Staatssicherheit seine Befehle und Weisungen.

Die rechtliche Stellung des MfS

Am 8.2.1950 verabschiedete die Volkskammer der DDR das Gesetz über die Bildung eines Ministeriums für Staatssicherheit,[1] womit offiziell die Umwandlung der bisher dem MdI unterstellten Hauptverwaltung zum Schutze der Volkswirtschaft in ein selbständiges Ministerium erfolgte. Dieses Gesetz gliederte sich nur in zwei Paragraphen und enthielt explizit keine Angaben über Aufbau und Befugnisse dieses neuen Sicherheitsorgans. Nur im später erlassenen Gesetz über die Aufgaben und Befugnisse der Deutschen Volkspolizei[2] war die Wahrnahme polizeilicher Befugnisse durch die Mitarbeiter des MfS gemäß Paragraph 20 (2) gesetzlich geregelt.

Nach Aussagen ehemaliger Mitarbeiter des MfS wurden die wichtigsten Prämissen für die Geheimdiensttätigkeit im Statut des Ministeriums festgelegt, auf welches aber bei der Gesetzesbegründung auf der Volkskammertagung vom späteren stellvertretenden Minister Bruno Beater nur kurz Bezug genommen wurde. Das Statut unterlag so strenger Geheimhaltung, daß selbst nicht allen stellvertretenden Ministern sein genauer Inhalt bekannt war.

Es ist dem Sachbuchautor Karl Wilhelm Fricke (veröffentlichte unter anderem »Die DDR-Staatssicherheit«) zuzustimmen, wenn er im Analogieschluß aus den Statuten anderer DDR-Ministerien, welche im GB1. veröffentlicht wurden, konstatiert, daß das Ministerium für Staatssicherheit vom Minister nach dem Prinzip der Einzelleitung und kollektiven Beratung der Grundfragen geleitet wurde und der Minister für die gesamte Tätigkeit des Ministeriums die persönliche Verantwortung gegenüber der Volkskammer und dem Ministerrat trug.[3] Diese Vermutung kann bei der Analyse einiger staatsrechtlicher Normen bestätigt werden.

Gemäß Paragraph 1 (4) des Gesetzes über den Ministerrat der DDR vom 16. November 1954 trug das einzelne Mitglied des Ministerrates gegenüber der Volkskammer für den ihm anvertrauten Geschäftsbereich die volle Verantwortung und besaß gemäß Paragraph 6 (2) das Recht, auf der Grundlage und in Durchführung der Gesetze der Volkskammer und der Beschlüsse des Ministerrates Anordnungen, Durchführungsbestimmungen und Verfügungen zu erlassen. Die Verantwortlichkeit und Rechenschaftspflicht der Mitglieder des Ministerrates gegenüber der Volkskammer wurden später unter anderem im Gesetz über den Ministerrat der DDR vom 16. Oktober 1972[4] im Paragraph 2 (3) Satz 1 festgelegt. Das Recht auf Erlaß von Rechtsvorschriften in Form von Anordnungen und Durchführungsbestimmungen wurde im Paragraph 8 (3) Satz 1 fixiert, während Paragraph 14 (1) das Prinzip der Einzelleitung der Ministerien bestimmte und die Minister verpflichtete, die Durchführung der Beschlüsse der Partei, der Gesetze und anderen Rechtsvorschriften in eigener Verantwortung zu sichern und die hierzu erforderlichen Entscheidungen zu treffen.

Aus den eben erwähnten Rechtsbestimmungen ist abzuleiten, daß auch der Minister für Staatssicherheit zum Erlaß von Rechtsvorschriften bzw. Richtlinien ermächtigt war. Im MfS als militärischem Organ war der Befehl das grundsätzliche Führungsmittel. Entsprechend der Ranghöhe sind zu unterscheiden:
1. Befehle des Ministers
2. Dienstanweisungen des Ministers bzw. eines 1. Stellvertreters
3. verschiedene Durchführungsbestimmungen zu bestimmten Befehlen und Dienstanweisungen
4. Anordnungen

Zur strafrechtlichen Verantwortung der Mitarbeiter des MfS

Da die Mitarbeiter des MfS im Sinne des Wehrdienstgesetzes Berufssoldaten waren, ergibt sich daraus die zwingende Schlußfolgerung, daß jeder Unterstellte von Rechts wegen zur Ausführung jedes Befehls seiner Vorgesetzten verpflichtet war, soweit er nicht offensichtlich gegen die anerkannten Normen des Völkerrechts oder gegen Strafgesetze verstieß.[5] Die Befehlsverweigerung und Nichtausführung eines Befehls wurde mit einer Freiheitsstrafe bis zu fünf Jahren bedroht. Im schweren Fall der Meuterei gemäß Paragraph 259 StGB DDR reichte die Strafandrohung bis zu zehn Jahren. Auch im Fahneneid des MfS wurden die Mitarbeiter verpflichtet, den Vorgesetzten unbedingten Gehorsam zu leisten und die Befehle mit aller Entschlossenheit zu erfüllen. Strafrechtliche Verantwortung für unterstellte Mitarbeiter des ehemaligen MfS tritt also nur dann ein, wenn bei Befehlsüberschreitungen oder infolge eigenmächtiger Handlungen Strafgesetze verletzt wurden oder der Unterstellte einen Befehl als völkerrechtswidrig oder strafrechtswidrig erkannte und ihn dennoch ausführte. Dabei dürfen nur solche Handlungen bestraft werden, die zur Tatzeit durch ein hinreichend bestimmtes Strafgesetz unter Strafe gestellt waren, und die auch zur Zeit der Strafverfolgung strafbar sind (Artikel 103 (2) GG). Strafrechtliche Rückwirkung ist absolut verboten, bei unterschiedlichen Gesetzen ist das mildere anzuwenden. Gemäß Artikel 315 EGStGB ist auf vor dem 3. Oktober 1990 in der DDR begangene Straftaten DDR-Strafrecht anzuwenden. Dies gilt aber nicht nur für die besonderen Strafvorschriften, sondern auch für die Bestimmungen des Allgemeinen Teils des StGB (zum Beispiel mit seinen Rechtfertigungsgründen).

Den Mitarbeitern des MfS wurde auf speziellen Schulungen erklärt, daß alle Befehle und Weisungen des Ministers durch die Rechtsabteilung des Ministeriums vor ihrem Erlaß auf Gesetzmäßigkeit überprüft werden, außerdem sollte eine Kontrolle durch den Ministerrat erfolgen, da sich das MfS als Organ des Ministerrates begriff. An diese Aussagen hatten sich alle Mitarbeiter zu halten und vertrauten wohl auch in der Regel darauf. Das führte natürlich zu einem verzerrten Gesetzesverständnis bei vielen Mitarbeitern, da für sie so alle Befehle des Ministers a priori Gesetzeskraft hatten.

Es geht hier nicht um die pauschale Entschuldigung aller Handlungen sämtlicher Mitarbeiter des ehemaligen Ministeriums im Rahmen des sogenannten Befehlsnotstandes. In den Fällen, wo objektiv und subjektiv Recht verletzt wurde, muß eine Untersuchung und eventuell Verurteilung erfolgen.

Es ist zu beachten, daß das MfS ein Geheimdienst war, in dem strenge Regelungen zur Absicherung seiner Tätigkeit existierten. Es galt der Grundsatz: Jeder Mitarbeiter darf nur das wissen, was er unmittelbar für seine persönliche Dienstdurchführung benötigt. Sollte ein Mitarbeiter des MfS besonderes Interesse für andere als seine spezifischen Aufgabenbereiche entwickelt haben, war es nach Auffassung der höheren Leiter notwendig, ihn intern zu überprüfen. Im Ministerium gab es eine strenge Aufgabenteilung und Spezialisierung sowie ein permanentes Mißtrauen gegenüber jedermann. Die Mitarbeiter der verschiedenen Abteilungen waren angewiesen, die einzelnen Dienstunterlagen selbst gegenüber dem Sachbearbeiter im eigenen Zimmer geheim zu halten. Bei der Untersuchung der Tätigkeit des ehemaligen MfS ist also zu beachten, daß kein Mitarbeiter Einblick in alle dienstlichen Bereiche erhalten konnte und nur für die ihm bekannten oder eventuell selbst begangenen Straftaten Verantwortung trägt.

Von diesen Überlegungen ausgehend, ist eine differenzierte Bewertung der Tätigkeit in den einzelnen Abteilungen und Referaten notwendig. Historisch berechtigt und nicht zu verurteilen sind zum Beispiel die Abwehr von Spionage, Sabotage, Terror, Rechtsextremismus, Korruption, die Aufklärung wirtschaftlicher Verbrechen, der Personen- und Objektschutz und natürlich auch Tätigkeiten im medizinischen und sozialen Bereich des MfS.

Für die Handlungen des MfS gab es eine Unzahl von Befehlen und Weisungen, die bis ins Detail die Vorgehensweise darlegten. Dazu erließen die einzelnen Leiter spezielle Durchführungsbestimmungen.

Bestimmte Maßnahmen, wie zum Beispiel die Postkontrolle und Überwachung des Fernmeldeverkehrs, durften nur nach erfolgter Bestätigung der dafür verantwortlichen Leiter durchgeführt werden. Nach der Einleitung eines Ermittlungsverfahrens waren diese Maßnahmen gemäß Paragraph 115 (4) StPO DDR auch gesetzlich abgedeckt. Die Einfügung des Abschnittes (4) erfolgte durch das 3. Strafrechtsänderungsgesetz.[6] Man muß aber betonen, daß die Eingriffe des MfS in das Post- und Fernmeldewesen nur in einzelnen Fällen mit der Durchführung eines bestimmten Ermittlungsverfahrens in Zusammenhang standen. So wurden zum Beispiel generell alle sogenannten Reisekader, die zu werbenden zukünftigen Mitarbeiter und andere Personen überprüft, die in sicherheitsrelevanten Bereichen beschäftigt werden sollten.

Nach Paragraph 135 StGB DDR war das unberechtigte Öffnen von Briefen, Paketen und sonstigen Postsendungen strafbar. Als Sanktion wurden Strafen ohne Freiheitsentzug angedroht, die innerhalb von zwei Jahren verjährten und nur auf Antrag verfolgbar waren.

Eine Strafbarkeit nach Paragraph 202 StGB DDR wegen Verletzung des Post- und Fernmeldegeheimnisses kommt hierbei nicht in Betracht, da die besonderen Subjektanforderungen (Mitarbeiter der Deutschen Post) nicht erfüllt waren. Strafrechtliche Verantwortlichkeit wegen Abhörens oder Aufzeichnens des nicht öffentlich gesprochenen Wortes von Bürgern ohne deren Einwilligung ist im StGB DDR nicht begründet worden. Bereits aus der beispielhaften Erwähnung dieser beiden Strafnormen, die eventuell bei der strafrechtlichen Aburteilung richterliche Anwendung finden könnten, ist zu ersehen, welche komplexen Probleme bei der juristischen Beurteilung der MfS-Problematik zu lösen sind. Es ist Prof. Dr. Lothar Reuter zuzustimmen, wenn er in seinem Artikel »Die ungesetzlichen Eingriffe in das Post- und Fernmeldegeheimnis in der DDR«[7] konstatiert: »Die persönliche strafrechtliche Verantwortlichkeit für ›staatliche Verbrechen‹, die innerhalb oder vermittels hierarchischer Machtstrukturen verübt werden, stößt an die Grenze der herkömmlichen strafrechtlichen Kategorien und Figuren.«

Anmerkungen

[1] GBl. I 1950, Nr. 15, S. 95.
[2] VP-Gesetz, GBl. I 1968, Nr. 11, S. 232.
[3] Vgl. dazu auch §2 (1) des Statuts des Ministeriums der Justiz/Beschluß des Ministerrates vom 25.3.1976, GBl. I, Nr. 12, S. 185.
[4] GBl. I 1972, Nr. 16, S. 253.
[5] StGB DDR, §258.
[6] StÄG DDR, GBl. I 1979, Nr. 17, S. 139.
[7] Neue Justiz, 1991, Nr. 9.

Werner Hübner
Die Entwicklung der Sicherheitsinteressen der DDR im Rahmen des Ost-West-Konfliktes

Ich bin einverstanden mit den grundsätzlichen theoretisch anspruchsvollen Ausführungen von Michael Schumann und von Uwe-Jens Heuer. Und ich verstehe meinen Diskussionsbeitrag als eine eher pragmatische Ergänzung zu einigen Aspekten der Sicherheits- und Militärpolitik der SED.

Ich möchte mich äußern zu einigen Fragen, die nach meiner Auffassung bezeichnend sind für das Sicherheitsverständnis der politischen Führung der DDR, und zwar erstens zum Verhältnis von Eigenverantwortung und Fremdbestimmung auf dem Gebiet der Sicherheitspolitik, zweitens zum Zusammenhang von äußerer und innerer Sicherheit, drittens über Kontinuität und Zäsuren in der Akzeptanz der Sicherheitspolitik durch die Bürger der DDR und schließlich viertens zur »Kastration« der Partei durch den Verzicht auf politische Auseinandersetzung und die Kriminalisierung Andersdenkender.

Für die SED und die DDR gab es auf dem Gebiet der Militär- und Sicherheitspolitik kaum einen eigenen Entscheidungsspielraum in prinzipiellen Fragen, der abweichend von der Sowjetunion oder dem Warschauer Vertrag gewesen wäre. Er stand auch generell, von wenigen Ausnahmen abgesehen, nicht zur Disposition, denn die theoretischen Grundpositionen, revolutionäre Gewalt gegen die Gewalt der Unterdrücker ist legitim, der Sozialismus vertritt die gesetzmäßig fortschrittliche Ordnung, Frieden und Sozialismus bilden eine Einheit, wurden ja geteilt. Die historischen Erfahrungen der Arbeiterbewegung, die geschichtlichen Ereignisse der jüngsten Vergangenheit wurden in gleicher Weise bewertet, ebenso die aktuellen Probleme in der internationalen Klassenauseinandersetzung im kalten Krieg, und es ist deshalb müßig, eine Fremdbestimmung herauskehren zu wollen mit der vordergründigen Absicht, den Gang der Dinge damit zu entschuldigen, daß die politische Führung der DDR eventuell andere Weichen gestellt hätte, wenn nicht sowjetische Fremdbestimmung gewesen wäre.

Von der bestehenden Theorie sowie den offenkundigen Erfahrungen, eingeschlossen die der Verfolgung von und durch Kommunisten, der Verschwörungen und des Verrats geprägt, angewiesen auf die Beurteilung der internationalen Situation, wie sie durch die Sowjetunion vorgenommen wurde, war der Gesichtskreis der DDR-Führung eingeengt und damit die Möglichkeiten DDR-spezifische Sicherheitsinteressen zu artikulieren und daraus politische oder gar organisatorische Konsequenzen zu ziehen, nicht möglich. Das war so auf die äußere Sicherheit bezogen, obwohl die personellen, finanziellen und materiellen Konsequenzen aus Bündnisverpflichtungen die DDR schwer belasteten und die Sozialleistungen, die Investitionen und den Konsum empfindlich beschränkten. Das bezieht sich auf die in der ersten Phase zu leistenden Reparationen, das bezieht sich auf die Kosten für die Aufstellung der bewaffneten Organe, das bezieht sich auf die Modernisierung der Streitkräfte, wie sie in den 60er und 70er Jahren vorgenommen werden mußte, und das bezieht sich auf die Kosten für die Sowjetarmee auf unserem Territorium für deren Unterhalt und anderes mehr.

Wenn es Einwände oder Abweichungen gab, dann waren sie in der Regel ökonomisch begründet, vor allem Ende der 70er/Anfang der 80er Jahre. Zwei politische Ausnahmen möchte ich nennen – die Entscheidung, praktisch mit Truppen der DDR 1968 in die ČSSR nicht einzumarschieren und die Fortsetzung der Dialogpolitik 1983/84 nach dem Raketenbeschluß der NATO. Um hier keine Irritationen zuzulassen wegen meiner Bemerkung zu 1968: Natürlich war es das größte Interesse der DDR-Führung, vor allen Dingen von Ulbricht, daß es nicht zu einem Überschwappen der Ereignisse von 1968 auf die DDR kam. Das wurde sehr gefürchtet, und darum gab es auch sehr viele Initiativen der DDR-Führung, daß das nicht zugelassen wurde, was unter »Prager Frühling« an Reformen in die Wege geleitet werden sollte. Aber es war gleichzeitig die Auffassung der politischen Führung der DDR und besonders von Ulbricht, in letzter Minute die schon in Gang gesetzten Vorbereitungen zu einer Beteiligung am Einmarsch in der ČSSR abzublasen und nicht mit einzumarschieren.

Die Instrumentarien zur Sicherheit nach außen und innen, insbesondere die bewaffneten Organe, waren notwendig und legitim für einen souveränen Staat. Sie waren keine Neuschöpfung, sondern wegen der Paßfähigkeit zur Sowjetunion und der von dort auf diesem Gebiet bedingungslos ausgeübten Kontrolle Kopien dieses sowjetischen Modells. Anfängliche Andersartigkeit, die nicht nur dem vorher existierenden bürgerlichen Verwaltungsrahmen geschuldet war, sondern auch neuen Ideen für demokratische Strukturen, auch bei Polizei und Armee, blieb auf der Strecke, zuweilen auch behaftet mit dem Verdacht auf Feindtätigkeit.

Zum zweiten, zum Zusammenhang von innerer und äußerer Sicherheit: daß dieser Zusammenhang stets existierte, ist eine Binsenweisheit. Er wird konkret über die Organisation der Sicherheitsstruktur, aber auch in der politischen Argumentation – von inneren Problemen wurde und wird in der Regel mit dem Verweis auf äußere Gefahren abgelenkt, das ist keine Erfindung der DDR. Selten gibt es jedoch eine förmliche Verschmelzung von innerer und äußerer Sicherheit in dieser Form, so wie es in der DDR der Fall war. Die Sicherheit im Inneren, die politische Stabilität der DDR waren stets durch die Konfrontation mit dem Westen gekennzeichnet, mit der BRD, die zu jeder Zeit den Anlaß, den Grund, ob real oder vorgegeben, für die Begründung von Schutz- bzw. Verteidigungsmaßnahmen lieferte. Ununterbrochen wirkte die Herausforderung des Westens für das sozialistische Gesellschaftsmodell. In dieser Konkretheit der Konfrontation – militärisch, ökonomisch, politisch, ideologisch, vor allem über die Medien, abgeschottet durch die Grenze – verschmolzen die inneren und äußeren Faktoren für die Sicherheit und die politische Stabilität der DDR. Im Sicherheitsverständnis der Führung der DDR war demnach jede oppositionelle Aktivität oder was dafür gehalten wurde, Teil dieser komplexen Bedrohung.

Und nach dem Verständnis der SED-Führung gab es demnach keine inneren Feinde, sie konnte es nicht geben, weil ja die gesellschaftlichen Bedingungen für Feinde im Inneren nicht existierten. Uwe-Jens Heuer hat es die Idee der widerspruchslosen oder widerspruchsfreien Ordnung genannt, die dieses Feindverständnis im Inneren nicht zuließ. Schlimmstenfalls gab es Irregeleitete, Verführte oder Werkzeuge der anderen Seite. Und insofern waren dann diese wieder eigentlich äußere Feinde, zumal sich Opposition stets der Hilfe aus der BRD gewiß sein konnte. Sobald westliche Medien oppositionelle Forderungen und Aktivitäten aufgriffen, war es Feindtätigkeit. Die eindeutige, ja fast absolute Herausstellung der äußeren Bedrohung hatte auch organisatorische Konsequenzen, die davon zeugen, daß die Führung selbst dieser Argumentation folgte. Unter diesem Vorzeichen wurden zum Beispiel die Grenztruppen dem Verteidigungsminister unterstellt, die vorher dem Staatssicherheitsminister unterstellt waren. Der Ausbau der Landesverteidigung gegenüber einem Angriff von außen wurde mit aller Konsequenz betrieben, natürlich nach Forderungen des Vereinten Oberkommandos.

Es gab jedoch nicht die Vorstellung, die Armee im Inneren einzusetzen. Beweis dafür sind auch die völlig fehlenden Strukturen und Einsatzgrundsätze und schließlich der verzweifelte Versuch, im Oktober 1989 nichtstrukturmäßige Hundertschaften mit Sicherungsaufgaben aus dem Bestand der Berufskader der Armee aufzustellen. Selbst die herkömmlichen Instrumente zur Aufrechterhaltung von Ordnung und Sicherheit im Inneren wurden unter dem Aspekt ihres Einsatzes im Kriegsfall als Mot.-Schützen, also auf den äußeren Gegner, vorbereitet. Das trifft gleichfalls auf die Kampfgruppen zu. Und dem widerspricht nicht, daß im Herbst 1989 in Einzelfällen durch örtliche Weisungen versucht wurde, die Kampfgruppen gegen Demonstranten einzusetzen. Das ging politisch nicht, wie überhaupt alle bewaffneten Kräfte, ihre Angehörigen dazu nicht willens waren, wie das hier schon angeführt wurde.

Es gehört aber auch gleichzeitig in den Bereich der Legende, daß Befehle etwa dafür im Herbst 1989 gegeben worden seien von der zentralen Führung.

Das ging einmal politisch nicht. Aber diese entsprechenden Einheiten der inneren Sicherheit waren für einen solchen Einsatz auch materiell und taktisch nicht eingerichtet. Selbst die höhere Offiziersausbildung der Bereitschaftspolizei und des Wachregiments erfolgte an der Militärakademie. Und das Programm der Kampfgruppen hatte eindeutig den Einsatz im Verteidigungszustand als Schwerpunkt.

Zum dritten einiges über Kontinuität und Zäsuren. Den Gesamtzeitraum von 40 Jahren DDR zu überschauen und zu bewerten, ist mir gegenwärtig nicht möglich. Ich wende mich jedoch dagegen, von einem ständigen Wenigerwerden der Akzeptanz der Bevölkerung gegenüber der DDR-Politik auf allen Gebieten auszugehen. Es gab – und das wurde hier von Uwe-Jens Heuer formuliert – Erneuerungswellen, die auf unterschiedlichen Gebieten, so auch auf verteidigungspolitischem Gebiet, eine Rolle spielten. Und es war vor allem auf verteidigungspolitischem Gebiet deutlich, daß die Liberalisierung in der DDR oder Andersartigkeit in den Vorstellungen zur Verteidigungspolitik durch Rüstungsentscheidungen der NATO maßgeblich beeinflußt wurden. Also um ein Beispiel zu nennen: 1987 gab es keinerlei Schwierigkeiten mit der allgemeinen Wehrpflicht im normalen Verständnis derjenigen, die zur Wehrpflicht herangezogen wurden. Fast 40 Prozent waren bereit zum Dienst für drei Jahre. An der Bereitschaft, Berufssoldat zu werden, haperte es relativ, weil die Zahl von 10 Prozent zum Jahrgang eine überhöhte Forderung war. Und die Aktion »Schwerter zu Pflugscharen« war politisch bedeutsam, aber in ihrer Wirksamkeit auf die praktische Verweigerung des Wehrdienstes bewegte sie nicht allzuviel. Es gab zu keinem Zeitpunkt in der Deutschen Demokratischen Republik mehr als 1,5 Prozent Verweigerer des Dienstes mit der Waffe.

Gefährdete innere Sicherheit, verstärkter Druck von innen wurden spürbar im besonderen seit 1968 im Zusammenhang mit den Ereignissen in der ČSSR und ganz gewiß im Zusammenhang mit dem KSZE-Prozeß, mit den Helsinki-Beschlüssen von 1975. Hier würde ich, wenn ich mich auch sonst dazu nicht in der Lage fühle, die Zäsuren in einzelnen Perioden festzusetzen, aber für 1975 mit den Helsinki-Beschlüssen eine Zäsur ansetzen. Mit dem KSZE-Prozeß entstanden günstigere Bedingungen für Frieden und Abrüstung, für eine schrittweise Politik der Vertrauensbildung auf völkerrechtlicher Grundlage und damit verbunden hohe Anforderungen an Weltoffenheit, Rechtsstaatlichkeit, Realisierung der im Korb III eingeforderten Menschenrechte. Der Alleinvertretungsanspruch der BRD wurde aufgegeben, Grenzen wurden anerkannt, die Formel »Wandel durch Annäherung« durch die SPD regierungswirksam. Für eine objektive Lageeinschätzung, für Konsequenzen aus dieser Entwicklung wäre eine Überprüfung der Vorstellungen über die innere staatliche Sicherheit angebracht gewesen. Das fand nicht statt. Mit den alten Methoden wurde auf die neuen Anforderungen reagiert. Die internationalen Entwicklungen, die eher auf Öffnung und Zusammenarbeit, auf Kommunikation und Kontakt hinausliefen, verstärkten die Widersprüche in der Alltagsrealität des DDR-Bürgers. Die internationale Anerkennung der DDR vergrößerte die Widersprüche im Inneren, machte sie deutlicher.

Sie sollten mit der Politik der Hauptaufgabe gelöst, zumindest abgemildert werden, was aber mit zunehmender Sterilität, fehlender Initiative, mangelndem Leistungsprinzip und fehlender öffentlicher Kontrolle nicht gelingen konnte.

Was blieb, das waren administrative Lösungen herkömmlicher Art, um zum Beispiel die Auswirkungen der KSZE-Beschlüsse über Freizügigkeit und Informationsaustausch für den DDR-Bürger unwirksam zu machen. Also wurde die Zahl der Geheimnisträger maßlos erhöht, um eine zusätzliche Begründung für die Ablehnung von Reisen zu haben, die sonst nach den Festlegungen erlaubt gewesen wären. Geheimhaltungsvorschriften wurden verschärft. Die Überwachung nahm dementsprechend zu. Kontrollen über die Ein- und Ausfuhr von Schriftgut aus dem westlichen Ausland wurden ebenfalls intensiviert. Der offiziellen Reisepolitik der Regierenden stand die Ausweitung des Reisens, also des Ventils nach Polen und der ČSSR als vorübergehender Ausgleich, gegenüber, aber Halbherzigkeiten, also die Rücknahme des visafreien Verkehrs nach Polen, später sogar der Versuch, Reisen nach der ČSSR einzuschränken, ungerechtfertigte Differenzierung beim Genehmigen von Reisen förderten die allgemeine Unzufriedenheit.

Die bisherige Argumentation, aus der Belagerung heraus, aus der eingeschlossenen Festung, deren Bewohner durchaus eine Solidarität entwickelten, zu beweisen, daß Sozialismus machbar ist und daß die DDR-Bürger auch durchaus bereit seien, anzuerkennen, daß diese Lage auch persönliche Einschränkung mit sich bringt – diese Argumentation zog auf keinen Fall mehr. Ihre Voraussetzungen waren verlorengegangen. Zunehmend wurden sich die DDR-Bürger ihrer isolierten, politisch unmündigen Lage bewußt, und es wuchs Resignation bei der Masse, also die Datschen- und Nischen-Gesellschaft, auch bei den Mitgliedern und Funktionären der Partei. Es wuchs kritisches Bewußtsein, auch das Protestpotential in den Kreisen, die politische Verantwortung trugen, die ständig stärker in Widerspruch gerieten zum Auseinanderklaffen von Realitäten und der von ihnen zu vertretenden Politik. Das trifft auf den 1. Kreissekretär oder den Parteisekretär im Betrieb im besonderen zu. Die durch Parteidisziplin und soziale Existenz auferlegten Fesseln wurden jedoch nur in Ausnahmefällen durchbrochen. Die Empörung über das »Sputnik«-Verbot war eigentlich wesentlich eine parteiinterne Angelegenheit. Wer hatte schon den »Sputnik« zum damaligen Zeitpunkt abonniert? Ich bitte, mich nicht falsch zu verstehen, aber es war tatsächlich so, daß die Abonnenten des »Sputniks« natürlich aus den Kreisen der Parteimitglieder kamen und daß es seltener andere gab, die diese Zeitschrift abonnierten.

Bei relativ gesichertem Lebensminimum, gesicherter Arbeit und Sozialleistung, aber geringem Leistungsanspruch vergrößerte sich der Widerspruch zu politischen Freiheiten, zur Anteilnahme an der Gestaltung der gesellschaftlichen Verhältnisse.

Zum letzten: Die Führung der Partei scheute die offene Auseinandersetzung über anstehende gesellschaftliche Probleme, sowohl innerhalb der Partei als auch erst recht außerhalb der Partei. Selbst in den inneren Führungsgremien ging man grundsätzlichen Diskussionen aus dem Wege. Das ideologische Vehikel in dieser Situation war die Theorie von der Verschärfung der ideologischen Auseinandersetzung im Zusammenhang mit der Entspannung. Friedliche Koexistenz sei in erster Linie Klassenkampf. Die Dialektik von Dialogpolitik für Frieden und Abrüstung, für die Schaffung einer breiten internationalen Koalition der Vernunft einerseits und andererseits der notwendigen Dialogpolitik mit allen Kräften im Inneren des Landes, die, wenn auch von unterschiedlichen weltanschaulichen oder auch politischen Positionen für Frieden, soziale Gerechtigkeit, ökologische Sicherheit und für die Souveränität der DDR eintraten (ihre Existenz wurde ja nicht in Frage gestellt, aber Reformen wurden angemahnt), wurde nicht oder erst dann anerkannt, als es zu spät war. Das Nichterkennen und Nichtnutzen der lebenswichtigen Konsensfähigkeit in diesen Fragen und die mißtrauische Einordnung solcher Kräfte und Bewegungen als Vorstufe der Staatsfeindlichkeit, mit entsprechenden Konsequenzen, hemmte Demokratieentwicklung, schränkte Rechtsstaatlichkeit weiter ein und war in der Rückwirkung zugleich hinderlich für die Ausschöpfung der Potenzen der Koalition der Vernunft und der Friedenspolitik.

Und damit wurde gerade die weiter an Bedeutung gewinnende ideologische Auseinandersetzung zwischen den Systemen und über die weitere Entwicklung, Ausgestaltung und Reformierung des Sozialismus nicht geführt, politisch Engagierte wurden mutlos gemacht, eingeschüchtert und diszipliniert. Im besonderen wurden auch gegen die Parteimitglieder durch entsprechende Festlegungen der ZPKK gegen »Nörgler« usw. repressive Maßnahmen getroffen. Und dies alles wurde verstärkt zu einem Arbeitsfeld des MfS erhoben. Die Partei wurde der Verantwortung für die politische Argumentation enthoben oder sie enthob sich dieser Verantwortung durch die Entscheidung der politischen Führung. Denn die ideologische Abweichung, die andersartige politische Auffassung, jene, die sie artikulierten innerhalb und außerhalb der SED, wurden kriminalisiert und unter politisch operative Kontrolle gestellt. Und mit den Feinden diskutiert man bekanntlich nicht.

So kastrierte sich die Partei endgültig, durch die politische Führung auch wissentlich, weil sie ihren Anspruch auf absolute Wahrheit nicht aufgeben wollte. Diese Praxis hatte zunehmend schädliche Auswirkungen auf die Fähigkeit der Partei zur Führung, besonders zur kreativen öffentlichen Diskussion und kritischen politischen Auseinandersetzung, ohne die Reformen für einen besseren Sozialismus nicht zu erreichen waren.

»Freunde und Feinde der DDR«

Rolf Funda (Magdeburg): Ich möchte nochmal zurückkommen auf das Tribunal. Ich habe gerade dieses Tribunal über mich ergehen lassen, im Landtag Sachsen-Anhalt. Ich habe damit meine Erfahrungen gemacht. Vorhin gab es sehr viel Applaus, als Uwe Heuer gesagt hat, in diesem Staat ist ein ordentliches Gericht sicher günstiger als ein Tribunal. Ich möchte da nicht in die gleiche Kerbe hauen. Aber irgendwie ist da natürlich etwas dran. Ich bin auch dafür, daß die Verantwortlichen für dieses Regime nicht nur, weil sie vielleicht irgendwo eine Datsche gebaut haben, irgendwie zur Verantwortung gezogen werden. Und ich bin auch dafür, eine Ehrenkommission oder so etwas zu bilden, wo sich jeder abklopfen lassen muß, der in diesem Staat Verantwortung hatte, und sich fragen lassen muß, wie er sie ausgeübt hat. Aber er sollte von uns selbst befragt werden. Denn viele derjenigen, die sich jetzt so hinstellen, als wenn sie als Revolutionäre im Herbst 1989 auf die Welt gekommen seien, und so tun, als seien sie immer schon die größten Widerstandskämpfer gewesen, haben in Wirklichkeit an verschiedensten Stellen, und das wissen die Nachbarn, Freunde und Arbeitskollegen alle, selbst Verantwortung getragen.

Ich meine schon, daß man sich gegenseitig verständigen muß. Aber dazu ist das Klima in diesem Lande denkbar schlecht. Und es ist auch nicht gewollt, daß das ein anderes Klima wird. Was zur Zeit läuft, und da habe ich meine Sorgen mit diesem Tribunal, ist eine Aburteilung der Geschichte der DDR. Dann passiert es eben auch, daß bei uns im Landtag jeder, der eine Unterschrift geleistet hat für das MfS, wie zum Beispiel Pfarrer Ton, CDU-Mitglied, der vor über 30 Jahren unterschrieben hatte als junges LPG-Mitglied, noch vor dem Studium, dann anerkannter Regimegegner war, daß er eben den Landtag verlassen muß, auf Empfehlung des Sonderausschusses und ohne daß gesagt wird, was er eigentlich getan hat. Und er wird natürlich bei dieser Medienkampagne, die überall läuft, zum Spitzel, Verbrecher usw. abgestempelt.

Mir geht es genauso. Ich habe zwar nirgends unterschrieben, aber ich habe einmal studiert im Auftrage dieses Ministeriums, den Wachdienst absolviert. Und damit bin ich ein Offizier im besonderen Einsatz, ein Verbrecher.

Und wir klagen jetzt auch die Rechtsstaatlichkeit ein, wir möchten einfach, daß nicht nur mit einem solchen Urteil irgend etwas in die Welt gesetzt wird, nämlich Verdächtigungen, sondern daß ganz offen gesagt wird, was wir nun wirklich getan haben. Das ist das Problem. Und wenn das gewollt ist mit einem Tribunal, dann bin ich dafür. Es geht darum, daß man wirklich abwägt, was hat der einzelne getan, mit welchem Ziel, mit welchen Methoden. Wem hat er dabei geschadet, was hat er beabsichtigt und wirklich gemacht. Aber genau das, scheint mir, ist nicht gewollt. Und genau deshalb wird versucht, das alles an der Rechtsstaatlichkeit vorbei abzuwickeln. Das ist mein Problem.

Ich würde meinen, wir sollten darüber auch trotz der vielen Vorträge weiter diskutieren. Denn wir brauchen noch Antwort auf ein paar Fragen. Deswegen wollte ich die Zeit nochmals strapazieren.

Herbert Burmeister (Berlin): Ich habe mehrere Anfragen an Werner Hübner. Die erste: Ich bin hinsichtlich des Verhältnisses zur Sowjetunion nicht seiner Meinung. 1983 würde ich ebenfalls nicht als politische Verweigerung sehen, sondern sagen, daß dieser Dialog vor allen Dingen auch durch ökonomische Gründe bestimmt war. Ich glaube, das ist in den letzten Tagen immer offensichtlicher geworden, es ging um Kredite, und es ging immer natürlich auch darum, daß man mit den Leuten weiter in Kontakt bleiben mußte, die diese Kredite geben sollten.

Die zweite Sache: Wenn Werner Hübner hier »Schwerter zu Pflugscharen« anführt und sagt, daß habe keine größeren Auswirkungen gehabt, schon gar nicht auf die Verweigerung des Wehrdienstes, und dann noch Zahlen anführt, so denke ich, daß es zumindest notwendig ist, diese Sache kritischer zu betrachten. Wer weiß, wie die Jugendlichen dafür geworben wurden, wie auch Vergünstigungen dafür eingerichtet wurden, der weiß auch, wie diese Zahlen zustande gekommen sind. Und das war wahrlich nicht immer ein Beweis dafür, daß man ein besonders positives Verhältnis zur DDR hatte.

Zur Frage des »Sputnik«-Verbots: Ich glaube nicht, daß das parteiintern war. Und ich glaube auch nicht, daß es bloß diejenigen betraf, die den »Sputnik« abonniert hatten. Das war ja damals die Argumentation: »Was wollen die Leute überhaupt, es gibt nur wenige ›Sputnik‹-Abonnenten«. Hier ging es doch um geistige Inhalte. Hier ging es darum, wie man an bestimmte Fragen heranging. Und statt die Auseinandersetzung mit der ja doch auch einseitigen Darstellung im »Sputnik« zu suchen, wo man auch wirklich hätte Antifaschismus unter Beweis stellen können, hat man zum Verbot gegriffen und hat die inneren Restriktionen auf diesem Gebiet verstärkt. Da sehe ich doch einige Ansatzpunkte.

Und die Frage der Fremdbestimmung: Für die Anfangsjahre will ich das akzeptieren. Ich bin der Meinung, später haben sich auch Spielräume entwickelt, die nicht genutzt worden sind. Ganz im Gegenteil. Oder es gab Spielräume, die nur zum Teil genutzt worden sind, wenn ökonomische Gründe wie 1983 vorgelegen haben. Und wenn begründet wurde, daß es keine inneren Feinde geben durfte, dann bin ich der Meinung: Viele von denen, über die Werner Hübner sagt, daß sie nicht als innere Feinde hätten verstanden werden sollen, waren auch gar keine. Es waren im Gegenteil Leute, die sich für einen besseren Sozialismus eingesetzt haben. Und wirkliche Feinde des Sozialismus sind zum Teil erst nach 1989 sichtbar geworden. Die, um die es da ging, das waren nach meiner Auffassung oft mehr Freunde der DDR als deren Gegner.

Werner Hübner (Berlin): Ich will es kurz machen, ich will mich nicht auf den Standpunkt stellen, daß ich alles schon gesagt habe. Aber möglicherweise gibt es einige Mißverständnisse. Das Datum 1983 – hier meine ich doch, daß es nicht nur ökonomische Gründe waren, sondern es gab doch eine echte Konfrontation mit den Gesamtinteressen der DDR, die zusammenhingen mit der Raketenrüstung und den berühmten Gegenmaßnahmen, die damals getroffen wurden. Und natürlich stand das wiederum im Zusammenhang mit den ökonomischen zusätzlichen Belastungen für die DDR.

Ich bin durchaus der Meinung, daß die Aktion »Schwerter zu Pflugscharen« eine wohl sehr politische Bedeutung gehabt hat, und daß sie sehr wesentlich war für die Formierung überhaupt dieses Gedankengutes, gegen den Wehrdienst aufzutreten. Aber es bleibt dabei, daß die exakten Zahlen so aussehen, wie ich sie hier genannt habe.

Und zum »Sputnik«: Ich glaube doch, daß ich das hier versucht habe so darzustellen, wie das auch verstanden worden ist, daß es natürlich um geistige Inhalte ging. Aber mein Anliegen war, im besonderen deutlich zu machen, daß es hier weitestgehend um Parteimitglieder ging, die sich über diese Entscheidung der Parteiführung aufgeregt haben und ihren Widerstand gegen diese Beschlußfassung artikuliert haben. Es gab eine Menge Parteiverfahren, und es gab auch eine Weisung der Zentralen Parteikontrollkommission in dieser Angelegenheit, um die Parteimitgliedschaft mundtot zu machen.

Fremdbestimmung: Ich meine, daß es bis in die jüngste Zeit hinein in allen Bereichen der Sicherheit, aber im besonderen in den Bereichen der Landesverteidigung, eine eindeutige Priorität der Erfordernisse des Warschauer Vertrages gegeben hat, und keine eigene. Die eigenen Erfordernisse waren tatsächlich immer vorrangig bestimmt von den ökonomischen Grenzen, die gesehen wurden. Deshalb wurde eine gewisse Art von »Widerstand« geleistet, um nicht in der völligen Größenordnung die Auflagen erfüllen zu müssen, wie sie gefordert worden sind. Es war auch so, daß die Unzufriedenheit innerhalb der Streitkräfte im besonderen durch diese Auflagen gefördert wurde. Denn wenn Investitionen gestrichen worden sind, dann wurden sie gestrichen in jenen Bereichen, die nicht die Gefechtsbereitschaft der Streitkräfte angingen, sondern die Dienst- und Lebensbedingungen der Streitkräfte. Also es ging auf Kosten der Berufssoldaten und der Soldaten selbst. Und deshalb auch der miese Zustand der Kasernen. Deshalb will ja Herr Stoltenberg jetzt noch 14 Milliarden Mark ausgeben, um die Kasernen zu renovieren.

Zur Aufgabe des Alleinvertretungsanspruchs: Ich habe hier alles in verkürzter Form dargestellt. Zu diesem Zeitpunkt war zumindest die völkerrechtliche Anerkennung der Deutschen Demokratischen Republik deutlich geworden. Es war beschlossen, daß die Grenzen international anerkannt waren. Und aus diesem Grunde ergab sich eine neue Lage für die DDR. Und es wäre erforderlich gewesen, eine Neubestimmung der Situation für die DDR vorzunehmen, was nicht geschah.

Erich Schmidt-Eenboom
Die operative Außenpolitik der BRD und die Rolle von Geheimdiensten

Michael Schumann hat heute morgen in seinem Eingangsreferat einen meines Erachtens grundlegenden Beitrag geleistet, eine grundlegende Analyse des Zusammenhanges zwischen der Bewußtseinslage der politischen und teils der intellektuellen Eliten der DDR, sagen wir der classe politique des Arbeiter-und-Bauern-Staates, und der Planübererfüllung dieses Weltenplanes durch das MfS. Diese grundsätzliche Analyse hat mich bewogen, mein Thema zu modifizieren, und nicht nur über Struktur und Aktivität des Bundesnachrichtendienstes in den letzten Jahrzehnten nachzudenken, sondern den Blick zu öffnen für die gesamte operative Außenpolitik der Bundesrepublik Deutschland seit den 60er Jahren. Ich kann mein Thema um so leichter umstellen, weil es ja ohnehin am Rande eines wissenschaftlich-historischen Kongresses zur Verantwortung von MfS und SED steht, am Rande deshalb, weil es bereits nach einem bürgerlich-wissenschaftlichen Wissenschaftsbegriff am Rande von Wissenschaft stattfindet.

Noch ist die BND-Zentrale in der Heilmannstraße 33 in Pullach nicht erstürmt, das heißt, wir haben noch keine hinreichende Akteneinsicht, um urteilen zu können, was der Bundesnachrichtendienst denn in den letzten Jahren getrieben hat. Wir sind also wesentlich darauf angewiesen, dabei Ergebnissen des investigativen Journalismus zu folgen, wohl wissend, daß in diesen Ergebnissen ein Teil Desinformationen der Nachrichtendienste selbst steckt.

Und zum zweiten ist mein Beitrag natürlich auch kein historischer, weil das Zusammentragen von Informationen über das MfS ein abgeschlossenes Sammelgebiet betrifft, während die Operationen des Bundesnachrichtendienstes fortdauern und fortwähren. Ein Exkurs über Jugoslawien wird diese Perspektive insbesondere deutlich machen.

Und zum dritten betrachte ich natürlich auch nicht den Verlierer des kalten Krieges, sondern die Potenz des Siegers. Nach dem Abschluß der 5-gegen-1-Verhandlungen hat die Bundesrepublik Deutschland ein Viertel an Territorium, ein Viertel an Bevölkerung und ein Eintel ihrer Souveränität gewonnen. Der derzeitige Bundeskanzler hat sich daraufhin veranlaßt gesehen, die moralische Statur unserer Außenpolitik geändert sehen zu wollen und gefordert, daß die Bundesrepublik Deutschland eine neue außenpolitische Rolle übernimmt, eine Rolle, die mit ihrer alten Bescheidung aufhört und die auch für die Bundeswehr eine Verfassungsänderung zum operativen Auslandseinsatz vorsieht. Schaut man sich die Kommentare der bürgerlichen Presse, so insbesondere der »Zeitung für Deutschland«, der »Frankfurter Allgemeinen Zeitung«, dazu an, dann erwecken die Kommentatoren dort eben den Eindruck, als breche die Bundesrepublik Deutschland 1991 in ihrer Außenpolitik aus dem Stand der Unschuld auf, als würde sie gefordert sein, wegen ihrer Rolle als Weltexportnation Nr. 1, nunmehr in den nächsten Jahren eine gänzlich andere weltweit verantwortungsbewußte Außenpolitik zu betreiben. Ein erster Blick auf die operative Außenpolitik der Bundesrepublik seit den 60er Jahren ist geeignet, diese Unschuldsvermutung aus der Welt zu räumen, und ich will versuchen, holzschnittartig auf fünf Feldern dieser operativen Außenpolitik zu skizzieren, wie sie stattgefunden hat, wie sie sich möglicherweise weiterentwickeln könnte.

Als der bundesdeutsche Außenminister zu Zeiten des zweiten Golfkrieges den Mittleren Osten bereiste, um den Zusammenhang der Koalition gegen Saddam durch Zuwendungen an Jordanien, Syrien und Ägypten zu gewährleisten, und größere Mengen Geldes an die USA und Großbritannien zur Finanzierung dieses Krieges flossen, ist deutlich geworden, daß erstes Feld und wichtigstes Feld bundesdeutscher operativer Außenpolitik immer Finanz- und Geldaußenpolitik ist. Und das wird insbesondere klar, wenn man sich die Klagen in Großbritannien und in Frankreich anhört, wie die Bundesrepublik Deutschland ihre außenpolitischen und außenwirtschaftlichen Interessen innerhalb der Europäischen Gemeinschaft durchgesetzt hat, nämlich in der Regel durch Finanzierung ihr genehmer politischer Programme. Selbst die nationale Rüstungsentwicklung Westdeutschlands hatte mehr eine wirtschaftspolitisch emanzipatorische Rolle als Rüstung gegenüber dem Gegner im kalten Krieg. Am Ende dieses Prozesses sind 40 Prozent der Weltwährungsreserven in DM angelegt, und das ist die Voraussetzung für das Wirtschaftswunder 2, wie es die »Newsweek« der letzten Woche für die neuen Länder sieht, dem eine massivere Wirtschaftsaußenpolitik zum Ende der 90er Jahre folgen wird. Gekoppelt mit dieser staatlichen Geldaußenpolitik ging immer eine des deutschen Großkapitals einher. Ich will dies an einem Beispiel der jüngsten Vergangenheit deutlich machen: Seit sechs Monaten verhandeln die Bundesregierung, die Deutsche Bank und Gorbatschow um die Einrichtung einer Freihandelszone um Königsberg. Da soll unter Ansiedlung der Wolgadeutschen eine Enklave der deutschen Industrie geschaffen werden, finanziert von der Deutschen Bank mit einem bereits von der Sowjetunion festgelegten Preis, der der Deutschen Bank jedoch derzeit zu hoch ist, weil man hofft, daß durch den zunehmenden Verfall dieser Preis noch absinken wird. Zyniker könnten dann fragen, ob nicht die operativen Ziele von Außenpolitik, die den Divisionen der Hitlerwehrmacht verwehrt geblieben sind, über Geld, Außenpolitik und Finanzaußenpolitik zum Ende der 90er Jahre realisiert werden.

Das zweite Feld operativer Außenpolitik betrifft den staatlich gelenkten Rüstungsexport. Auch wenn die »linke Kampfpresse«, wie Herr Stoltenberg sie bezeichnet, uns in wöchentlichen oder fast täglichen Einzelskandalen weismachen will, daß Rüstungsexporte – insbesondere in die dritte Welt – welche seien, die schwarze Schafe der Industrie lanciert hätten, die nur nicht hinreichend und nicht gründlich genug politisch überwacht worden sind, so können wir feststellen, daß alle wesentlichen Rüstungsexporte Westdeutschlands seit den 60er Jahren staatlich forciert und staatlich befördert sind, daß alle wesentlichen Verträge zustande kamen im Gefolge der Auslandsreisen des Bundesaußenministers oder des Bundesverteidigungsministers. Wenn die Bundesrepublik in den 70er Jahren eine Zuwachsquote von 800 Prozent bei den Rüstungsexporten hatte, während es bei den übrigen Industrienationen 50 Prozent waren, zeigt das auch etwas über den zeitlichen Rahmen, in dem sich diese Art von Außenpolitik entfaltet hat.

Rüstungssonderhilfe hat die Bundesrepublik traditionell geleistet an die armen Südflankenstaaten Griechenland, Portugal, Türkei in einer Mischung aus gebrauchten Waffensystemen und Rüstungsneulieferungen. Da haben wir im zweiten Golfkrieg erlebt, daß mit dem Einschluß Israels in diese Form von staatlich gelenktem Rüstungsexport die NATO-Grenzen erstmals überschritten wurden. Wenn mit dem Ende des Jugoslawien-Konfliktes die ČSFR und Ungarn weitere Empfänger von Rüstungshilfe werden, dann macht das auch eine neue operative Stoßrichtung deutscher Außenpolitik außerordentlich deutlich. Die nächste Dimension, die die DDR in Afrika in ähnlicher Weise betrieben hat, ist der Export militärischen, paramilitärischen und polizeilichen Geräts und Know-hows, das heißt, was bei uns offiziell geführt wird als Ausbildungshilfe, Ausbildungshilfe im Rahmen der Ausstattungshilfe oder Ausbildungsunterstützung für Sicherheitskräfte anderer Staaten. Schaut man da in die zeitliche Entwicklung, dann gab es 1962 zunächst fünf Empfängerländer, 1977 19 und 1982, nachdem die liberalkonservative Bundesregierung an der Macht war, 38 solcher begünstigten Länder. Auf dem Feld der Polizeihilfe können wir zum Ende der 70er Jahre feststellen, daß es 23 Länder sind, deren Polizeien von den Polizeien der Bundesrepublik Deutschland ausgebildet und ausgestattet sind. Wenn man neben die Empfängerländer einmal einen Amnesty-Jahresbericht legt, kann man mit Fug und Recht behaupten, daß mehr als 20 Folterpolizeien dieser Welt von der Bundesrepublik Deutschland ausgebildet werden. Frisch liegt uns vor der Plan 1991 bis 1993 über diese Zuwendungen der Bundesrepublik Deutschland. Und da gibt es einiges bemerkenswertes Neues: Die Tschechoslowakei, Ungarn und Polen werden in den Kreis der Begünstigten aufgenommen, und es ist ein neues und vertieftes Engagement in Südamerika, das heißt in Kolumbien, Venezuela und Uruguay, zu beobachten.

Sowohl die alte Kolonialmacht Großbritannien als auch die jüngere USA hatten ein außenpolitisches Instrument in Form von sogenannten Special Forces. Das sind Sonderkampfeinheiten, die im Krieg hinter den feindlichen Linien operieren, die aber im Frieden überwiegend Sondereinsatzkräfte der dritten Welt ausgebildet haben. Die Bundesrepublik war ja wegen der verfassungsmäßigen Beschränktheit ihrer Streitkräfte eigentlich gehindert, ähnliche außenpolitische Instrumente einzusetzen. Wenn ich »eigentlich« sage, dann meint ein genauer Blick auf die Tätigkeit der GSG 9, daß sie sich dennoch außenpolitisch nicht gehindert gefühlt hat, es gibt Staatsverträge mit dem Irak zur Ausbildung von dessen Sondereinsatzgruppen, mit Saudi-Arabien, mit Ägypten und Nigeria. Die

Bundesrepublik hat seit den 60er Jahren auch die Zahl ihrer Militärattachés außerordentlich erhöht. Es fing an mit fünf in den Jahren 1963/64, mittlerweile über 30, zum 1. Oktober haben zwei neue ihren Dienst angetreten, in Mexiko und Nigeria. Als Schwerpunkt aller geostrategischen Interessen kann man durchaus den afrikanischen und arabischen Raum erblicken, und die politischen Hintergründe und Interessenlagen dann aus den Schriften der deutschen Afrikastiftung außerordentlich deutlich zitieren: »Wer Afrikas natürliche Reichtümer kontrolliert und seine geographische Position nutzen kann, verfügt über strategische Faktoren, die für das Überleben und die Verteidigung Westeuropas entscheidende Bedeutung haben. Das gilt für alle europäischen Staaten, der Westen braucht dringend eine entschlossene, ideologiefreie und pragmatische Interessenpolitik in Afrika.«

Viertes Feld der operativen Außenpolitik ist die nachrichtendienstliche auswärtige Politik, die in der Bundesrepublik neben Teilen des BKA überwiegend den Bundesnachrichtendienst nutzt. Das heißt, die 1946 aus der Abteilung Fremde Heere Ost beim Oberkommando der Wehrmacht gegründete Organisation des Herrn Gehlen war natürlich, insbesondere in der Aufbauphase, ausgerichtet auf diese traditionelle Aufgabe »Fremde Heere Ost«, also die Beobachtung der militärischen Kapazitäten der Staaten des Warschauer Vertrages. Aber wir erleben bereits zum Anfang der 60er Jahre, daß der Bundesnachrichtendienst entgegen seinem schlechten Ruf in außerordentlich vielen Fällen in der dritten Welt meistens über die Steuerung von Rüstungsexporten Einfluß nimmt, gezielt und erfolgreich Einfluß nimmt, so über Waffenexporte nach Nigeria, Südafrika und in andere afrikanische Staaten. Und zum Ende der 70er Jahre wird deutlich, daß Pullach der technologisch beste Nachrichtendienst dieser Welt ist. Insbesondere ist das deutlich geworden im Falklandkrieg, als nur der Bundesnachrichtendienst in der Lage war, den argentinischen Funkverkehr zu entschlüsseln – und auf dem Silbertablett den Freunden von der CIA und dem britischen Nachrichtendienst diese Erkenntnisse überreichte.

Als der Journalist Luigi Forni 1965 sein Buch schrieb »Spione Pankows, Spione Bonns«, da kam er bereits zu einer gleich guten Einschätzung von BND und MfS und folgerte: »Nach einer Wiedervereinigung der beiden Teile Deutschlands werden die Agenten vom Westen und vom Osten sich zusammenschließen und dann mit vereinten Kräften und Erfahrungen in Ost und West den stärksten Spionageapparat der Welt stellen.« Darum lautet eine zentrale Fragestellung, wie denn nunmehr nach der Einigung der beiden deutschen Staaten unter dem Anschluß der beigetretenen Länder da zusammenwächst, was zusammengehört. Erste Informationen aus dem nachrichtendienstlichen Bereich machen deutlich, daß der Bundesnachrichtendienst nicht nur drei funkelektronische Stationen auf dem Territorium der ehemaligen DDR übernimmt, sondern daß es insbesondere Bemühungen gibt, Residenten des MfS in zahlreichen afrikanischen Staaten für eine Arbeit des Bundesnachrichtendienstes zu gewinnen, weil man damit natürlich in Konkurrenz zu den »Partnern im freien Westen« in Länder besonders gut eindringen kann, in denen NATO und NATO-Nachrichtendienste es früher schwer hatten.

Nun hat Heinz-Georg Neumann, Botschaftsrat in Buenos Aires, 1985 bereits formuliert, daß der Bundesnachrichtendienst durch dieselben grundgesetzlichen Beschränkungen, die auch den Auslandseinsatz der Bundeswehr verbieten, eigentlich daran gehindert sei, gleichberechtigt, das heißt wie CIA oder MI 6, an schmutzigen Kriegen teilzunehmen, was ja im Umkehrschluß heißt, daß die anstehende und drohende Verfassungsänderung diese Restriktion wegnimmt, und daß man für die 90er Jahre mit sehr viel intensiverer Teilhabe des BND an schmutzigen Kriegen rechnen muß.

Ein einziger Bereich ist der Bundesrepublik bisher echt verwehrt gewesen. Das ist der Bereich des operativen Streitkräfteeinsatzes im Ausland, und das will ich nur insofern skizzieren, als ich die Befürchtung äußern möchte, daß über die Schiene WEU möglicherweise auch innerhalb der NATO da zukünftig Fakten geschaffen werden, die dafür sorgen, daß angesichts der politischen Strategie der Bundesrepublik nur im Ausnahmefall oder Extremfall, aber dennoch als letztes Mittel, ein militärischer Außeneinsatz der Bundesrepublik Deutschland möglich wird.

Abschließend zu diesem faktischen Bereich einige Fragen zu Jugoslawien: Auf der politischen Schiene kann man beobachten, daß es mit der Haltung der Niederlande, Frankreichs, Großbritanniens einerseits und der der Bundesrepublik Deutschland, Italiens und Österreichs andererseits unter den Westeuropäern durchaus verschiedene politische Auffassungen darüber gibt, wie man den Konflikt in Jugoslawien lösen sollte. Während die Franzosen, Briten, Spanier überwiegend wegen eigener schwelender Nationalitätenkonflikte die Priorität auf den Erhalt des gesamten Staates setzten, haben die Bundesrepublik und Italien sehr früh deutlich gemacht, daß sie ein souveränes Kroatien, ein souveränes Slowenien begrüßen werden, insbesondere weil die neue Armut-Reichtum-Mauer in Europa nicht quer durch Jugoslawien verlaufen sollte. Man möchte ein selbständiges und angebundenes Kroatien für das reiche Westeuropa haben und einen serbischen Reststaat, der mit den Problemen fertig werden muß, die die Auflösung Albaniens, zum Beispiel durch Migrationsbewegung, mit sich bringen wird. Wenn man sich fragt: Wie setzt die Bundesrepublik dieses außenpolitische Interesse um? – dann kann man bereits nach der Auswertung von 70 Stunden kroatischem Fernsehen genau festhalten, daß die Mehrzahl der kroatischen Milizen mit der Maschinenpistole Heckler-und-Koch-MP 5 ausgestattet ist, mit der Panzerfaust Armbrust von MBB, und daß darüber hinaus eine Vielzahl von wehrtechnischen Produkten aus Riesa (DDR) und anderen ehemaligen DDR-Waffenschmieden in Gebrauch ist, und vermuten, daß Bezugsmöglichkeiten aus der Bundesrepublik da eine zentrale Rolle spielen. Nun kennen wir alle die Demonstration in Belgrad mit diesen Plakaten »Genscher = Ustascha, Kohl = Hitler, 1941 = 1991«. Die Vorwürfe, die dabei laut wurden, gipfelten im Vorwurf, daß auch deutsche Instrukteure den Kroaten im Bürgerkrieg dienlich sind. Viele

Presseteams haben drei- bis fünfköpfige Teams im Bürgerkrieg beobachtet, die sich deutsch verständigten. Unsere derzeitigen Recherchen sind soweit, daß es mindestens Reservisten der GSG 9 sind, die derzeit operative Tätigkeiten in Kroatien ausführen, die die Milizen sowohl beraten als auch in besonders schwierigen Sprengaufgaben unterstützen. Wenn das wahr ist, so sagte mir ein Militärexperte, dann frage er sich, was schon dabei sei, in diesem Bürgerkrieg etwas für die Waffengleichheit zu tun. Wenn es aber wirklich wahr ist, dann muß man ja nicht – wie der »Spiegel« im September formulierte – »einen Informationsrückstand einer Nation, deren Weltbild jahrzehntelang durch staatlich geprägte Desinformation geprägt wurde«, auf die Serben anwenden, sondern möglicherweise auf jene, die der Bundesrepublik Deutschland und ihrem Auslandsnachrichtendienst eine Rolle als aggressive Ordnungsmacht nie zugetraut haben. Ich denke, daß dieser Fall Jugoslawien insbesondere deutlich macht, daß die Bundesrepublik offensiver als bekannt und auch mit neuer osteuropäischer Zielsetzung operative Außenpolitik betreibt.

Und damit sind wir bereits bei der abschließenden Fragestellung: Zu welchem Zweck, mit welcher Zielsetzung beobachtet man solche nachrichtendienstlichen Strukturen, Instrumente und Methoden des Bundesnachrichtendienstes? Es kann nicht Sinn solcher politikwissenschaftlichen Annäherung sein, eine Gleichsetzung zu erreichen, eine Entschuldigung des MfS mit dem Hinweis, nicht nur die östlichen Nachrichtendienste, sondern auch die westlichen betrieben eine aggressive, menschenverachtende Außenpolitik, und dann solche Entschuldigungen einzubringen als Verteidigung oder Teil der Verteidigung vor einem Tribunal, wobei ich ohnehin vor so einem »Erfolgsgerichtshof« nachhaltig warnen möchte. Das kann also nicht das Ziel sein. Und es kann auch nicht allein das Ziel sein, und ich zitiere wieder Michael Schumann, »einen moralischen Maximalismus zu relativieren«, das heißt Herrn Kinkel vorzurechnen, daß er in seiner Eigenschaft als BND-Präsident selbst ein Verbrechen befördert und begangen hat. Es kann nur darauf hinauslaufen, was Rolf Gössner ganz deutlich gemacht hat: Weg von der Idee, daß Sicherheitssysteme solcher Art ein Souveränitätsmerkmal moderner Staaten sind, und damit unverzichtbar! Sondern es geht einfach darum, in der Untersuchung, der gleichberechtigten Untersuchung, was MfS und BND im Ausland betrieben haben, herauszustellen, daß solche Dienste grundsätzlich demokratieneutral, demokratieunverträglich sind. Und aus dieser Aufarbeitung der Geschichte beider Dienste heraus bleibt abzuleiten, daß sie mit einer friedenspolitischen Gestaltung der Welt seitens der Bundesrepublik Deutschland in der Zukunft in keiner Weise vereinbar sind.

Heinz Vietze
Rück-Sichten
– Partei und Staatssicherheit

Ich wurde angekündigt als Parlamentarischer Geschäftsführer der Fraktion PDS/ Linke Liste im Landtag Brandenburg. Dies ist mir heute bedeutend angenehmer als die Vorstellung: Heinz Vietze, Erster Kreissekretär der SED Oranienburg bzw. Potsdam, im November 1989 für vier Wochen Erster Bezirkssekretär der SED im Havelbezirk.

Ich habe lange überlegt, ob ich heute hier sprechen soll. Michael Schumann, der Referent, dem ich ebenso wie Uwe-Jens Heuer für das Angebot an theoretischen Denkanstößen danke, hat darauf bestanden, daß jeder von uns, die wir in der DDR politische Leitungsverantwortung getragen haben, sich auch zu einer so diffizilen Sache, wie sie heute auf der Tagesordnung steht, erklären muß. Und ich meine auch, meinem Vorredner Werner Hübner wird es nicht einfacher ergangen sein. Es läßt sich aus einer Position, die einen anderen politischen und biographischen Hintergrund hat, über dieses Thema leichter reden, zum Beispiel wenn man Gegenstand von Observierungsmaßnahmen, oppositioneller »Nörgler« oder anerkannter Querdenker war.

Es ist sicherlich etwas komplizierter, heute zu einer Biographie zu stehen, die mit dem System in der DDR und einer politischen Tätigkeit im Dienste und zur Erhaltung dieses Systems zusammenhängt.

Ich habe selbst noch viele Fragen und nicht auf alle Fragen eine Antwort, bin also in besonderer Weise auch noch Suchender. Aber ich stehe zu meiner Biographie. Und ich werde mich nicht für jeden Tag, den ich in der SED Mitglied war und als Funktionär gewirkt habe, entschuldigen, wohl wissend, daß es vieles gibt, wofür ich und andere heute geradestehen und sich entschuldigen müssen.

Wäre es leicht, sich bußfertig dem pauschalen Urteil der veröffentlichten Meinung zu unterwerfen und das Heil in der Anonymität der Marktwirtschaft zu suchen? Ich glaube ja. Es ist möglicherweise schwieriger, das Kainsmal des engagierten DDR-Bürgers und Verantwortungsträgers der SED zu zeigen und damit immer wieder die Auseinandersetzung herauszufordern.

1990 im Wahlkampf veröffentlichte das Neue Forum die Broschüre »Mit tschekistischem Gruß – Berichte der Bezirksverwaltung für Staatssicherheit Potsdam '89«. In dieser Dokumentation sind mir einige Seiten gewidmet. Das ist normal, denn 1989 war ich in Potsdam nicht nur Erster Sekretär der SED-Kreisleitung, sondern in dieser Funktion auch Vorsitzender der Kreiseinsatzleitung. Am Schluß der Sammlung findet sich ein Bericht der Kreisdienststelle Potsdam des MfS über eine Kundgebung der SED am 19.11.1989 auf dem Platz der Nationen. Über 6000 Menschen waren gekommen. Die politische Situation war zu diesem Zeitpunkt äußerst angespannt. Die SED war ihrer politischen Verantwortung nicht gewachsen, die Schutz- und Sicherheitsorgane standen unter einem enormen öffentlichen Druck. Viele Reaktionen waren nicht kalkulierbar. Im Bericht des MfS über die genannte Kundgebung heißt es: »Im Schlußwort stellte sich der 1. Sekretär der BL der SED, Gen. Vietze, eindeutig vor die Schutz- und Sicherheitsorgane.« (S. 203 der genannten Broschüre) Dies kann man interpretieren als Zeichen völliger Unbelehrbarkeit. Mir ging es jedoch in dieser Situation um zwei Dinge: Erstens wollte ich die Mitarbeiter insbesondere der Staatssicherheit »nicht im Regen stehen lassen«. Die politische Verantwortung für die eingetretene Lage hatte in erster Linie die Partei. Und zweitens ging es darum, einer weiteren Zuspitzung der Konfrontation von Teilen der Bevölkerung mit der Staatssicherheit vorzubeugen und der vorhandenen großen Unsicherheit über mögliche unkontrollierte Reaktionen des bewaffneten Sicherheitsapparates entgegenzuwirken.

Nach zwei Jahren intensiver Auseinandersetzung mit dem politischen System der DDR und der diesem System eigenen Sicherheitskonzeption ist mir verständlich, daß die politische Rolle, die ich als SED-Funktionär gespielt habe, von vielen zu Recht sehr kritisch beurteilt wird. Dennoch stehe ich zu meinem konkreten politischen Tun, z.B. auf dieser Kundgebung – und es ist exemplarisch für vieles, was ich konkret wollte und tat.

Damit lege ich mich an und will es auch, z.B. mit Herrn Gauck. Der Herr Sonderbeauftragte fordert, daß wir mit uns ins Gericht gehen – auch diejenigen Parlamentarier, die keine »Akte« beim MfS haben, »jedoch aufgrund ihrer besonderen Stellung in Parteien, staatlichen oder gesellschaftlichen Instanzen unmittelbar in die Mechanismen des Sicherheitssystems der ehemaligen DDR eingebunden waren«. Gegenwärtig fehlen nach seinen Worten dazu noch die rechtlichen Grundlagen, die er einfordert und die der Rechtsstaat möglicherweise noch schafft. Die rechtlichen Grundlagen wozu? Zur politischen und moralischen Auseinandersetzung? Wie soll sich das »Mit-sich-ins-Gericht-Gehen«, wie soll sich dieser Akt vollziehen? Geht es um rechtliche Grundlagen, um bestimmte konkrete und individualisierte Schuld zu ahnden? Oder geht es um etwas anderes – um die Schaffung rechtlicher Möglichkeiten, Menschen mit einer bestimmten politischen Biographie von der Wahrnahme politischer Grundrechte auszuschließen? Wenn es sich um letzteres handeln sollte, würde sich der Rechtsstaat selbst in Frage stellen, der Wille der Wähler würde verfälscht. Auseinandersetzung über geschichtliche Verantwortung und Schuld würde transformiert in die Legalisierung politischer Unterdrückung.

Der Rechtsstaat bietet die Möglichkeit der kritischen und selbstkritischen Geschichtsaufarbeitung. Leider haben sich zu viele, die dabei mitwirken könnten, aus ihrer Pflicht verabschiedet, was jenen, die sich ihr stellen, die Sache nicht leichter macht. Durch die Medien wird jene Form des »Mit-sich-ins-Gericht-Gehens« favorisiert, die sich in die Stichworte fassen läßt: Selbstanklage, Verzicht auf Beweisführung, weil ja alles so klar ist – das Unrecht ist offensichtlich, Verteidigung nicht nötig, entscheidend allein ist das Urteil, der Sieger als Richter hat dieses bereits gesprochen. Mit meiner Vergangenheit passe ich einfach nicht ins deutsche Reinheitsgebot.

So entartet die Auseinandersetzung mit der Vergangenheit zu einer Prozedur der Demoralisierung, zur Sündenbocksuche, zumal bei Beteiligung derer, die der Gnade westdeutscher Geburt teilhaftig wurden. Es geht um die Dialektik von Verhältnissen und Verhalten. Das ist ein kompliziertes Problem. Und man kommt seiner Lösung nicht näher, wenn man im Büßerhemd mit Schamröte im Gesicht sich aus der politischen Aktivität verabschiedet.

Michael Schumann hat hier die Systemkonstruktion des realen Sozialismus und die sie prägenden ideologischen Stereotype angesprochen. Nicht erst seit dem Herbst 89, aber vor allen Dingen danach, beschäftigt mich die Frage: Warum war ich so, wie ich war, was hat mich geprägt? Was hat dazu beigetragen, daß ich das, was in diesem System als Überzeugungen, als Grundnormen verkündet wurde, aufgenommen und – ich sage es bewußt – jeden Tag gegenüber jedermann vertreten habe? Was hat meine politische Tätigkeit primär motiviert? Ich war zutiefst davon überzeugt, einer gerechten Sache zu dienen und an der Schaffung einer notwendigen Alternative zum System der Bundesrepublik mitzuwirken. Ich fand, daß wir hier in der DDR den besseren Weg gehen, auch wenn wir nicht im einzelnen die überzeugendere Lösung zu bieten hatten. Bei all dem ist zu bedenken, daß unser Bild von der westlichen Gesellschaft ideologisch geprägt war. Eigene Erfahrungen konnten wir kaum machen. Die ideologische Prägung, die den Grundgedanken der Überlegenheit der sozialistischen Gesellschaft beinhaltete, und die Bequemlichkeit des eigenen Denkens, die Widersprüche verdrängte, waren entscheidend dafür, daß man sich mit diesem System völlig identifizierte. Die geistigen und moralischen Grundlagen dieser Gesellschaft überzeugten mich. Die politischen Aufgaben erschienen mir wissenschaftlich begründet und moralisch geboten. Mein Bestreben ging einzig darauf, die Dinge besser zu machen. So legte ich mich ins Zeug und befriedigte damit auch persönlichen Ehrgeiz. Ich fand Anerkennung als Jugendfunktionär, war das »Nesthäkchen« an Hanna Wolfs Parteihochschule und dann einer der jüngsten Ersten Kreissekretäre der SED. Ich war stolz auf mich und keineswegs bereit, mich jeden Tag in Frage zu stellen. Ich hatte auch öfter Grund zur Genugtuung darüber, was ich in meinem Verantwortungsbereich im Interesse der Bürger erreichen konnte. Da gab es einiges, auf das ich heute noch stolz bin. Heute würde ich sagen, einer meiner Grundfehler bestand darin, nicht über den Horizont dieses unmittelbaren Tuns hinausgesehen und die Prinzipien kritisch befragt zu haben, die diesem Tun zugrunde lagen. Das ist sicher einer der schlimmsten Vorwürfe, die ich mir heute machen muß. Ich beruhigte mich mit einer möglichst positiven Bilanz an fertiggestellten Wohnungen, Kindergärten, Alten- und Pflegeheimen usw. und gestehe – ich empfand diebische Freude, wenn ich in unmittelbarer Nähe von Berlin die Planer der Zentrale um einheimischer Vorteile willen – auch mit Schwarzbauten – überlisten konnte. Wenn ich an meine Oranienburger Zeit denke, dann sind damit z.B. das Kinderkrankenhaus, die gynäkologische Abteilung im Kreiskrankenhaus, Kaufhallenbäckereien in Henningsdorf und Velten, Jugendclubs usw. gemeint. Ich bin heute noch den Betriebsdirektoren, den Ratsmitgliedern und vielen Werktätigen dankbar, die damals mit mir gemeinsam im Interesse der Bürger vieles auf die Beine stellten.

Eine Sache, die mich aus Potsdamer Zeit besonders bewegt, ist der Abriß der Gleitkerne für das geplante Theater. Ich habe 20 Jahre der Diskussion um dieses Theater miterlebt. Mir war zu keiner Zeit bewußt, daß es sich um einen Prestigebau der SED handeln sollte. Für mich war der Theaterbau ein Erfordernis der Stadtentwicklung. In diesen 20 Jahren wurden 14 Standorte geprüft. Die Entscheidung zugunsten des Standortes an der Nicolaikirche war durch geklärte Eigentumsverhältnisse und die Absicherung der für den Bau notwendigen Kosten geprägt. Das Theatermodell wurde in der Stadt ausgestellt, und über 3000 Zuschriften legen Zeugnis für eine zumindest begrenzte öffentliche Diskussion ab. Angesichts der sich zuspitzenden ökonomischen Situation im Jahre 1989 – wichtige Investitionsobjekte wurden aus dem Plan genommen – entschlossen wir uns in Potsdam, weniger über das Theater zu reden, sondern mit der Errichtung der Gleitkerne vollendete Tatsachen zu schaffen. Mit Blick auf das tausendjährige Jubiläum der Kulturstadt Potsdam waren wir überzeugt, daß nach Fertigstellung der Gleitkerne dann auch das Theater fertiggestellt werden würde.

Ich sage das, um deutlich zu machen, wie meine alltägliche Arbeit aussah. Der Abriß jetzt tut mir weh. Vor allem sehe ich nicht die so oft eingeklagte demokratische Legitimation.

In meinem Selbstverständnis habe ich stets mitgewirkt an einer gesellschaftlichen Alternative auf deutschem Boden, die erbittert bekämpft wurde. Diese Alternative war für mich identisch mit Frieden und Volkswohl. Für diese Ziele schienen mir alle Mittel legitim. Nach vielen Diskussionen seit der Wende ist mir klar geworden, daß es keine Rechtfertigung für inhumane Mittel gibt. Ich finde, da liegt der Großteil der Ursachen für das, was gescheitert ist und scheitern mußte, weil man mit solchem Denkansatz keine demokratische Gesellschaft schaffen kann. Die wichtigste Erkenntnis aus dieser Entwicklung ist für mich: Die Devise »Der Zweck heiligt alle Mittel« führt in die Sackgasse. Das Verdrängen dieser Wahrheit hing auch mit dem unkritischen Vertrauen zusammen, das viele von uns der Führung entgegenbrachten. Das ist keine Entschuldigung, obwohl es ohne ein Mindestmaß an Vertrauen wohl nirgends geht.

Die unkritische Hinnahme der Führungsentscheidungen gehört zweifellos zu den unentschuldbaren Fehlern. Das Auftauchen Gorbatschows auf der politischen Bühne signalisierte die Möglichkeit und Notwendigkeit einer Demokratisierung der Gesellschaft. Ich habe das auf der einen Seite Mitte der achtziger Jahre durchaus so begriffen. Es mußte sich etwas ändern. Die Probleme schlugen über unseren Köpfen zusammen. Andererseits verwiesen die offensichtliche Destabilisierung der Sowjetgesellschaft, die Verschlechterung der Lebenslage, die Nationalitätenkonflikte in meinem damaligen Verständnis auf prinzipielle Mängel der Gorbatschow-Politik. Und die Furcht steigerte sich auch bei mir, Liberalisierung und Demokratisierung könnten das Ende der DDR bedeuten. Das war für mich die Hemmschwelle und auch die Ursache dafür, daß ich die in bezug auf Gorbatschow distanzierte Haltung der SED-Führung und ihre Hervorhebung der eigenständigen DDR-Entwicklung mittrug. Ich zog damals falsche Schlußfolgerungen, weil ich – auch aus geistiger Bequemlichkeit – die von der politischen Führung vorgesetzte und auch von Wissenschaftlern vermittelte Analyse teilte. Im Grunde genommen war das politische Selbstdemontage oder – wie Schumann es genannt hat – Elemente einer selbstverschuldeten Unmündigkeit.

Dies ist ein Problem, das nun in neuer Weise vor uns steht. Eilfertige Anpassung an die »Sieger« läßt den Prozeß selbstverschuldeter Unmündigkeit von neuem einsetzen. Möglicherweise haben wir in Brandenburg günstigere Bedingungen für eine geschichtliche Auseinandersetzung in Aufrichtigkeit. Die Toleranz ist spürbar. Dennoch gibt es die bittere Erkenntnis, daß viele Verhaltensmuster auf eine neue Arroganz der Macht und Ausgrenzung Andersdenkender hinauslaufen. Ein neuer absoluter Wahrheitsanspruch wird ungeniert postuliert. Die Antwort auf die Frage nach dem Vorzug der jetzigen Demokratie gegenüber der Diktatur, aus der wir kommen, fällt mir – ich sage es offen – schwer. Mir wird oft genug deutlich zu erkennen gegeben, daß Rechtsstaatsprinzipien, Würde, Gleichheit usw. für ehemalige SED-Funktionäre und besonders für MfS-Mitarbeiter nur bedingt gelten. Die Entwicklung seit dem Herbst '89 bestätigt mir, daß es weder eine Rechtfertigung für eine pauschale Verurteilung der die DDR tragenden politischen Kräfte geben kann, noch eine Heroisierung jener, die maßgeblich die politische Wende getragen haben und heute ihre radikaldemokratischen Forderungen selbst in Frage stellen, indem sie ihre politischen Gegner mit Mitteln bekämpfen, die jenem System durchaus eigen waren, dessen Überwindung ihr wichtigstes Ziel war. Auch ihr Ja zum Verfassungsschutz belegt das.

Ich möchte noch einen Gedanken äußern zu den konkreten Beziehungen der SED zum Ministerium für Staatssicherheit, weil ich glaube, daß man die Arbeit des MfS ohne die Arbeit des politischen Auftraggebers nicht verstehen kann. Zunächst war es so, daß für diejenigen, die die Politik der SED mittrugen, die sie als friedenssichernd und progressiv empfanden, die Tätigkeit des MfS als eines Schutzorgans völlig legitim war. Der propagierte und von uns mitgetragene Denkansatz war nicht der des Mißtrauens gegenüber dem Volk, wie es in einem der Referate hieß, sondern die Überlegung – so lächerlich es heute klingen mag –, das Volk vor Schaden zu bewahren. Ich bin wirklich davon ausgegangen, daß äußere Feinde darauf aus waren, DDR-Bürger für ihre Ziele einzuspannen und man das verhindern mußte. Insofern trug ich die Tätigkeit des MfS mit, obwohl ich aufgrund der zentralistischen Struktur des Ministeriums keinerlei Möglichkeiten hatte, um auf diese Tätigkeit einen relevanten Einfluß zu nehmen. Mein Verhältnis zu den Leitern der MfS-Dienststelle war – wie es im SED-Sprachgebrauch damals hieß, ich will es nicht verschweigen – »parteikameradschaftlich«.

Das heute auszusprechen, auch im Wissen um das, was mittlerweile über das MfS bekannt geworden ist und auch mir nicht zugänglich war, kostet mich Überwindung. Es entspricht aber der Wahrheit.

Meine konkreten Beziehungen zum MfS bezogen sich auf den Gedankenaustausch über die politische Lage und sich daraus ergebende politische und sicherheitspolitische Konsequenzen. Das MfS hat im Prinzip stets realistische Einschätzungen der Probleme in verschiedenen gesellschaftlichen Bereichen geliefert. Informationen über Vorgänge in wirtschaftlichen Bereichen wurden mit dem Ziel der Schadensabwendung erstellt. Die Parteileitungen konnten dann entsprechend reagieren.

Heute beurteile ich diese für mich damals völlig selbstverständliche Zusammenarbeit mit den verantwortlichen Leitern des MfS in mehrfacher Hinsicht selbstkritisch. Die vermittelten Informationen haben nicht zu einem grundsätzlichen Überdenken der politischen Konzeption geführt, was unbedingt notwendig gewesen wäre. Das hätte sich auch beziehen müssen auf die Tätigkeit der Staatssicherheit selbst. Denn im Grunde ist sie – insofern es um die Überwachung Andersdenkender ging, und davon wußte ich – in unverantwortlicher Weise politisch instrumentalisiert worden. Das wurde natürlich nicht auf der kreislichen oder bezirklichen Ebene entschieden. Aber den Vorwurf, mich dagegen nicht ausgesprochen zu haben, muß ich mir machen. Die einfachen Mitarbeiter der ehemaligen Staatssicherheit müssen heute grundsätzliche Fehler ausbaden, die auf der Ebene der Politik gemacht wurden.

Als politisch Verantwortliche haben ich und andere ein Bild des politischen Feindes akzeptiert, das jene von vornherein kriminalisierte, die für ein Mehr an Demokratie in der Gesellschaft eintraten. Die Intoleranz gegenüber Andersdenkenden war total und – das kann ich mit Bestimmtheit sagen – wurde auch durch die Haltung bestimmter Offizieller der BRD und der DDR-Kirchen in bezug auf einige oppositionelle Gruppen in seltsamer Übereinstimmung bestärkt.

Ich selbst habe die Fragwürdigkeit des vorherrschenden »Feindbildes« eigentlich erst empfunden, als ich den persönlichen Kontakt zu Mitgliedern bestimmter Gruppen bekam, die offiziell als »konterrevolutionär« galten. Gespräche mit Rudolf Tschäpe, Detlef Kaminski, Reinhard Meinel, Steffen Reiche u.a. schlugen in diesem Sinne Breschen in mein festgefügtes Bild.

Meine Hoffnung ist, daß es meinen Gesprächspartnern vielleicht ähnlich ging.

Um auf die Diskussion über die ideologischen Muster zurückzukommen, die auch mich bestimmt haben: Wir empfanden uns als die Sieger der Geschichte. Diese Überzeugung hat uns am stärksten geprägt. Uns konnte nichts erschüttern. Wir waren gewiß, im Besitz der wissenschaftlichen Wahrheit und der historischen Legitimation zu sein. Wir waren die Sieger und damit auf Niederlagen nicht vorbereitet. Es fällt schwer, mit dieser Niederlage zu leben und neuen Mut zu schöpfen. Wir haben erst begonnen, aus unserer Geschichte Schlußfolgerungen zu ziehen. Die Erkenntnis der Fragwürdigkeit geschichtlicher »Siege« ist indes nicht nur für uns von Bedeutung.

»Wo bleibt die Sicht der Betroffenen?«

Ulrich Schröter (Berlin): Zunächst möchte ich mich herzlich dafür bedanken, daß Herr Vietze so persönlich gesprochen hat. Es wird dadurch leichter, einander zu verstehen und miteinander ins Gespräch zu kommen. Ich möchte nun einiges zu dem sagen, was Herr Vietze, Herr Hübner und Herr Schumann geäußert haben. Die Sicht der Betroffenen muß zu der Sicht der Beteiligten hinzukommen. Dies ist der Lernprozeß, der beidseitig in Gang kommen muß. Es ist freilich zuzugeben, daß diejenigen, die oppositionell tätig waren – und es waren ja nicht sehr viele, und ich stelle mich auch nicht nur auf ihre Seite –, es heute leichter haben, zu dem Thema Vergangenheitsbewältigung zu sprechen. Ihre Stimme muß jedoch präsent sein. Aus der Sicht der Betroffenen möchte ich Herrn Hübner fragen, ob seine nicht zu bezweifelnde statistische Angabe von 1,5 Prozent Wehrdienstverweigerern pro Jahr der DDR-Wirklichkeit wirklich gerecht wird. Die Prozentzahl zweifle ich nicht an, aber sie wurde durch erhebliche Repressionen gegenüber Wehrpflichtigen erzielt. Erst wenn man dies berücksichtigt, wird ein zutreffendes Bild gezeichnet.

Herrn Vietze gegenüber möchte ich anmerken: Die Betroffenen kamen nicht vor. Ich möchte das nicht pharisäisch anmerken. Doch hier muß der angesprochene Lernprozeß einsetzen. Ich möchte deshalb zu bedenken geben, ob nicht eine längere Zeit zwischen einer sehr aktiven politischen Tätigkeit und einer erneuten Tätigkeit auf diesem Feld liegen müßte. Es ist das Phänomen der Trauerarbeit zu berücksichtigen. Nach einer Scheidung sollte man nicht sofort wieder heiraten, weil man den neuen Partner sonst zu stark am Bild des alten messen würde. Das tut keinem gut. Deswegen sollte mindestens ein Jahr dazwischen liegen. Es könnte sein, daß dieser oder ein noch längerer Abstand auch für Politiker notwendig ist, damit man überhaupt erst einmal wahrnehmen kann, wie man auf andere gewirkt hat.

Diese aus dem Abstand gewonnene neue Sicht habe ich bei dem Beitrag von Herrn Schumann als für mich überraschend und auch einleuchtend wiedergefunden. Der Antifaschismus, amtlich als Tugend gewertet, hat sich für viele ehemalige Funktionäre auch negativ umgekehrt, indem die Erfahrungen des Antifaschismus zu einer Verengung in der Wahrnehmung Andersdenkender führten. Meinte man nicht, man habe schon alles aus der Geschichte gelernt und würde alles für den anderen Gute und Nützliche tun können? Hat man daher nicht bevormundend zu viel für den anderen vorausgedacht? Diese Gegebenheiten wahrzunehmen, führt zu einem Lernprozeß, der in dem gegenwärtigen Gespräch zu wenig präsent ist. Wir sollten voneinander lernen, und sollten wahrnehmen, wie wir gedacht haben – Menschen mit Regierungsverantwortung und Oppositionelle. Manches kann man dabei nur im Abstand genauer wahrnehmen.

Ich möchte das konkretisieren: Ich denke schon, daß es ein Unterschied ist, ob man über das MfS oder über den neu entstehenden Verfassungsschutz spricht. Mir scheint, daß die Mehrheit hier zu schnell den Verfassungsschutz unter demokratischen Vorzeichen dem MfS unter der Diktatur des Proletariats gleichsetzt. Ich frage: Sind die neuen demokratischen Regulative wirklich schon voll wahrgenommen worden? Ist es vielleicht doch zu schnell gesagt, daß mit dem BfV und BND oder einem neuen Verfassungsschutz in den Ländern dasselbe wie mit dem MfS vorliege? Es gibt durchaus auch dort Verletzungen bestehender Rechtsordnungen. Aber einen solchen Spielraum, wie ihn das MfS in der Auseinandersetzung mit der politischen Opposition durch die Menschenrechte verletzende Bestimmungen des Strafgesetzbuches der DDR (z.B. §§ 97, 99, 214, 218-220) zur Verfügung hatte, gibt es in der BRD nicht. Deshalb habe ich beim Zuhören meine Schwierigkeiten. Vielleicht braucht hier das Nachdenken miteinander noch Zeit. Dabei ist dann auch zu fragen, ob nicht auch der BfV und BND stark verändert werden müßten.

Michael Benjamin (Berlin): Ich wollte eigentlich gar nicht sprechen, aber Herr Schröter, dessen Beitrag ich sehr begrüße, hat mich doch dazu bewogen. Ich habe mir lange überlegt, ob ich etwas sage, weil ja viele der Anwesenden wissen, daß ich der Kommunistischen Plattform angehöre und ich mir nun schon nicht mehr sicher bin, ob Sympathiebezeugungen für den einen oder anderen Redner besonders förderlich sind. Das ist nämlich meine Anmerkung zum Thema Verfassungsschutz. Es wird ja nun leider eben nicht nur Rechtsradikalismus aufs Korn genommen, sondern auch bereits wieder die Linke. Die Richtung, die ich vertrete – das ist ja mehrfach erklärt worden –, die ich in der PDS vertrete und weiterhin vertreten möchte, bietet dazu ja nun schon den gesuchten Anlaß. Das wäre dann auch zu bedenken, so sehr ich allem zustimme, was Herr Schröter gesagt hat.

Was mich betrifft: Ich habe über ein Jahr geschwiegen, bevor ich mich jetzt nun doch wieder entschlossen habe zu reden, weil es, glaube ich, notwendig ist, nicht zu schweigen. Vielen Dank!

Hagen Thiel (Berlin): Ich will Herrn Vietze eigentlich nicht ungeschoren wegkommen lassen. Bevor wir hier über Verfassungsschutz weiterreden, denke ich, ist Differenzierung gefragt, und Sie haben auch davon geredet, daß wir differenziert aufarbeiten sollen, und ich würde Sie schon bitten, differenziert mit Ihrem Anteil umzugehen und uns auch von den kameradschaftlichen Treffen mit den Genossen vom MfS zu erzählen, uns auch von dieser eklatanten Fehleinschätzung zu erzählen, daß die, die Sie als Feinde empfunden haben, eigentlich keine Feinde waren. Ich denke, es ist eine Fehleinschätzung, zu sagen, die Partei hat nicht umgesetzt, was das MfS gesagt hat, was das MfS weitergetragen hat. Das ist falsch. Das MfS hat bewußt falsch weitergetragen und hat auch ganz bewußt falsch und nicht gesellschaftsfördernd gehandelt. Ich möchte Sie bitten, auch da ganz differenziert auszuführen, was da an Fehlern passiert ist.

Heinz Vietze (Potsdam): Ich halte die Bemerkung von Herrn Schröter für berechtigt, daß nicht nur auf einer solchen Konferenz, sondern überhaupt in dem, wie man sich generell mit der Vergangenheit auseinandersetzt, die Sicht der Betroffenen einen entscheidenden Stellenwert besitzen muß. Und der letzte Redner hat hier deutlich gemacht, daß es vieles gibt, wozu man sich in diesem Zusammenhang bekennen muß. Ich habe deshalb vorhin auch gesagt, daß ich noch nicht zu Ende bin mit meinem Denken über diese Dinge, und es ist sicherlich auch nicht möglich, in umfassender Weise all das, was zu einer solchen Aufarbeitung gehört, hier darzulegen.

Ich möchte schon sagen, daß mich die Frage nach den persönlichen Konsequenzen außerordentlich stark beschäftigt. Es gibt viele, mit denen ich zusammen gearbeitet habe, die wissen, daß ich nicht nur einmal gesagt habe: »Ich bin in einer bestimmten Situation in eine neue politische Verantwortung gekommen, habe meinen Beitrag geleistet, aber nun ist – gerade angesichts meiner politischen Biographie – Schluß.« Ich hatte mehrfach vor, mich aus der aktiven politischen Tätigkeit zu verabschieden. Aber die Mehrheit meiner Parteifreunde hat – und ich glaube, das war ihr Recht – von mir anderes verlangt. Sie erwartete von mir, daß ich mich stelle, meine Verantwortung bekenne und weiter meinen Beitrag leiste. Und ich weiß sehr wohl, daß in dem Moment, wo man sich entscheidet zu bleiben, man sich in besonderer Weise der Kritik aussetzt. Einige haben sich ein Jahr oder mehr Ruhe gegönnt und sind jetzt in »beeindruckender« Weise wieder in den Medien präsent. Es gibt viel, was mich in diesem Zusammenhang bewegt. Ich hätte den Betreffenden gern den Canossagang zu den Wählerversammlungen und Parteizusammenkünften gewünscht. Aber das haben sie sich aus gutem Grunde erspart. Ich glaube, daß dann auch irgendwann der Punkt kommt, wo man sich sagt: Jetzt stehst du in dieser neuen Verantwortung und jetzt leiste, was man von dir in den eigenen Reihen erwartet. Und dazu gehört, daß man sich zu dieser neuen Verantwortung bekennt und zugleich das nicht außer acht läßt, was zurückliegt, es in die Verantwortung hineinnimmt und aufarbeitet. Was den Verfassungsschutz betrifft, so wollte ich keine absolute Gleichsetzung mit dem MfS vornehmen. Michael Schumann ist mein Zeuge. Ich habe mich im Landtag bezüglich des Vorschaltgesetzes zum Landesverfassungsschutzgesetz der Stimme enthalten. Es gab auch Mitglieder der Fraktion, die dem zugestimmt haben. Und sie hatten ihre berechtigten Motive, denn das Gesetz verankert die parlamentarische Kontrolle, an der alle Parteien beteiligt sind. Das ist ein politischer Kompromiß gewesen, zu dem man sich unter Umständen durchringen muß.

Ich möchte weiter etwas zu den »parteikameradschaftlichen« Zusammenkünften mit dem MfS sagen. Ich habe ganz bewußt einen Begriff gewählt, um einen Stil zu charakterisieren, der für die Beziehungen zwischen den Parteiinstanzen und dem Sicherheitsapparat symptomatisch war. Und es ist eben nicht so, daß auf territorialer Ebene das Verhältnis der Abhängigkeit oder des Befehlens bestand. Und wer von mir etwas anderes hören will, dem kann ich beim besten

Willen nicht helfen. Ich hatte nichts anzuweisen oder zu befehlen, weil diese Befehlsstruktur nicht bestand. Mein Verhältnis zum Leiter der Kreisdienststelle des MfS war das des politischen Gedankenaustausches, und ich betone: Es war in diesem Sinne auch oft ein sehr kritisches Verhältnis, das jedoch immer ein bestimmtes Maß des Verständnisses füreinander einschloß, ein Verständnis für die Zwänge, denen wir jeweils in unterschiedlicher Weise unterlagen. Ich sage dies alles, obwohl ich weiß, daß dies heute in bestimmter Weise ausgelegt werden kann, einer bestimmten vorgeprägten Bewertung unterliegt. Natürlich weiß ich auch, daß in den Berichten des MfS zum Teil falsche und geschönte Einschätzungen getroffen worden sind. Dies betrifft z.B. die Bewertung von Reaktionen der Bevölkerung auf ZK-Tagungen und sozialpolitische Maßnahmen. Da war das charakterisierte Maß an Zustimmung stets größer als im praktischen Leben. Aber da ist noch ein Feld der geschichtlichen Aufarbeitung: Wir haben ja als Parteifunktionäre manches gar nicht mehr so ernst genommen, wie es geschrieben stand, weil wir wußten, wie was ankommt in der Führung. Wir hatten unsere eigene Meinung, und viele der »geschneiderten« Informationen waren für uns irrelevant. Aber auch manche realistische Information haben wir ignoriert. Daraus spricht – so würde ich heute sagen – ein gerüttelt Maß an Überheblichkeit und ein »Abheben« von den Realitäten. Auch dazu muß ich mich bekennen.

Wilfriede Otto
SED und MfS – zur Rolle einer stalinistischen Grundstruktur

Das Thema SED und MfS lenkt auf eine Grundstruktur des international gescheiterten Sozialismusversuchs – auf ein stalinistisches Partei-, Macht- und Politikverständnis. Insofern reflektiert es zugleich globalere Zusammenhänge als nur DDR-Spezifisches. Doch die moralische Verpflichtung den einst vom MfS repressierten Menschen gegenüber, Verantwortung für die Geschichte und eigene Ethik verlangen, Fehlentwicklungen nachzugehen, Verantwortungen zu benennen und Positionen einzubringen.

DDR-Gründung und MfS-Bildung

Alles hat seine Geschichte. Ob wir das wahrhaben wollen oder nicht. So kann auch die Problematik MfS nicht aus der Geschichte herausgelöst werden.

Die Staatsgründung DDR ergab sich aus bestimmten historischen Umständen – aus der Unfähigkeit der Deutschen, mit dem Nationalsozialismus selbst abzurechnen; aus den Folgen des Zweiten Weltkrieges mit der unbefristeten militärischen Besetzung Deutschlands aus imperialen Interessen; aus der Bildung von zwei deutschen Staaten. Die Gründung der DDR war weder ein Betriebsunfall der Geschichte noch eine Gesetzmäßigkeit, sie war kein Unrechtsakt, aber auch kein widerspruchsfreier Aufbruch. Waren die kurzfristig vorbereiteten unmittelbaren Akte zur Staatsgründung auch eine Art Überrumpelung, so entbehrten sie dennoch nicht jeglicher Legitimität. Und der Weg von 1990 – Beitritt nach Artikel 23 des Grundgesetzes der Bundesrepublik – wurde zwar auf der Konferenz des Rates der Außenminister im Mai/Juni 1949 von den Vertretern Frankreichs, Großbritanniens und der USA vorgeschlagen, entsprach aber weder den Optionen Stalins, noch war er nach jetzigen Erkenntnissen Gegenstand öffentlicher Forderungen. In der Ostzone eine demokratische Regierung zu bilden, war nicht nur eine administrativ organisierte, sondern auch historisch und gesellschaftlich motivierte Willensäußerung. Und so ist in Rechnung zu stellen, daß der deutsche Teilstaat DDR länger existierte als das Deutsche Kaiserreich oder die Weimarer Republik. Das mit, wegen oder trotz MfS.

So wie alle damaligen Parteien in der SBZ die staatspolitischen Gründungsakte der DDR mitvollzogen, wenn auch mit unterschiedlichen Motiven, so gaben sie zunächst auch alle ihre Zustimmung zur Bildung eines Ministeriums für Staatssicherheit. Dieser etwas raschen Regierungserweiterung war eine Diskussion im

Ministerrat der DDR vorausgegangen. In der Sitzung vom 26.1.1950 standen drei Berichte zur Debatte. Der Vorsitzende der Zentralen Kommission für Staatliche Kontrolle, Fritz Lange, informierte vor allem über Sabotageakte in der Wirtschaft. Daraus schlußfolgerte er: »Es gibt keine geteilte Sicherheit«,[1] denn die Sicherheit jedes einzelnen steht im Zusammenhang mit der Sicherheit für die volkseigenen Betriebe, die Verwaltungen und privaten Unternehmen. Einen zweiten Bericht erstattete der Chef der Kriminalpolizei über Brandvorkommnisse. Der am deutlichsten markierte Bericht kam von dem Leiter der Hauptverwaltung zum Schutze der Volkswirtschaft, Erich Mielke. Seit Bestehen der neuen demokratischen Ordnung, so Mielke, versuchen die aus dem Gebiet der DDR »davongejagten Reaktionäre, faschistischen, imperialistischen Kräfte und ihre Handlanger – als auch die im Westen Deutschlands gebliebenen und sich sammelnden gleichen Kräfte – gemeinsam mit den in unserer Republik zurückgebliebenen reaktionären Elementen unter Führung, unter Stützung und Organisierung der amerikanisch-englischen Imperialisten diese Entwicklung zu stören und zu verlangsamen. Zu diesem Zweck greifen sie zu den verschiedensten Methoden und Mitteln, wie sie bei Gangstern, Räubern und Mördern üblich sind.«[2] In diesem Stile, der dem künftigen MfS faktisch bereits die Rolle einer politischen Polizei zuwies, nannte Mielke zahlreiche Beispiele für »Diversionsakte«, »Agenten- und Spionagetätigkeit«, »Kriminelle Verbrecher im Dienste des amerikanischen und britischen Geheimdienstes«, »Mißbrauch von Jugendlichen durch den amerikanischen Geheimdienst«, »Werbung von Jugendlichen der DDR durch Agenten der Westzone für die Kriegsziele der Imperialisten« und berichtete über die Festnahme von mehr als 80 Personen wegen Spionage-, Agenten- und Diversionstätigkeit. Daraus leitete er die Konsequenz ab, den Artikel 6 der Verfassung der DDR durch die Schaffung geeigneter Organe und entsprechende Strafgesetze »lebendig zu gestalten«.[3] Auf der Grundlage dieser Berichte reichte der Ministerrat der DDR den Entwurf eines Gesetzes über die Bildung des MfS ein.

Der Innenminister, Karl Steinhoff, begründete den Gesetzentwurf am 8.2.1950 vor der Provisorischen Volkskammer und bezeichnete als die hauptsächlichsten Aufgaben des Ministeriums: Die »volkseigenen Betriebe und Werke, das Verkehrswesen und die volkseigenen Güter vor Anschlägen verbrecherischer Elemente sowie gegen alle Angriffe zu schützen, einen entschiedenen Kampf gegen die Tätigkeit feindlicher Agenturen, Diversanten, Saboteure und Spione zu führen, einen energischen Kampf gegen Banditen zu führen, unsere demokratische Entwicklung zu schützen und unserer demokratischen Friedenswirtschaft eine ungestörte Erfüllung der Wirtschaftspläne zu sichern«.[4] Und er bezeichnete zugleich einen Zusammenhang zur äußeren Sicherheit, indem er feststellte, daß Spionage-, Diversions- und Sabotageakte den Frieden gefährden könnten, indem sie direkt oder indirekt Anlaß für neue kriegerische Verwicklungen bieten würden. Die Provisorische Volkskammer beschloß am 8.2.1950 einstimmig, also nicht nur mit den mehrheitlichen SED-Stimmen, das Gesetz zur Bildung des MfS.

SED und MfS

Die Ausgangsbedingungen für die Bildung des Ministeriums beinhalteten durchaus akzeptable Forderungen: Es gab Gruppen mit illegalem Waffenbesitz, Verschiebung von Vermögenswerten aus der Wirtschaft nach Westdeutschland, Diversionsakte in lebenswichtigen Betrieben und anderes. Streben nach innerer Sicherheit war ebenso legitim wie eine regierungsamtliche Rolle des MfS. Das war offensichtlich auch die gemeinsame Basis für den Beschluß der Volkskammer. Die bisher dem Ministerium des Innern unterstellte Hauptverwaltung zum Schutze der Volkswirtschaft, deren Schaffung und Aufgaben Ende 1948 in Moskau abgesprochen worden waren und die sich auf die Abwehr von Sabotage und Attentaten sowie auf den Kampf gegen illegale Organisationen und antidemokratische Tätigkeit richtete, wurde in ein selbständiges Ministerium für Staatssicherheit umgebildet. Hinzu kamen auch Mitarbeiter aus der ehemaligen K 5, die mit dem Erlaß des Befehls Nr. 201 der Sowjetischen Militäradministration (SMAD) vom 16.8.1947 zur Bestrafung von Nazi- und Kriegsverbrechen ihre Tätigkeit aufgenommen hatte. Zirka 1000 Mitarbeiter zählte das Ministerium 1950.

Der widersprüchliche oder Doppelcharakter, der die gesamte Entwicklung der SED wie auch der DDR-Gesellschaft prägte, trifft meines Erachtens auch auf die Rolle des MfS zu. Neben durchaus vorhandenen Faktoren der Legitimation und zu rechtfertigender Motivationen wirkten jedoch von Anfang an auch Unrechtselemente.

Nicht unwesentlich war, daß das MfS im Schoße der seit 1945 in der Ostzone agierenden sowjetischen Sicherheitsorgane, mit Hilfe und Kontrolle durch deren Kommandozentrale und Führungsoffiziere groß wurde. Leitende Vertreter des Ministeriums genossen sowjetischen Vorzug nicht nur wegen ihres Kampfes im Spanischen Bürgerkrieg, sondern auch, weil sie sich im Exil in der Sowjetunion – wie die Spitzenfunktionäre der SED – aufgehalten und für den sowjetischen Militär- oder Sicherheitsapparat gearbeitet hatten. Daß L. P. Berija im Frühjahr 1953 schlagartig 800 Offiziere aus der DDR abzog, darunter den seit 1945 im Osten Deutschlands wirkenden ehemaligen stellvertretenden Minister für Staatssicherheit, Generaloberst W. S. Kobulow, der nach Aussagen Mielkes Berater gewesen sei, bekräftigt Hinweise, daß Verbündete Berijas gerade hier in »Sicherheit« gebracht worden waren, als auch auf ihn ein Schatten Stalins fiel.

Nachdem die SED seit 1948/49 mit raschen Schritten auf den Kurs einer stalinistisch-kommunistischen Partei geführt wurde, als die Parteisäuberungen in den osteuropäischen Ländern angelaufen waren und auch für die SED, die Volkspolizei, die zentralen staatlichen Verwaltungen und Leitungen der Massenorganisationen vorbereitet wurden, als in Nachbarländern der DDR die vom sowjetischen MGB inszenierte verbrecherische Fieldkampagne mit ihren Prozessen funktionierte, wurde auch die Verstrickung von SED- und MfS-Spitze offiziell eingefädelt. Das ZK der SED stimmte auf der 2. Tagung im August 1950 einer Empfehlung Wilhelm Piecks zu, Mielke, 1. Staatssekretär des MfS, in die innerparteilichen Untersuchungen einzubeziehen. Mielke rühmte sich sofort, daß bereits »Agenten«, »Trotzkisten«, »Diversanten« und »Mörder« festgenommen wurden. Die von der Tagung angenommene Entschließung machte Denkschemata und Grundpositionen deutlich, die in der kommunistischen Bewegung damals fast Allgemeingut waren und für Jahrzehnte gültig blieben: der anmaßende Anspruch auf eine uneingeschränkte Führungsrolle sowie auf eine makellose »Einheit und Reinheit« der Partei; die Anerkennung des in der KPdSU(B) seit langem geführten Kampfes gegen Opportunisten und Trotzkisten, gegen die »imperialistischen Agenturen« in der Arbeiterbewegung als allgemeines Entwicklungsgesetz, womit faktisch die Arbeiterbewegung selbst und alle Andersdenkenden politisch kriminalisiert wurden; die Thesen von der Einteilung der Welt in zwei konfrontative Lager und von der ständigen Verschärfung des Klassenkampfes, die zugleich vereinseitigte Weltsichten und militantes Sicherheitsdenken beförderten.

Die Atmosphäre des kalten Krieges auf der West- wie Ostseite begünstigte die Herausbildung bestimmter Haltungen. Denn ideologische Konfrontation hieß nicht nur Antistalinismus, sondern vor allem Antikommunismus mit entsprechenden Gegenreaktionen. Auch der Krieg in Korea seit 1950 und die heraufziehende atomare Gefahr erzeugten nicht nur Angst, sondern auch Bereitschaft zu höherer Wachsamkeit. Und die spezifische Lage der DDR mit ihrer offenen Grenze, an der sich normaler und provokativer deutsch-deutscher Personenverkehr abspielte, über die jährlich rund 150.000 Menschen die Republik verließen, die Auffanglager auf der West- und Quarantänelager auf der Ostseite nach sich zog, führte auch zu überzogenen Personenerfassungs- und Kontrollmaßnahmen, die das MfS später noch perfektionierte.

Sicherheits- und Machtinteressen in der Deutschlandpolitik Stalins stärkten auch das MfS. Stalins Direktive, die er nach der Ablehnung der sowjetischen Friedensvertragsvorschläge durch die Westmächte an die in Moskau weilende SED-Delegation Anfang April 1952 erteilte, war eindeutig: »bisher alle Vorschläge abgelehnt. Keine Kompromisse. Schaffung Europa-Armee nicht gegen SU, sondern um Macht in Europa zu erhalten ... Demarkationslinie gefährliche Grenze. 1. Linie Deutsche-Stasi, dahinter Sowjetsoldaten.«[5] Ergebnis dieser Order, die bei der SED-Führung auf Übereinstimmung stieß, war, daß am 16.5.1952 die Grenzpolizei nach dem sowjetischen Modell dem MfS unterstellt wurde. Dem folgten eine Ministerratsverordnung vom 16.5. sowie eine Polizeiverordnung des Ministers für Staatssicherheit über die Einführung einer besonderen Ordnung an der Demarkationslinie, um »die Interessen der Bevölkerung der Deutschen Demokratischen Republik zu verteidigen und das Eindringen von feindlichen Agenten ... unmöglich zu machen.«[6] Die damals vorgenommene politische »Aussortierung« und Aussiedlung von DDR-Bürgern aus dem Grenzgebiet zur BRD, die nicht alleine vom MfS erfolgte, sensibilisierten politische Distanzen, hielten Belastungen bis in die Gegenwart lebendig. Nach dem Mauerbau 1961 wiederholte sich ein solcher Schritt. »Festungsdenken« und Vorstellungen von einer apparatemäßigen Lösung vorhandener Probleme wurden meines Erachtens weiter gestärkt.

Nach bisherigen Quellenbelegen war es Wilhelm Zaisser, der auf der 15. Tagung des ZK der SED im Juli 1953 die Rolle des MfS als Instrument der SED offen aussprach. Zaisser, der wegen der sogenannten Zaisser-Herrnstadt-Fraktion im Frühjahr 1953 in das politische Kreuzfeuer vor allem von Walter Ulbricht geraten und als Minister für Staatssicherheit abgesetzt worden war, bekannte: »Als ich das Ministerium übernahm, herrschte dort folgende Meinung ...: Das, was wir hier machen, ist Parteiarbeit. Wir sind das Schwert der Partei. Wir stehen an vorderster Stelle im Klassenkampf. Alles, was wir tun, tun wir für die Partei.«[7] Ein eigentlich staatliches Organ wurde nach sowjet-stalinistischer Tradition zum Instrument der »SED«.

Zaissers Feststellung drückte eine gewisse Zäsur in der Entwicklung des Ministeriums aus, die sich meines Erachtens aber erst während der Ära Mielke voll durchsetzte. Zaisser war dem Ersten Sekretär des ZK der SED noch gefährlich geworden. Ohne daß Zaisser und sein Nachfolger Ernst Wollweber, der ebenfalls bei Ulbricht in Ungnade fiel, von ihrer Verantwortung als Minister und damit auch von ihrer Verantwortung für die im Namen einer Partei begangenen Unrechtstaten dieses Ministeriums entlastet werden können, vertraten dennoch beide keine politisch perverse Sicherheitsidee und persönliche Unterwürfigkeit. Beide brachten Mut zur Opposition auf, forderten Kollektivität in der Führung und innerparteiliche Demokratie, traten für einen quantitativ beschränkten Apparat des MfS ein. Unter Mielke funktionierte das Ministerium nicht nur, aber vor allem zur Erhaltung der Macht einer Parteibürokratie unter Anwendung eines subtileren, aber weit umfassenderen Kontroll- und auch Repressionsmechanismus.

»Dämon« MfS

Daß das Ministerium wie jeder andere Geheimdienst mit einem besonderen Flair umgeben wurde und wird, das ist normal; denn es löste selbstverständlich solche Aufgaben. Ich erinnere nur daran, daß es z.B. 1955 gelang, eine beträchtliche Anzahl von Agenten westlicher Geheimdienste festzunehmen, darunter auch deren Hilfsorganisation, die sogenannte »Kampfgruppe gegen Unmenschlichkeit«, die sich seit 1951 zu einem militant-antikommunistischen Propaganda- und Störzentrum entwickelt hatte, mit Kontaktgiften arbeitete und für manchen DDR-Bürger, der in ihre Fänge geraten war, mit Bestrafung endete. Eine Dämonisierung des MfS wäre jedoch nicht hilfreich, weil sie den eigentlichen Sinn von Aufarbeitung und Erkenntnisgewinn verfehlen würde. Auch die Problematik SED und Staatssicherheit drückt nicht alles aus. Sie erfaßt eine Kernfrage des Sicherheitsverständnisses der SED, steht aber meines Erachtens vor allem auch mit dem Staats- und Gesellschaftsverständnis der SED generell in Zusammenhang. Aus letzterem ergaben sich auch für das MfS wesentliche Dominanzen und Chancen.

Das Verhängnisvollste war wohl, daß die leitenden Gremien der SED mehr und mehr von einer Identifikation von SED und Staat ausgingen. Die heute mögliche Einsichtnahme in die Beschlußprotokolle des Politbüros und Sekretariats des ZK der SED läßt nachvollziehen, wie diese Organe Entscheidungen vorbereiteten und von Anfang an auch anwiesen. Das gipfelte jedoch in dem 1960 gefaßten Beschluß des Politbüros, der Entscheidungen der Parteiführung für die staatliche Arbeit für verbindlich erklärte. Und es widerspiegelte sich in der 1968 diskutierten und in einer Volksabstimmung angenommenen Verfassung, die die führende Rolle der SED im Staat verfassungsrechtlich festschrieb. Im »Namen von Partei und Staat« waren auch alle Anordnungen und Befehle des MfS gerechtfertigt.

Mielke trat im November 1957 mit Macht an. 1955 verfügte das Ministerium über eine Personalstärke von zirka 9000 Mitarbeitern.[8] Es existierten die Bezirks- und Kreisverwaltungen sowie Objektleitungen. Grenz-, Transport- und Bereitschaftspolizei waren unterstellt. Beigeordnet war die Hauptverwaltung Aufklärung. Entwickelt hatte sich die Gesamtstruktur des Ministeriums.[9] Aus dem vorhandenen und in der Folgezeit noch weiter ausgedehnten Netz des Ministeriums läßt sich keineswegs der Schluß ableiten, alle Mitarbeiter der dem MfS zugeordneten und mit gesellschaftlich nützlichen Aufgaben beschäftigten Bereiche zu verteufeln. Differenzierung der Verantwortungsbereiche, Strukturen und Ebenen trifft auch für die Mitarbeiter zu. Was in der Ex-DDR von Politikern, Institutionen und gesellschaftlichen Kreisen trotz Widerspruch oder Deformation als Motivation angenommen wurde, muß auch den Angehörigen des ehemaligen MfS zugebilligt werden, sofern keine Gesetze der DDR verletzt wurden – auch wenn sie mit Fragwürdigem verknüpft waren.

Für die DDR galt der einzigartige Tatbestand, daß bis September 1955 Urteile bei politischen »Vergehen« auf der Grundlage des zugespitzten, aber strafrechtlich nicht relevanten Artikels 6 der Verfassung[10] in Verbindung mit der Direktive Nr. 38 des Alliierten Kontrollrates vom 12.10.1946 sowie – in verschärftem Falle – noch unter Hinzuziehung des Gesetzes Nr. 10 des Alliierten Kontrollrates vom 20.12.1945, das sich gegen Kriegsverbrechen, Verbrechen gegen den Frieden oder gegen die Menschlichkeit richtete, ergingen. Die aus diesen Direktiven angewendeten Artikel mit ihren weitläufigen Formulierungen wie Erfindung und Verbreitung tendenziöser Gerüchte, die »den Frieden des deutschen Volkes oder den Frieden der Welt« gefährdeten, weiteten die ohnehin vage und breit verstandenen Begriffe von Spionage- und Agententätigkeit noch mehr aus, konnten fast alles als »Friedensgefährdung« oder »Verbrechen gegen die Menschlichkeit« kriminalisieren. Obgleich für solche Urteile weder SED noch MfS justitiell verantwortlich waren, trugen gleichwohl leitende Organe der Partei und die Untersuchungsabteilung des MfS politische Verantwortung. Schon in der erwähnten Rede Steinhoffs war der »Zusammenhang« von Agenten- und Spionagetätigkeit und Friedensgefährdung angelegt.

Problematisch wirkte sich die von Vertretern der Abteilung Staatliche Verwaltungen beim Parteivorstand der SED sowie von SED-Politikern seit Anfang 1950 erhobene Forderung nach einer »parteimäßigen« Rechtsprechung aus. Eine Schizophrenie, wenn man an die in der Verfassung niedergelegte richterliche Unabhängigkeit denkt. Bereits seit Herbst 1949 erhob das Politbüro der SED den prinzipiellen Anspruch auf Vorschlags- und Begutachterrecht in wichtigen politischen Strafsachen, was auch nach den Quellen, die nicht unter zeitlicher archivalischer Sperrfrist stehen, so praktiziert wurde. Das entsprach eigenem Verständnis »von der Partei an der Macht« und von einem Klassenrecht. Es schloß deutsche Rechtstraditionen nicht völlig aus, sie wurden aber sowjetisch dominiert. So hieß es in dem 1954 erschienenen Buch »Der Marxismus-Leninismus über das Wesen des Rechts«: »Das Recht ist die Gesamtheit der den Willen der herrschenden Klasse ausdrückenden und von der Staatsmacht festgesetzten ... Verhaltensregeln (Normen), deren Einhaltung und Anwendung durch die staatliche Zwangsgewalt gewährleistet wird, um die gesellschaftlichen Verhältnisse zu festigen und zu entwickeln, die der Klasse vorteilhaft und angenehm sind«.

Rechtsnihilismus durch eine politische Instrumentalisierung des Rechts. Wer muß hier nicht alles Verantwortung übernehmen, die nicht dem MfS zugeschoben werden kann? Abgesehen von Mielke, der sich aktiv in die Diskussion um das erste Strafrechtsergänzungsgesetz vom 11.12.1957 einbrachte, das zwar zu manchem Fortschritt verhalf, jedoch in der Zusammenfassung und Formulierung des politischen Strafrechts den schon angelegten harten Kurs weiterführte. Daß sich hieran nichts prinzipiell änderte, widerspiegeln das 2. und 3. Strafrechtsergänzungsgesetz, die ebenfalls der Volkskammer der DDR zur Diskussion und Beschlußfassung vorgelegt worden waren.

In diesem Spinnennetz stalinistischer Strukturen und Verstrickungen befand sich ein Angehöriger des MfS – wie manch anderer auch – dem Anschein nach in einer ständig anachronistischen beziehungsweise Konfliktsituation. So hatte ein Mitarbeiter der Hauptverwaltung Innere Sicherheit laut einem Befehl des Stellvertreters des Ministers für Staatssicherheit vom November 1956 folgende persönliche Verantwortung zu übernehmen: »Jeder Angehörige der Hauptverwaltung Innere Sicherheit ist für die Durchsetzung der Politik der Partei der Arbeiterklasse und der Regierung persönlich verantwortlich. Seine Aufgaben ergeben sich aus den Gesetzen, Verordnungen, Anordnungen, Beschlüssen von Partei und Regierung sowie aus den Befehlen, Anordnungen und Anweisungen seines Vorgesetzten.«[11] Da sich nach Aussagen der Vorgesetzte immer auf die Übereinstimmung mit dem Gesetz berief, die Entscheidungen der »Partei«, denen auch andere blind folgten, ohnehin den Vorrang hatten, konnte sich meines Erachtens ein Konfliktstoff auch wieder auflösen. Möglichkeiten, sich neu zu motivieren – ob durch zeitweilige außenpolitische Erfolge der DDR oder Zuspitzungen in der Frage Krieg/Frieden sowie durch nicht als Scheinerfolge erkannte innenpolitische Fortschritte – gab es bis Mitte der 80er Jahre immer wieder.

Für das Funktionieren des MfS als Instrument der Machterhaltung wäre also auch das Wirken ideologischer Grundmuster zu hinterfragen. Eines davon waren die Erfahrungen des 17. Juni 1953. Mit ihnen verbanden sich ehrliche Motivation für ein kämpferisches Fortschritts- und Sicherheitsdenken, aber auch Schlußfolgerungen für den Sicherheitsdienst und Reizstromwirkung für den Kopf der SED bis 1989.

Abgesehen von internen Erörterungen wurde der 17. Juni 1953 offiziell bis zur Wende nicht seinem Wesen nach als gesellschaftliche Krisenerscheinung bewertet, sondern als faschistischer und vor allem konterrevolutionärer Putschversuch. Und nicht nur für Mitarbeiter des MfS, sondern auch für andere SED-Mitglieder und Engagierte aus den Blockparteien und Massenorganisationen waren in Unkenntnis anderer Fakten bestimmte äußere Erscheinungen maßgeblich – der von westlicher Seite seit 1952 immer wieder angewärmte »Tag X«, das Treffen Bonner Politprominenz an und um den 17. Juni in Westberlin, das Aufpeitschen der Medien, das jährliche Geläut vom Nationalfeiertag. Doch die Tatsache, daß die für die Einschätzung des Ereignisses wesentlichen Akten bis Ende 1989 gesperrt blieben und letztmalig am 14.11.1978 von Erich Honecker den Vermerk erhielten: »Verbleibt zur dauerhaften Aufbewahrung im ZK«, weist auf die Schlüsselrolle des Problems.

In der Tat: Hier wurde das stalinistische Grundkonzept von Partei, Macht, Staat und Sicherheit kaltblütig eingesetzt und als ideologischer Dauerzünder funktionalisiert. Auch Mielke wußte es; denn er erklärte auf einer internen Kommandeursberatung 1954: »Der 17. Juni hatte innere Ursachen«. Wider besseres Wissen wurden der SED und Öffentlichkeit durch Halb- oder gar keine Wahrheiten Grundaussagen vermittelt, die wie ein Abziehbild fortwirkten: Hauptursache waren Agentengruppen der Konterrevolution und deren Handlanger in der DDR, die von Zaisser nicht rechtzeitig erkannt und bekämpft worden seien; die Kritik der Herrnstadt-Zaisser-»Fraktion« an Ulbricht habe ein einheitliches Handeln der SED-Führung gefährdet und damit die Einheit und die Existenz der Partei aufs Spiel gesetzt; damit sei der Bestand der DDR in Frage gestellt und der Frieden bedroht worden. Schlußfolgernd hieß es in der Richtlinie 1/58: »Das Ministerium für Staatssicherheit ist beauftragt, alle Versuche, den Sieg des Sozialismus aufzuhalten oder zu verhindern – mit welchen Mitteln und Methoden es auch sei –, vorbeugend und im Keime zu ersticken.«[12] Mit diesem »erarbeiteten« Grundkonzept erhielt die »Schild und Schwert«-Funktion ihre deutsche Begründung.

Das skizzierte Grundmuster zog, als die DDR im Unterschied zu anderen Ländern mit offenen Auseinandersetzungen – 1956 in Ungarn, 1968 in der ČSSR und Anfang der 80er Jahre in Polen – Fortschritte erzielte und sich »bewährte«. Es mahnte rechtzeitig Prophylaxe an, als sich für die DDR selbst die Schwierigkeiten verschärften und Bewegung »von unten« entstand. Die vor allem seit den

60er Jahren und unter Honecker vermittelten Sichten von dem »gesetzmäßigen Sieg des Sozialismus« und dem »Sieger der Geschichte« drückten nicht nur Hoffnungen und Glauben vieler an »eine gute Sache« aus, sondern ließen auch vorhandene Probleme und die tatsächlichen Chancen der DDR in einem anderen Raster erscheinen. Aus diesen Koordinaten ergab sich meines Erachtens das immense, unerklär- und unvertretbare Auswuchern des Sicherheitsapparates (52 700 Mitarbeiter 1973, bei Auflösung des MfS 85 500) sowie dessen Eindringen in die Gesellschaft trotz Gestaltung des sogenannten entwickelten Sozialismus und der Anerkennung der Prinzipien der Schlußakte von Helsinki.

Doch diese Problematik macht auch deutlich, daß nicht nur Angehörige des MfS Verantwortung zu übernehmen haben, sondern alle, die diese Prozesse mittrugen – Historiker und andere Gesellschaftswissenschaftler, worin ich mich einschließe, als auch andere gesellschaftliche Kreise. Der Opportunismus in der SED und die Unfähigkeit ihrer Mitgliedschaft, rechtzeitig sturer und kalter Machtpolitik ein Ende zu bereiten, mußte mit einem Kollaps enden.

Aus historischer Sicht war das MfS kein »Staat im Staate«. Dafür war sein Wirken zu direkt mit dem stalinistischen Partei- und Machtverständnis der SED verknüpft sowie durch andere gesellschaftliche Faktoren beeinflußt. Eine veränderte Rolle des Ministeriums wäre nur durch strukturelle gesellschaftliche Reformen möglich gewesen. Es bestätigt sich die Charakterisierung des Ministeriums durch Karl Wilhelm Fricke als »konstitutives Herrschaftsinstrument der SED«, als »Schild und Schwert der Partei«.[13] Dieser Einschätzung halte ich aber auch die Relativierung als Instrument der zentralen Parteibürokratie entgegen, da weder die Sicherheitskonzepte noch Grundsatzentscheidungen durch die überwiegende Mehrheit der Mitglieder oder Funktionäre beeinflußbar waren. Daß Hauptverantwortliche nicht ohne Hinterland hätten agieren können, muß Anerkennung von Mitverantwortung ausdrücken.

Die Tatsache, daß das Ministerium nicht nur Überwachungsbehörde und Untersuchungsorgan bei politischen Vergehen und Staatsverbrechen war, hindert mich nicht daran zu sagen, daß das Konzept vom »Schild und Schwert der Partei« scheiterte und scheitern mußte, weil es politische Unkultur verkörperte und in seinen Auswirkungen Unrecht brachte. Daß auch andere Geheim- oder Sicherheitsdienste Schattenseiten haben, kann kein Trost sein. SED und DDR traten verbal mit hohem Anspruch an. Ich erinnere bewußt nicht an die ungerechtfertigte Verurteilung Prominenter, sondern an kriminalisierte junge Menschen vor allem in den 80er Jahren, an Verhaftungen 1968 oder von Streikteilnehmern 1953 entgegen dem geltenden Verfassungsgrundsatz sowie an zu Unrecht bestrafte Studentenpfarrer, Angehörige von Blockparteien, Sozialdemokraten und SED-Funktionäre in den fünfziger Jahren. Wir sind diesen Menschen gegenüber Aufrichtigkeit schuldig. Nur wenn wir auch allen Tatsachen der Vergangenheit selbst ins Auge sehen, läßt sich mit ihr umgehen und eine ehrliche Neumotivation dauerhaft gewinnen.

Anmerkungen

1 Bundesarchiv, Abteilungen Potsdam, C – 20, I/3 – 10, Bl. 50.
[2] Ebenda, Bl. 56/57.
[3] Ebenda, Bl. 68.
[4] Provisorische Volkskammer der Deutschen Demokratischen Republik, Stenographisches Protokoll, 10. Sitzung, 8. Februar 1950, S. 213.
[5] Archiv im Institut für Geschichte der Arbeiterbewegung, NL 36/669. Vgl. auch: Sowjetische Deutschlandnote 1952. Stalin und die DDR. Bisher unveröffentlichte Handschrift-Notizen Wilhelm Piecks. In: Beiträge zur Geschichte der Arbeiterbewegung, 1991, H. 3, S. 374 ff.
[6] Bundesarchiv. Militärisches Zwischenarchiv, Potsdam, Akte PT 7431, Bl. 372.
[7] Archiv im Institut für Geschichte der Arbeiterbewegung, I IV 2/1 – 99, Bl. 177.
[8] Vgl. K. W. Fricke: MfS intern. Macht, Strukturen, Auflösung der DDR-Staatssicherheit. Analyse und Dokumentation, Köln 1991, S. 21.
[9] Zur Struktur des MfS vgl. ebenda.
[10] Wortlaut dieses Artikels: Alle Bürger sind vor dem Gesetz gleichberechtigt. Boykotthetze gegen demokratische Einrichtungen und Organisationen, Mordhetze gegen demokratische Politiker, Bekundung von Glaubens-, Rassen-, Völkerhaß, militaristische Propaganda sowie Kriegshetze und alle sonstigen Handlungen, die sich gegen die Gleichberechtigung richten, sind Verbrechen im Sinne des Strafgesetzbuches. Ausübung demokratischer Rechte im Sinne der Verfassung ist keine Boykotthetze. Wer wegen Begehung dieser Verbrechen bestraft ist, kann weder im öffentlichen Dienst noch in leitenden Stellen im wirtschaftlichen und kulturellen Leben tätig sein. Er verliert das Recht, zu wählen und gewählt zu werden.
[11] Bundesarchiv, Militärisches Zwischenarchiv, Potsdam, Akte P6 9958, Bl. 1.
[12] Auszug aus der Richtlinie 1/58. In: Dokumentation zur politisch-historischen Aufarbeitung der Tätigkeit des MfS (Manuskript). Von Mitarbeitern des Staatlichen Komitees zur Auflösung des ehem. MfS/AfNS im Auftrag von DDR-Innenminister P. – M. Diestel erarbeitete Dokumentation, Anlage 4. Zit. nach K. W. Fricke: MfS intern ..., a.a.O., S. 13.
[13] K. W. Fricke: MfS intern ..., a.a.O., S. 7.

Peter Müller
MfS im Betrieb

War das Ministerium für Staatssicherheit wirklich so allmächtig, wie es uns seit zwei Jahren tagtäglich aus allen Richtungen entgegenschreit? Kam diesem Ministerium wirklich die Schlüsselrolle in allen gesellschaftlichen Bereichen der DDR zu? Ich werde zu erklären versuchen, wieso ich alle diese und ähnliche Behauptungen nicht bestätigen kann. Ich gehe sogar noch weiter und glaube, daß diesem Ministerium aus vielerlei, vor allem politischen Gründen ganz bewußt eine erstrangige Sündenbockrolle verpaßt wird.

Geduldet oder sogar großmäulig mitgetragen wird diese meines Erachtens primitive Unterstellung sogar von so manchen ehemaligen Partei-, Wirtschaftssowie von so manchen staatlichen Leitern der ehemaligen DDR auch deshalb, weil sie dadurch praktisch mühelos von der eigenen mehr oder weniger großen Verantwortung bzw. Mitverantwortung für die untergegangene DDR ablenken können oder wollen.

Mir geht es in diesem Beitrag nicht darum, das reale Ausmaß der Verantwortung des MfS zu leugnen oder zu verschleiern. Es scheint mir aber sehr wichtig, anhand meiner mehr als 30jährigen Erfahrungen in verschiedenen Bereichen der »volkseigenen Wirtschaft« der DDR prinzipiell aufzuzeigen, wie das MfS dort in Erscheinung getreten ist.

In meinen 30 Berufsjahren war ich bis 1989 viele Jahre hindurch in den Fachbereichen Lehrausbildung, Erwachsenenqualifizierung, Personalwesen und Betriebssicherheit tätig. Ich habe durch diese Tätigkeiten einen relativ umfassenden Eindruck des Wirkens des MfS in den mir bekannten »volkseigenen« Betrieben erhalten.

Zunächst scheint mir erwähnenswert, daß sich für mich das MfS niemals als »mächtiger Zeigefinger« oder »anonyme Gewalt«, sondern stets in Gestalt eines für meinen jeweiligen Betrieb zuständigen Mitarbeiters oder Leiters im MfS gezeigt hat. Für ebenso bedeutsam wie diese Tatsache halte ich den Hinweis, daß ich nicht erlebt habe und mir auch niemals zugetragen wurde, daß ein Vertreter des MfS anstatt mit Empfehlungen und persönlichen Meinungen mit Weisungen oder Aufträgen in betriebliche Belange hineinregiert hat.

Ich könnte in diesem Zusammenhang nur berichten und mit vielfältigen Beispielen belegen, daß die Auffassungen der MfS-Vertreter stets als Informationen bzw. als mehr oder weniger wichtige Entscheidungshilfe galten. Diese Informationen waren also nicht dafür bestimmt, die verantwortungsbewußte Vorbereitung und Durchführung bzw. Durchsetzung von betrieblichen Entscheidungen und Konzeptionen zu ersetzen.

Ich muß an dieser Stelle mit allem Nachdruck darauf verweisen, daß sich die jeweils zuständigen sogenannten staatlichen Leiter, die Leitungskollektive oder Betriebsleitungen bei ordnungsgemäßer Arbeitsweise im Sinne der gesetzlichen Vorschriften und der zweigspezifischen Weisungen stets nur auf eine eigenständige, verantwortungsbewußte und sachgemäße Bearbeitung von aktuellen oder perspektivischen betrieblichen Vorgängen – einschließlich solcher komplizierter Gebiete wie der Personalpolitik oder Betriebssicherheit – zu berufen hatten.

Das heißt weiter, daß alle Informationen, die in Vorbereitung oder Durchsetzung von Entscheidungen bekannt waren oder wurden, stets der sachlichen und verantwortungsbewußten Prüfung und dementsprechenden Berücksichtigung bedurften.

Ich kenne allerdings auch eine Reihe Beispiele aus meinem Berufsleben, wo gegen diese Prinzipien mehr oder weniger fahrlässig, oberflächlich oder auch bewußt verstoßen wurde. Das hatte manchmal sogar erhebliche betriebliche Probleme und leider auch personelle Konsequenzen zur Folge. Und leider wurden daraus nicht immer die richtigen und wünschenswerten Konsequenzen gezogen.

Mir sind auch Fälle in unauslöschlicher Erinnerung, in denen sich staatliche Leiter frech bzw. angeberisch mit Informationen oder angeblichen Empfehlungen eines MfS-Vertreters »schmückten« oder eigene Entscheidungen verantwortungslos mit solchen »Informationen« zu begründen versuchten und damit den Schwarzen Peter mehr oder weniger dem MfS andichteten.

Solche und ähnliche Verfahrensweisen haben leider auch noch andere »Blüten« getrieben und z.B. unter mehr oder weniger vielen Betriebskollegen manchmal die Überzeugung hervorgerufen, daß im Betrieb nicht der Direktor oder die Betriebsleitung, sondern das MfS das Sagen hätte.

Ich bin auch heute noch überzeugt, daß solche Mißstände ausschließlich von den damaligen zuständigen staatlichen Leitern in den Betrieben oder ihren Leitungsgremien im Rahmen ihrer Pflichten oder den zuständigen dienstlichen Vorgesetzten zu verantworten waren. Ich weiß durch mehrere Auseinandersetzungen dazu, daß vor allem seitens der MfS-Vertreter energisch gegen die Verweisung auf angebliche MfS-Empfehlungen oder MfS-Informationen vorgegangen wurde.

Ich kenne auch kein Beispiel, wo es einem staatlichen Leiter oder einem Leitungsgremium gestattet war – sofern deren Tätigkeiten ordnungsgemäß überprüft wurden –, etwaige Fehlentscheidungen bzw. falsche Verfahrensweisen auf die »Informationen« oder »Empfehlungen« von MfS-Vertretern abzuwälzen. Überall dort, wo von der Eigenverantwortung abzulenken versucht wurde, mußten statt dessen die zuständigen Leiter in den Betrieben meistens dementsprechend kritisiert werden. Das schließt nicht aus, daß das – wie bereits gesagt – leider nicht immer so praktiziert wurde.

Für alle die von mir angedeuteten Mißstände in den mir bekannten Betrieben waren entsprechend meinen Erfahrungen vorrangig menschliches Versagen, Kumpanei, Feigheit, ungerechtfertigte Zugeständnisse, Cliquentum innerhalb der

Betriebe und erst in zweiter Linie Fehlentscheidungen gesellschaftlicher Gremien wie Partei und Gewerkschaft, übergeordnete Leistungsstrukturen und vieles andere zu beklagen. Dabei schließe ich natürlich auch eigenes Versagen innerhalb eigener Verantwortungsbereiche ein, wofür es auch aus heutiger Sicht keinerlei Entschuldigung meinerseits anzufügen gäbe. Und schon gar nicht wäre verantwortbar, die Schuld oder Verantwortung für eigene Fehler dem MfS bzw. einem MfS-Vertreter anzudichten!

Ich weiß sehr wohl, daß staatliche Leiter teilweise und manchmal sogar oft ihre Verantwortung bzw. Gründe für getroffene Fehlentscheidungen zu verschleiern, zu vertuschen oder abzuwälzen versuchten; und sich dafür teilweise zu selten verantworten mußten! Manche Leiter haben sich trotz dieser Mängel über Jahre hinweg in ihren Funktionen »erfolgreich« durchgemogelt. Manche von ihnen sind sogar noch die funktionelle Stufenleiter nach oben, anstatt nach unten gestolpert.

Ich kenne aber auch staatliche Leiter, denen das meines Erachtens niemals nachgesagt werden konnte, welche stets sachlich, aufrecht und verantwortungsbewußt gearbeitet und entschieden haben sowie für eigene Fehler einstanden. Diese Funktionäre haben damit nicht selten sehr viel Mut, Durchsetzungs- und Stehvermögen bewiesen. Und sie sind teilweise »gegangen« worden und wurden mutlos- und mürbekritisiert. Schließlich gaben manche von ihnen auf und sind von selbst gegangen.

Entscheidend für mich und viele meiner Gesinnungsgenossen war aber auch bei Konflikten stets der Anspruch an einen staatlichen Leiter in der DDR, sich allen Problemen aufrichtig zu stellen. Bei unüberwindbar erscheinenden Schwierigkeiten galt es – unabhängig von deren Ursachen –, aufrichtige, persönliche Konsequenzen zu ziehen, anstatt auszuweichen, zu heucheln, abzuducken, mitzumachen, eigene Fehler und Schwächen auf andere abzuwälzen, zu denunzieren oder ähnliches mehr.

Es ist meines Erachtens auch aus heutiger Sicht noch wahr, daß sich die Werktätigen in der volkseigenen Wirtschaft der DDR trotz eigener verantwortungsbewußter Arbeit und weiterer Aktivität teilweise oder manchmal häufig mit mangelhaften Leitungsentscheidungen oder mit so manchem unzureichend qualifizierten Brigadier, Meister, Abteilungsleiter, Fach- oder Betriebsdirektor zu plagen hatten. Die meisten dieser Werktätigen haben ihre Kritiken auch offen und freimütig und immer wieder mehr oder weniger offen und nicht selten im passenden Rahmen angemahnt. Dabei gab es Erfolge, aber auch Mißerfolge und teilweise viel Verdruß und vieles mehr.

Ich will damit nur noch einmal festhalten, daß die meisten Werktätigen der DDR innerhalb ihres Arbeitslebens mit betriebsinternen Problemen und den dafür in Wirklichkeit unmittelbar zuständigen staatlichen Leitern oder Funktionären konfrontiert waren. Und überall dort, wo Ehrlichkeit einigermaßen funktionierte, gab es seitens der Masse der Werktätigen dieser Betriebe keinerlei Kontakte oder Kontroversen mit MfS-Vertretern.

Ich komme an dieser Stelle zu meinem Ausgangspunkt zurück und frage mich: Was hat uns Werktätige in volkseigenen Betrieben der DDR außer der täglichen verantwortungsbewußten Tätigkeit zusätzlich belastet? Es waren fast ausschließlich die mangelhaften Leitungsentscheidungen und -methoden und die Gebahren der dafür zuständigen Vorgesetzten sowie deren Persönlichkeitsschwächen. Das Ergebnis einer ehrlichen, sachlichen und selbstkritischen Wertung der wahren Verhältnisse im Arbeitsleben eines jeden von uns halte ich für außerordentlich wichtig und produktiv für eine sachliche Aufarbeitung der DDR-Geschichte und für seine derzeitigen bzw. künftigen Entscheidungen und Aktivitäten. Ohne eine verantwortungsbewußte, den damaligen Wahrheiten entsprechende Rückschau erweist man sich, den eigenen Verwandten und Freunden, aber auch seinem ehemaligen Volk gegenüber keinen guten Dienst.

Michael Benjamin
Zur Staatskonzeption und Sicherheitspolitik der SED

Der Diskussionsbeitrag, den ich vorbereitet hatte, hat sich weitgehend dadurch erledigt, daß vieles, was ich sagen wollte, schon in den Referaten von Michael Schumann und Uwe-Jens Heuer ausgesprochen wurde. Freilich muß man sich mittlerweile fragen, ob ich, bekannt als einer der Sprecher der Kommunistischen Plattform, den Referenten mit einer solchen Zustimmungserklärung einen guten Dienst erweise. Ist es doch die Existenz dieser Plattform in der PDS, die von unseren beamteten Verfassungsschützern mit besonderer Vorliebe zum Vorwand für immer wieder erneuerte Drohgebärden gegen die PDS genommen wird.

Die Referate fordern jedoch zur Diskussion heraus, an der ich mich mit einigen Erwägungen »aus dem Stand« beteiligen möchte. (Wen mein hiermit beiseitegelegter vorbereiteter Diskussionsbeitrag interessiert, kann ihn in Heft 21 der »Mitteilungen« der KPF nachlesen.)

1. Michael Schumann hat das Thema der Verantwortung und der Schuld im Zusammenhang mit der DDR und ihrem Scheitern akzentuiert. Schuld und Verantwortung sind aber nicht zu verstehen, wenn man nicht auch die Gründe und die Art und Weise der Identifikation mit der DDR in die Debatte einbezieht, ja zum Ausgangspunkt macht. Deren individuelle Vielschichtigkeit ist auf dieser Konferenz sichtbar geworden, so bei Heinz Vietze und bei Uwe-Jens Heuer.

Mir ist die Wahl zwischen der DDR und der BRD nicht schwer gefallen. Die BRD war jener Staat, in dem einer der Kommentatoren der Nürnberger Gesetze Staatssekretär des Bundeskanzlers war. Diese Kommentierung hat die ersten zwölf Jahre meines Lebens bestimmt. Sie hätte mich spätestens nach dem »Endsieg« entsprechend den Beschlüssen der Wannseekonferenz das Leben gekostet. Es waren Kommunisten und Rotarmisten, die mich von diesem Alpdruck befreiten.

An der Spitze der DDR standen Menschen, die zusammen mit meinem Vater im Zuchthaus Brandenburg und im KZ Mauthausen inhaftiert gewesen waren. Das mindert nicht Verantwortung oder Schuld, stellt aber für mich klar, gegenüber wem und wofür davon überhaupt nur die Rede sein kann: Nicht gegenüber jenen, die sich jetzt als neue »Sieger der Geschichte« gebärden, sondern vor allem gegenüber allen jenen, die Antifaschismus und Sozialismus oder einfach ein besseres Leben wollten.

Die Realität der DDR gilt es dabei in ihrer Widersprüchlichkeit zu erfassen – rücksichtslos und vorurteilslos, ohne Verteufelung und ohne den Versuch zu rechtfertigen, was nie zu rechtfertigen ist: Gelang es, sozialistische Ideale durchzusetzen? Wo lagen Ursachen und Wurzeln ihres letztlichen Scheiterns? Konsequenzen sind im Hinblick auf eine noch zu erarbeitende Sozialismuskonzeption zu ziehen. Ja, auch bei den Problemen, die wir heute diskutieren, ist die Frage nach Ansätzen zu stellen, die bewahrt oder aufgenommen werden können.

2. Eine zentrale Frage, die in beiden Referaten aufgeworfen wird, ist dabei das Verhältnis zu Macht und Demokratie. Eine der Grundlagen der Sicherheitskonzeption der DDR war eine Staats- und Rechtskonzeption, die in erheblichem Maße von einem einseitigen und vereinfachten Verständnis vom Staat und vor allem vom Recht, als Machtinstrument der herrschenden Klasse, geprägt war. Für diese Anschauung gab es allerdings eine Reihe recht triftiger Gründe. Sie liegen bereits in der Weimarer Zeit.

Die Rechtsstaatlichkeit der Weimarer Republik war sehr gut mit bürgerlicher Klassenjustiz vereinbar. Das war Erfahrung, und nicht nur der Kommunisten, Gegenstand scharfer Kritik auch vieler Sozialdemokraten, linker Intellektueller bis in den linken Flügel der bürgerlichen Parteien. Darunter litten und darüber schrieben Carl von Ossietzky, Kurt Tucholsky, Emil Julius Gumbel, Ernst Toller und viele andere. Schon 1921 hatte Kurt Tucholsky geschrieben: »Das Mädchen Justitia spielt munter auf dem Klavier. Piano und forte, wie es sich trifft. Es ist ein feines Mädchen. Mild ist sie gegen Adel, Studenten, Offiziere, Nationale. Da wird nicht zugeschlagen. Aber gegen die Arbeiter? Allemal.«

Nicht von Kommunisten, sondern von Eugen Schiffer, der in der Weimarer Zeit führendes Mitglied der Deutschen Demokratischen Partei war und das Amt des Justizministers bekleidete, nach 1945 der erste Chef der Zentralen Justizverwaltung der Sowjetischen Besatzungszone war, stammt die Formel »Volksfremdheit des Rechts – Rechtsfremdheit des Volkes – Weltfremdheit der Richter«.

Die abstrakte Normativität als ein Grundprinzip bürgerlicher Rechtsstaatlichkeit war eines der Hauptargumente, mit dem der im Wesen politisch und sozial motivierte und vorbereitete fast vollständige Übergang der deutschen Justiz und der deutschen Beamtenschaft überhaupt in den Dienst des Faschismus ideologisiert wurde. Es wird überhaupt viel zu wenig beachtet, daß bis weit in die Kriegsjahre hinein die Nazidiktatur äußerlich rechtsförmig betrieben und verwirklicht wurde. Die Nürnberger Gesetze sind nur die bekannteste Norm dieser Art. In jedem Amtsgericht gehörten sie zum Handwerkszeug – z.B. in den zahlreichen Rasseschandeprozessen. Das Reichsgericht übte willig, leidenschaftslos und kasuistisch hierzu die höchstrichterliche Rechtsprechung aus. Man sehe sich die einschlägigen Bände der Reichsgerichtsrechtsprechung an! Und der »Stuckart-Globke« war ein Kommentar von solider Technik, der für alles die Grundlage schuf.

Es besteht eine direkte personelle und ideelle Traditionslinie vom deutschen Kaiserreich über die Weimarer Republik bis zum Hitlerreich und von da zur Justiz der Bundesrepublik. Diese historischen Erfahrungen bekräftigten ein vereinfaches Rechtsverständnis und legten die Konsequenz von der Unterordnung dieser Gesetzlichkeit unter eine reaktionäre Politik und der Leere bürgerlichen Gesetzlichkeitsdenkens nahe. Das führte leicht zu dem Schluß, daß es vor allem darauf ankomme, den Klasseninhalt des Rechts zu verändern.

Im Grunde in Anlehnung und einfacher Umkehrung der Praxis bürgerlicher Klassenjustiz wurden Recht und Gesetz, Grundrechte usw. nicht als Werte für sich, sondern ausschließlich als Instrument der Politik gesehen. Das Recht wurde – sehr vereinfacht gesagt – als ein Knüppel angesehen, bei dem es nur darauf ankam, wer es in der Hand hatte, und wo es hintraf. Die Rechtspolitik und -praxis der Bundesrepublik nach 1949 nach innen wie auch ihre gegen die DDR gerichteten Aktionen (Kommunistenverfolgungen, Alleinvertretungsanspruch, Organisation Gehlen, BND usw.) haben maßgeblich dazu beigetragen, solche Auffassungen zu nähren und zu festigen. Das sind einige der Gründe dafür, daß die sozialistische Staats- und Rechtswissenschaft nie ein ungebrochenes Verhältnis zur bürgerlichen Demokratie gewinnen konnte. Nicht gesehen oder ignoriert wurde, daß bürgerlich-demokratische Verhältnisse gegenüber allen anderen Formen der Herrschaft der Bourgeoisie einen enormen Fortschritt und ein Mehr an Humanismus darstellen, daß folglich sozialistische Demokratie die bürgerliche nicht einfach wahren, sondern in allen Richtungen vielfach übertreffen muß. Das hat nichts mit »ewigen Werten« zu tun, sondern ist meines Erachtens Bestandteil unseres Fortschritts- und Sozialismusverständnisses. Insoweit teile ich auch Heuers Charakteristik der Demokratie als einer zivilisatorischen Errungenschaft. Allerdings bin ich keineswegs naiv im Hinblick auf die Einäugigkeit und Begrenztheit bürgerlicher Demokratie, die uns gerade in diesen Tagen anschaulich genug demonstriert wird.

3. Für die Entwicklung des Rechtssystems der DDR war bestimmend, daß es einer Politik zu dienen hatte, die auf die Verwirklichung des Sozialismusverständnisses der SED gerichtet war. Sie stand unter dem immanenten Widerspruch, daß einerseits in Gesetzgebung und Rechtsanwendung angestrebt wurde, besonders in solchen Bereichen, die das tägliche Leben der Menschen betrafen, Werte wie mehr soziale Gleichheit und soziale Sicherheit, eine bürgernahe Arbeit der Staatsorgane zu gewährleisten. Auf wichtigen Teilgebieten entstand in der DDR eine funktionsfähige Rechtsordnung, die internationale Anerkennung genoß. Das gilt u.a. für das Arbeitsrecht (Recht auf Arbeit, Kündigungsschutz); die Rechtsstellung der Frau, des unehelichen Kindes, Regelungen der Schwangerschaftsunterbrechung; die breite Einbeziehung der Gesellschaft in die Rechtspflege. Die DDR hatte ein einfaches und verständlicheres Zivilrecht, u.a. mit einem weitgehenden Mieterschutz. Das Verfahrensrecht der DDR (in Gericht und Verwaltung) war auf schnelle Bearbeitung und Verständlichkeit orientiert – was viele jetzt schmerzhaft spüren. Die Rechtssicherheit in der DDR wurde u.a. auch in dem deutlichen Rückgang der Kriminalität in der DDR sichtbar. Diese Liste könnte sehr verlängert werden.

Ebenso deutlich muß aber auch gesagt werden, daß die Gesetzgebung wie auch die tägliche Staatspraxis demokratische Prinzipien, ja die eigene sozialistische Gesetzlichkeit sofort verließen, sobald wirkliche oder vermeintliche Staatsinteressen berührt wurden. Das bewirkte in der DDR ein Defizit an Demokratie und Rechtsstaatlichkeit. Daher rührte eine Staatsschutzgesetzgebung, die durch Unbestimmtheit und Breite der Tatbestände die Verfolgung Andersdenkender ermöglichte. (Die bei unvoreingenommener Analyse auch nachweisbare Tendenz zu zunehmender Bestimmtheit und Einschränkung blieb halb- oder viertelherzig und deshalb weitgehend unwirksam.) Es ging aber nicht nur um strafrechtliche Normen, sondern auch um das Wirken der Verwaltung, den Umgang mit Ausreiseantragstellern, Nomenklaturprinzipien der Kaderpolitik, Zulassung zur erweiterten Oberschule und zum Studium, Relegierungen von diesen. Auch diese Liste kann leider sehr verlängert werden.

4. Wenn wir solche Feststellungen treffen, so weisen wir zugleich die von den Herrschenden und ihren Massenmedien immer stärker kolportierte These vom »Unrechtsstaat« DDR mit Nachdruck zurück. »Rechtsstaat« ist ein juristischer Begriff, der an mehr oder weniger fest umrissene, in verschiedenen westlichen Ländern nicht in allem übereinstimmende Kriterien gebunden ist, wie Unabhängigkeit der Gerichte, gerichtliche Kontrolle der Verfassungsmäßigkeit der Gesetze, Verwaltungsgerichtsbarkeit u. a. (Am Rande sei bemerkt. daß es sich um einen typisch deutschen Begriff handelt. Ihn in das Französische zu übersetzen macht immer Schwierigkeiten, und die englische »rule of law« hat einen unterschiedlichen Begriffsinhalt). »Unrechtsstaat« ist eine politisch-moralische Disqualifizierung des Staates als Ganzen, die die Nähe zum Nazistaat bewußt fingiert. Mit dieser Kennzeichnung wird das durchsichtige politische Ziel verfolgt, die DDR zu dämonisieren und zugleich den Identitätsverlust der DDR-Bürger zu befördern.

5. Vor allem drei Gebiete waren es, auf denen in der DDR die selbstgesetzte Rechtsordnung vielfach durchbrochen wurde: Zum einen die Privilegienwirtschaft und Korruption zentraler und örtlicher »Fürsten«. Gewiß halten Charakter und Umfang dieser Taten jedem Vergleich mit den Zuständen in der Alt-BRD und dem, was dort als Kavaliersdelikt angesehen wird, ohne dem Fortkommen des Betreffenden wesentlich zu schaden, stand. Es darf für die Bewertung solcher Handlungsweisen aber kein Maßstab sein, daß sie »nicht schlimmer« waren, als bei den Kapitalisten gang und gäbe. Denn die Kommunisten waren unter einem anderen Moralgesetz angetreten. Wenn wir auch auf vielen Gebieten, wie z.B. dem des Konsums, die Maßstäbe der kapitalistischen Welt übernahmen – die Korruption war unerträglich und wirkte weit über ihren materiellen Umfang hinaus zersetzend.

In der Wirtschaft hing die Geringschätzung des Rechts nicht nur mit dem Subjektivismus einzelner und der Mißachtung ökonomischer Gesetze in der

Wirtschaftsstrategie zusammen, sondern war prinzipiell das Ergebnis einer Konzeption, die die Volkswirtschaft der DDR als »einheitliche Fabrik« ansah und die Selbständigkeit der wirtschaftenden Einheiten stark einschränkte. (An dieser Stelle muß ich einen alten Streit mit Uwe-Jens Heuer beenden und feststellen, daß er, was die Realisierbarkeit der »einheitlichen Fabrik« anlangte, recht hatte und ich nicht.) Deshalb war die »Durchsetzbarkeit des Wirtschaftsrechts« ein Dauerthema der DDR-Wirtschaftsrechtler. Veränderungen auf diesem Gebiet hätten vor allem Veränderungen der ökonomischen und wirtschaftspolitischen Konzeption vorausgesetzt. Letztlich galt allerdings weitgehend auch in der DDR, wie in der BRD, daß der ökonomisch Stärkere der Gewinner ist.

Und schließlich: Wenn es um die Macht ging, gab es einen ausdrücklichen oder stillschweigenden Konsens, den viele teilten, daß dort, wo die Existenz des Sozialismus in Frage gestellt war, auf das Recht keine Rücksicht zu nehmen war. Uwe-Jens Heuer hat gesagt, daß Demokratie auch immer ein Risiko beinhaltete. Dieses Risiko schloß ein, daß der Sozialismus in der DDR in Frage gestellt wurde. Heute wissen wir, daß die Vorstellung von der Unumkehrbarkeit der sozialistischen Entwicklung nicht den Realitäten entsprach, daß folglich diese Möglichkeit nicht gewaltsam verschlossen werden durfte, sondern zum Feld politischer Auseinandersetzung gemacht werden mußte. Damals jedoch bestand hier für die meisten von uns eine unübersteigbare Hemmschwelle. Die Alternative, den Sozialismus aufgeben zu müssen, erschien undenkbar und jedes Mittel recht, das zu verhindern. Damit waren aber Voraussetzungen dafür geschaffen, daß bei einer vermuteten oder auch nur behaupteten Gefährdung des Sozialismus die von diesem Staat selbst gesetzte Gesetzlichkeit zunehmend untergraben wurde. Das führte zu unentschuldbaren schwerwiegenden und zum Teil kriminellen Eingriffen in die Grundrechte und Freiheiten der Bürger. Diese Praktiken untergruben die Grundlagen des Sozialismus, diskreditierten das sozialistische Ideal und verminderten zusehends seine Akzeptanz.

Es spricht für die Kraft dieses Ideals, daß ungeachtet dessen die Volksbewegung des Jahres 1989 unter der Losung eines besseren Sozialismus aufgebrochen war. Das hypertrophierte Sicherheitsdenken bewirkte jedoch, je später, desto mehr, auch das Unvermögen, oppositionelle Kräfte, die eine Verbesserung des Sozialismus anstrebten, in das politische System einzubeziehen, was einschließt, daß die Opposition auch zur Regierung kommen kann. (Dieses Vermögen bewirkt entscheidend die politische Stabilität der bürgerlichen Demokratie.) Es war ein schwerwiegender Erkenntnis- und Politikmangel, jede organisierte Opposition als staatsgefährdend anzusehen und entsprechend zu behandeln.

Eine letzte Bemerkung. Uwe-Jens Heuer polemisierte in seinem Referat gegen heute weithin propagierte Auffassungen, das »sozialistische Experiment« sei von Anfang an zum Scheitern verurteilt gewesen. Geschichte, so sagte er, sei immer offen. Sicherlich ist ihm recht zu geben; im übrigen würde eine fatalistische Position jegliche Diskussion über Fehler, Versäumnisse und Verantwortung gegenstandslos machen. Aber selbst, wenn eine unvoreingenommene historische

Analyse zu dem Schluß führen würde (und es gibt dafür Anhaltspunkte), daß auch der zweite Anlauf der Menschheit zu einer gerechteren und menschlicheren Gesellschaftsordnung, der im Oktober 1917 begann, objektiv keine Voraussetzungen hatte, erfolgreich zu sein: Nicht der Aufstand des Spartacus, noch die Pariser Kommune werden dadurch kleiner, daß sie historisch zum Scheitern verurteilt waren. Den Namen des Spartacus kennt die Welt noch nach 2000 Jahren. Die Namen jener, die 6000 besiegte Sklaven an der Via Appia kreuzigen ließen, wissen nur noch ein paar Historiker.

Peter Erler
Arbeitsgruppe »Opfer des Stalinismus« am IfGA

Die Arbeitsgruppe »Opfer des Stalinismus« am Institut für Geschichte der Arbeiterbewegung (IfGA) versteht sich als eine Forschungs- und Konsultationsstelle. Wir bemühen uns, gemeinsam mit betroffenen Personen die »weißen Flecken« in der Darstellung der politisch motivierten Verfolgung im Sozialismus aufzuarbeiten.

Erste Resultate unserer Arbeit flossen in die Publikation »In den Fängen des NKWD« ein. Weiterhin trugen wir dazu bei, daß unrechtmäßig repressierte Mitglieder der KPD und SED durch die Zentrale Schiedskommission der PDS öffentlich rehabilitiert werden konnten.

Ausgehend von unserem Forschungsschwerpunkt, möchte ich stichpunkthaft einige Gedanken zur Täter-Opfer-Problematik äußern. Die Begriffe Täter und Opfer wurden in der Historiographie der DDR hauptsächlich im Zusammenhang mit der Geschichte des Faschismus oder auch des Antifaschismus verwendet.

Die Täter und Opfer kamen hierbei in der Regel aus sich politisch oder weltanschaulich diametral gegenüberstehenden Gesellschaftsgruppen. Anders stellt sich dieses Verhältnis im Zusammenhang mit der Klassenjustiz und den politischen Repressalien im Sozialismus dar. Täter und Opfer kamen hier oft aus der gleichen politischen Bewegung. Mehr noch, oft war dieser Widerspruch in ein und derselben Person vereint. Unsere Arbeitsgruppe versucht dieses Phänomen in bezug auf eine konkrete Personengruppe zu thematisieren. Es handelt sich um die kommunistische Emigration in der Sowjetunion, die in der zweiten Hälfte der 30er Jahre in die Mühle der »großen Säuberung« geriet.

Für Personen, die politische Verfolgungen veranlaßt haben und später selbst zu Opfern wurden, soll hier stellvertretend der Chefredakteur des KPD-Zentralorgans »Die Rote Fahne« und Sekretär Ernst Thälmanns, Werner Hirsch, erwähnt werden.

Überzeugt von der Richtigkeit seiner Handlungsweise, schrieb er 1936 einen denunziatorischen Brief an J. W. Stalin, an W. Pieck und andere Mitglieder des Exekutivkomitees der Kommunistischen Internationale. Die von ihm der oppositionellen Tätigkeit bezichtigten Funktionäre der KPD wurden alle Opfer des stalinistischen Repressionsapparates.

Aber das erwähnte Schreiben bewahrte W. Hirsch nicht vor dem gleichen Schicksal. Vom NKWD verhaftet und am 10.11.1937 vom Militärkollegium des Obersten Gerichts der UdSSR zu 10 Jahren Lager verurteilt, verliert sich seine Spur 1940 auf den berüchtigten Solowezki-Inseln im Weißen Meer.

Leider gibt es auch die umgekehrte Konstellation. Ehemalige Opfer der GU-LAGs beteiligten sich in der DDR trotz ihrer bitteren Lebenserfahrungen an der Unterdrückung und Verfolgung von Menschen, die eine andere oder abweichende politische Meinung vertraten. Zu ihnen gehört der langjährige Mitarbeiter des MfS K. R. Als junger Messesteward emigrierte er, um sich, wie es in sowjetischen Quellen heißt, dem Wehrdienst in Deutschland zu entziehen, in die Sowjetunion. Bis zu seiner Verhaftung im Mai 1936 lebte er in Leningrad. Anfang 1940 wird er in Brest-Litowsk an die Gestapo übergeben und über fünf Jahre in einem deutschen KZ inhaftiert. Dieser Mann, der den Unterdrückungsapparat zweier Diktaturen als Betroffener kennenlernen mußte, entführte im Auftrage des MfS »politische Feinde« aus Westberlin. Zu den nach Ostberlin verbrachten Personen gehörte auch der heute als Sachbuchautor über die Staatssicherheit bekannte Karl Wilhelm Fricke.

Bei der Täter-Opfer-Problematik steht die Arbeitsgruppe noch am Anfang ihrer Untersuchungen. Erklärungsmodelle können für das zu erforschende Phänomen bisher nur angedeutet werden. Ihre Erarbeitung erfordert unseres Erachtens das interdisziplinäre Zusammenwirken mit anderen Gesellschaftswissenschaftlern und die verstärkte Bereitschaft der Betroffenen, offen und ehrlich über ihre Befindlichkeit zu sprechen.

Leider hat das hier nur kurz angerissene Thema einen starken aktuellen Bezug. Massiv werden in den Medien Versuche vorgetragen, die ehemalige Bevölkerung der DDR in Opfer, Täter und Mitläufer einzuteilen und diese gegeneinander auszuspielen.

Wir hoffen, daß wir mit unseren Forschungen eine differenzierte und ausgewogene Sichtweise in diese Diskussion einbringen können.

»Zweigeteilt durch eine neue Moral«

Uwe-Jens Heuer (Berlin): Ich möchte berichten über den Arbeitskreis I. Ausgangspunkt unserer Diskussion war, daß Teilnehmer nachgedacht hatten über die DDR, über die Fragen, die wir hier behandeln, und daß sie dabei unterschiedliche Ergebnisse erzielt haben. Der Stand des Nachdenkens der einzelnen über das, was bis 1989 gewesen ist, ist weiter als vor einem Jahr, erheblich weiter. Wir kamen natürlich nicht, und das war ja auch nicht der Sinn, zu einem gemeinsamen Ergebnis, aber wir kamen zu einem Austausch der Ergebnisse des Nachdenkens der einzelnen, das sie natürlich auch in ihren Basisorganisationen vollzogen haben.

Es ist einfach nicht wahr, daß diese Partei nicht aufarbeitet. Man kann ja Aufarbeitung nicht an Konferenzen messen, obwohl Konferenzen eine wichtige Sache sind, sondern das ist ja etwas, was einzelne Menschen machen müssen. Man denkt ja als Individuum. Und es ist nachgedacht worden in dieser Partei. Das hat diese Konferenz deutlich gemacht. Und wir haben uns gegenseitig die Ergebnisse unseres Nachdenkens mitgeteilt, und dadurch sind wir sicher wieder ein Stück weitergekommen. Das gilt auch für die 25 Teilnehmer unseres Arbeitskreises. Es sind sehr unterschiedliche Positionen vorgestellt worden. Es haben Bundestagsabgeordnete gesprochen, Wissenschaftler, Vertreter der Kommunistischen Plattform, und ich glaube, wir sind miteinander vernünftig, mit politischer Kultur umgegangen. Das ist nicht immer der Fall, und auch das ist wichtig.

Zu den inhaltlichen Fragen. Hauptgegenstand unserer Diskussion war der Rechtsstaat. Wir haben im Grunde nur über diese eine Frage ausgiebig diskutiert. Da uns ja nur zweieinhalb Stunden zur Verfügung standen, war das wohl im Ergebnis auch nicht falsch, obwohl natürlich der Gegenstand sich nicht darauf reduzierte. Es wurde darüber diskutiert, wie weit historische Ursachen für den Umgang mit der Rechtsstaatlichkeit in der DDR bestimmend waren. Welche Rolle spielte die Geschichte der Arbeiterbewegung? Welche Rolle spielten die Erfahrungen von Weimar?

Dabei wurde Einverständnis erzielt, daß man einerseits diese historischen Ursachen sehen muß, daß man darüber nachdenken muß. Auf der anderen Seite können sie nicht alles erklären. Besonders nicht, daß viele nicht in der Lage waren, sich von dieser erlebten und tradierten Vorstellungswelt in dem Umfang zu lösen, in dem es notwendig war, und damit nicht erkannt haben, was jetzt in der DDR notwendig war. Dadurch ist vieles auf diesem Gebiet nicht gemacht worden, was hätte gemacht werden müssen und können.

Das war also eine Diskussion, die wir hatten. Wir haben weiter versucht, uns darüber zu verständigen, was Rechtsstaat eigentlich ist. Es ist die Frage aufgeworfen worden, was sagt man zu der These, die DDR wäre ein Unrechtsstaat gewesen. Es ist dazu erklärt worden, wie mir scheint richtig, daß, wenn wir feststellen, es gab erhebliche rechtsstaatliche Defizite, das nicht bedeutet Unrechtsstaat. Unrechtsstaat läuft im Grunde auf eine Kriminalisierung des Staates DDR hinaus. Man sollte also eindeutig sagen, daß auf bestimmten Gebieten sehr erhebliche Defizite bestanden, die uns nicht berechtigen, von der DDR als Rechtsstaat zu sprechen, daß man daraus aber nicht den Schluß ziehen kann, es war ein Unrechtsstaat, es war ein krimineller Staat, ein Staat, über den als Ganzes gerichtet werden muß.

Ich habe im Referat versucht, den Rechtsstaat zu definieren. Es handelt sich in gewisser Weise um formale Kriterien, wie etwa die gerichtliche Kontrolle der Verwaltung. Wenn diese Kriterien gegeben sind, so sehe ich jedenfalls die Dinge, kann man von Rechtsstaat sprechen. Insofern kann es bürgerlichen und sozialistischen Rechtsstaat geben. Fehlen sie, so handelt es sich nicht um einen Rechtsstaat, ohne daß sich daraus eine solche Qualifikation wie Unrechtsstaat ergibt.

Daraus ist auch abzuleiten, daß Rechtsstaatlichkeit, im Englischen wird von rule of law gesprochen, nur eine, wenn auch eine wichtige Eigenschaft des Staates ist. Viele von uns mit Recht kritisierten Übel des bürgerlichen Staates sind nicht eine Frage des Rechtsstaates, sondern ergeben sich aus seiner Stellung als bürgerlicher Staat. Dennoch waren wir uns in der Diskussion wohl einig, daß die Rechtsstaatlichkeit als zivilisatorische Errungenschaft angesehen werden darf, daß sie allerdings erkämpft werden muß – immer wieder –, und daß sie keineswegs die Garantie für fortschrittliche Lösungen bedeutet, sondern daß es ein Kampfboden ist, aber noch kein Ergebnis.

Die letzte Diskussion, die wir hatten gegen Ende, war die Diskussion über das Tribunal. Es wurde in der Diskussion eine sehr umfassende Argumentation gegen ein solches Tribunal noch einmal vorgetragen. Vor allem mit der Begründung, daß es im Grunde letztlich auf ein Tribunal über die PDS als Nachfolgerin der SED hinausliefe, wenn es denn von den Regierungsparteien veranstaltet würde. Einigkeit besteht darüber, daß wir erst einmal genauer wissen müssen, was eigentlich gemeint ist. Einigkeit bestand auch darüber, daß der Begriff Tribunal nicht am Platze ist. Ich persönlich bin der Meinung, daß diejenigen, die den Vorschlag machten, schon wissen, warum sie den Begriff Tribunal gewählt haben. Man kann nicht einfach sagen, sie haben etwas anderes gemeint. Ich glaube, sie haben genau das gemeint, was sie gesagt haben. Und solange sie das sagen – das ist meine Meinung –, weiß ich eben, was sie damit bezwecken.

Unsere Antwort muß jedenfalls sein, und darüber sind wir uns sicher auch einig, daß wir soviel wie möglich an Aufarbeitung leisten müssen, und daß wahrscheinlich die Kernfrage die wissenschaftliche Aufarbeitung sein muß. Das Problem besteht darin, daß wissenschaftliche Aufarbeitung Zeit und Kraft braucht, und beides uns nicht in dem Umfang zur Verfügung steht, wie es wünschenswert wäre. Deswegen scheint uns die Arbeit der Historischen Kommission in diesem Zusammenhang außerordentlich wichtig. Ob ein Historikerkongreß das richtige Forum ist, das würde davon abhängen, wie weit unsere Historiker dort als richtige Historiker anerkannt werden. Dessen bin ich persönlich nicht so ganz sicher nach bisherigen Erfahrungen bei der Rechtswissenschaft und der politischen Wissenschaft.

Ich meine aber, daß wir alle Anstrengungen darauf richten müssen, eine wirklich solide, gerechte und konsequente Geschichtsaufarbeitung der DDR zu machen. Das muß vorrangig eine wissenschaftliche Aufgabe sein, damit, wenn denn das Tribunal kommt, wir dem etwas entgegenstellen können, eine Aufarbeitungsleistung, die wir vollbracht haben. Dabei müssen wir gerade sehr viel Wert auf die Arbeit der Historiker legen. Ich glaube nicht, daß wir großen Erfolg in den Medien damit haben werden, weil die Illustrierten und andere Zeitungen ja anders arbeiten. Wir sollten weiter solche Konferenzen machen und alles tun, wozu unsere Kräfte reichen, möglichst auch gemeinsam mit anderen. Leider sind heute nicht alle gekommen, die eingeladen wurden, gemeinsam mit uns diese Aufarbeitung zu bestreiten. Die Aufgabe bleibt bestehen. Nach den Erfahrungen unseres Arbeitskreises denke ich, daß wir hier einen Schritt weitergekommen sind.

Helmut Bock (Berlin): Wir hatten einen ziemlich großen Arbeitskreis II, der zwei miteinander verknüpfte Themen diskutierte. Das erste und umfassende Thema war die Entwicklung der Sicherheitspolitik der DDR unter den Bedingungen des kalten Krieges, des Systemkampfes zwischen kapitalistischen und »realsozialistischen« Staaten. Obwohl diese konkrete Geschichte eine objektive Betrachtung verdient, so daß Sicherheitsinteressen der DDR und der Staaten des Warschauer Paktes gegenüber den NATO-Staaten gerechtfertigt sind, gilt auf dieser Konferenz die akzentuierte Frage nach systembedingten Mängeln und subjektiven Fehlern, die seitens der Sozialisten verantwortet werden müssen. Aus dieser kritisch-selbstkritischen Tendenz erwuchs die Behandlung des zweiten Themas: der Sicherheitspolitik der SED sowie der Tätigkeit und der Strukturen des Ministeriums für Staatssicherheit.

Anknüpfend an die gestrigen Hauptvorträge galten system-analytische Aspekte. Die ideologiegeschichtliche Interpretation, die Michael Schumann gegeben hat, wurde ergänzt durch den Rückgriff auf kommunistisch-oppositionelle Manifeste und Literatur, die seit einem reichlichen halben Jahrhundert eine ganzheitliche Systemkritik gegen »Stalinismus« und »Poststalinismus« entwickelten. Dabei besteht aber die sehr ernste Tatsache, daß unsere derzeitigen Einsichten und Erkenntnisse durch ein geistiges Defizit nicht gerade wenig belastet sind. Zur Analyse des »Stalinismus« und seiner Alternativen beispielsweise existiert objektiv ein Weltwissen, das wir noch keineswegs bewältigt haben. Vieles ist überhaupt erst zur Kenntnis zu nehmen; es muß daher auch im geistigen Leben der PDS enorm gearbeitet werden! Nur so sind historische Selbstanalyse und zukunftsgerichtetes Alternativdenken für die PDS und eine Linke in Deutschland zu leisten.

Das Bemühen um Systemzusammenhänge leitete die Diskussion selbstverständlich auf die Beziehung zwischen SED und MfS. Weil aber das MfS in der DDR kein alleiniges Element bewaffneter Organe war, haben wir auch die »Nationale Volksarmee« in die Analyse mit einbezogen. Die einzelnen Resultate können hier nicht aufgeführt werden. Doch schon das Faktum, daß die Armee nicht im strengen Sinne auf die Verfassung des ganzen Staatsvolkes verpflichtet, sondern auf die Erfüllung eines »Klassenauftrages« und somit auf die führende Partei fixiert war, erweist Fragwürdigkeiten bezüglich der vielbeschworenen Dialektik von Sozialismus und Demokratie.

Indem wir solche Probleme in einer Situation der weltpolitischen Niederlage und der psychopolitischen Betroffenheit überdenken, so daß historische Selbstkritik vorherrschen muß, bleibt freilich ein anderes unvergessen: Das historische Denken prüft auch die Politik der von Kapitalinteressen dominierten Staaten, die seit dem 17. Jahrhundert mit Feuer und Schwert ihre Kolonialreiche errichteten, die mit den gewalttätigen Mitteln des Hegemoniestrebens, der Kriegsvorbereitungen und des Krieges gerade jene Entwicklungstendenz heraufbeschworen, die letzten Endes zur Vernichtung der Zivilisation, zum Exitus der Menschheit führt. Da bleibt noch vieles zu sagen! Jetzt aber stehen wir nun einmal als Sozialisten am Pranger der Wertvorstellungen, die seit dem vorigen Jahrhundert zum Zwecke der Befreiung der Ausgebeuteten und Unterdrückten proklamiert worden sind. Wir stehen als Angeklagte – nicht vor der Bourgeoisie, sondern vor den arbeitenden Massen! Es ist diese Lage, die den Vorrang unserer historisch-politischen Selbstkritik bedingt.

Sie ist nicht leicht. Es haben im Arbeitskreis viele gesprochen, auch hohe Funktionäre des MfS. Wie gestern der ehemalige SED-Kreissekretär von Potsdam ein eindrucksvolles Statement gegeben hat, so erwies sich auch heute, daß die schwere Arbeit der Selbstkritik geleistet wird. Was mir dabei als ein Problem auffällt, ist der noch immer vorhandene »Blick von oben« hinunter auf die Geleiteten, zumal die »werktätigen Massen«. Da ist noch immer die gewohnte Sicht des »bewußten Vortrupps«, der Avantgarde-Partei in den Köpfen. Typisch dafür war die Selbsteinschätzung des Potsdamer Sekretärs: »Wir hatten kein Mißtrauen gegenüber dem Volk; wir wollten es nur vor Schaden bewahren.« Das eben war die Sicht der Regierer, der Leiter, und nicht zuletzt des MfS: Das Volk – eine Masse, der man nur selektierte Informationen, begrenzte Wahrheiten, patriarchalisch geregelte Freiheiten, bemessene Handlungsräume zugestand. So kann ein Volk nicht mündig werden! So baut man keine Demokratie! Der »Blick von oben« ist ein Anachronismus, der als nicht demokratisch begriffen und abgetan werden muß. Wir können nicht »über« die Massen reden – wir sind ein kleiner Teil von ihnen. Und daß die PDS durch den Druck der Sieger jetzt ganz unten ist, schafft diesmal für uns selbst eine erzieherische Situation.

Ein anderes Problem ist das Verhältnis von Selbstbestimmung und Fremdbestimmung der politischen Individuen. Es gibt so eine urwüchsige Tendenz, wonach der Mensch möglichst schnell mit sich selbst ins reine kommen will, um auch in der äußeren Welt zurechtzukommen: Also beruft er sich jetzt auf Fremdbestimmung, den Zwang des Systems, den Druck der Mächtigen – und unsere rationale Bemühung um Systemanalyse sowie die besondere Schuld einer herrschenden Bürokratie kommt förmlich gelegen. Das Individuum als Staatsbürger, so ruft eine innere Stimme, wenn es sich denn als mutiger Demokrat hätte erweisen wollen, wäre ja zum Selbstmörder geworden. Das System und die Systemmacher hätten es vernichtet. Was also versäumt oder schlecht getan wurde, haben nur andere zu verantworten. – Diese Selbstgesundbeterei könnte auch in MfS-Seelen stattfinden: Denn die tatsächliche Macht und Befehlsgewalt der Politoligarchie bleibt immer ein Argument für die Fremdbestimmung von Mitarbeitern, die damals ihr Tun nicht kritisch bedachten und heute wiederum ängstlich um ihre Existenz besorgt sind. Was daher als Aufgabe steht, ist die Frage nach der Selbstbestimmung und Selbstverantwortung in einem hierarchischen System, wo Fremdbestimmung von »oben nach unten« wirklich stattgefunden hat. Diese Frage hat Michael Schumann gestern beharrlich formuliert, und sie hat uns auch heute in Spannung gehalten.

Ein letztes von ausgewählten Problemen: Täter und Opfer. Wir haben diese Beziehung in konkret-historischen Situationen diskutiert. Zum Beispiel das Jahr 1948 als ein »Schaltjahr« für die Durchsetzung stalinistischer Machtstrukturen im Osten Deutschlands. Zum Beispiel auch das Jahr 1950 und die Errichtung des MfS. Da waren neben dem objektiven Sicherheitsauftrag von Anfang an schon die Willkür und die Gewalt gegen die eigenen Genossen. Der Widerspruch und Widersinn des Machtsystems wurde sofort sichtbar, weil vor dem Hintergrund der demagogischen Beschuldigungen und Strafprozesse in Ungarn, Bulgarien, der Tschechoslowakei auch deutsche Kommunisten, Sozialisten, Demokraten verhaftet und drangsaliert wurden. Die Vernichtungsgewalt gegen die eigenen Genossen war ein Kriterium dafür, wie man künftig auch gegen vermeintliche »Feinde« in den Reihen des Volkes vorgehen würde.

Derlei Situationen wurden bis zu den 80er Jahren zur Sprache gebracht – natürlich nicht erschöpfend beleuchtet. Da gab es merkwürdige Verkehrungen, sind selbst Täter zu Opfern geworden. Wir kennen das schon aus der Geschichte der Sowjetunion, wo Kamenjew, Sinowjew, Bucharin und andere der Verurteilung von Bolschewiki zustimmten – bevor Stalin und die politische Polizei sie selbst umbrachten.

Aber es gibt auch die Tatsache, daß Opfer zu Täter wurden: Charaktere, die als Emigranten in der Sowjetunion auf stalinistische Weise diszipliniert wurden und dann als Regierer nach Hause kamen; auch andere, die in der DDR belangt oder bestraft wurden, sodann aber in die böse Rolle von Aufpassern, Denunzianten, Tätern gerieten. Natürlich geschah dies unter Mißleitung und subjektiven Irrtümern, zum Beispiel in der Annahme, die Tat gelte einem wirklichen »Feind«. Ohne Feindbild geschah nichts – übrigens hüben wie drüben! Das nun bleibt zu historisieren. Was war dieses System objektiv, und was waren die rein subjektiven Wahrheiten, Fehlleistungen, Irrtümer?

Abschließend noch zwei Bemerkungen. Zunächst: Was Genosse Heuer in seinem Arbeitskreisbericht über die Notwendigkeit wissenschaftlicher Arbeit der PDS gesagt hat, unterschreibe ich dreimal. Wir müssen wissenschaftliches Arbeiten und Diskutieren organisieren! Was also kann die Partei dafür tun, daß die objektiv vorhandene Wissenschaftspotenz in ihren Reihen wieder zusammengeführt und nutzbar gemacht wird? Indem ich dies als Historiker frage, ist mir bewußt, daß meine Kollegen und ich selbst auch im alten System wirkten. Das könnte Zweifel am Wert der Wissenschaft nähren. Ein Problem in der DDR jedoch war, daß die Macht den Geist überwältigen, daß die Politik die Wissenschaft zur Magd erniedrigen wollte. So hat es dort immer Politiker und eine Bürokratie gegeben, die sich selbst als Macher der Geschichte und als Geschichtsbeurteiler empfand. Am schlimmsten Ulbricht, der von sich behauptete, im dritten Beruf ein Historiker zu sein! Welche Last für die Historie eines Volkes, einer Partei – für die Geschichtswissenschaft! Es sollte nun nicht fortleben, daß jeder, der in der Geschichte denkt, fühlt, handelt, ein sich selbst genügender »Historiker« ist, wodurch sich wissenschaftliche Arbeit und ihre Organisation erübrigt. Wir haben so viele Rückstände an Wissen und Erkenntnis, daß wir ihre Überwindung organisieren müssen. Die konkrete Frage, die ich stellen möchte, lautet: Was wird – trotz aller Misere, die nun über die PDS verhängt wird – künftig aus der Historischen Kommission?

Und last not least: Wir alle hier sind im politischen Sinne »Täter und Opfer« sowie »Opfer und Täter« – auch als Opponenten der früheren Partei, wo wir in Jahren und Jahrzehnten beschnüffelt und gerüffelt wurden, sind wir nicht frei. Deshalb die Feststellung: Die echten Opfer des staatsmonopolistischen Sozialismus oder diejenigen, die sich für Opfer halten – waren nicht hier. Ist das nicht doch noch zu schaffen, daß die Vertreter des MfS und die Betroffenen in Foren zusammenkommen, um miteinander zu sprechen, vielleicht etwas zu tun? Eben das wäre ein deutsches Gespräch, das Zukunft baut.

Erich Buchholz (Berlin): Der Arbeitskreis war einem sehr speziellen Thema gewidmet, nämlich Fragen der strafrechtlichen Verantwortlichkeit von Angehörigen des ehemaligen MfS. Der Kreis bestand aus einem relativ geringen Personenkreis, etwa zehn Personen. Darunter waren wenige Juristen, einige Mitarbeiter des ehemaligen MfS und auch Vertreter aus anderen Richtungen, Bürgerbewegungen.

Die Frage der strafrechtlichen Verantwortlichkeit ist meines Erachtens insofern außerordentlich wichtig, als auf der einen Seite mit dem Generalangriff auf das ehemalige MfS auch verbunden ist die Bestrebung einer generellen Kriminalisierung bis zu der Vorstellung, das MfS als solches zu einer kriminellen Vereinigung erklären zu lassen. Gerade demgegenüber ist es außerordentlich wichtig, daß wir im Einklang mit den rechtsstaatlichen Prinzipien des Grundgesetzes und des Strafgesetzbuches sowie der Strafprozeßordnung, soweit wir das irgendwie klarmachen können, Wert darauf legen, daß die Prinzipien der strafrechtlichen

Verantwortlichkeit strikt eingehalten werden. Die Situation, daß linke Kräfte sich für Gesetzlichkeit einsetzen in der Auseinandersetzung mit rechten Kräften, ist in der Geschichte nichts Neues. Es verwundert deshalb auch nicht, daß wir gerade in dieser Auseinandersetzung ebenfalls Rechtspositionen zu vertreten haben, und zwar unbeschadet dessen, wovon Uwe-Jens Heuer gesprochen hat, welche Defizite in dieser Hinsicht es in der DDR gegeben hat.

Die Fragen der Rechtsstaatlichkeit auch auf dem Gebiete der strafrechtlichen Verantwortlichkeit gehören, das ist von uns allerdings auch schon früher betont worden, durchaus zu den Errungenschaften der Menschheit – ganz speziell auch zur europäischen Entwicklung auf dem Kontinent. Und es ist dies einmal sowohl eine Frage der – ich möchte hier mal ein ungewöhnliches Wort verwenden – juristischen Ehrlichkeit, der gerechten Behandlung Betroffener oder der als betroffen Anzusehenden als auch der Rechtsstaatlichkeit als einem Gesamtphänomen, und damit der Verteidigung von Recht und Interessen der Menschheit.

Es geht im wesentlichen hier darum, daß das Prinzip der Gesetzlichkeit durchgehalten wird. Nur dort, wo zur Tatzeit ein gültiges Strafgesetz existierte, kann und darf verfolgt werden. Das schließt das Rückwirkungsverbot ein. Hierzu gehört auch das Verbot der Analogie, daß also straffällige Verfolgung nur zugelassen wird bei strikter und stringenter Beachtung des Prinzips der Gesetzlichkeit.

Dabei haben wir keine Illusionen. Und ich spreche als ein früherer Strafrechtsprofessor an der Humboldt-Universität und als nun seit einiger Zeit auch als Strafverteidiger Tätiger. Wir haben keine Illusionen darüber, daß auch die Strafjustiz der BRD da, wo es um politische Fragen geht, vom Primat der Politik bestimmt wird. Natürlich geschieht das, ich darf das mal so hinzufügen, in einer etwas anderen, viel verfeinerten, weniger leicht durchschaubaren Form als das Durchsetzen von politischen Prämissen in der Strafjustiz, besonders in der politischen Strafjustiz der DDR. Insofern sieht es anders aus. Wenn man aber eine genaue Analyse dieser Vorgänge vornimmt, dann kommt man genau auf diesen Punkt.

Indem wir – ohne Illusion – das Prinzip der strafrechtlichen Verantwortlichkeit mit den kurz angedeuteten Grundsätzen vertreten, verfechten und verteidigen, leisten wir nicht nur im Interesse bestimmter Menschen, sondern auch für die Erhaltung und Verteidigung der Rechtsstaatlichkeit in der Bundesrepublik einen ganz entscheidenden Beitrag. Denn diese Prinzipien sind unteilbar; wenn nur an einem Punkte gegenüber einzelnen Personen davon abgewichen wird, dann ist das der Anfang eines Zusammenbruches. Die Entwicklung 1933 in Deutschland hat gezeigt, wo es hinführt, wenn man zunächst bloß gegen Kommunisten zum Angriff bläst.

Ich will zu dieser strafrechtlichen Frage nicht weiter Ausführungen machen, aber einige andere Zusammenhänge nennen, die in der Diskussion eine Rolle gespielt haben. Man muß sich darüber im klaren sein, daß die notwendige Aufarbeitung auch der Entwicklung und Praxis des früheren MfS am wenigsten per Strafrecht zu leisten ist, also in strafrechtlichen Formen oder strafrechtsähnlichen Formen, worauf letztlich ja das vorgeschlagene Tribunal hinausläuft. Dadurch wird eine notwendige, objektive, sachliche, wissenschaftliche Aufarbeitung dieses Phänomens nicht erreicht. Sie wird unter anderem auch deshalb nicht erreicht, weil zwangsläufig trotz des prozessualen Verbots der Voreingenommenheit, also des Prinzips der Unschuldsvermutung, natürlich in dem Augenblick, in dem strafrechtliche Verfolgung auf die Tagesordnung gesetzt wird oder strafrechtsverfolgungsähnliche Formen aufgebaut werden, sofort die Kontroverse entsteht zwischen dem, der verfolgt, und dem, der verfolgt wird, also eine in juristische Form verkleidete Gegnerschaft entsteht.

Aber die Aufarbeitung ist nur möglich, wenn – wie das eben auch diskutiert worden ist – Täter und Opfer, also die verschiedenen Beteiligten, in die Lage versetzt werden, aktiv, das heißt mit ihren Beiträgen, mit ihren Erfahrungen zur Lösung dieser Aufarbeitung beizutragen. Das geht nicht, wenn bestimmte Gruppen, und das sind ja gar nicht wenige Menschen, von vornherein diskriminiert, von vornherein ausgegrenzt werden, von vornherein auf die Seite der Täter, und damit der zu Verurteilenden gebracht werden. Also deshalb ist strafrechtliche Verfolgung am wenigsten geeignet zu einer wirklichen Aufarbeitung dieses Phänomens. In dem Zusammenhang darf man folgendes natürlich nicht übersehen. Ich weiß nicht, ob das in den anderen Arbeitskreisen auch eine Rolle gespielt hat, das Stasi-Syndrom, oder wie man es bezeichnen will. Diese allgemeine Verurteilung und Pauschalisierung, die letztlich bei einigen den Wunsch einschließt, das MfS zu einer kriminellen Organisation zu erklären, ist natürlich von dieser Situation her so gelegt, daß eine aufrichtige Mitarbeit an dieser Aufarbeitung verhindert wird. Denn wer kann in einer solchen Psychose, bei einem solchen Syndrom, jetzt aufstehen und sagen: ich habe das und das gemacht, ohne sich auch ganz persönlich zu gefährden. Wenn wir aber darauf achten, und soweit wir das können, daran mitwirken, daß die Prinzipien der strafrechtlichen Verantwortlichkeit, wie ich sie gekennzeichnet habe, gewahrt werden, dann konzentriert sich die Frage einer strafrechtlichen Prüfung auf einen übersehbaren, wahrscheinlich relativ geringen Kreis von Personen, wo – ich will das auch mal so sagen – eigentlich schon damals nach DDR-Recht Unrecht geschehen ist, Unrecht, wie es hier auch Uwe Heuer in bezug auf bestimmte Bereiche beschrieben hat.

Es haben weitere Fragen eine Rolle gespielt, nämlich die Wechselbeziehungen zwischen den Geheimdiensten. Ich will dazu nur soviel sagen, daß es natürlich blauäugig und illusionär wäre, jetzt nur gewisse Praktiken des MfS im Auge zu behalten und nicht zu sehen, welche von diesen gewissermaßen allgemein und international üblich sind. Auch ist etwa die Unterscheidung zwischen einem »guten« und einem »bösen« Geheimdienst unmöglich und von vornherein meines Erachtens rechtsstaatswidrig. Wir können gespannt sein, wie das Bundesverfassungsgericht sich zu diesem Vorlagebeschluß des Kammergerichts äußern wird, in dem ja im Grunde genommen diese Frage gestellt wird: Können nur die Mitarbeiter des einen Geheimdienstes, also jetzt der früheren DDR, zur Verantwortung gezogen werden und die anderen nicht? Wie weit entspricht das dem Gleichheitsprinzip?

Wenn ich vorhin davon gesprochen habe, daß das Primat der Politik durchschlägt, so darf ich auch an folgendes erinnern: Natürlich war der Einigungsvertrag, der den Beitritt der DDR zur BRD erbrachte, ein völkerrechtlicher Vertrag. Aber wir wollen uns keine Illusion darüber machen, daß dies zwar in dieser juristischen Vertragsform und insofern scheinbar gleichberechtigt geschah, aber der Sache nach wurde eine sehr eindeutige Macht- und auch Rechtsverteilung gestaltet. Denn es wurde im Prinzip das BRD-Recht übernommen, von einigen Sonderregelungen, wovon die Anlagen des Einigungsvertrages handeln, abgesehen.

Aber gleichwohl bietet das Rechtssystem der BRD, auch so, wie es auf uns – die DDR – jetzt überkommen ist, Möglichkeiten zu einem gewissen Maß an Objektivität und Sachlichkeit, von dem ich gesprochen habe. Vielleicht darf dies erst einmal genügen.

Iris Kielau (Chemnitz): Ich habe im kleinen Kreis ein bißchen gespöttelt, daß ich in der fatalen Situation bin, daß jede Minute, die ich länger rede, dann Gregor Gysi an der Redezeit fehlt, aber ich möchte versuchen, es kurz zu machen und zusammenzufassen, was wir im Arbeitskreis zur politisch-rechtlichen und sozialen Lage der ehemaligen Mitarbeiter und zu dem Problem der gesellschaftlichen Integration verhandelt haben. Wir waren ein kleiner Kreis von elf TeilnehmerInnen. Dabei waren Betroffene dieser Situation, also hauptsächlich ehemalige Mitarbeiter des MfS. Vielleicht gab es auch dadurch kaum eine kontroverse Diskussion, sondern wir haben eigentlich in vielen Punkten ganz ähnliche Ansätze gefunden.

Es war im Grundtenor ein erster Erfahrungsaustausch zu allen diesen Problemen, die mit dem Titel des Arbeitskreises verbunden sind, und diese möchte ich ganz kurz ansprechen. Die Probleme, die dort aufgeworfen wurden durch verschiedene Teilnehmer, sind: 1. Wie tief ist eigentlich die Isolation, in die ehemalige Mitarbeiter gedrängt werden und gedrängt worden sind, und wie könnte es gelingen, daß sie sich selbst und auch mit einer gewissen Hilfe aus dieser Isolation herausholen? Dabei wurde deutlich, daß die Anwesenden auch bereit sind, mit dem Heraustreten aus dieser Isolation an der politischen Aufarbeitung dieses gesamten Themas, der Sicherheitsdoktrin – viele haben auch eindeutig gesagt, wir können das MfS nicht isoliert betrachten –, teilzunehmen. Sie wollen die Möglichkeit nutzen. Es wurde in diesem Zusammenhang die Meinung geäußert, daß man doch auch das Wissen der ehemaligen Mitarbeiter nutzen muß, um zu sachlicher Aufarbeitung zu kommen bzw. besser zu kommen. Es wurde von den ehemaligen Mitarbeitern gesagt, daß es keine kategorischen Unterscheidungen zwischen den einzelnen Diensten innerhalb des MfS geben dürfe, in der Weise, daß die Aufklärung oder die Spionageabwehr und die Hauptabteilung XX einander gegenübergestellt werden. Und vor allem dürfe diese Unterscheidung nicht zu einer Entsolidarisierung zwischen den ehemaligen Mitarbeitern führen, auch nicht von unserer Seite aus, sondern man muß auch damit differenziert umgehen.

2. Es ging um das Problem der Nutzung der Instrumente des Rechtsstaates. Dazu will ich gleich sagen, daß es ja nun eine zweite Entlassungswelle gibt, was hier bestimmt bekannt ist. Es gibt aber leider nur sehr geringe eigene Bereitschaft der Betroffenen zu klagen. Ich kenne aber ein positives Beispiel aus Chemnitz. Der Genosse ist auch hier, der geklagt hat. Er war früher Mitarbeiter beim MfS und war dann als Erzieher auf der Schwerbehindertenstation in der Behindertenschule in Chemnitz tätig. Er hat schwerbehinderten Kindern geholfen, mit dem Leben, mit dem Tagesablauf zurechtzukommen, und wurde Ende 1990 gekündigt, fristlos, weil er eben früher im MfS war. Und er hat geklagt und hat zumindest die Fristlosigkeit der Kündigung aufheben können, hatte auch die Unterstützung vom Bürgerkomitee und von der Gewerkschaft, da er auch einer von denjenigen ist, die selbst auf andere zugegangen sind. Aber ich glaube, alle diese Möglichkeiten besser zu nutzen, das sollte auch Anliegen der Diskussion in diesem Arbeitskreis sein. Verbunden ist das natürlich mit der Rechtskenntnis.

Es kam dort zum Ausdruck, daß viele überhaupt nicht wissen, welche Möglichkeiten sie haben, so daß man hier auch Methoden und Wege finden muß, um sie über ihre gesetzlichen Möglichkeiten zu informieren. Rechtsberatung kann natürlich jetzt ISOR machen. Das war der dritte Punkt. Wir hatten einen Vertreter und eine Vertreterin von ISOR in unserem Arbeitskreis, die auch kurz berichtet haben, was ISOR macht, welche Ziele sie sich stellen, daß es hier um die Vertretung der sozialen Rechte ehemaliger Mitarbeiter der bewaffneten Organe geht; also weder um eine illegale noch um eine terroristische Organisation, sondern sie stellt sich wirklich zum Ziel – Aufhänger war das Rentenüberleitungsgesetz –, hier soziale Rechte einzuklagen als eingetragener Verein.

Unsere Arbeitsgruppe erörterte, und daraus ergeben sich dann auch Schlußfolgerungen, die Atmosphäre des Umgangs der PDS mit den ehemaligen Mitarbeitern des MfS, unsere Haltung und Aktivität in bezug auf sie. Und da kam noch einmal deutlich zum Ausdruck, daß im Umfeld natürlich auch ein Klima vorhanden sein muß, damit sich einzelne öffnen können. Das ist zur Zeit nicht die große Öffentlichkeit, denn diese Gesellschaft ist eigentlich völlig gegen dieses Klima der Öffnung, sondern das muß im kleineren Kreis geschehen. Es wurde noch einmal das Problem des Beschlusses der 2. Tagung des 2. Parteitages benannt. Wie gehen wir damit um? Und das fand ich sehr gut. Dazu kann ich sagen, daß es Ansätze in einzelnen Städten und Regionen gibt, richtig damit umzugehen. Ich glaube, momentan ist wahrscheinlich doch das beste Beispiel das, was jetzt in Chemnitz läuft. Dort ist es gelungen, auch dank der persönlichen Initiative eines ehemaligen Mitarbeiters der HA XX, der auf einen »seiner« Betroffenen, also auf einen Pfarrer, zugegangen ist, und die dann beide gesagt haben: Wir müssen hier die Sache öffentlich und offensiv gestalten. Sie haben sich mit zwei ehemaligen Mitarbeitern des Auflöserkomitees zusammengesetzt und eine Gesprächsreihe organisiert. Ich habe selbst eine dieser Diskussionsrunden erlebt als Teilnehmerin, in der es nicht um Anklage ging, sondern wirklich um eine ganz sachliche Aufarbeitung. Wie haben das MfS und die Sicherheitsdoktrin funktioniert? Was waren denn die Ziele, die dahinterstanden? Diese und ähnliche Fragen am Beispiel der »Bearbeitung« der gesamten kirchlichen Problematik und Ökologiebewegung wurden intensiv diskutiert. Das war eigentlich das Hauptthema, nicht Personen oder Angriffe auf Personen.

Ich glaube, das ist ein Beispiel, welches durchaus auch öffentlich gemacht und viel weiter verbreitet werden müßte. Und damit bin ich beim vierten Problem.

Wir können natürlich viel an einzelnen Stellen zur Aufarbeitung tun und einzelne AGs gründen. Aber wie ist denn der Informationsfluß eigentlich insgesamt zwischen diesen einzelnen AGs? Es läuft viel zu viel nebeneinander her, ohne daß es da auch einen Rückfluß gibt. Wissen wir z.B., daß es auch durch die Bundestagsgruppe eine ganze Menge kleiner Anfragen zu dieser Gesamtproblematik gab, einige zu den sozialen Rechten, aber auch zu den politischen Problemen, die mit der Aufarbeitung verbunden sind? Das ist bei einzelnen AGs überhaupt nicht angekommen. Nun muß das nicht Ursachen bei der Bundestagsgruppe haben, aber es klappt einfach der Informationsfluß nicht, so daß das auch nicht zusammenfließen kann, und es auch bisher nicht zu einer gemeinsamen Strategie kommen konnte, z.b. in allen Landtagsfraktionen, um dann dort soziale Rechte einzuklagen, gemeinsam, überall, als eine gewisse gemeinsame Aktion, um dann auch entsprechenden Druck auszuüben.

Als letztes möchte ich zu dem Punkt kommen, welche Aufgaben wir für die Zukunft sehen, bei denen die PDS als politische Kraft mitwirken müßte. Erstens: Jedes Unrecht, das in der Vergangenheit begangen worden ist, muß wiedergutgemacht werden, und dazu müssen wir beitragen, ganz intensiv und ganz offensiv, und gleichgültig, wen es betrifft. Diese Zielsetzung wurde deutlich hervorgehoben. Zweitens: Zivilcourage ist entscheidend. Zivilcourage in dieser Gesellschaft aufzubringen und sich nicht unterkriegen zu lassen ist die wichtigste Tugend, wenn man seine Rechte verteidigen will. Drittens: Es wurde deutlich die Erwartung ausgesprochen, daß sich die PDS politisch gegen jede Form der Diskriminierung wendet, daß also wirklich dieser rechtsstaatliche Anspruch »Jeder ist vor dem Gesetz gleich« verwirklicht werden muß.

Ganz am Rande wurde dann noch der internationale Aspekt benannt, daß wir mit diesen Problemen nicht im deutschen Saft schmoren dürfen, sondern daß man diese gesamte Problematik wahrscheinlich doch mehr international betrachten muß, um dort eine Öffentlichkeit zu erreichen, die außerhalb Deutschlands durchaus sogar mehr vorhanden ist als im eigenen Lande.

Gregor Gysi
Ideologische, politische und moralische Aspekte der Aufarbeitung

Ein Resümee der Konferenz möchte und kann ich nicht geben. Ich werde lediglich zu einigen Aspekten, die im Zusammenhang mit dieser Konferenz stehen, etwas sagen.

Die erste Frage ist die nach Sinn, Zweck und Zeitpunkt einer solchen Konferenz. Sicherlich kann ein Zeitpunkt zu spät sein. Aber wenn hier gestern jemand gesagt haben soll, die Konferenz komme zu spät, dann halte ich das für falsch. Zu spät würde bedeuten, daß sie überhaupt keinen Sinn mehr hätte. Spät kann zwar heißen, daß Chancen verspielt worden sind. Aber deshalb ist es nicht sinnlos. Spät ist es sicherlich in mancher Hinsicht, nur ist es aber in anderer Hinsicht eben auch nicht so einfach, Konferenzen zu solchen Themen übers Knie zu brechen. Es gibt allerdings Grenzen. Zu denen komme ich noch. Wenn man den Versuch einer wissenschaftlichen Aufarbeitung zu zügig gestaltet, wird er ungeheuer oberflächlich. Ich bin mir ganz sicher: Dieselbe Konferenz vor einem Jahr oder nach einem Jahr brächte in jedem Fall andere Wertungen. Für bestimmte Fragen und ihre Beantwortung ist ein bestimmter historischer Abstand erforderlich. Für mich selbst weiß ich ganz genau, wie ich bestimmte Dinge im Dezember 1989 beurteilt habe, oder 1985, oder 1990, und wie ich sie heute beurteile.

Ich weiß nicht, ob ich klüger geworden bin in dieser Zeit, es kann ja auch Gegenteiliges sein. Ob klüger oder nicht, auf jeden Fall haben sich meine Bewertungen geändert durch den historischen Abstand. Und wenn es so ist, daß historischer Abstand Erkenntnis erhöht, dann kann man annehmen, daß die Aussagen richtiger werden. Deshalb müssen sie noch nicht völlig richtig sein. Klar ist aber auch, daß mit einer einmaligen Veranstaltung dieser Art nichts getan ist. Wir müssen versuchen, daraus etwas Permanentes zu machen, was nicht heißt, permanent Konferenzen zu veranstalten, sondern permanent an diesen Fragen zu arbeiten. Natürlich sollte auch, wenn ein neuer Erkenntnisstand da ist, eine neue Konferenz durchgeführt werden. Allerdings ist das nur mit dem Engagement vieler einzelner möglich, und nebenbei sind auch materielle Voraussetzungen notwendig.

Ich habe zum Beispiel für diese Konferenz bei der Unabhängigen Kommission und der Treuhandanstalt den Antrag gestellt, die Kosten aus Altvermögen zu zahlen, denn wir tragen ja wirklich eine Schuld der SED ab. Es kann doch nicht sein, daß das die Mitglieder der PDS heute allein bezahlen und zwei Millionen frühere SED-Mitglieder nicht. Darauf haben wir von der Treuhandanstalt wie üblich gar keine Antwort bekommen. Das heißt, wir müssen uns auch dazu neue Mittel und Methoden einfallen lassen.

Hier ist in einem Beitrag sehr dafür plädiert worden, diese Aufarbeitung wissenschaftlich durchzuführen. Ich unterstreiche das und nehme dennoch eine wichtige Einschränkung vor. Was eine solche Konferenz nicht leisten kann, ist nämlich die individuelle Aufarbeitung, nicht nur für den einzelnen selbst, sondern sehr wohl auch für andere. Es geht tatsächlich auch um Schicksale, aber ab einem bestimmten Abstraktionsgrad kommt man an historische, meinetwegen sogar an gesetzliche Wahrheiten heran, aber nicht an die Wahrheit für den einzelnen. Das ist eine zweite Seite der Aufarbeitung der Geschichte, vor der wir natürlich besonders viel Hemmungen haben, weil sie auch atmosphärisch einen völlig anderen Charakter tragen würde. Vernachlässigen dürfen wir sie dennoch nicht. Einem einzelnen, der in einem früheren Zuchthaus geschlagen worden ist, kann das keinesfalls mit System und Wissenschaftlichkeit und aus allen Zusammenhängen heraus erklärt werden. Und trotzdem hat er ein Bedürfnis, dieses sein Schicksal auch zu klären. Erst dann besteht auch die Chance, daß er das Bedürfnis nach Rache verliert. Wenn einerseits Schauprozesse stattfinden, oder andererseits ein so hoher Abstraktionsgrad entwickelt wird, bei dem das Individuelle nicht mehr benannt zu werden braucht, wird er sich um sein Schicksal betrogen fühlen, mit allem, was das nach sich zieht. Das soll überhaupt keine Kritik an der Konferenz sein. Sie ist dringend und zwingend erforderlich. Wir brauchen so etwas wie weltanschauliche wissenschaftliche Klarheit, wir müssen eindringen in diese Prozesse. Aber das ist nicht alles. Ich weiß noch nicht, wie man das richtig macht. Man könnte alle einladen, dann wird ein Teil kommen und ein Teil wird geklärt. Dabei könnten aber auch Leute Behauptungen aufstellen, die gar nicht stimmen. Das ist auch nicht nachprüfbar, und man schlittert in eine ziemlich unerträgliche und wenig ergiebige »Stimmt-das – Stimmt-das-nicht-Debatte«. Wir müssen uns also effektive Formen einfallen lassen, nicht im negativen Sinne des Wortes, sondern in dem Sinne, daß sie psychologisch eine Art Befreiung werden können für die zwei bereits genannten Gruppen.

Ein anderer Sinn und ein anderer Zweck dieser Konferenz besteht in etwas, was ich für ganz wichtig halte. Wir müssen endlich auch in der PDS dem Eindruck entgegentreten, als würden wir das lediglich wegen des öffentlichen Drucks machen. Wenn darin auch ein Körnchen Wahrheit liegen mag – fest steht, daß wir uns von der Erkenntnis leiten lassen, es selbst dringend zu brauchen. Wir sind einfach dazu verpflichtet. Wir brauchen es, um klüger zu werden, um vor Fehlern gefeit zu sein und auch künftige Generationen – zumindest von Menschen, die uns nahestehen und die das interessiert – vor diesen Fehlern zu bewahren. Negativ-Erfahrungen sind in ihrem Wert nicht zu unterschätzen. Man weiß dann besser, was alles nicht geht oder wie es enden wird, wenn man es dennoch tut.

Das zweite und Gefährlichste ist, daß Geschichte so undifferenziert, so unwahr und so kommerziell aufgearbeitet wird. Gerade auch deshalb sind wir verpflichtet, einen Beitrag zu leisten für eine differenzierte, gerechte und deshalb aber keinesfalls weniger konsequente Aufarbeitung. Das sind wir auch der Geschichte schuldig, den Menschen, die in dieser Geschichte eine Rolle gespielt und Verantwortung getragen haben. Und wenn wir es nicht tun, machen wir uns mitschuldig daran, daß Aufarbeitung der Geschichte ausschließlich oder fast ausschließlich einen Boulevardzeitungs- und Kommerzcharakter trägt. Das ist ein ganz wichtiger Punkt. Nun gibt es natürlich auch andere, die es versuchen, und das ist nicht zu unterschätzen. Das ist aber kein Grund, uns auszuklinken. Für Ergebnisse, die weder mit der Wahrheit noch mit Gerechtigkeit etwas zu tun haben, wollen wir nicht verantwortlich sein. Und wir haben uns damals dazu bekannt, eine Adresse für Geschichte zu sein. Das sind wir auch geworden. Wir brauchten nicht lange zu werben. Das Angebot wurde gern angenommen. Nun dürfen wir uns über die Ergebnisse nicht wundern und dürfen uns auch nicht permanent darüber beklagen, sondern müssen die Aufgabe annehmen und ernsthaft damit umgehen.

Ich möchte hier zu drei Aspekten Stellung nehmen, bei denen ich meine, daß wir noch tiefer eindringen müssen.

Wenn ich die Referate richtig verstanden habe, ist darin der Versuch gemacht worden – und das ist ungeheuer wichtig –, Sicherheitsdoktrinen der SED und des MfS historisch darzustellen, auch aus der Geschichte des real existierenden Sozialismus seit 1917, und damit auch aus der Geschichte des Stalinismus zu erklären. Beim MfS-Hearing am 17. Juni 1991 im Rathaus Schöneberg hatte Thomas Klein u.a. die These aufgestellt, daß die Geschichte der kommunistischen Parteien und ihrer Strukturen an sich schon ein deutliches Indiz für diese Entwicklung in späterer Zeit hergeben. Das finde ich wichtig. Daraus läßt sich eine Menge lernen, aber es reicht mir nicht aus. Ich glaube, daß die Geschichte der DDR seit 1949, meinetwegen seit 1945, auch eine sehr deutsche Komponente hat. Wir dürfen es uns nicht so einfach machen und sagen, der Zweite Weltkrieg war verloren, und dann kam das sowjetische System über uns, wie über die anderen das amerikanische, französische und britische kam. Obwohl das stimmt, behaupte ich, daß die Art der Gestaltung des real existierenden Sozialismus in der DDR auch ziemlich deutsch geprägt war, was immer das zunächst bedeuten mag. Und die Art der Beziehung der beiden deutschen Staaten gegeneinander und miteinander in den verschiedensten Varianten wirkte sich durchaus sowohl auf das Gesellschaftssystem in der Bundesrepublik Deutschland als auch auf das Gesellschaftssystem in der DDR aus. Das bedarf noch gründlicher Untersuchung. Dieses Thema reicht vom Krieg der Geheimdienste bis hin zu den Formen der politischen Auseinandersetzungen, der Reaktionen aufeinander, der Abhängigkeit voneinander.

Ich möchte daran erinnern, daß seit 1945 Personalpolitik in der BRD auch durch die DDR und in der DDR auch durch die BRD gemacht wurde. Wenn man in der DDR einen BRD-Staatssekretär nicht mochte, wurde seine NS-Akte gezogen. Das wäre völlig korrekt gewesen, hätte es nicht auch Fälle gegeben, wo die Akte nicht gezogen wurde. Da herrschte eine beachtliche Inkonsequenz. Und umgekehrt hat man auch dieses und andere Felder benutzt, um in der DDR eine bestimmte Personalpolitik durchzusetzen. Das heißt, es gab Abhängigkeiten, es gab Beziehungen der Menschen zueinander, es gab bis 1961 Alternativmöglichkeiten der Menschen, sich für ein Leben in einem anderen System zu entscheiden. So etwas gab es zu dieser Zeit in keinem anderen Land des real existierenden Sozialismus. Diese Länder waren alle als Nation politisch organisiert. Aber bei uns war die Nation dieselbe wie beim westlichen Nachbarn, und das führte zu einem besonders gestörten Verhältnis zum Nationalen in der DDR. Das hatte beachtliche Auswirkungen auf die Politik, die für sich nicht in Anspruch nehmen konnte, deutsch zu sein, obwohl sie es praktisch war. Denn es ist eine Tatsache, deutsch war die andere Politik auch. Die ungarischen Kommunisten z.B. konnten immer betonen, wie ungarisch sie sind. Sie konnten an die Idee der Unabhängigkeit, an die Idee der Souveränität mit ganz anderen Argumenten hinsichtlich der Nationalität herangehen. Dabei ist es im Moment nicht wichtig, ob das gut oder schlecht ist. Auch in der ganzen Geschichte Polens als Staat des real existierenden Sozialismus hatten der polnische Nationalismus, die polnische Nationalstaatlichkeit eine ungeheure Bedeutung. Oder: Beim Überfall Deutschlands auf die Sowjetunion spielten in der Stalinschen Argumentation die Rettung von Mütterchen Rußland, die Verteidigung der russischen Erde eine viel größere Rolle als die Rettung des Sozialismus.

Das alles ist natürlich einem real existierenden sozialistischen Staat entzogen, der sich permanent von jenem Nachbarstaat unterscheiden mußte. Ihm stand die nationale Frage – weder im positiven noch im negativen Sinn – gar nicht zur Verfügung. Dagegen konnte sie der andere Staat nutzen, schon weil er von Anfang an sagte: Wir wollen, daß die wieder zu uns kommen. In der DDR-Verfassung gab es nie so einen Artikel, der den Beitritt der Bundesrepublik Deutschland vorsah. Es ist also eine Tatsache, daß die Geschichte der DDR auch eine sehr deutsche Geschichte ist, auch eine Geschichte der Beziehungen zwischen der DDR und der Bundesrepublik Deutschland. Der Einfluß dieser Komponenten bis hin zur Frage von Sicherheitsdoktrinen und der Art und Weise des Umgangs damit bedürfen noch einer gründlichen Untersuchung.

Bei der Diskussion zum Antifaschismus klang ein psychisches Moment an, zu dem ich noch etwas sagen möchte. Es wurde geäußert, daß Menschen, die selber furchtbar unterdrückt worden sind, danach eigentlich, wenn nicht eine psychische Befreiung stattfindet, eher ungeeignet sind, Macht auszuüben, weil sonst eher Härte gegen Härte gesetzt wird.

Zum einen ist es doch so, daß Parteien, die immer halblegal und unterdrückt waren, eine starke Disziplin, ein ungeheures konspiratives Denken und Vorgehen entwickeln, was sie dann auch in die Phase der eigenen Macht mit hineinnehmen.

Zum anderen – und das ist mir auch erst viel später aufgefallen – hat die breite Zustimmung der Bevölkerung zum Regime des Nationalsozialismus von 1933 zumindest bis zu dem Zeitpunkt, wo sich sein militärischer Vormarsch in einen Rückzug verwandelte, bei aktiven Antifaschisten die Meinung geprägt, daß den Wünschen der Mehrheit einer Bevölkerung kein besonders großer Stellenwert zuzumessen sei. Sie hatten schließlich recht, als die große Mehrheit unrecht hatte. Das war ihre Grunderfahrung. Daraus entwickelte sich ein bestimmtes Privilegiendenken, nicht in diesem engen blöden Wandlitzladensinne, sondern hinsichtlich eines anderen Anspruchs auf Wahrheit, auf Rechthaben etc. Das zu durchschauen und damit umzugehen war ganz schwer. Das allein wäre vielleicht noch gegangen, wenn man, was sicher schwer gewesen wäre, dazu gestanden hätte. Tragisch wurde es jedoch, als die Regierung und die Führung in der DDR ab 1949 ja gerne sagen wollte, daß sie auch von der Mehrheit der Bevölkerung getragen wird. Aber es war doch zunächst eine wesentlich aus Antifaschisten bestehende Bewegung und völlig undenkbar, daß die Bevölkerung der DDR in ihrer großen Mehrheit 1949 eine konsequent antifaschistische Führung wollte. Es war eher denkbar, daß sie so eine Art »Graue« wollte, Adenauers, die nicht so richtig verstrickt waren in den Nationalsozialismus, aber auch nicht so richtig dagegen. Irgendwie kam man dann zusammen, mit Verständnis für alle Seiten. Die Behauptung der Regierung und der Führung: Wir sind konsequent antifaschistisch, und genau das ist der Wille der großen Mehrheit der Bevölkerung, war eine Geburtslüge. Damit wurde die große Mehrheit der Bevölkerung für antifaschistisch erklärt, was sie natürlich nicht war und in der kurzen Zeit auch gar nicht geworden sein konnte. Das hat eine Aufarbeitung der Geschichte in einem ganz anderen Sinne in diesem Teil Deutschlands von vornherein wesentlich belastet und erschwert. Ich spreche jetzt nicht über die diesbezüglichen Verkrüppelungen im Westen Deutschlands, die vielleicht noch schlimmer waren. Aber wir müssen sehen, was hier war, und was viele Komplikationen nach sich gezogen hat. Es ging nicht darum, eine Mehrheit wirklich zu antifaschistischem Denken zu erziehen, sondern eine solche Mehrheit wurde einfach deklariert. Jede Gedenkveranstaltung und jede Kranzniederlegung bekam einen ungeheuer formalen Charakter. Nicht übersehen werden darf auch, daß die Brutalität des Faschismus ein Bewußtsein schärfte, wonach alle Mittel genutzt werden müssen, so etwas zu verhindern. Mit allen Mitteln heißt dann natürlich auch mit Gewalt und Unterdrückung. Das fördert nicht gerade demokratisches Denken.

Für ganz wichtig bei der Aufarbeitung halte ich den Zusammenhang zwischen Ideologischem, Politischem und Moralischem. Die Situation 1917 in Rußland war wahrscheinlich noch nicht einmal reif für eine bürgerlich-demokratische Revolution, geschweige denn für eine sozialistische, zumindest nach dem, was sich Marx darunter vorgestellt hatte. Die Vorstufe des Kapitalismus, die ursprüngliche Akkumulation des Kapitals, fand erst nach der Revolution, nun aber ohne die entsprechenden Wirkungsmechanismen, statt. Die ursprüngliche Akkumulation des Kapitals im Mittelalter war die brutalste Form der Existenz. Raubritterkriegszüge, die ganze Piraterie – Thurn und Taxis waren noch Posträuber – führten zur Akkumulation des Kapitals. Diese Phase bezeichnete Marx als die blutgetränkteste. In gewisser Hinsicht fand das im Wege der Industrialisierung in Rußland nach der Revolution statt, und zwar ohne wirksame materielle oder andere Mechanismen, also mit den Mitteln des Terrors. Das soll keine Rechtfertigung sein, sondern ebenfalls ein Ansatz für die Klärung der Zusammenhänge. Hier stellt sich auch die Frage, ob es möglich ist, bei der Allmacht des kapitalistischen Weltmarktes eine andere ökonomische Ordnung neben diesem Weltmarkt zu organisieren. Möglich ist es sicher, nur darf man dabei nicht scheitern. In diesem Zusammenhang ist auch »Koko« wissenschaftlich hochinteressant. »Koko« ist das Eingeständnis, daß man mit seiner eigentlichen Volkswirtschaft auf diesem Weltmarkt nicht viel zu bestellen hatte, gleichzeitig aber von ihm abhängig war und so eine zweite Wirtschaftsform einführte. Da diese kapitalistisch durchkonstruiert war, wollte man zu ihr nicht öffentlich stehen und war somit gezwungen, diesen zweiten Wirtschaftszweig heimlich zu führen. Heimlich nicht etwa wegen eventueller Ungesetzlichkeiten im Sinne von Waffenexporten, sondern weil es das Eingeständnis des Nichtfunktionierens des eigenen Wirtschaftssystems war.

Und da wird es wieder sehr deutsch-deutsch, denn kein anderes real existierendes sozialistisches Land hatte und konnte in diesem Umfang einen »Koko«-Bereich haben. Das konnte nur gehen, weil die DDR halb in der EG war, weil es keine Zollkontrolle gab usw. Und damit hatte »Koko« offene Türen. Wenn man Aufträge liest, in denen angewiesen wird, das Geschäft X vom VEB Y besser an die Firma Z in Bayern zu vergeben, weil sich darüber ein bestimmter Politiker sehr freuen würde, dann wird klar, daß hier Mechanismen vorlagen, über die kein anderes real existierendes sozialistisches Land verfügte. Hieraus folgt, daß der Zusammenhang von Politischem, Ökonomischem und Moralischem noch stark aufklärungsbedürftig ist, auch hinsichtlich seiner spezifischen deutschen Seite mit ihren Einschränkungen und Möglichkeiten zugleich.

In der Geschichte der DDR gab es einen Umstand, den es auch wiederum in keinem anderen existierenden sozialistischen Land in dieser Form gab: die Anerkennung als Staat selbst. Niemand hat nach 1945 bezweifelt, daß Ungarn Ungarn ist und Rumänien Rumänien ist. Diese Länder waren ohne jede Debatte alle in der UNO. Bei der DDR monierte man die falsche Ordnung. Es gab die Hallstein-Doktrin. Das hatte natürlich auch Auswirkungen auf Sicherheitsdenken und Sicherheitspolitik, insbesondere auch auf die Aufklärungstätigkeit. Das darf man nicht vergessen.

Ich möchte mich auch zum Problem Tribunal äußern. Mir geht es nicht um den Namen, streiten will ich aber für eine Form der politischen Auseinandersetzung, denn die gegenwärtige juristische Form der Auseinandersetzung verhindert die notwendige politische. Ich möchte gerne mit den Verantwortlichen der Gewerkschaft in der DDR, z.B. mit Herrn Tisch, um diese Gewerkschaften in ganz harter und konsequenter Form streiten. Ich möchte nicht, daß er veralbernd für drei Mittagessenrechnungen verurteilt wird. Für die Vergeudung unserer Spendengelder an die FDJ hat er aber einen juristischen Freispruch in der Tasche, und eine moralische Verurteilung gibt es nicht. Diese juristischen Varianten verhindern eine wirkliche politische und moralische Aufarbeitung der Geschichte.

Das zweite, worüber wir nachdenken sollten, sind Fälle, die ohne jede Rechtsbeugung sofort klärbar sind. Wenn zum Beispiel ein Mann, der wegen der Beschreibung eines Panzers strafrechtlich zur Verantwortung gezogen wurde, in Bautzen gesessen hat und nun genaue Angaben über durch einen Angehörigen des Strafvollzugs erlittene Folterungen und Qualen machen kann, und das bisher nicht zur Einleitung eines Strafverfahrens geführt hat, dann ist das einfach unverständlich. Dazu bedarf es überhaupt keiner Rechtsbeugung, das war immer in der DDR strafbar. Es gibt überhaupt keinen Grund, da etwas zu verzögern. Dieser Angehörige des Strafvollzugs ist richtig schuldig geworden. Aber genau das wird von der Justiz nicht angestrebt. Sie will lauter Showprozesse inszenieren, mit Aufklärern z.B., was völlig völkerrechtswidrig ist. Herauskommt dann entweder, daß Recht gebeugt wird, und dann befindet man sich auf einem Weg, der ziemlich katastrophal ist, oder daß durch Freispruch eine von einigen angestrebte negative Beziehung zum Rechtsstaat entsteht. Verfolgt man die Zeitungen in letzter Zeit, dann wird der Begriff Rechtsstaat nur noch negativ gebraucht. Unbewußt. Es werden Wünsche formuliert und dann auf den Rechtsstaat verwiesen, der so etwas leider verbietet. Das heißt, es wird ein populistischer Wunsch hingestellt und dann erklärt, daß das in einem Rechtsstaat leider nicht geht. Und damit wird Stück für Stück in das Bewußtsein eingebracht, daß es der Rechtsstaat ist, der uns hindert, für Ordnung zu sorgen. Und spätestens da ist die Zeit gekommen, wo die Linken sich nicht mehr darum streiten dürfen, was sie im einzelnen von dem Begriff halten, sondern sie haben ihn zu verteidigen. Sie haben keine andere Chance.

Zum Schluß noch zu der besonderen Schwierigkeit der Aufarbeitung bei uns. Wir werden immer in die Schwierigkeit kommen, wenn wir uns um die eine Seite bemühen, als Verteidiger von etwas dazustehen, was wir nicht sein wollen. Es klingt immer so, als ob man begangenes Unrecht in der DDR verteidigt, wenn man z.B. für rechtsstaatlichen Umgang mit Vertretern dieses Staates eintritt. Aber das muß uns gelingen. Und noch mehr sieht es natürlich wie ein Entlastungsangriff aus, wenn wir Mangel an Rechtsstaatlichkeit in der jetzigen Justiz anklagen. Aber es wirkt nur im Zusammenhang auch konsequent und ehrlich. Natürlich müssen wir diesen Mangel anklagen.

Obwohl es mich so entsetzt, habe auch ich inzwischen aus einem Grunde nichts dagegen, wenn man die Zeiten nach dem Faschismus mit den Zeiten von heute vergleicht. Sich nach 1945 in der Bundesrepublik Deutschland zu einer nationalsozialistischen Vergangenheit zu bekennen war kein Problem der Zivilcourage. Das war problemlos. Im Gegenteil. Die Wehrmacht wurde als erstes aus der Verurteilung herausgenommen. Den Satz »Ich habe meinem deutschen Vaterland gedient« fanden damals in der BRD von 20, die ihn lasen, 17 gut. Vielleicht nur drei hatten Bauchschmerzen. Und das macht einen großen Unterschied aus. Ein Angeklagter wegen NS-Verbrechen konnte davon ausgehen, daß die Mehrheit der Bevölkerung sagte: Muß das denn sein, wollen wir nicht einen Schlußstrich ziehen? Heute besteht eine völlig umgekehrte Situation. Man stelle sich den Satz vor »Ich habe meiner Deutschen Demokratischen Republik gedient«. Es gibt sicher zwei, drei Ausnahmen, die sich diese Stellung erarbeitet haben, aber ich behaupte, dafür gibt es überhaupt keine öffentliche Stimmung. Ich glaube, es liegt daran, daß beides letztlich immer die gleiche Grundlage hatte, den einfachsten und billigsten Antikommunismus. Der verhinderte damals die Aufarbeitung der Geschichte in der Bundesrepublik, und er macht heute scheinbar eine Ausgrenzung Hunderttausender erforderlich, die aus der ehemaligen DDR gekommen sind. Und mit diesem Phänomen müssen wir uns auseinandersetzen. Innerhalb dieses Phänomens müssen wir überlegen, wie wir Zivilcourage bekommen. Das erklärt auch, weshalb es in Portugal und in Spanien nach der Beseitigung des faschistischen Regimes ganz anders lief. Aber es erklärt eines nicht. Wie kommt es eigentlich, daß in den heute demokratischen Staaten Tschechoslowakei, Polen und Ungarn die Geheimdienste aus der Zeit des real existierenden Sozialismus nach Auswechslung einer ganz kleinen Führungsschicht schlicht und einfach übernommen wurden? Nichts mit Auflösen, nichts mit riesigen Prozessen. Berufsverbotsgesetz in der ČSFR, aber nicht für diesen Dienst. Die Unterschiedlichkeit hat natürlich auch wieder etwas mit der Geschichte der deutschen Staaten zu tun, und auch mit dem Phänomen, wie mit dem anderen Teil der Geschichte umgegangen wird, wenn innerhalb einer Nation der Sieg des kalten Krieges stattfindet. Das alles zeigt, daß wir hinsichtlich der Aufarbeitung der Geschichte viel zu tun haben. Täglich wird deutlicher, daß es immer mehr eine Gesamtgeschichte wird, nicht nur die Geschichte der DDR, nicht nur die Geschichte nach dem Oktober 1917, es wird auch eine Geschichte des Westens. Genau diese Zusammenhänge herauszuarbeiten, ohne die Benennung und Aufarbeitung von Einzelschicksalen zu vergessen, das wird unsere Aufgabe sein.

Der »Fall« Gregor Gysi

Claudia Gohde/Andrea Lederer
Der Stasi-Verdacht gegen Gregor Gysi
Versuch der Aufklärung

Franz Kafka, der Klassiker des Rechtsunwesens und seiner terroristischen Amtssprache, schwebt über den nachfolgenden Seiten wie Gott über den Wolken und Goethe über den Niederungen deutscher Literatur.

Unsere Medien, vorab der SPIEGEL und das Fernsehen, suchten der geheimen Aktenwelt mit gewohnter Investigation nahezukommen und scheiterten als wildgewordene Elefanten im Porzellanladen. Gerhard Mauz, des SPIEGELs Meistergerichtsreporter, wird hoffentlich in den zu erwartenden Prozessen auszugleichen wissen, was grobianische Unsachlichkeit und brachiales Giftzwergentum anrichteten. Selbst ein altgedienter SPIEGEL-Leser und gelegentlicher -Autor wie ich argwöhnt, Augsteins liebenswertes Diktum aus besseren Zeiten, sein Blatt sei »im Zweifelsfall links«, verkehrte sich ins Bodenlose: Im Zweifelsfall falsch.

Am Anfang war die Verdachtskrankheit der Stasi, die ihre Objekte ebenso infizierte wie die zur Klärung herbeieilenden Journalisten. Die Seuche, ein Seelen-Aids, wird hier diagnostiziert.

Mir selbst drängten sich während der Lektüre einige Fragen auf:
1. Wer hat ein Interesse daran, Gregor Gysi als IM »zu entlarven«?
2. Wäre Gregor Gysi als IM überführt, müßte er wie sein Anwaltskollege Wolfgang Schnur dann nicht aller Politik entsagen? Ist das beabsichtigt? Geht es gegen die PDS? Allein schon der Verdacht hat Folgen. Strengste Objektivität ist gefordert, wollen wir uns nicht mitschuldig machen lassen.
3. Die Verdächtigungen gegen Gregor Gysi sparen antisemitische Stereotypen nicht aus. Das reicht von Bildern in der Presse bis zum ZDF, in dessen Karnevalssendung am 28.2.1992 verkündet werden durfte: »Gysis Gewissen ist rein, er hat es ja noch nie benutzt.« So feiert der gewissenlose Jud im lautersten Volkston unfröhliche Urständ, was den hochdotierten angestellten Sprachkritikern und Investigatoren nicht auffällt, paßt es doch in keine Vorgabe der Geschäftsleitung.
4. Hat Gysi seinen Mandanten genutzt oder geschadet? Rudolf Bahro, hart verurteilt, wurde bald in den Westen freigelassen. Frau Bohley und Frau Wollenberger blieben nur kurz inhaftiert und durften schnell ins luxuriöse westliche Exil ausreisen, hernach wieder ungehindert in ihr DDR-Vaterland einreisen. Welcher Bautzen-Häftling hätte sich nicht ein so mildes Geschick gewünscht, um zu solchen Gratifikationen zu kommen? Mir scheint, Gysi wäre eher vorzuwerfen, daß er Straferlässe für Prominente herausholte.
5. Die behenden Ankläger in SPIEGEL und Fernsehen machen in der nachfolgenden Schrift keine gute Figur. Die Aufgaben der Medien, wozu die Investigation gehört, stehen außer Frage. Fraglich und der genaueren Nachfragen bedürftig sind andere Dinge:
a) Warum häufen sich die nachweisbaren Fehler?
b) Wie ist zu verhindern, daß öffentliche Hetzjagden gegen bestimmte Personen und ganze Gruppen entstehen?
c) Wie verhindern wir, daß die Zielpersonen in den öffentlichen Treibjagden weniger

Rechte und Chancen besitzen als Angeklagte vor Gericht?
d) Reicht unser bisheriges Recht auf Gegendarstellung auch in den neuen Fällen kollektiver Vorverurteilung aus? Bieten Straf- und Zivilrecht hinreichend Schutz?
6. Wie kann sich ein öffentlich Gehetzter noch zur Wehr setzen, wenn er nicht wie Gregor Gysi selbst Jurist ist und vielleicht noch auf die Hilfe von Freunden rechnen darf? Schon führte das seelenlose Verhalten der Sieger zu ersten Selbstmorden. Soll die deklarierte, bisher mißlungene Einigung der Deutschen über Leichen erreicht werden?
7. Aus Protest gegen die staatssozialistischen Sympathien unseres westdeutschen Schriftstellerverbandes verließen viele von uns 1981 den Verband. Damals ging es um die polnische Solidarnosz-Bewegung. Als später die DDR-Bürgerbewegung entstand, sympathisierte ich mit ihr. Heute höre ich nur Vorwürfe der letzten Bürgerbewegten gegen die Kirche, die ihnen in der DDR eine Plattform bot. Die gleiche Undankbarkeit finde ich bei Bärbel Bohley, Vera Wollenberger, Gerd Poppe, zwei von ihnen ehemalige Mandanten Gysis, die jedenfalls in der DDR erstaunlich glimpflich davonkamen. Einige Äußerungen von Frau Bohley nähren den Verdacht, sie hätte sich eine härtere Bestrafung gewünscht, was sie in der Tat leicht hätte auf sich ziehen können, wären die Bürgerbewegten ein paar Jahre früher zum öffentlichen Protest angetreten. Das taten ja manche. Ohne Beihilfe, Schutz, Vertretung durch die Kirche (Stolpe) und Rechtsanwalt (Gysi).

Mach jeder sich seine eigenen Gedanken. Auch darüber, daß das Wörtchen Fairneß bei uns offenbar ein Fremdwort blieb, die Lust am Klagen und Anklagen aber zum Volkssport wurde, wenigstens in gewissen gehobenen Kreisen der Intelligentsia. Wir sind umgeben von anklagenden Zeigefingern. Als wäre nicht ein jeder von uns noch und noch schuldig mangelnder Zivilcourage, Solidarität mit Verfolgten, Hilfe für Schwächere. Anteilhabend an der Vernichtung allen Lebens auf der Erde gefallen wir uns in kleinlichen Verfolgungsjagden aus verletzter Eitelkeit. Indem sich die letzten Bürgerbewegten der geschlagenen DDR-Opposition einen so kläglichen Abgang verschaffen, fügen sie dem Niedergang der deutschen Bürger- und Friedensbewegung nur ein schmerzliches Kapitel hinzu, und die Medien, die sich rechtzeitig auf die Seite des Stärkeren schlugen, bewähren sich als Totengräber.

Das Geschäft floriert. Vorerst.

Gerhard Zwerenz

Als Rechtsanwalt in der DDR

Gegen Gregor Gysi werden Vorwürfe auf zwei Ebenen erhoben: zum einen wird ihm Verrat an seinen MandantInnen (Konspiration oder konkrete Zusammenarbeit mit dem MfS), vorgeworfen, zum anderen wird ihm vorgehalten, daß er in seiner Funktion als Anwalt schon an sich »verstrickt« war, das heißt qua Funktion zu einer bestimmten Form der Zusammenarbeit mit den staatlichen Organen und damit auch dem MfS verpflichtet war und somit persönlich schuldig wurde. Während die ersten Vorwürfe einigermaßen sachgerecht recherchierbar und damit aufklärbar sind (soweit das Beweismaterial zur Verfügung steht), ist die Anklage der allgemeinen »Verstrickung« eines Rechtsanwaltes in der DDR nicht pauschal zu beantworten, es sei denn im Rahmen einer heute üblichen »Geschichtsaufarbeitung«, die nicht mehr nach konkreter Tätigkeit, nach objektiven Bedingungen und subjektiven Entscheidungsmöglichkeiten fragt. Hier geht es um eine persönliche Biographie in einem Abschnitt der DDR-Geschichte, die durchaus wechselhaft war und jeweils Entscheidungsalternativen zuließ. Es geht ganz konkret um die Funktion eines Menschen – und darum, wie er diese ausgefüllt hat – an einer Schnittstelle des DDR-Staates, wo die politischen Interessenkonflikte zwischen den Staatsorganen der DDR und den politisch Verfolgten, den Andersdenkenden ausgetragen wurden. Der DDR-Staat sah dafür – ebenso wie jeder andere Staat – ein bestimmtes Reglement vor, das im einzelnen durchaus politische und juristische Spielräume ließ, wenn diese auch sehr eng waren und das Machtgefüge nicht in Frage stand.

Bevor auf den folgenden Seiten den Anschuldigungen gegen Gregor Gysi, wie sie im *Spiegel* und in der Fernsehsendung *Kontraste* vom 10. Februar 1992 erhoben wurden, nachgegangen wird, sollen einige Informationen über den Werdegang von Gregor Gysi und seine Tätigkeit als Anwalt dazu beitragen, die z.T. komplizierten Vorgänge verständlicher zu machen.

Die DDR hatte ca. 600 Rechtsanwältinnen und Rechtsanwälte. (Zum Vergleich: Allein in Hamburg gibt es über 4.000 Anwältinnen und Anwälte.) Gregor Gysi entschied sich 1966 zum Jurastudium mit dem Ziel, Rechtsanwalt zu werden. Während seines Studiums 1966 bis 1970 galt der Anwaltsberuf als unerreichbar. Wer dies laut äußerte, geriet sofort in den Verdacht, sich dem Staat verweigern zu wollen. Anwalt werden zu wollen, bedeutete fast dasselbe, wie den Antrag auf Ausreise zu stellen. (Das änderte sich in den späteren Jahren.) Daher verschwieg Gregor Gysi sein Berufsziel zunächst. Eine Vorstellung von der Tätigkeit eines Anwaltes hatte er durch den Rechtsanwalt Friedrich Wolff, und er wußte von Anfang an, daß er nicht Ankläger oder Richter werden wollte. *»Beides hatte für mich immer etwas Anmaßendes. Mich interessiert das Individuum – und wenn ein solches Interesse wirklich vorliegt, beginnt die Verteidigung«* erklärt Gregor Gysi im Gespräch zu seiner Motivation. Er legte sein Studium so an, daß er sich über Umwege den Weg zum Rechtsanwaltsberuf offen halten konnte. U.a. war er bei Studienabschluß noch zu jung, um Richter zu werden, so daß es ihm nach langen Verhandlungen gelang, seine Ausbildung als Rechtsanwaltspraktikant abzuschließen und im Jahr 1971 in das Berliner Rechtsanwaltskollegium aufgenommen zu werden.

Im Jahr 1984 wurde Gregor Gysi erstmals zum Vorsitzenden des Berliner Rechtsanwaltskollegiums vorgeschlagen. Damals nahm die SED-Bezirksleitung starken Einfluß, um dies zu verhindern. Aus der IM-Vorlaufakte Gregor Gysis ist zu entnehmen, daß auch das MfS diesbezüglich intervenierte.[1] Da die Mehrheit der Mitglieder des Rechtsanwaltskollegiums Mitglieder der SED waren, konnte leicht eine Entscheidung herbeigeführt werden und Gregor Gysi trat gar nicht erst zur Wahl an. Der Vorsitzende, auf den sich dann alle einigten, erklärte, daß er 1988 nicht wieder kandidieren würde. In diesem Jahr wurde Gregor Gysi von der Mehrheit der Kollegiumsmitglieder zum Vorsitzenden vorgeschlagen. Ernsthafte Versuche, die Wahl zu verhindern, gab es nicht mehr, sie wären zu dieser Zeit auch zurückgewiesen worden. Das Jahr 1988 war mit 1984 nicht mehr zu vergleichen. Die Mitglieder des Rechtsanwaltskollegiums waren wesentlich selbstbewußter geworden. Gregor Gysi wurde als einziger einstimmig in den Vorstand und von diesem zum Vorsitzenden gewählt. Die Wahlen waren geheim. Aus dieser Wahl ergab sich fast zwangsläufig seine Wahl zum »Vorsitzenden des Rates der Vorsitzenden der Kollegien der Rechtsanwälte der DDR« (dies war tatsächlich der offizielle Titel), da diese Funktion traditionell dem Berliner Mandatsträger zufiel.

Seit 1967 war Gregor Gysi Mitglied der SED. Er galt – wenngleich kritisch denkender Mensch – nicht als Oppositioneller; bekannt war, daß sein Vater zunächst als Kulturminister, dann als Botschafter der DDR in Italien und schließlich als Staatssekretär für Kirchenfragen zu den führenden Funktionären gehörte. Das galt allerdings nicht als Garantie für »Linientreue«, denn seit 1968 häuften sich die Fälle, daß gerade Söhne und Töchter von führenden FunktionärInnen dazu neigten, sich links in Opposition zur DDR und zur SED zu begeben und dafür teilweise auch verurteilt wurden (z.B. Thomas Brasch). Für MandantInnen von Gregor Gysi mag das familiäre Umfeld in Einzelfällen eine Rolle gespielt haben, wenn sie hofften, solche Kontakte bei der Verteidigung nutzbar zu machen. Tatsächlich gab es aber nur einen einzigen Fall, wo Gregor Gysi seinen Vater einbezog, als ein Wehrdienstverweigerer anbot, seinen Dienst als Bausoldat zu leisten und dies abgelehnt wurde. Der junge Mann war ungesetzlich inhaftiert worden und sollte vor Gericht gestellt werden. Dies konnte Gregor Gysi verhindern.

Für seine MandantInnen war die Parteimitgliedschaft Gregor Gysis offensichtlich kein Problem. Tatsächlich war aber auch nur ein Teil der zugelassenen Rechtsanwältinnen und -anwälte in der Strafverteidigung aktiv, und von denen war wiederum ein Teil nicht geneigt, Oppositionelle zu verteidigen. Diejenigen MandantInnen, die in ihren Verfahren das Ziel verfolgten, in den Westen entlassen zu werden und also mit der DDR abgeschlossen hatten, wandten sich fast ausnahmslos an Prof. Vogel, weil sie wußten, daß er ihnen am ehesten zur Ausreise verhelfen konnte. Diejenigen, die in der DDR bleiben wollten, waren mehrheitlich Menschen, die eigentlich eine verbesserte, aber auch sozialistische DDR wollten. Mit der Parteimitgliedschaft Gregor Gysis hatten sie häufig schon deshalb keine Probleme, weil sie bis zu ihrer Inhaftierung selbst in der SED waren oder vorher gegen ihren Willen ausgeschlossen worden waren.

Als Parteimitglied und als Bürger der DDR wurde von Gregor Gysi selbstverständlich erwartet, daß er sich loyal zu Partei und Staat verhielt. Dennoch wurde akzeptiert, daß die Aufgabe eines Rechtsanwaltes nun einmal die Verteidigung und damit die Auseinandersetzung mit der Anklage und nicht ihre Bestätigung war. Diese Akzeptanz nahm im Laufe der Jahre zu. In den fünfziger Jahren muß sie sehr gering gewesen sein. Man erwartete eher – ähnlich wie in den berühmten Stalin-Prozessen der dreißiger Jahre –, daß die VerteidigerInnen sich im Prinzip auf die Seite der Staatsanwaltschaft stellten. In den siebziger Jahren war das schon anders und es änderte sich noch mal in den achtziger Jahren. Die Behinderungen waren z.T. erheblich. Dazu Gregor Gysi: *»Gerade wenn das MfS als Untersuchungsorgan, das heißt als Ermittlungsbehörde auftrat, konnte ich meine Mandanten (z.B. Rudolf Bahro) während eines Ermittlungsverfahrens stets nur im Beisein eines Vernehmers des MfS sprechen. Noch schlimmer war, daß ich während des Ermittlungsverfahrens die Auflage erhielt, mit ihnen nicht über die ›Sache‹ zu sprechen. Das war ein eklatanter Widerspruch, denn andererseits war ich z.B. befugt, für einen Mandanten Haftbeschwerde einzulegen und zu begründen. Wie sollte dies aber geschehen, wenn ich mit ihm nicht über die ›Sache‹, das heißt über die Beschuldigung sprechen durfte. Dazu muß man allerdings wieder wissen, daß die Vergabe der Sprechgenehmigung so langatmig erfolgte, daß die Frist zur Einlegung und Begründung der Haftbeschwerde meist abgelaufen war, bevor man das erste Mal seinen Mandanten in der Haftanstalt in solchen Angelegenheiten sprechen konnte. Das änderte sich in den letzten Jahren. Es wurde eher unüblich, daß ein Vernehmer an den Gesprächen teilnahm.«* Im letzten Kommentar zur Strafprozeßordnung der DDR wurde das Verbot für den/die VerteidigerIn, während des Ermittlungsverfahrens mit seinem/ihr inhaftierten Mandanten bzw. Mandantin, über die »Sache« zu sprechen, sogar als unzulässig bezeichnet. Dieser Passus wurde mit viel Kampf durchgesetzt. Als Autor dieses Abschnittes wird übrigens Gregor Gysi im StPO-Kommentar angeführt.

Loyalität gegenüber Staat und Partei wurde dahingehend erwartet, daß ein Anwalt oder eine Anwältin die Gesetze selbst nicht angriff. Die Verteidigung bestand also darin, entweder zu behaupten, daß der durch die Anklageschrift unterstellte Sachverhalt nicht bewiesen war oder daß der Sachverhalt den Straftatbestand nicht erfüllte oder aber, daß

zumindest andere Konsequenzen angemessen wären. Konflikte gab es deshalb auch weniger wegen der Anträge der Verteidigung als wegen der Art und Weise ihrer Begründung. Und hier hatten SED-Mitglieder öfter mit Auseinandersetzungen zu rechnen als Nichtmitglieder, weil die SED ihre Mitglieder leichter zur Rechenschaft ziehen konnte.
Wie sah nun die Zusammenarbeit zwischen einem Rechtsanwalt und den staatlichen Organen bzw. der SED in politischen Fällen in der DDR aus? Dazu Gregor Gysi: *»Ich kann hier nicht für sämtliche Rechtsanwälte antworten. Ich kann nur dazu Stellung nehmen, wie ich in solchen Fällen vorgegangen bin. Andere haben möglicherweise andere Methoden gefunden.«* Jeder Verteidiger hat Kontakt zu staatlichen Organen, wenn er eine Verteidigung ausführt. Dies bezieht sich auf Kontakte zum Gericht, zur Staatsanwaltschaft und zur Ermittlungsbehörde. Die Ermittlungsbehörde ist in den meisten Ländern der Welt die Polizei. In der DDR gab es hier Besonderheiten. Es gab nach der Strafprozeßordnung vier offizielle Ermittlungsbehörden. Neben der »Volkspolizei« noch die »Transportpolizei«, die »Zollverwaltung« und die »Untersuchungsabteilung des Ministeriums für Staatssicherheit«.

In dem Maße, in dem normalerweise VerteidigerInnen zu Ermittlungsbehörden Kontakt unterhalten, konnte das in der DDR auch gegenüber der Untersuchungsabteilung des MfS erforderlich sein, wenn sie als Ermittlungsbehörde auftrat. Bei solchen Kontakten ging es um Fragen der Einstellung des Verfahrens, um Besuchserlaubnisse für Angehörige bei Inhaftierten, um Paketerlaubnisse, um Erleichterungen für MandantInnen etc. Bei politischen Fällen waren aber nicht nur die »Taten« politisch motiviert, sondern auch deren Verfolgung. Deshalb konnte gerade hier ein politisch-juristisches Agieren im Vorfeld wichtig sein, um Schaden für die eigenen MandantInnen abzuwenden. Die Situation war in jedem Falle verschieden, so daß es keine generelle Methode für alle Fälle gab. Gespräche mit der SED reduzierten sich auf wenige Fälle und dabei nur auf jene Vorkommnisse, die unmittelbar einer politischen Klärung bedurften. Es war allerdings auch keinesfalls so, daß die SED sich in jeden politischen Straffall einmischte, allerdings bei »Prominenten« wie Robert Havemann, Rudolf Bahro oder Bärbel Bohley spielte sie ihre »führende Rolle« schon voll aus.

Aus den folgenden Fällen wird deutlich, daß nicht selten MandantInnen Gregor Gysi um die Vermittlung in Konflikten schon im Vorfeld eines Strafverfahrens oder auch einfach in Fragen des politischen Taktierens mit den Staatsorganen baten. Allerdings gab es auch – aber seltener – Fälle, wo von seiten des Staates oder der Partei die Kontaktaufnahme über den Umweg des Anwalts gesucht wurde. Niemals hätte es zum Beispiel einen offiziellen Kontakt mit Robert Havemann gegeben, nachdem dieser aus der Partei ausgeschlossen worden war. Auch war der Staat vorsichtig geworden, nachdem z.B. ein heimlich mitgeschnittenes Gespräch eines Staatsanwaltes mit Robert Havemann bei ihm zu Hause kurze Zeit später im RIAS gesendet worden war. Für die MandantInnen bestand der Vorteil beim Kontakt über eine Mittelsperson darin, daß eine »Antwort« nicht direkt gegeben werden mußte, daß man lange erörtern konnte, welches Verhalten das taktisch geschickteste wäre. Gregor Gysi gibt dazu ein Beispiel: *»Als das Angebot kam, daß Robert Havemann als Ehrengast an der Kundgebung zur Befreiung des Zuchthauses Brandenburg im Beisein von Erich Honecker teilnehmen könnte, stand vor Robert Havemann sehr wohl die Frage, ob er sich darauf einlassen sollte. Immerhin legitimierte er damit das Regime auch in gewisser Hinsicht. Für ihn war aber wichtiger, daß damit das Regime nochmal öffentlich seine* (Havemanns, d.V.) *Rolle in der Nazizeit bestätigte und würdigte. Das konnte für die Auseinandersetzung im Rahmen weiterer Konflikte zwischen Robert Havemann und dem Staat von großer Bedeutung sein. Ferner wollte Robert Havemann signalisieren, daß er immer zu Gesprächen bereit sei. Ein solches Abwägen fand also statt.*

Immer war zu berücksichtigen, wie die realen Machtverhältnisse in der DDR aussahen, welche Folgen das eine oder das andere Verhalten haben konnte.«

Die Verteidigung von Rudolf Bahro

Gregor Gysis erster größerer politischer Fall war die Verteidigung von Rudolf Bahro. Wegen Nachrichtenübermittlung und Geheimnisverrat wurde gegen Bahro 1977 ein Ermittlungsverfahren eingeleitet, im selben Jahr wurde er inhaftiert. Im folgenden Jahr erging das Urteil zu acht Jahren Haft. Im Rahmen einer Amnestie im Jahr 1979 erfolgte die Entlassung aus dem Strafvollzug. Noch im gleichen Jahr siedelte Rudolf Bahro in die BRD über.

Mit der Einleitung des Ermittlungsverfahrens und der Inhaftierung Rudolf Bahros war in *seinem Fall* die »politische« Entscheidung verbunden, ihn auch zu verurteilen. Hier waren die Fronten äußerst verhärtet, so daß irgendwelche »Vermittlungsbemühungen« zunächst völlig sinnlos erschienen. Dennoch gab es während der Verteidigung natürlich Gespräche mit den MitarbeiterInnen der Untersuchungsabteilung des MfS hinsichtlich der Haftbedingungen und später wegen der Bedingungen im Strafvollzug mit dem zuständigen Staatsanwalt.

Bei der Verteidigung von Rudolf Bahro kam es darauf an herauszuarbeiten, daß – wenngleich der Sachverhalt nicht bestritten wurde – der Tatbestand nach dem Strafgesetzbuch nicht erfüllt war, so daß nach den Gesetzen der DDR ein Freispruch erfolgen mußte. Das war im Jahr 1978 in der DDR, in einer politischen Atmosphäre, in der Bahro als Feind und Verräter Nummer eins der DDR galt, noch keinesfalls selbstverständlich. Die eigentliche Aufgabe bestand deshalb darin, in der gerichtlichen Hauptverhandlung und im Rechtsmittel der Berufung so überzeugend wie möglich die Notwendigkeit eines Freispruchs zu begründen, unabhängig davon, daß dem Mandanten und Gregor Gysi klar war, daß es zu dem Freispruch nicht kommen würde.

Nachdem Rudolf Bahro dann in der BRD lebte, wandte er sich an Gregor Gysi mit der Bitte, wegen der Freilassung eines Mitgefangenen, der zu einer lebenslänglichen Freiheitsstrafe verurteilt worden war, zu verhandeln. Gregor Gysi hatte diesbezüglich kein Mandat, er kannte weder die Person noch den Fall. Der Auftrag war auch eindeutig politischer und nicht juristischer Natur, denn Rudolf Bahro wies darauf hin, daß er ansonsten in die Öffentlichkeit treten müßte, was dem Ansehen der DDR schaden könnte. Für Gregor Gysi gab es offensichtlich keinen Grund, einen solchen politischen Auftrag abzulehnen. Er wandte sich deshalb an einen Mitarbeiter der Abteilung Staat und Recht des ZK der SED mit der Bitte, diesen Fall zu überprüfen. Er wies auch darauf hin, daß anderenfalls mit einer »Kampagne« zu rechnen wäre. Später mußte er Rudolf Bahro einen abschlägigen Bescheid geben.

Eine Notiz über das Gespräch mit dem ZK-Vertreter findet sich in den Akten des MfS wieder, die im Zusammenhang mit Gregor Gysi angelegt wurden. Ein Mitarbeiter der Abteilung Staat und Recht des ZK informierte das MfS offensichtlich über die Aussprache mit Gregor Gysi. Leider konnten wir nicht überprüfen, ob diese Informationen sich auch in der MfS-Akte von Rudolf Bahro widerspiegeln. Dies ist mit hoher Wahrscheinlichkeit anzunehmen. Die Frage ist allerdings, ob dort die richtige Quelle der Informationen, nämlich das ZK der SED, angegeben ist, oder ob dort womöglich der Bericht eines vermeintlichen IM zu finden ist, der diese Informationen wiedergegeben hat. Weiter unten wird noch auf das Problem eingegangen werden, daß nicht jeder IM-Bericht auch tatsächlich von einem IM stammt.

Der Fall Robert Havemann

Kurze Zeit nach Abschluß der Verteidigung Rudolf Bahros übernahm Gregor Gysi die Verteidigung von Robert Havemann. Anlaß war ein sogenanntes Devisenvergehen, weil Robert Havemann Verträge mit Verlagen der BRD abgeschlossen haben sollte, ohne hierfür die nach den Gesetzen der DDR erforderliche Genehmigung der Staatsbank der DDR eingeholt zu haben. In erster Instanz verteidigte sich Robert Havemann selbst. Mit der Berufung gegen das Urteil des Kreisgerichts Fürstenwalde beauftragte er Rechtsanwalt Gregor Gysi. Dieser forderte in seiner Berufungsschrift, aus der damals auch in den westlichen Medien zitiert wurde, Freispruch. Das Bezirksgericht Frankfurt (Oder) wies die Berufung weisungsgemäß allerdings als unbegründet zurück. Es blieb also bei einer Geldstrafe in Höhe von 10.000,00 Mark. Diese wurde auch vollstreckt.

Dennoch fühlte sich Robert Havemann offensichtlich so gut verteidigt, daß er weitere Aufträge an Gregor Gysi erteilte.

Im Sommer 1980 wurde das Erscheinen eines weiteren Buches von Robert Havemann im Westen angekündigt. Hiermit war die unmittelbare Gefahr verbunden, daß erneut ein Strafverfahren wegen Devisenvergehens eingeleitet würde. Zusätzlich bestand auch noch die Möglichkeit, daß eventuell ein Strafverfahren wegen des Inhalts des Buches drohte. Darüber fand zwischen Robert Havemann und Gregor Gysi ein Gespräch statt. Robert Havemann erläuterte den Inhalt der einzelnen Kapitel so, daß deutlich wurde, daß eine strafrechtliche Relevanz nicht gegeben war.

Darüber hinaus mußte für die staatlichen Stellen eine Erklärung gefunden werden, wie das Manuskript (das Robert Havemann über Mittelsleute in den Westen versandt hatte) in den Westen gelangt sein konnte. Robert Havemann und Gregor Gysi einigten sich auf eine Variante, die auch ein Devisenvergehen ausschloß und die – unabhängig von ihrer Glaubwürdigkeit – auf jeden Fall nicht zu widerlegen war: Robert Havemann sollte die Manuskripte des Buches an mehrere Bürgerinnen und Bürger der DDR verteilt haben. Eine dieser Bürgerinnen bzw. einer dieser Bürger könnte ja das Buch ohne sein Wissen zur Veröffentlichung in den Westen geleitet haben. Eine Information über die betreffenden Bürgerinnen und Bürger der DDR sollte er mit dem Hinweis verweigern, daß er keine Unschuldigen belasten wolle. Da er keinen Vertrag mit einem Verlag abgeschlossen habe, sei er auch nicht verpflichtet gewesen, irgendeine Anmeldung bei der Staatsbank der DDR vorzunehmen. Es war gesichert, daß sich im Falle einer Hausdurchsuchung auch kein einziges Vertragsexemplar und keine Korrespondenz mit dem Verlag anfinden würden. (Solche vorgefundenen Schriftstücke waren nämlich die Grundlage der Verurteilung im ersten Fall.)

Bei dieser Gelegenheit informierte Robert Havemann Gregor Gysi darüber, daß seine geschiedene Ehefrau Eigentümerin eines Holzhauses auf seinem Grundstück sei. Nach über 13 Jahren teilte sie plötzlich mit, daß sie dieses Holzhaus hinsichtlich des Wertes taxieren lassen wollte, um es dann zu verkaufen. Einen Verkauf an Robert Havemann lehnte sie ab. Robert Havemann glaubte, daß es seiner geschiedenen Ehefrau lediglich darum ginge, einen möglichst hohen Kaufpreis zu erzielen. Gregor Gysi dagegen war der Auffassung, daß dieses plötzliche Interesse (13 Jahre nach der Ehescheidung) einen anderen Grund haben müßte. Er befürchtete, daß das MfS auf diese Art und Weise versuchen könnte, sich einen Beobachtungspunkt direkt auf dem Grundstück von Robert Havemann zu schaffen.

Bei diesem Gespräch verabredeten Gregor Gysi und Robert Havemann, daß Gregor Gysi das ZK der SED informieren würde, um von vornherein zu verhindern, daß wegen des Buches ein Ermittlungsverfahren eingeleitet würde. Gleichzeitig wollte er dringend davor warnen, daß das MfS einen Beobachtungspunkt auf dem Grundstück von Robert Havemann einrichtete, und zwar mit dem Argument, daß eine solche offensichtliche Überwachung internationale Proteste und eine Schädigung des Ansehens der DDR nach sich ziehen würde.

Aus seiner Handakte weiß Gregor Gysi, daß er noch am selben Tag bei einem Mitarbeiter der Abteilung Staat und Recht des ZK der SED war, ihn über den Sachverhalt informierte und vor einer Schädigung des »Ansehens der DDR« warnte. Offensichtlich muß – ebenso wie in dem früheren Falle bei Bahro und wie es sich auch in einem anderen Falle bei Havemann aus der MfS-Akte zur Person von Gregor Gysi ergibt – in dieser Sache eine Information des ZK der SED an das MfS gegangen sein. Daraus wiederum muß das MfS für die Akte Havemann einen Bericht[2] gefertigt haben. Er ist zwar nicht als IM-Bericht deklariert, aber mit »gez. Gregor« unterschrieben. Auf den ersten drei Seiten sind ganz offensichtlich Informationen von Gregor Gysi verwendet worden. Auf der vierten Seite befindet sich dagegen eine Einschätzung von einem Juristen, entweder vom ZK oder vom MfS über die nunmehr gegebenen Möglichkeiten, in der Sache des Holzhauses fortzufahren. Was im übrigen ein Indiz dafür ist, daß das Interesse am Holzhaus tatsächlich beim MfS und weniger bei der geschiedenen Ehefrau von Robert Havemann lag.

Was der *Spiegel*, Katja Havemann und andere in diesem Zusammenhang nicht erwähnen, ist, daß die Aktivitäten Gregor Gysis offensichtlich Erfolg hatten. Denn wegen der Veröffentlichung des Buches wurde kein erneutes Devisenverfahren eingeleitet. Auch wegen des Inhalts des Buches kam es zu keinem Strafverfahren. Und hinsichtlich des Holzhauses ergibt sich aus einer weiteren Akte von Gregor Gysi, daß ein jahrelanger Rechtsstreit – auch vor dem Kreisgericht Fürstenwalde – letztlich mit dem Ergebnis endete, daß nie eine fremde Person dieses Holzhaus nutzen durfte. Der mutmaßliche Plan des MfS, das Holzhaus als Beobachtungsobjekt gegen Robert Havemann zu nutzen, ging also nicht auf.

Es gab noch andere Fälle, in denen sich Robert Havemann an Gregor Gysi mit der Bitte wandte, sich an das ZK der SED oder an andere zentrale staatliche oder gesellschaftliche Stellen zu wenden.

In einem Falle ging es um seine Teilnahme an der alle fünf Jahre stattfindenden Kundgebung aus Anlaß der Befreiung der Häftlinge aus dem Zuchthaus Brandenburg. Seitdem der ehemalige Brandenburg-Häftling Robert Havemann zum Staatsfeind und zur »Unperson« in der DDR erklärt worden war, bekam er keine Einladung mehr, als Ehrengast an den Jahrestagen teilzunehmen. Die Gespräche führte Gregor Gysi mit Erfolg, es geschah das Sensationelle: an dieser Kundgebung nahmen Erich Honecker und Robert Havemann gemeinsam teil. Das Westfernsehen berichtete nur wegen dieses Umstandes von der Kundgebung.

So eine Gelegenheit nutzte die »andere Seite« natürlich dazu, ihrerseits Informationen an Robert Havemann – er sollte im Vorfeld keine Erklärungen an die Presse geben und bei der Veranstaltung nicht provozieren – zu übermitteln, damit die Kundgebung »reibungslos« verliefe.

In einem anderen Fall ging es darum, daß Robert Havemann Gregor Gysi bat, an das ZK der SED zu übermitteln, daß er bereit wäre, sein Verhalten gegenüber der DDR zu differenzieren. Dafür gab es zwei Gründe. Zum einen fürchtete er um seine Ehe, wenn die Maßnahmen des Hausarrests aufrecht erhalten blieben. Zum anderen hielt er den NATO-Raketenbeschluß (sogenannte Nachrüstung) für äußerst gefährlich. Er sah zum ersten Mal die Möglichkeit, daß die sozialistischen Länder Osteuropas einschließlich der Sowjetunion tatsächlich vernichtet werden könnten. Auch aus diesem Grunde wollte er Zurückhaltung üben. Gregor Gysi hat auftragsgemäß das ZK der SED informiert. Auch diese Information findet sich als Bericht des ZK der SED an das MfS in der MfS-Akte zu Gregor Gysi wieder. Auch hierüber wird es vermutlich einen Bericht möglicherweise eines IM in der Akte von Robert Havemann geben.

Die Ausreise von Bärbel Bohley

Bärbel Bohley wurde von Gregor Gysi in einem Strafverfahren faktisch nur an einem Tag, nämlich am 5. Februar 1988 vertreten. Das war der Tag ihrer Entlassung aus der Untersuchungshaftanstalt und ihrer Ausreise in die Bundesrepublik Deutschland. Bärbel Bohley war am 25. Januar 1988 im Zuge der zweiten Verhaftungswelle im Zusammenhang mit der »Liebknecht-Luxemburg-Demonstration« am 17. Januar verhaftet worden. Unmittelbar nach ihrer Inhaftierung hatte sie Rechtsanwalt Schnur mit ihrer Verteidigung beauftragt. Auf Bitte von Katja Havemann sollte Gregor Gysi zusätzlich die Verteidigung übernehmen, so daß es zur ersten Rücksprache zwischen Bärbel Bohley und Gregor Gysi (im Beisein von Wolfgang Schnur) am 5. Februar 1988 kam. Zu diesem Zeitpunkt lag bereits das Angebot vor, wonach auf ein Strafverfahren wegen Landesverrats verzichtet werden würde, wenn Bärbel Bohley wenigstens vorübergehend die DDR verließe. Sie war unter der Bedingung, daß sie nach sechs Monaten zurückkehren könnte, damit einverstanden. Auf ihre Frage hin versicherte Rechtsanwalt Schnur, daß auf eine entsprechende Zusage Verlaß sei. Dies bestätigte auch Rechtsanwalt Gysi, wies allerdings darauf hin, daß ihm gegenüber und möglichst schriftlich eine Zusage für die Rückkehr erklärt werden müßte. Bisher kenne er das Angebot nicht und ihm habe auch noch niemand zugesichert, daß sie tatsächlich zurückkehren könne. Gregor Gysi verabschiedete sich von Bärbel Bohley mit der Bitte, nichts zu unterschreiben und die Haftanstalt nicht zu verlassen, bis er wiederkäme, was sie auch zusagte. Er wollte eine schriftliche Bestätigung durch die Generalstaatsanwaltschaft der DDR dergestalt einholen, daß Bärbel Bohley nach sechs Monaten wieder zurückkehren könne.

Als er am selben Abend wieder bei der Haftanstalt vorsprach, mußte er erfahren, daß Bärbel Bohley inzwischen alle Dokumente unterzeichnet hatte und sich bereits auf dem Wege in die Bundesrepublik Deutschland befand.

Die Tatsache, daß Rechtsanwalt Gregor Gysi nicht zu einer bedingungslosen Unterschrift riet und Sicherungen herbeiführen wollte, veranlaßte Bärbel Bohley, zu ihm größeres Vertrauen zu entwickeln, was sich aus einem Brief von ihr ergibt. Ihn beauftragte sie auch, für ihre Rückkehr in die DDR nach Ablauf der Sechs-Monatsfrist zu sorgen.

Bei den sogenannten offiziellen Stellen der DDR wandelte sich jedoch zwischenzeitlich die Stimmung, und die Bereitschaft, Bärbel Bohley wieder in die DDR hineinzulassen, wurde geringer. Sicherlich hat auch Manfred Stolpe seinen Beitrag dazu geleistet, daß es dennoch zur Rückkehr von Bärbel Bohley kam. Gregor Gysi wandte sich jedenfalls an die Abteilung Staat und Recht des ZK der SED und wies darauf hin, daß eine Nichtgewährung der Rückkehr von Bärbel Bohley nicht nur ein Verstoß gegen Gesetze der DDR wäre. Vielmehr könnte man der DDR dann international berechtigt Wortbruch vorwerfen. So gelang es dann, daß Bärbel Bohley tatsächlich pünktlich nach Ablauf der sechs Monate in die DDR zurückkehren konnte. Dies entsprach ihrem Wunsch.

Die Ausreise der Wollenbergers

Ebenfalls im Zusammenhang mit den Ereignissen um die Liebknecht-Luxemburg-Demonstration im Januar 1988 hatte Gregor Gysi nur noch ein weiteres Mandat. Er vertrat Knud

Wollenberger gegen dessen Ehefrau. Wie Bärbel Bohley sollte auch sie am 5. Februar 1988 aus der Haftanstalt entlassen werden, um vorübergehend in die BRD bzw. nach Großbritannien auszureisen. Vera Wollenberger, die bereits zu sechs Monaten Haft verurteilt war, erklärte sich damit auch einverstanden, während ihr Mann der Ansicht war, daß sie die Ausreise aus politischen Gründen verweigern sollte.

An diesem 5. Februar 1988, es war ein Freitag, suchten Vertreter der Jugendhilfe Knud Wollenberger auf, um die Kinder abzuholen, damit diese mit der Mutter ausreisen könnten. Der Ehemann weigerte sich jedoch, den Aufenthaltsort der Kinder bekanntzugeben. Er beauftragte Rechtsanwalt Gregor Gysi, der ihm zunächst versicherte, daß nach dem Familiengesetzbuch der DDR die sorgeberechtigten Eltern über den Aufenthaltsort der Kinder nur gemeinsam entscheiden können. Einigten sie sich nicht, so könne das Gericht auf Klage eines Elternteils gegen den anderen Elternteil bestimmen, wer von beiden über den Aufenthaltsort der Kinder entscheidet. So eine Klage hätte natürlich die Ausreise von Vera Wollenberger erheblich verzögert.

Obwohl es offensichtlich eine Politbüroentscheidung oder eine Einzelentscheidung des Generalsekretärs des ZK der SED gab, die Inhaftierten am 5. Februar 1988 in den Westen zu entlassen, konnte dieser Beschluß im Falle Vera Wollenbergers nicht zum vorgesehenen Zeitpunkt durchgesetzt werden, weil zwischen den Eltern noch keine Einigung hinsichtlich der Kinder erzielt worden war. Am 6. Februar besuchten Knud Wollenberger und Gregor Gysi Vera Wollenberger in der Haftanstalt. Zwischen beiden Eheleuten gab es in dieser Frage einen heftigen Streit, weil Vera Wollenberger unbedingt ausreisen wollte, während Knud Wollenberger auf seinem Standpunkt beharrte. Dennoch konnte schließlich eine schriftliche Vereinbarung erarbeitet und abgeschlossen werden, die von Gregor Gysi aufgesetzt und von den beiden Eheleuten und ihm unterzeichnet wurde. Aus dieser Vereinbarung ergab sich, daß der Aufenthaltsort der Kinder in den nächsten sechs Wochen von Knud Wollenberger und danach für ein Jahr von Vera Wollenberger bestimmt werden sollte.

Die Überlegung bei der Vereinbarung bestand darin, daß Knud Wollenberger davon ausging, daß innerhalb der nächsten sechs Wochen eine Entlassung seiner Ehefrau in die DDR stattfinden würde. Sollte er sich diesbezüglich täuschen, war er damit einverstanden, daß sie ausreisen und für das kommende Jahr den Aufenthaltsort der Kinder dann allein bestimmen könnte. Vera Wollenberger wollte diese Vereinbarung ursprünglich nicht, da sie mit einer Entlassung in die DDR nicht rechnete und befürchtete, daß ausschließlich die Zeit ihrer Haft verlängert würde.

Gregor Gysi hatte gegenüber Knud Wollenberger auf all diese rechtlichen Möglichkeiten hingewiesen, die es den Behörden nicht möglich machten, einen Politbürobeschluß bzw. eine Weisung des Generalsekretärs des ZK der SED hinsichtlich der Entlassung von Vera Wollenberger einfach zu vollziehen. Dies war in der DDR zumindest ungewöhnlich und führte u.a. dazu, daß der stellvertretende Generalstaatsanwalt der DDR, Herr Borchert, auf einer Dienstbesprechung den Entzug der Anwaltserlaubnis für Gregor Gysi ankündigte.

Rechtsanwalt Gysi und Knud Wollenberger trafen sich erst am 8. Februar 1988 wieder. Inzwischen hatte Knud Wollenberger seine Meinung geändert und war mit der sofortigen Ausreise seiner Ehefrau einverstanden. Auf entsprechende Anfrage von Vera Wollenberger bestätigte Gregor Gysi, daß ihn der zuständige Staatsanwalt noch einmal an diesem Tage fernmündlich erklärt habe, daß eine Entlassung in die DDR nicht in Frage käme.

Der Vorwurf, Gregor Gysi habe an diesem 8. Februar 1988 damit wider besseres Wissen eine falsche Information übermittelt, ist offensichtlich unbegründet. Die Tatsache nämlich, daß Vera Wollenberger in ihrer Strafakte eine Verfügung des Staatsanwalts vom 6. Februar 1988 gefunden haben will, wonach sie am 8. Februar 1988 in die DDR entlassen werden sollte, ändert nichts daran, daß Gregor Gysi am Morgen des 8. Februar genau die Information erhielt, die er auch übermittelt hat. Ob sie wahr oder unwahr war, konnte er nicht überprüfen. Außerdem seien auch andere Bedenken angemeldet. Gegen den Vorwurf Vera Wollenbergers spricht, daß die Entlassungsverfügungen offensichtlich erst nachträglich angefertigt, einen Werktag vor die tatsächliche Entlassung zurückdatiert und so zu den Akten genommen wurden. Feststeht, daß Vera Wollenberger eigentlich bereits am 5. Februar 1988 in die BRD entlassen werden sollte, sich folglich auch eine Entlassungsverfügung vom 4. für den 5. Februar finden müßte. Die eigentliche Entlassungsgrundlage war außerdem ein Beschluß des Gerichts über die Strafaussetzung auf Bewährung, der sicherlich ebenfalls rückdatiert angefertigt wurde. (Übrigens von keinem Unbekannten, sondern dem späteren Rechtsanwalt Wetzenstein-Ollenschläger, der kurzzeitig die Verteidigung Erich Mielkes übernahm und dann verlustig ging.) Der eigentliche Vorwurf von Vera Wollenberger am 8. Februar 1988 gegenüber Gregor Gysi lautete auch ganz anders, nämlich dahingehend, daß er versucht hätte, ihr ihre Kinder wegzunehmen.

Die *Spiegel*-Vorwürfe

Auf der Grundlage dieser Informationen über politische Mandate Gregor Gysis, die heute immer wieder Gegenstand von Beschuldigungen und Verdächtigungen werden, soll nun im einzelnen versucht werden, den Wahrheitsgehalt des *Spiegel*-Beitrags unter der Überschrift »Die Wanze hatte Arme« in der Nr. 8/1992 vom 24. Februar 1992 auf den Seiten 30 bis 33 zu überprüfen. Dabei geht es nicht nur darum, bestimmte Aussagen im einzelnen zu widerlegen, sondern auch darum, darzustellen, auf welche Art und Weise völlig einseitige oder unzulässige Schlußfolgerungen gezogen werden.

Der *Spiegel* beginnt mit der Vorstellung zweier MfS-Dokumente:
»Aus dem ersten, einem ›MfS-Beschluß‹ vom 18. September 1980, ging hervor, daß Gysi als Stasi-Spitzel angeworben werden sollte, vorgesehener Deckname ›Notar‹. In dem zweiten Papier, vom 14. August 1986, wird der Anwerbeversuch für gescheitert erklärt: ›Die Möglichkeiten des Kandidaten zu einer inoffiziellen Zusammenarbeit sind auf Grund der beruflichen Tätigkeit begrenzt. Er ist daher zur Aufklärung und Bekämpfung politischer Untergrundtätigkeit nicht geeignet‹ (Spiegel 5/1992). Gerade das Stasi-Dokument aus dem Jahr 1986, das den Verdacht gegen Gysi scheinbar entkräftet, überführt ihn mit hoher Gewißheit als Stasi-Zuträger. Denn es weist aus, daß der IM-Kandidat Gysi zu diesem Zeitpunkt bereits als MfS-Mitarbeiter unter dem ›vorl. Decknamen ›Gregor‹‹ geführt wurde.«

Bemerkenswert ist zunächst, daß das Dokument des MfS vom 18. September 1980[3] als »Beschluß« und das Dokument[4] vom 14. August 1986 als »Papier« bezeichnet wird. Hier soll offensichtlich eine unterschiedliche Wertigkeit der Leserin bzw. dem Leser suggeriert werden. In Wirklichkeit handelt es sich in beiden Fällen um MfS-Beschlüsse. Der erste Beschluß besagt nicht mehr und nicht weniger, als daß Gregor Gysi als inoffizieller Mitarbeiter des MfS gewonnen werden sollte. Der zweite Beschluß sagt eindeutig aus, daß es zu keiner erfolgreichen Anwerbung gekommen ist und deshalb die Vorlaufakte geschlossen wurde. Aus diesem Beschluß ergibt sich auch, daß die Vorlaufakte archiviert wurde. Das steht in Übereinstimmung mit dem sogenannten IM-Buch,[5] in dem die Eintragung des IM-Vorlaufes »Gregor« enthalten ist, ein IM-Vorgang aber nicht durch Eintragung bestätigt wurde, im Unterschied zu anderen Fällen, die dort ebenfalls registriert worden sind. Der Beschluß findet auch dadurch seine Bestätigung, daß die Gauck-Behörde die Akte vollständig im Archiv vorfand. Die Behauptung des *Spiegel,* wonach der Beschluß vom 18. September 1980 Gregor Gysi nur scheinbar entlaste und in Wirklichkeit beweise, daß er bereits zu diesem Zeitpunkt als »MfS-Mitarbeiter« geführt wurde, ist eindeutig falsch. Ein IM-Vorlauf besagt nichts anderes, als die Absicht des MfS, eine bestimmte Person als inoffizielle/n MitarbeiterIn zu gewinnen. Im Einzelfall konnte es natürlich auch schon während der Dauer des IM-Vorlaufs zu einer Zusammenarbeit kommen. Dies war möglich, aber keinesfalls zwingend. Die Begründung zum Abschluß der Vorlaufakte von Gregor Gysi und die Nichtbestätigung eines IM-Vorganges sprechen in diesem Falle eindeutig dagegen.

Neben dieser Textstelle wird im *Spiegel* im Faksimile eine Karteikarte[6] zu Gregor Gysi abgedruckt. Unter diesem Faksimile steht: »*Stasikarteikarte über Gysi: ›Verbindung: Havemann‹*«

Durch den Abdruck der Karteikarte im Textzusammenhang wird der Eindruck erweckt, als ob es sich hierbei um die Registrierung einer Mitarbeit von Gregor Gysi beim MfS handelt. In Wirklichkeit belegt das Dokument das Gegenteil. Tatsächlich handelt es sich um eine sogenannte »Kerblochkarte«, mit der Gregor Gysi am 18. September 1980 beim MfS erfaßt wurde. Solche Karteikarten wurden für alle Personen angelegt, über die Informationen gesammelt wurden, in keinem Fall aber für inoffizielle MitarbeiterInnen. Entsprechend befinden sich auf der Rückseite der Karte Berichte in Form von Rapporten über Gregor Gysi. Auf der rechten Seite der Karteikarte ist das Erfassungsdatum vermerkt. Darunter gibt es in der Spalte »*Erfassung gelöscht*« ein zweites Datum, den 5. September 1986, das rechts daneben wieder auftaucht als Datum, zu dem ein operativer Personenkontrollvorgang (OPK) unter dem Decknamen »Sputnik« gegen Gregor Gysi eingeleitet wurde. Im Rahmen dieses operativen Personenkontrollvorgangs wurden die Persönlichkeit und die Tätigkeit Gregor Gysis mit zahlreichen Methoden überwacht. Es grenzt schon an Fälschung, eine Karteikarte, die eine Tätigkeit des MfS gegen Gregor Gysi beweist, in einer Art und Weise in einem Artikel abzudrucken, die dem Leser und der Leserin den Eindruck aufdrängt, daß hier eine MfS-Zusammenarbeit bestätigt wird.

Im *Spiegel*-Beitrag heißt es weiter:

»*Vorige Woche jedoch präsentierte das Berliner Fernsehmagazin* Kontraste *einen Spitzel-Bericht von ›Gregor‹, abgefaßt knapp zwei Monate bevor die IM-Akte ›Notar‹ angelegt wurde. Katja Havemann, die Witwe des DDR-Regimekritikers Robert Havemann, fand in ihren Akten einen ›Bericht über den Besuch des Rechtsanwalts Gysi bei Dr. Havemann‹, datiert vom 23. Juli 1980, ›gez. ›Gregor‹‹. Das Papier bringt Gysi in hohe Erklärungsnot. Nach seinem Besuch in der Gauck-Behörde wies Gysi den damals bereits aufgekommenen Verdacht weit von sich, er habe Havemann über eine im Westen geplante Buchveröffentlichung ausgehorcht. ›Das ist spannend‹, sagte Gysi damals zum Spiegel, ›weil nach meiner Erkenntnis gab es nie die Situation, mit ihm über ein Buch zu reden.‹ ›Gregors‹ Bericht widerlegt den PDS-Chef Gysi. ›Anlaß des Besuchs‹ des Rechtsanwalts Gysi bei Havemann war, laut ›Gregor‹, unter anderem ›die Vorankündigung eines Buches von ihm im westdeutschen Börsenblatt‹*«.

Auch hier beginnt alles mit Ungenauigkeiten. Der »Gregor«-Bericht vom 23. Juli 1980 ist nämlich nicht »*zwei Monate, bevor die IM-Akte ›Notar‹ angelegt wurde*« verfaßt worden, sondern zwei Monate, bevor der IM-Vorlauf »Gregor« am 18. September 1980 angelegt wurde. Aus keiner der uns vorliegenden Unterlagen ergibt sich, ob und wann eine IM-Akte »Notar« angelegt wurde. Der Ex-MfS-Offizier Lohr erklärte hingegen, daß in einer Akte »Notar« die verschiedensten Informationen im Zusammenhang mit Gregor Gysi und seiner Tätigkeit gesammelt wurden.[7] Der *Spiegel* versucht hier, den Übergang von »Gregor« zu »Notar« irgendwie zu schaffen.

Danach operiert der *Spiegel* mit einem Zitat von Gregor Gysi (»*Das ist spannend, weil nach meiner Erkenntnis gab es nie die Situation, mit ihm über ein Buch zu reden«)*, das sich auf einen völlig anderen Fall bezieht. Der *Spiegel* hatte Gregor Gysi nämlich vorgehalten, daß es einen Maßnahmeplan gäbe, nach dem zahlreiche IM, darunter auch der IM »Notar«, den Auftrag erhielten, mit Havemann über sein bereits erschienenes Buch »Morgen« zu reden. Diesen Maßnahmeplan haben wir nicht vorliegen. Wie wir inzwischen wissen, datiert er vom 15. März 1981. Somit ist festzustellen, daß es vor dem 21. Juli 1980 keinen Maßnahmeplan gab, der einen IM »Notar« verpflichtete, mit Robert Havemann über sein Buch zu sprechen, zumal das Buch noch nicht erschienen war. Ein solcher Auftrag konnte zu diesem Zeitpunkt auch einem IM »Notar« schon deshalb nicht erteilt werden, weil es zu diesem Zeitpunkt nicht einmal eine Akte »Notar« gab.[8] Nach dem Maßnahmeplan vom 15. März 1981 gibt es aber offensichtlich weder einen Bericht von Gregor Gysi noch von irgendeinem IM »Notar« über eine Besprechung mit Robert Havemann über das Buch. Insofern war die Auskunft von Gregor Gysi gegenüber dem *Spiegel*, daß er niemals in Zusammenhang mit diesem Maßnahmeplan – von wem auch immer – einen Auftrag erhalten hätte, mit Robert Havemann über sein Buch zu sprechen und es auch nicht getan hätte, korrekt.

Bei dem im »Gregor«-Bericht wiedergegebenen Gespräch am 21. Juli 1980 ging es dagegen darum, vor Erscheinen des Buches abzuklären, wie eine strafrechtliche Verantwortlichkeit, insbesondere wegen eines Devisenvergehens, verhindert werden konnte. Journalistisch ist es selbstverständlich unzulässig, eine Aussage, die sich auf einen ganz anderen Vorgang bezieht, in der Art und Weise zu kombinieren, wie es der *Spiegel* getan hat.

In Bezug auf den Bericht von »Gregor« heißt es im *Spiegel* weiter:
»Auf zwei Seiten, eng mit Schreibmaschine beschrieben, referiert der Stasi-Spitzel nicht nur einzelne Kapitel ›des zu erwartenden Buches‹, sondern gibt auch Havemanns Äußerungen ›zur technischen Seite der Verbringung des Buches‹ wieder. Salopp resümiert ›Gregor‹ die Einschätzung Havemanns. ›So ungefähr‹, notiert der Stasi-Mitarbeiter, ›versuchte er seine Entlastung in strafrechtlicher Hinsicht zu erläutern für den Fall, daß ihm entsprechende Vorwürfe gemacht werden‹«.

Wie oben bereits dargestellt, sind in diesen Bericht[9] Informationen eingeflossen, die Gregor Gysi *im Auftrage seines Mandanten* einem Mitarbeiter der Abteilung Staat und Recht des ZK übermittelt hat. Aus dem zweiten und dritten Absatz ergibt sich zunächst, daß hier eindeutig versucht wurde, Übereinstimmungen zwischen Robert Havemann einerseits und offiziellen Positionen der DDR andererseits zu betonen. Es wird sogar darauf hingewiesen, daß Kritik an der DDR auch im Zusammenhang damit stand, daß anderenfalls eine Veröffentlichung in westlichen Medien nicht zu erreichen wäre. Selbst aus der Wiedergabe des ZK-Mitarbeiters ergibt sich, daß der Inhalt des Buches so geschildert worden sein muß, daß eine strafrechtliche Verfolgung wegen dieses Inhalts von vornherein ausschied. Das gilt erst recht für die Art und Weise, wie das Manuskript in den Westen gelangt war. Nach den dort übermittelten Informationen kam in diesem Falle im Unterschied zu früheren Veröffentlichungen eine strafrechtliche Verantwortlichkeit nach dem Devisengesetz der DDR nicht in Frage. Die Informationen liefen eindeutig darauf hinaus, daß Robert Havemann keine Verträge geschlossen, keine Forderungen gegenüber Verlagen begründet und mithin auch kein Devisenvergehen begangen hatte. Es wird in dem Bericht ausdrücklich darauf hingewiesen, daß Robert Havemann völlig unklar sei, wie das Buch in den Westen gelangte. *»Er habe damit nichts zu tun.«* Er könne es sich eben nur so erklären, daß er mehrere Exemplare in der DDR verteilt und irgendein DDR-Bürger auf die Idee gekommen sein mußte, das Manuskript in den Westen zu verschicken. Auch diese Information ist eine offensichtliche Entlastung, denn erstens entsprach sie vollständig der zwischen Robert Havemann und Gregor Gysi abgesprochenen »Verteidigungsstrategie« und zweitens hatte sie Erfolg, denn es kam ja zu keinem erneuten Devisenstrafverfahren.

Im *Spiegel*-Bericht heißt es zu dem Bericht von »Gregor«:
»Ein zweites Gesprächsthema zwischen Gysi und Havemann war der dem Regimegegner aufgezwungene Verkauf eines Holzhauses auf dem Grundstück im Berliner Vorort Grünheide.«

Auch hier ist zunächst eine Unkorrektheit festzustellen. Robert Havemann hatte das Holzhaus auf seinem Grundstück niemals verkauft, weder freiwillig noch zwangsweise. Vielmehr hatte er im Rahmen seines Ehescheidungsverfahrens selbst beantragt, daß das Eigentum an diesem Holzhaus, das sich auf seinem Grundstück befand, auf seine Ehefrau übertragen wurde. So hatte das Gericht auch entschieden. Genau das war die rechtliche Schwierigkeit, mit der es Rechtsanwalt Gregor Gysi zu tun hatte, als er versuchte zu verhindern, daß dieses Holzhaus nunmehr von der geschiedenen Ehefrau an einen Dritten verkauft und dieser zur Nutzung des Hauses auf dem Grundstück von Robert Havemann berechtigt würde. Dazu wurde bereits eingangs Stellung genommen. Auch hier erwähnt der *Spiegel* nicht, daß es auch und gerade dem Bemühen von Gregor Gysi zu verdanken ist, daß der Plan des MfS nicht aufging, einen Beobachtungsposten in diesem Holzhaus auf dem Grundstück von Robert Havemann zu errichten. Dieses Holzhaus ist niemals durch eine dritte Person genutzt worden.

Letztlich heißt es zu dem Bericht von »Gregor« im *Spiegel:*
»Bei der Abfassung seines Berichts unterlief ›Gregor‹ an dieser Stelle ein entscheidender Fehler: Unvermittelt verfällt ›Gregor‹, der sonst vom Rechtsanwalt Gysi in der dritten Person spricht, in die Ich-Erzählung. ›Meiner Meinung nach‹, kommentiert der Stasi-Konfident, ›gebe es keine Möglichkeit, Havemann zu zwingen, Kaufinteressenten aufs Grundstück zu lassen‹. Und ›meines Erachtens‹, so der Zuträger an anderer Stelle, könne Havemann den Zutritt nicht verwehren, ›wenn seine geschiedene Ehefrau dabei ist‹«.

Die Freude des *Spiegel* über den »*entscheidenden Fehler*« von »Gregor« ist offensichtlich, aber völlig verfehlt. Wer den Bericht[10] genau liest, stellt zunächst fest, daß von Robert Havemann und Gregor Gysi auf den ersten drei Seiten stets in dritter Person berichtet wird. Auf der Seite vier gibt es dann die zwei Absätze, die auch im Faksimile des *Spiegel* abgedruckt sind, der eine beginnt mit »*meiner Meinung*« und der andere mit »*meines Erachtens*«. Es ist hier ganz offensichtlich, daß nach der Informationswiedergabe nunmehr eine persönliche Einschätzung eines Juristen entweder des ZK der SED oder des MfS darüber folgt, welche Möglichkeiten aufgrund dieser Informationen bestehen. Wenn also auf den Seiten zuvor Informationen von Gregor Gysi gegenüber dem Mitarbeiter des ZK der SED genutzt wurden, so stammen die gezogenen Schlußfolgerungen mit Sicherheit nicht von Gregor Gysi, wie sich aus seiner juristischen Argumentation vor Gericht ergibt. Sie zeigen allerdings, welch hohes Interesse das MfS daran hatte, die Nutzung dieses Holzhauses zu sichern. Immerhin genügten aber seine Informationen, daß auch der Rechtsberater für das MfS davon ausgehen mußte, daß nicht viele Möglichkeiten hinsichtlich der Nutzung dieses Objektes bestanden.

Der *Spiegel* fährt in seinem Beitrag dann wie folgt fort:
»Der Bericht kann nicht, womit Gysi andere Schriftstücke zu erklären versucht, durch heimliches Belauschen der Gesprächspartner zustande gekommen sein. Auch Katja Havemann ist sich dessen, wie sie im TV-Magazin Kontraste *bekundete, ganz sicher: Es könne sich nicht um einen ›Wanzenbericht‹ handeln, ›denn er enthält ganz subjektive Einschätzungen des Berichtenden ›Gregor‹ über dieses Gespräch‹. Deshalb, schlußfolgert Katja Havemann, könne es ›nur Gregor Gysi sein, der diese Informationen weitergibt, denn der*

hat dieses Gespräch hier im Hause geführt‹«.
Hier versuchte es der *Spiegel* mit einer altbewährten Methode. Man unterstellt dem »Beschuldigten« ein falsches Verteidigungsargument, das leicht zu widerlegen ist, und macht ihn auf diese Art und Weise unglaubwürdig. In Wirklichkeit hat Gregor Gysi zur Herstellung irgendwelcher Schriftstücke bisher nur dann etwas erklärt, wenn er wie im vorliegenden Fall die Entstehung selbst nachvollziehen kann. In anderen Fällen gibt es lediglich Äußerungen der Ex-Offiziere des MfS, Lohr und Reuter, die die Vorgänge bearbeiteten und Schriftstücke anfertigten und insofern am ehesten zur Erklärung der Entstehung von Akten etwas beitragen könnten. Wäre der *Spiegel* seiner Sorgfaltspflicht nachgekommen, hätte er Gregor Gysi zu diesem Schriftstück befragt und die Informationen erhalten, die hier wiedergegeben wurden. Dann hätten sich falsche Schlußfolgerungen und auch falsche Verteidigungsargumente erübrigt. Niemals hat Gregor Gysi behauptet, daß gerade dieses Schriftstück auf der Grundlage von technischen Abhörmaßnahmen entstanden sei. Deshalb entsteht auch keine neue Beweislage durch die Wiedergabe von Äußerungen Katja Havemanns. Auch diese hatte sich bei Gregor Gysi nicht erkundigt. Und hinsichtlich der subjektiven Schlußfolgerungen am Schluß des »Gregor«-Berichtes wurde bereits ausreichend Stellung genommen.

Der *Spiegel* schlußfolgert dann weiter:
»Trotz erdrückender Indizienlast bestreitet Gysi nach wie vor, für die Stasi gearbeitet zu haben ...«
Alle Argumente des *Spiegel* bis dahin sind leicht widerlegbar und haben mit einer »erdrückenden Indizienlast« nichts gemein. Warum also sollte Gregor Gysi eine Mitarbeit für das MfS einräumen, wenn es sie durch ihn nicht gegeben hat?

Der *Spiegel* setzt anschließend seine »Beweiskette« wie folgt fort:
»Zur Entlastung Gysis hat der ehemalige Stasi-Oberstleutnant Günter Lohr, 61, der in den Akten als Sachbearbeiter auftaucht, eine 13seitige Darstellung verfaßt. Bei dem Decknamen ›Notar‹, behauptet Lohr, ›handelte es sich um eine nichtregistrierte Materialsammlung aus unterschiedlichen Quellen‹, zum Beispiel von ›IM der eigenen und von anderen Diensteinheiten, Mitarbeitern von Parteien und Justizorganen, der Volkspolizei, dem Untersuchungsorgan sowie Informationen aus technischen Überwachungsmaßnahmen‹. Die Informationen seien ›unter einem fiktiven IM Notar abgefaßt‹ worden, versichert der Stasi-Täter – angeblich um die eigenen Leute zu täuschen: ›Damit erhöhte sich die Konspiration, so daß auch andere Mitarbeiter die Herkunft der Information nicht kennen konnten.‹ In Wahrheit gibt es reihenweise Belege, daß ›Notar‹ eine Person gewesen sein muß. Schon vor Wochen hatten die ehemaligen DDR-Bürgerrechtlicher Bärbel Bohley und Gerd Poppe in ihren Stasi-Akten entsprechende Hinweise gefunden. (Spiegel 3/1992)«.

Hier widerlegt sich der *Spiegel* innerhalb von drei Absätzen selbst. Er zitiert aus dem Brief des Herrn Lohr[11] zwar unvollständig, aber immerhin doch dessen Behauptung, wonach in die Akte »Notar« auch Berichte inoffizieller MitarbeiterInnen der eigenen und anderer Diensteinheiten, von MitarbeiterInnen von Parteien und Justizorganen etc. eingegangen sind. Daraus ergibt sich, daß »Notar« eben auch Personen gewesen sind, wenn auch nicht ausschließlich. Soweit es also »Belege« dafür gibt, daß hinter Informationen Personen gestanden haben müssen, wird dies durch die Einlassungen von Herrn Lohr keinesfalls bestritten, sondern im Gegenteil bestätigt.

Der *Spiegel* fährt dann mit konkreten Beispielen fort:
»So landete beispielsweise eine schriftliche Erklärung, die Poppe, wie in einem Stasi-Vermerk festgehalten ist, ›am 4.1.1984 um 16.00 Uhr‹ dem Anwalt Gysi übergeben hatte, noch am selben Tag auf Lohrs Schreibtisch – die ›Wanze‹, die das Papier transportierte, spottete vorige Woche die Berliner Zeitung, *müßte mithin ›Arme und Beine‹ gehabt haben.«*

Auch hier fällt zunächst auf, daß Gregor Gysi wieder ein Verteidigungsargument unterstellt wird, das er nicht benutzte. Wann und wo hat er je behauptet, daß dieses Papier mittels Wanze zum MfS gelangt sei? Den Auftrag zur Verteidigung seiner Ehefrau Ulrike Poppe übertrug Gerd Poppe an Gregor Gysi. Gegen Ulrike Poppe lief ein Ermittlungsverfahren wegen des Verdachts der Nachrichtenübermittlung. Sie war vom 12. bzw. 13. Dezember 1983 bis zum 24. Januar 1984 inhaftiert. An diesem Tag wurde das Ermittlungsverfahren eingestellt. In einer *Monitor*-Sendung vom 3. Januar 1984 wurde behauptet, daß sich Ulrike Poppe zusammen mit Bärbel Bohley, die damals nicht Mandantin von Gregor Gysi war, in einem Hungerstreik befände. Gerd Poppe hatte eine Presseerklärung verfaßt und an mehrere ausländische Vertretungen und Medien verteilt, in der er erklärte, daß sich seine Ehefrau nicht im Hungerstreik befände. Es handelte sich also um ein Schriftstück, das für die Öffentlichkeit bestimmt war.

Aus seiner Handakte weiß Gregor Gysi, daß er dieses Schriftstück weder im Original noch als Kopie erhielt. Offensichtlich besaß Gerd Poppe bei der Rücksprache nur ein Exemplar, so daß sich Gregor Gysi die Erklärung handschriftlich abschrieb. (Damals gab es in seinem Büro noch kein Kopiergerät.) Aus der Akte weiß er ferner, daß Gerd Poppe am 5. Januar 1984 den Auftrag erteilte, die Erklärung an den Generalstaatsanwalt der DDR zu übergeben. Deshalb wurde sie am 6. Januar 1984 von der Sekretärin Gregor Gysis abgeschrieben und an den Generalstaatsanwalt der DDR übersandt. Die Information, daß auch der Anwalt am 4. Januar 1984 um 16.00 Uhr eine solche Erklärung bekommen hat, kann das MfS aus den verschiedensten Quellen gehabt haben. Viel entscheidender ist, was der *Spiegel* nicht schreibt, nämlich daß es sich nach Gerd Poppe bei der Erklärung in seiner MfS-Akte weder um das Original noch um eine Kopie des Originals handelt. Vielmehr sei der Text neu mit Schreibmaschine geschrieben, und zwar inhaltlich z. T. unrichtig und mit zahlreichen orthographischen Fehlern. Aus der Handakte ersieht Gregor Gysi aber, daß die maschinenschriftliche Abschrift der Erklärung erst am 6. Januar 1984 inhaltlich korrekt und ohne orthographische Fehler geschrieben wurde. Die Erklärung in der MfS-Akte kann also nicht aus dem Büro von Gregor Gysi stammen, geschweige denn gibt es einen Hinweis darauf, daß sie von ihm selbst übergeben wurde. Überdies läßt sich bei einem Mindestmaß an Logik feststellen, daß das MfS an diese Erklärung für die Öffentlichkeit jederzeit herankam, auch ohne das Anwaltsbüro. Dagegen befanden sich in der Handakte von Gregor Gysi fünf Schreibmaschinenseiten von Gerd Poppe über das Strafverfahren gegen seine Frau, über die Hausdurchsuchung und Beschlagnahmen. Diese wären möglicherweise wirklich interessant gewesen für das MfS. Zu keinem Zeitpunkt hat Gerd Poppe aber behauptet, daß eine Kopie davon sich in den MfS-Akten befand, zumindest keine, die von Gregor Gysi stamme.

Im *Spiegel*-Artikel heißt es weiter:

»*Ebenso absurd ist die Wanzen-Theorie auch im Fall des DDR-Oppositionellen Uwe Bastian, der 1987 bei einer Reise nach Polen an der Grenze aus dem Zug geholt und in die DDR zurückgeschickt worden war. Bastian ließ Gysi eine ›Staatshaftungsklage‹ an das DDR-Ministerium des Inneren einreichen, das seine Auslagen für die gescheiterte Polen-Fahrt erstatten sollte. Zu diesem Zweck hatte Bastian, nur für seinen Anwalt bestimmt, eine Kostenaufstellung über 159,20 DDR-Mark gefertigt.*

Formell hielt sich Gysi an die Weisung seines Mandanten. Als Anlagen zu seinem Brief zählt Gysi Vollmacht, Fahrtausweis und Platzkarten auf. Unerwähnt bleibt die Kostenaufstellung Bastians, die dieser zwei Tage zuvor im Original bei Gysi abgegeben hatte. Eine Kopie fand sich nun in Bastians Stasi-Akte wieder – Gysi wird es schwer haben zu erklären, wie das Bastian-Papier zum MfS gelangte.«

An diesem Vorgang ist zunächst bemerkenswert, daß es in der DDR weder üblich noch so ohne weiteres angebracht war, Staatshaftung gegenüber dem Ministerium des Inneren geltend zu machen. Einen Gerichtsweg dafür gab es nicht. Es werden sich deshalb nur wenige Vorgänge dieser Art finden lassen. Es spricht daher für Gregor Gysi, daß er einen solchen Auftrag annahm und auch tatsächlich die Staatshaftung durchsetzte. Falsch ist in der Darstellung des *Spiegel,* daß die maschinenschriftliche Aufstellung über die Ausgaben und Zeitverluste des Mandanten ausschließlich für den Anwalt bestimmt waren. Im Gegenteil, gerade diese Informationen sollten für die Geltendmachung der Staatshaftung verwendet werden. Herr Bastian hatte zur Geltendmachung der Forderung die besagte *»Aufstellung zu finanziellen Ausgaben und Zeitverlusten aufgrund der Ausreiseverweigerung Uwe Bastians in die VR Polen durch die Grenzorgane der DDR trotz gültiger Reisedokumente«* (schon die von U. Bastian gewählten Formulierungen sprechen für den öffentlichen Verwendungszweck), einen Fahrtausweis und vier Platzkarten überreicht. Da Gregor Gysi in seinem Schriftsatz an das Ministerium des Inneren vom 20. August 1987 die Begründung aus der »Aufstellung« selbst darlegte, legte er entsprechend seinem Diktat nur noch Wert darauf, daß als Anlagen zum Schriftsatz die Vollmacht, der Fahrtausweis und die vier Platzkarten beigefügt werden. Offensichtlich hat aber die Sekretärin von der *»Aufstellung zu finanziellen Ausgaben ...«* ebenfalls eine Kopie gefertigt und beigefügt, was nicht mehr und nicht weniger als eine Erhärtung des Schriftsatzes von Gregor Gysi darstellte. Möglicherweise war sie nicht sicher, ob sie eine Kopie dieser Aufstellung beifügen sollte. Inhaltlich ist dies völlig bedeutungslos. Alle Informationen dieser Aufstellung waren im Schriftsatz Gregor Gysis bereits enthalten. Daß das Ministerium des Inneren eine Kopie des gesamten Vorganges an das MfS übersandte, ist nicht nur wegen der betroffenen Person logisch. Vielmehr gab es zwischen beiden Ministerien offensichtlich auch einen Streit, wer die Kosten zu tragen hat, da die Verweigerung der Ausreise an der Grenze zu Polen sicherlich nicht auf Initiative des Ministeriums des Inneren, das formal zuständig war, sondern wahrscheinlicher auf Initiative des MfS zurückging. Insofern befindet sich vermutlich in der Akte des Herrn Bastian nichts weiter als die Kopie des Vorganges, der beim Ministerium des Inneren durch Gregor Gysi eingereicht wurde. Die Vorstellung, daß eine völlig bedeutungslose Kostenaufstellung, die Gegenstand des Staatshaftungsantrages war, gesondert und auf einem anderen Wege das MfS erreichte, ist ziemlich abwegig. Deshalb kann auch in diesem Falle davon ausgegangen werden, daß weder Gregor Gysi noch eine Mitarbeiterin oder ein Mitarbeiter seines Büros mit der Übergabe dieses Papiers etwas zu tun hatten. Dafür spricht auch, daß es in diesem Zusammenhang offensichtlich keine weitergehende Information oder gar einen IM-Bericht zur Erklärung des Papiers oder des Vorganges gab. Im Unterschied zur Auffassung des *Spiegel* ist also leicht zu erklären, *»wie das Bastian-Papier zum MfS gelangte«*.

Der *Spiegel* setzt dann wie folgt fort:
»In einem Vermerk über eine Rücksprache zwischen Herrn Poppe und Rechtsanwalt Dr. Gysi, ›gez. Notar‹, gibt der Verfasser seine Meinung über den Dissidenten wieder: ›Insgesamt machte Herr Poppe keinen gefestigten Eindruck.‹ Spricht so eine elektronische Wanze?«

Der Vermerk über diese Rücksprache liegt den Verfassern nicht vor. In der Sendung *Kontraste* blätterte Gerd Poppe jedoch in einem Bericht, dessen Einleitung nicht zu erkennen ist, der aber von Herrn Lohr und nicht von »Notar« unterzeichnet ist. Möglicherweise handelt es sich aber um einen anderen Vermerk als den vom *Spiegel* gemeinten. Wie auch immer, Tatsache ist, daß es Berichte über Rücksprachen zwischen MandantInnen und Gregor Gysi in MfS-Akten gibt. Nach Einschätzung des *Spiegel* kann es dafür nur eine mögliche Quelle geben, nämlich Gregor Gysi. Bei etwas objektiverer Betrachtung kommen jedoch eine Vielzahl von Quellen in Betracht. Neben Gregor Gysi und seinen

MandantInnen selbst, Personen, die von dem einen oder den anderen informiert wurden. Denkbar sind auch Personen, die Zugang zu Aufzeichnungen des einen oder der anderen hatten. Nicht selten haben nämlich MandantInnen von Gregor Gysi über ihre Rücksprachen mit dem Rechtsanwalt Gesprächsprotokolle angefertigt. Und letztlich gibt es auch noch die Möglichkeit, daß eine technische Überwachung stattfand und dadurch die Informationen an das MfS gelangten. Im Rahmen eines direkten technischen Auswertungsberichtes sind natürlich Einschätzungen, wie die vom *Spiegel* wiedergegebene, nicht möglich. Dann aber, wenn ein technischer Auswertungsbericht – aus welchen Gründen auch immer – in einen IM- oder Informationsbericht umgeschrieben wurde (zumal das die MfS-Offiziere im Rahmen der »Verdichtung« von Informationen häufig selber taten), bestand sehr wohl für den Verfasser die Möglichkeit, seinen Eindruck aus dem Abhören des Gespräches hinsichtlich der einen oder anderen Personen festzuhalten. Betroffene, die gegenwärtig ihre Akten studieren, glauben aus den Akten sichere Kenntnisse über die Methoden des MfS erwerben zu können. Wer also einen technischen Mitschnitt gelesen hat, geht davon aus, daß technische Mitschnitte stets auch als solche gekennzeichnet sind. Es gibt aber glaubwürdige Versicherungen hauptamtlicher MitarbeiterInnen des MfS, daß technische Auswertungsberichte nicht selten als IM-Berichte umgeschrieben wurden. Das hing mit Fragen des Quellenschutzes und damit zusammen, daß technische Überwachungsmaßnahmen in der Regel ungesetzlich, weil nicht auf Anordnung des Staatsanwalts bzw. des Gerichts hin, erfolgten. Sie durften deshalb nur vom Minister bzw. einem seiner Stellvertreter angeordnet werden. Zumindest mußten sie von einem aus diesem Personenkreis bestätigt werden. Und in den Fällen, in denen nicht ständige technische Überwachungsmaßnahmen stattfanden, bestand durchaus Interesse daran, auch innerhalb des eigenen Ministeriums nur einen kleinen Teil der MitarbeiterInnen wissen zu lassen, daß solche zeitweiligen technischen Überwachungsmaßnahmen durchgeführt wurden.

Das Abhören eines Anwaltsbüros wird leider in vielen Ländern (auch in der BRD) praktiziert und ist nicht allein eine Spezifik des Geheimdienstes der DDR gewesen. Es gibt aber wohl kein Land, in dem dies legal ist und von Geheimdiensten eingeräumt wird. Eine hohe Konspiration in solchen Fällen liegt deshalb nahe. Einer der Verfasser des Fernsehbeitrages in der Sendung *Kontraste,* Roland Jahn, erklärte Gregor Gysi, daß er ein Gespräch mit der Sekretärin der Hauptabteilung XX/9 hatte. Diese bestätigte ihm, daß sie im Falle des IM »Notar« weder Tonbänder noch Auswertungsberichte noch andere Dokumente zur Abschrift erhalten habe. Vielmehr bekam sie immer nur Berichte, die von den zuständigen Offizieren handschriftlich vorgeschrieben waren. Ihre Aufgabe war es dann, daraus eine maschinenschriftliche Abschrift zu fertigen. Auch dies würde dafür sprechen, daß hier ein hoher Grad an Konspiration gewahrt wurde. (Auch aus den Dokumenten des MfS im Anhang ist ersichtlich, daß die Schreibkräfte Akten verfertigten, in die die persönlichen Daten später von Hand, und das heißt von den MfS-Offizieren persönlich, nachgetragen wurden, um die Konspiration auch im eigenen Bereich zu wahren.) Aus alledem ergibt sich, daß im Unterschied zur Schlußfolgerung des *Spiegel* es zahlreiche Möglichkeiten gab, wie Informationen über Rücksprachen zwischen Herrn Gysi und seinen MandantInnen in MfS-Akten gelangen konnten. Auf diese zahlreichen Möglichkeiten nicht hinzuweisen, sondern lediglich eine als einzig mögliche darzustellen, ist journalistisch unredlich.

In diesem Zusammenhang sei auf einen weiteren Umstand hingewiesen. Nach Kenntnis der Autorinnen haben z. B. Rainer Eppelmann und Lutz Rathenow, die im besonderen Visier des MfS standen und deren Rechtsanwalt ebenfalls Gregor Gysi war, keine Informationen über ihre Gespräche mit Gregor Gysi vorgefunden. Das gilt auch für andere MandantInnen, und selbst die MandantInnen, die Informationen vorfanden, mußten feststellen, daß keinesfalls über jedes Gespräch solche vorlagen. Zum Teil fehlten gerade Informationen über besonders wichtige Gespräche. Auch eine solche Feststellung gehört in eine gründliche Recherche hinein. Sie spricht nämlich dafür, daß das MfS nicht in jedem Falle Zugang zu den Quellen hatte. Wäre Gregor Gysi der inoffizielle Mitarbeiter gewesen, hätte diese Quelle stets zur Verfügung gestanden. Dieses Argument ist auch nicht dadurch auszuräumen, daß zahlreiche Dokumente beim MfS vernichtet wurden. In der Regel bezieht sich nämlich die Vernichtung auf gesamte Akten aus bestimmten Zeiträumen und nicht auf einzelne Blätter aus Akten geschlossener Zeiträume, da für eine solche selektive Vernichtungsaktion die Mitarbeiterinnen und Mitarbeiter des MfS keine Zeit mehr hatten. Die genannten Umstände sprechen also dafür, daß es zeitweilige technische Überwachungsmaßnahmen gab, wie dies auch von Herrn Lohr beschrieben wird. Danach wurden diese wahrscheinlich dann eingesetzt, wenn das MfS vorher wußte, daß wichtige Rücksprachen zwischen Gregor Gysi und bestimmten MandantInnen stattfanden. Nicht in jedem Falle wird das MfS dies rechtzeitig vorher erfahren haben, so daß nur lückenhaft Informationen eingeholt werden konnten. Daran ändert auch die Tatsache nichts, daß Herr Lohr in seinem Schreiben darstellt, daß es inoffizielle MitarbeiterInnen »*im persönlichen und beruflichen*«[12] Umfeld von Gregor Gysi, und daß Ex-MfS-Oberst Reuter gegenüber dem *Stern*[13] einräumte, daß es »*einen oder mehrere IM*« im Büro von Gregor Gysi gab. Auch diese werden sich nicht in jedem Vorgang und hinsichtlich jedes Gesprächs ausgekannt haben. Gregor Gysi berichtete, daß er des öfteren auch Gespräche mit MandantInnen bewußt außerhalb seines Büros und seiner Wohnung in Gaststätten oder anderen Räumlichkeiten geführt habe. Bisher ist offensichtlich noch kein einziger Bericht über solche Gespräche – mit Ausnahme des »Gregor«-Berichts, dessen Entstehung oben geklärt werden konnte – in den MfS-Akten vorgefunden worden. Auch dies ist bemerkenswert. Die großen Lücken hinsichtlich der Information können verschiedene Ursachen haben. Sie lassen es jedoch als unwahrscheinlich erscheinen, daß Gregor Gysi selbst inoffizieller Mitarbeiter gewesen ist. Denn er hätte als Quelle über alle seine wichtigen Gespräche und Tätigkeiten berichten können und wäre dann wohl auch dazu verpflichtet gewesen.

Der *Spiegel* schreibt weiter:
»*Vor allem aber die Havemann-Akte läßt jeden Zweifel an der Identität des IM Notar schwinden. ›Zum Zwecke der Durchführung von Diskussionen mit Havemann über das Buch ›Morgen‹ seien verschiedene IM, darunter ›Notar‹, zum Einsatz zu bringen‹, heißt es in einer Konzeption zur weiteren politisch-operativen Bearbeitung des Operativ-Vorgangs ›Leitz‹, wie der Tarnname für die Havemann-Bespitzelung lautete.*«

Hierzu wurde bereits oben anhand des Berichtes von »Gregor« Stellung genommen. Tatsache ist, daß dieser Maßnahmeplan eine Vielzahl von inoffiziellen MitarbeiterInnen erfaßte. Und Tatsache ist offensichtlich auch, daß es keinen Bericht von Gregor Gysi oder einem IM »Notar« über eine durchgeführte Buchbesprechung gibt. Der Maßnahmeplan selbst datiert vom 15. März 1981, kann also niemals die Grundlage für das Gespräch zwischen Robert Havemann und Gregor Gysi am 21. Juli 1980 gewesen sein. Auf jeden Fall gibt es nicht den geringsten Hinweis dafür, daß tatsächlich Gregor Gysi einen solchen Auftrag erhielt oder gar erfüllte. Ex-Oberst Reuter erklärte gegenüber den Journalisten der Zeitschrift *Stern,* daß es in Einzelfällen vorgekommen ist, daß andere MitarbeiterInnen, die nicht wußten, daß die Akte »Notar« eine Sammlung verschiedenster Quellen war, versuchten, den IM »Notar« einzusetzen. Im Interesse der Konspiration hätte er dies dann durchgehen lassen, wenn es ohne Bedeutung war. Im vorliegenden Fall waren so viele IMs beauftragt worden, daß es nicht darauf ankam, daß auch ein fiktiver IM aufgeführt war. Selbstverständlich ist auch denkbar, daß eine Person, die Informationen zum Vorgang

»Notar« lieferte, einen solchen Auftrag erhielt. Ein Bericht unter dem Decknamen »Notar« liegt allerdings nicht vor, was für die Variante von Reuter spricht, daß dieser Auftrag nicht erteilt und nicht erfüllt wurde.

Der *Spiegel* fährt fort:

»In einem ›Maßnahmeplan zur weiteren politisch-operativen Bearbeitung‹ der Havemann-Witwe verfügte die Stasi, IM ›Notar‹ werde ›unter Ausnutzung seiner beruflichen Stellung dazu eingesetzt‹, Katja Havemann ›von bestimmten operativ-relevanten Handlungen abzuhalten bzw. sie auf bestimmte Konsequenzen, die daraus entstehen können, aufmerksam zu machen‹«.

Tatsache ist, daß Gregor Gysi nach dem Tode von Robert Havemann auch Katja Havemann rechtlich beriet, so u.a. in ihrer Erbschaftsangelegenheit. Strafverfahren oder Ordnungsstrafverfahren wurden zu keinem Zeitpunkt gegen Katja Havemann durchgeführt. Gregor Gysi bestreitet, je von irgendeiner Stelle den generellen Auftrag erhalten zu haben, Katja Havemann »von bestimmten operativ-relevanten Handlungen abzuhalten bzw. sie auf bestimmte Konsequenzen, die daraus entstehen können, aufmerksam zu machen«. Lediglich in einem Falle, auf den noch einzugehen sein wird, wurde ihm eine Warnung übermittelt, daß Katja Havemann mit bestimmten Maßnahmen rechnen müßte, wenn sie weiterhin Artikel im Westen veröffentlichte wie einen kurz vorher in der Zeitschrift *Stern* erschienenen. Diese Warnung gab Gregor Gysi an Katja Havemann weiter, da er nicht das Recht hatte, ihr solche Informationen vorzuenthalten. Katja Havemann konnte dann selbst entscheiden, wie sie sich verhalten wollte. Der vom *Spiegel* zitierte Maßnahmeplan kann sich deshalb entweder auf eine Person beziehen, die dem MfS tatsächlich Informationen im Rahmen des Vorganges »Notar« lieferte. Es wäre aber auch möglich, daß die Absicht bestand, in solchen Fällen über das ZK der SED, den Generalstaatsanwalt oder andere staatliche Dienststellen Warnungen an Katja Havemann heranzutragen, indem ihr Anwalt entsprechend informiert wurde. Gregor Gysi muß in diesen Fällen überhaupt nicht davon ausgegangen sein, daß dahinter das MfS steht. Selbst wenn er es aber geahnt hat, hätte dies an der Sachlage nichts geändert. Seine anwaltliche Pflicht war es, solche Warnungen seiner Mandantin auch mitzuteilen. Da die Akte »Notar« offensichtlich mit der Person und Tätigkeit Gregor Gysis zusammenhing, wurde offensichtlich der Begriff auch als Synonym für Gregor Gysi verwandt, ohne daß deshalb auf eine inoffizielle Mitarbeit durch Gregor Gysi für das MfS geschlußfolgert werden kann.

Anschließend versucht nun der *Spiegel*, den Ex-Offizier des MfS, Lohr, zu widerlegen. Im Bericht heißt es:

»Der MfS-Mann Lohr hat sich bei seinem Bemühen, Gysi zu entlasten, selbst ein Bein gestellt. Der Anwalt, so der ehemalige MfS-Offizier, habe von dem Anwerbeversuch schon deshalb nichts bemerken müssen, weil Lohr sich damals als ›Staatsanwalt Lohse von der Generalstaatsanwaltschaft der DDR‹ ausgegeben hat. Der Zeitpunkt, den Lohr nennt, ist jedoch in jedem Fall falsch. Lohr erklärt, sein Interesse, Gysi als IM zu werben, sei geweckt worden, ›als Sie den Rechtsbeistand für R. Bahro übernahmen‹. Das Verfahren gegen den Regimekritiker Rudolf Bahro war indes schon 1977 eröffnet worden. 1980, als Lohr – angeblich wegen Gysis Verteidiger-Funktion im Fall Bahro – den Anwalt für Spitzeldienste gewinnen wollte, lebte Bahro schon seit einem Jahr in der Bundesrepublik.«

Da dem *Spiegel* der gesamte Brief des Herrn Lohr vorlag, muß diese Passage als Fälschung bezeichnet werden. Denn den vom *Spiegel* konstruierten Widerspruch gibt es in diesem Schreiben nicht. Lohr weist zunächst in seinem Schreiben an Gregor Gysi darauf hin, daß sein besonderes Interesse geweckt wurde, als Gregor Gysi den Rechtsbeistand für Rudolf Bahro übernahm. Der *Spiegel* unterschlägt aber, was Herr Lohr auf Seite fünf seines Schreibens dazu ausführt: *»Schon zu diesem Zeitpunkt stellte sich eine Schwie-*

rigkeit heraus. *Mein Vorschlag gegenüber meinem Vorgesetzten, einen IM-Vorlauf für Sie zu eröffnen, wurde nicht bestätigt. Nach meiner Erinnerung sprachen Ihr familiärer Hintergrund und Informationen über Sie dagegen. Mich überzeugten diese Gründe nicht. Ich fand es von unserer Aufgabenstellung her falsch, den Versuch zu unterlassen, eine so wichtige Quelle zu gewinnen, aber selbstverständlich hielt ich mich an die Weisung meiner Vorgesetzten. Die Situation änderte sich, als Sie Rechtsanwalt von Robert Havemann wurden. Mein Interesse an Ihnen bekam einen neuen Stellenwert und deshalb leitete ich weitere Aufklärungsmaßnahmen ein, um zu irgendeinem Zeitpunkt den IM-Vorlauf zu eröffnen. Gleichzeitig habe ich mich entschlossen, Sie unter der Legende als Vertreter der Generalstaatsanwaltschaft aufzusuchen.«* Danach hat also Lohr im Zusammenhang mit der Verteidigung von Rudolf Bahro lediglich von seinem Interesse geschrieben, aber gleichzeitig darauf hingewiesen, daß zu diesem Zeitpunkt kein IM-Vorlauf eröffnet werden durfte. Diese Genehmigung erhielt er offensichtlich erst 1980, d. h. zu einem Zeitpunkt, zu dem Gregor Gysi bereits für Robert Havemann tätig war. Und deshalb entspricht es durchaus der Logik seiner Darstellungen, daß er sich erst 1980 als Vertreter der Generalstaatsanwaltschaft der DDR bei Gregor Gysi vorstellte, um zu testen, ob eine Anwerbung erfolgreich sein könnte.

Der *Spiegel* fährt dann fort:

»Daß Gysi damals längst fürs MfS gearbeitet hatte, belegt ein von Lohr unterschriebenes Dokument vom 27. November 1980. In seiner ausführlichen Begründung, Gysi zum IM zu machen, lobt Lohr überschwenglich, daß Gysi ›in der bisherigen Zusammenarbeit Zuverlässigkeit und eine hohe Einsatzbereitschaft‹ bewiesen habe. So habe Gysi dem MfS in den Verfahren gegen Bahro und Havemann ›unter strenger Einhaltung der Konspiration über geplante Aktivitäten, über das weitere Vorgehen von Verbindungspersonen, Ziele und Absichten, über die Rechtslage und ihre Folgen‹ berichtet. Fazit des Führungsoffiziers Lohr: im Interesse der Einhaltung der Konspiration und der politisch-operativen Notwendigkeit wurden dem Kandidaten bereits im Rahmen der Vorbereitung und Durchführung des Bahro-Prozesses die Aufgaben des MfS eingehend erläutert. Auf Grund der beruflichen Tätigkeit und der politischen Zuverlässigkeit erkannte der Kandidat schon damals die Notwendigkeit einer inoffiziellen Zusammenarbeit und Einhaltung der Konspiration. Dies bewies er durch die Übergabe operativ auswertbarer Informationen, seine Einsatzbereitschaft und die durchgeführten Aufgaben.«

Schon im ersten Absatz dieses Teils des *Spiegel*-Berichts gibt es einige Ungenauigkeiten, die nicht bedeutungslos sind. Zunächst wäre es wichtig gewesen, darauf hinzuweisen, daß es sich bei dem »*Dokument vom 27. November 1980*«[14] um den Vorschlag zur Werbung eines IM's handelt, den Lohr an seinen Vorgesetzten einreichte, um die Genehmigung zur Anwerbung von Gregor Gysi als inoffiziellen Mitarbeiter zu erhalten. Deshalb begründet er entgegen der Darstellung im *Spiegel* nicht ausführlich, *»Gysi zum IM zu machen«*, sondern Gysi zum IM machen zu *wollen*. Gerade beim Inhalt dieses Schreibens hätte auch dem *Spiegel* auffallen müssen, daß Lohr in seiner Begründung behauptet, daß Gysi schon im Strafverfahren gegen Bahro wichtige Informationen geliefert habe, obwohl sich aus der IM-Vorlaufakte ergibt, daß der Vorgang erst 1980 angelegt wurde, also zu einem Zeitpunkt, zu dem Bahro sich bereits über ein Jahr in der Bundesrepublik Deutschland befand. Das aber beweist, daß die Aussagen von Lohr im Schreiben vom 27. November 1980 nicht stimmen können. Ferner bekommt in diesem Zusammenhang Bedeutung, daß Lohr in seinem Brief an Gregor Gysi darauf hinweist, daß es schon zum Zeitpunkt der Verteidigung Bahros Quellen im Umfeld von Bahro und Gysi gegeben hätte. Er schreibt weiter, daß er diesen Werbungsvorschlag erarbeitet hat, *»indem ich Ihre Eignung als IM aus meiner subjektiven Sicht versucht habe so zu begründen, daß dieser Vorschlag von* *meinem Vorgesetzten bestätigt wird. So erklären sich die Übertreibungen in meiner Vorschlagsbegründung. Wenn ich nicht behauptet hätte, daß Sie mir schon wichtige Informationen geliefert hätten und zur Konspiration mit dem MfS bereit seien, hätte ich den Vorschlag gar nicht erst zu unterbreiten brauchen.«* Tatsächlich ist die Vorschlagsbegründung Lohrs auch auffällig allgemein und substanzlos gehalten. Ob es dazu eine Beiakte gegeben hat mit »Beweisen« für die Eignung des Kandidaten, ist nicht bekannt. Allerdings gibt es in der Begründung auch keinen Hinweis darauf. Die »wichtigen Informationen«, die Lohr von Gysi erhalten haben will, sind durch nichts belegt, nicht einmal beispielhaft benannt. Gregor Gysi hat in einem Schreiben an Lohr nochmals um Aufklärung gebeten, welche Informationen Lohr denn durch ihn erhalten habe. Darauf hat Lohr bis heute nicht geantwortet.

Weiter heißt es in dem Lohr-Brief: *»Die damaligen Übertreibungen konnten auch niemandem schaden. Ich konnte nicht davon ausgehen, daß solche Dokumente irgendwann öffentlich gemacht werden. Obwohl mein Vorschlag nach meiner Auffassung gut begründet war, wurde er zu meinem Erstaunen abgelehnt, da die Aufklärungsergebnisse mangelhaft und widersprüchlich waren und Probleme durch Ihren Vater befürchtet wurden. Ich war ziemlich enttäuscht und habe es auch nicht verstanden. Vielleicht haben meine Vorgesetzten schon damals, d. h. 1980, Informationen über Sie gehabt, die meiner Absicht entgegenstanden. Mir gegenüber wurde es damals nicht näher erläutert, aber wiederum auf Ihren familiären Hintergrund hingewiesen. Gespräche mit Ihnen waren mir seit diesem Zeitpunkt untersagt.«*

Durch diese Erklärungen von Ex-MfSler Lohr entsteht ein völlig anderes Bild. Sicherlich ist der *Spiegel* berechtigt, sich mit diesen Einlassungen Lohrs auseinanderzusetzen. Sie aber einfach zu unterschlagen, bedeutet, daß der *Spiegel* den perfekten IM-Nachweis führen wollte und deshalb alles vermied, was bei seinen Leserinnen und Lesern auch nur den geringsten Zweifel an der Darstellung hätte hervorrufen können.

Das bestätigt auch der nächste Absatz im Bericht des *Spiegel:*
»Nun fehlte nur noch der letzte Schritt, den Anwalt Gysi ins Spitzelsystem der Stasi einzubinden: ›Der Kandidat‹, so Lohr, ›soll mündlich, durch Handschlag, verpflichtet werden und den Decknamen ›Notar‹ erhalten‹.«

Mit der dort zitierten Empfehlung endete tatsächlich der Werbungsvorschlag von Lohr vom 27. November 1980. Was der *Spiegel* jedoch nicht schreibt, das ist die sich eindeutig aus diesem Dokument ergebende Tatsache, daß der Vorschlag nämlich nicht bestätigt wurde und es deshalb auch nicht zu diesem »Schritt« kam. Statt dessen kommt dann in der IM-Vorlaufakte ein Abschlußbericht[15] und der Beschluß des MfS,[16] wonach die Vorlaufakte archiviert und Gregor Gysi nicht als IM angeworben wurde. Bis zu diesem Zeitpunkt hatte Herr Lohr nach seinen eigenen Einlassungen in den wenigen Gesprächen mit Gregor Gysi im Jahr 1980 nie zu erkennen gegeben, daß er nicht Staatsanwalt bei der Generalstaatsanwaltschaft der DDR war. Im Brief Lohrs an Gregor Gysi heißt es dazu: *»Der Verlauf der Gespräche rechtfertigte es noch nicht, mich als Mitarbeiter des MfS zu erkennen zu geben.«* Und weiter: *»Das wirkliche Problem für mich bestand darin, daß Sie so stark betonten, keinesfalls Ihre Schweigepflicht zu verletzen. Außerdem hatte ich den Eindruck, daß Sie mir als Mitarbeiter der Staatsanwaltschaft eine Legitimation zubilligten, die ich als Vertreter des MfS nicht so ohne weiteres erwarten konnte.«* So erklärt sich auch, daß Gregor Gysi, der weder den Anwerbungsvorschlag noch die Ablehnung des Anwerbungsvorschlages kannte, nicht einmal wissen konnte, daß zu dieser Zeit geplant war, ihn als inoffiziellen Mitarbeiter zu werben. Das alles erfährt die Leserin bzw. der Leser des *Spiegel* nicht.

Dafür präsentiert der *Spiegel* am Schluß seines Berichtes dann ein angeblich eindeutiges

Beweisstück:
»Ein eindeutiges Beweisstück liegt der Gauck-Behörde vor. Am 15. Oktober 1980 fertigte die Stasi-Hauptabteilung XX eine Liste von 175 Havemann-Besuchern, die vom 9. Mai 1979 bis 30. September 1980 im Zusammenhang mit ›Leitz‹ in Erscheinung traten und ›identifiziert werden konnten bzw. als Kfz-Halter (Eigentümer) dokumentiert‹ wurden. Unter den registrierten Besuchern befand sich, zwangsläufig, auch Rechtsanwalt Gysi. Hinter seinem Namen war handschriftlich vermerkt: ›IM‹.«
    Hier hat sich nun aber der *Spiegel* selbst ein Bein gestellt. Denn aus seiner vorhergehenden »Beweiskette« ergab sich, daß der Vorschlag, Gregor Gysi zum IM zu werben, vom 27. November 1980 datierte. Es ist also gar nicht möglich, daß er bereits am 15. Oktober 1980 IM war. Wenn man die Akte »Werbungsvorschlag« als wahr unterstellt, muß eine handschriftliche Eintragung »IM« hinter dem Namen »Gysi« also falsch sein. Abgesehen davon ist dieses »eindeutige Beweisstück« – wenn es denn vorliegt – sowieso zweifelhaft, da nicht bekannt ist, von wem und zu welchem Zeitpunkt die handschriftliche Eintragung »IM« erfolgte (z. B. im Jahre 1992?).

Zum Beitrag der Fernsehsendung *Kontraste* vom 10. Februar 1992

Als ziemlich kompliziert gestaltete sich die Auseinandersetzung mit den in der *Kontraste*-Sendung gegen Gregor Gysi erhobenen Vorwürfen. Angeblich wörtlich zitierte Textpassagen stimmten gar nicht oder nur selektiv mit den im Hintergrund eingeblendeten Dokumenten überein. Diese Dokumente liegen uns trotz gegenteiliger Zusagen der *Kontraste*-Redakteure nicht vor. Da sie häufig durch andere Texte überblendet wurden, kostete es erhebliche Mühe und technischen Aufwand, wenigstens diese eingeblendeten Dokumente mittels des Standbildes zu rekonstruieren. Im folgenden sind Zitate und eingeblendete Dokumente der *Kontraste*-Sendung in kursiv wiedergegeben.
    Fast zu Beginn der Sendung erklärt Bärbel Bohley:
Ich habe ihn (Gregor Gysi – d.A.), bevor das in der Presse erschienen ist, angerufen. Eine Woche vorher wußte er Bescheid. Ich habe ihm Fragen gestellt und ihn gebeten, den Sachverhalt aufzuklären. Und ich muß sagen, ich bin sehr enttäuscht, weil er sich bis heute bei mir nicht gemeldet hat.
    Diese Sachdarstellung ist falsch. Sie wurde inzwischen auch von Bärbel Bohley leicht korrigiert. Bärbel Bohley hatte den Sohn von Gregor Gysi während dessen Urlaub angerufen und ihn gebeten, eine Nachricht zu hinterlassen, daß sie auf einen Rückruf von Gregor Gysi warte. Tatsächlich rief Gregor Gysi direkt nach seiner Rückkehr an einem Montag bei Bärbel Bohley an. Im Unterschied zu ihrer Darstellung stellte sie bei dem Telefongespräch keine Fragen und bat auch nicht um Aufklärung des Sachverhalts. Sie teilte Gregor Gysi lediglich mit, daß sie zum damaligen Zeitpunkt drei IM-Berichte mit dem Decknamen »Notar« aus dem Jahre 1988 gefunden habe, in denen Telefongespräche zwischen ihr und Gregor Gysi inhaltlich wiedergegeben wurden. Ein Gespräch hatte sie mit ihm aus London und die beiden anderen aus Berlin geführt. Nach ihrer Auffassung könne es sich nicht um Mitschnitte der Telefongespräche handeln, weil diese anders abgefaßt worden seien als IM-Berichte. Gregor Gysi erklärte, daß er sich die nächsten Tage in Bonn aufhalten und sich danach erneut bei ihr melden würde, damit sie sich zu einem Gespräch verabreden könnten. Tatsächlich kam dann am Donnerstag diese Verabredung zum Freitagvormittag zustande. An diesem Freitagvormittag fand in der Wohnung von Bärbel Bohley ein Gespräch mit Gregor Gysi statt, an dem auch Gerd Poppe teilnahm. Bärbel Bohley legte die drei IM-Berichte über die drei Telefongespräche vor. Gerd Poppe legte zwei IM-

Der Stasi-Verdacht gegen Gregor Gysi: Versuch der Aufklärung

Berichte über persönliche Rücksprachen zwischen ihm und Gregor Gysi vor. Darüber hinaus wies er auf die von ihm gefertigte Presseerklärung hin, die sich in abgewandelter Form, d. h. weder als Original noch als Kopie in seiner MfS-Akte befunden habe. Gregor Gysi fragte, ob er Kopien von den Unterlagen bekommen könnte. Dies wurde verneint. Gregor Gysi konnte auch keine Aufklärung des Sachverhaltes geben, weil er an dem Zustandekommen der Dokumente nicht beteiligt gewesen war. Zunächst schien das Einfachste, zu klären, wer der IM »Notar« ist. Alle Beteiligten gingen damals davon aus, daß es sich um eine einzelne Person aus Gregor Gysis Büro handeln müßte. Bärbel Bohley erklärte, daß sie bereits bei der Gauck-Behörde beantragt habe, den Klarnamen des IM »Notar« zu erfahren. In ihrem Beisein telefonierte Gregor Gysi mit Dr. Geiger von der Gauck-Behörde, um seinerseits diesen Antrag zu erhärten. Dr. Geiger war zu diesem Zeitpunkt noch optimistisch, am Nachmittag des gleichen Tages den Klarnamen bereits bekanntgeben zu können. Bärbel Bohley wies darauf hin, daß sie selbst an einer Veröffentlichung in der Presse bis zur Klärung gar nicht interessiert sei. Allerdings hätte sie ihre Akten nicht allein, sondern zusammen mit weiteren Personen eingesehen. Informationen hätte inzwischen auch schon der *Spiegel*. Beide verabredeten, sich gegenseitig zu informieren. Am Nachmittag rief Gregor Gysi erneut bei Dr. Geiger an und erfuhr, daß die Ermittlung des Klarnamens des IM »Notar« noch längere Zeit in Anspruch nehmen würde, da der Deckname »Notar« sich in der Decknamenkartei nicht angefunden habe. (Allein diese Tatsache ist bereits sehr ungewöhnlich, da auch in den Fällen, in denen die Klarnamenkarteikarte fehlte, sich bisher die Decknamenkarteikarte angefunden hat. Das ist ein Hinweis darauf, daß die Einlassungen des Ex-MfS-Oberstleutnants Lohr zutreffen können und tatsächlich keine einzelne Person hinter dem IM »Notar« stand.) Von dem Ergebnis des damaligen Telefongesprächs informierte Gregor Gysi noch am gleichen Abend Bärbel Bohley telefonisch. Sie verblieben erneut so, sich gegenseitig weiterhin zu informieren. Am nächsten Morgen verbreiteten dann alle Medien eine Vorabmeldung des *Spiegel,* nach der Gregor Gysi verdächtigt wurde, inoffiziell mit dem Ministerium für Staatssicherheit unter dem Decknamen »Notar« zusammengearbeitet zu haben. Dazu wurden auch Bärbel Bohley und Gerd Poppe interviewt. Im Unterschied zur Erklärung Bärbel Bohleys gegenüber Gregor Gysi sagte sie z.B. im SFB nicht, daß sie an der Veröffentlichung gar nicht interessiert sei, bevor eine Klärung erfolgt ist. Vielmehr rechtfertigte sie die Veröffentlichung des Verdachts und erklärte wörtlich: *»Der Gysi muß jetzt eben seine Unschuld beweisen.«* Damit wurde Gregor Gysi klar, daß die Art und Weise des Umgangs mit ihm nicht ehrlich war. Deshalb meldete er sich dann nicht wieder bei Bärbel Bohley, wie diese ihrerseits sich nicht mehr bei ihm gemeldet hat. Die offenkundige Vermutung Bärbel Bohleys, daß Gregor Gysi ein inoffizieller Mitarbeiter des MfS war, rechtfertigt aber nach unserer Auffassung nicht, ihn bzw. die Öffentlichkeit unvollständig zu informieren. Warum hat Bärbel Bohley in der Sendung *Kontraste* verschwiegen, daß es ein Gespräch zwischen ihr und Gregor Gysi gab und wie dieses Gespräch tatsächlich verlief?

In einem nächsten kurzen Bildausschnitt wird ein Vermerk über eine Rücksprache zwischen Frau Katja Havemann und Rechtsanwalt Dr. Gysi vom 19. März 1985 gezeigt. Der Bericht selbst datiert vom 26. März 1985. Im Standbild ist daraus zu erkennen, daß Frau Havemann Rechtsanwalt Gysi mit der Bitte um Vermittlung aufgesucht hatte, weil sie an der Veranstaltung aus Anlaß des 40. Jahrestages der Befreiung des Zuchthauses Brandenburg als Ehefrau des verstorbenen Mithäftlings, Robert Havemann, teilnehmen wollte. Es ist dann noch zu erkennen, daß sie in dem Gespräch darauf hingewiesen haben soll, daß Dr. Gysi auch an der Teilnahme ihres verstorbenen Ehemannes anläßlich des 35. Jahrestages der Befreiung des Zuchthauses Brandenburg mitgewirkt habe.

Dieser Fall belegt, daß Gregor Gysi auch von Katja Havemann um Vermittlung gebeten wurde. Er mußte sich dazu an offizielle staatliche Stellen oder an die SED oder an das Komitee der Antifaschistischen Widerstandskämpfer wenden, um ihrem Wunsch entsprechen zu können. Gregor Gysi kann sich heute nicht mehr erinnern, mit wem er das konkrete Gespräch darüber führte. Eine der genannten Dienststellen – und nicht das MfS – wird es gewesen sein. Aber es ist auch logisch, daß der Gesprächspartner wiederum das MfS informierte. Auch ohne Abhörmaßnahmen ist also der Informationsfluß an das MfS zu erklären, und zwar anders, als dies in der Sendung geschieht. Für die eventuelle Methode des MfS (in der Sendung war dies nicht eindeutig zu erkennen), daraus einen IM-Bericht zu machen, trägt niemand anders als das MfS selbst Verantwortung.

Danach wird in der Sendung aus dem Brief des Herrn Lohr an Gregor Gysi angeblich wörtlich wie folgt zitiert:
IM »Notar« war keine Person, sondern eine Akte mit Informationsmaterial.

In dem gesamten Brief Lohrs findet sich nicht diese Textstelle. Tatsächlich heißt es im Brief wie folgt: *»Es handelt sich um eine nicht registrierte Materialsammlung aus unterschiedlichen Quellen, wie z. B. IM der eigenen und von anderen Diensteinheiten, Mitarbeitern von Parteien und Justizorganen, der Volkspolizei, dem Untersuchungsorgan sowie Informationen aus technischen Überwachungsmaßnahmen u.a.«* Ausdrücklich betont Lohr sogar, daß in der Akte »Notar« auch IM-Berichte waren. Wörtlich heißt es: *»Die IM-Berichte in der Akte ›Notar‹ stammten von verschiedenen Personen. Nicht immer bestand ein direkter Bezug zu Ihnen. Sie hatten auch Mandanten, bzw. Gesprächspartner, die uns oder andere Abteilungen direkt über Gespräche mit Ihnen informierten. Es wird Sie sicherlich nicht überraschen, daß Sie auch Mandanten hatten, die nicht nur Straftaten begingen, sondern auch unsere IM waren. Informationen bekamen wir auch von IM, die mit Ihren Mandanten oder Gesprächspartnern bekannt oder sogar befreundet waren. Natürlich gab es auch IM in Ihrem persönlichen und beruflichen Umfeld.«*

Abgesehen davon, daß die von *Kontraste* angeblich zitierte Textstelle in dem Brief gar nicht vorkommt, ergibt sich aus dem Schreiben des Herrn Lohr Gegenteiliges. Hinter den Informationen in der Akte »Notar« standen zum Teil durchaus inoffizielle MitarbeiterInnen, zum Teil aber auch andere Quellen einschließlich technischer Überwachungsmaßnahmen. Insofern ist dann auch die weitere Schlußfolgerung in der *Kontraste*-Sendung falsch, wonach als Gegenbeweis angeführt wird, daß zahlreiche Dokumente beweisen, daß hinter dem IM »Notar« eine aktiv handelnde Person stehen muß. Zwar stimmt dies in vielen Fällen nicht, aber Herr Lohr hat eben nie bestritten, daß es auch IM gab, die Informationen im Fall »Notar« lieferten. Ob die anschließenden Zitate in der Sendung zutreffen, kann nicht überprüft werden, da die Schriftstücke im Bild nicht eingeblendet werden und die JournalistInnen entgegen ihrer Zusage in der anschließenden Sendung »Nachgefragt« keine Kopien der Schriftstücke an Gregor Gysi aushändigten. Die Art, wie in der Sendung ansonsten zitiert wird, läßt Zweifel zu.

In der folgenden Sequenz der Sendung schildert Gerd Poppe, daß er in seinen Akten Originale und Kopien von Schriftstücken gefunden habe, die er im Anwaltsbüro Gysi abgegeben hätte. In dem Gespräch zwischen Gregor Gysi und Gerd Poppe Anfang Januar hatte Gerd Poppe nur von der an dieser Stelle schon mehrfach behandelten Presseerklärung, auf die auch der *Spiegel* in seinem Beitrag Bezug genommen hat, gesprochen. Wenn überhaupt, kann es sich bei weiteren Unterlagen nur um solche aus einem früheren Ordnungsstrafverfahren handeln, bei dem Gerd Poppe direkt von Gregor Gysi vertreten wurde. Da uns trotz Nachfrage bei Gerd Poppe keine weiteren Umstände bekannt sind, ist auch nicht zu überprüfen, ob es sich möglicherweise um Unterlagen handelt, die Gregor Gysi im Rahmen seiner Verteidigung auftragsgemäß an die Polizei sandte. In diesem Falle wäre leicht zu erklären, wie die Unterlagen von der Polizei zum MfS gelangten.

Sollte dies nicht der Fall sein, dann müssen Quellen aus der Umgebung von Gerd Poppe oder Gregor Gysi die Unterlagen vervielfältigt und an das MfS übergeben haben. Eine Untersuchung dieser Fragen wäre sehr viel leichter, wenn die Betroffenen mit solchen Unterlagen nicht nur in Fernsehsendungen operierten, sondern sie auch dem »Verdächtigten« zur Verfügung stellen würden.

In der *Kontraste*-Sendung wird als nächstes ein Schriftstück zu Wolfgang Templin eingeblendet. Es handelt sich nicht um einen regelrechten IM-Bericht, sondern lediglich um eine »Information«. Dort heißt es, wie im Standbild zu erkennen ist:

Durch einen zuverlässigen IM wurde bekannt, daß sich Templin mit Rechtsanwalt Dr. Gysi in Verbindung setzte, um sich eine Rechtsauskunft einzuholen. Nach bisherigen Informationen gab Templin an, ...

Die ganze Beschreibung bis dahin, insbesondere die Einschränkung »nach bisherigen Informationen«, spricht dafür, daß keine sichere Quelle über das Gespräch vorlag. Die Informationen werden also weder aus einer technischen Überwachungsmaßnahme noch von einem der unmittelbar Beteiligten des Gesprächs gekommen sein. Hier ist offensichtlich ein »zuverlässiger IM« tätig geworden, der lediglich Kenntnis vom Inhalt dieses Gesprächs als Dritter erhalten hat. Bemerkenswert ist auch, daß hinsichtlich des IM kein Deckname angegeben wird. Ebensogut könnte dieser Bericht im Rahmen einer operativen Personenkontrolle gegen Gregor Gysi angefertigt worden sein. Dennoch wird ein solches Papier als belastendes Dokument in der Sendung *Kontraste* verwandt, um den Eindruck einer inoffiziellen Mitarbeit Gregor Gysis für das MfS zu erhärten.

Im folgenden zeigt *Kontraste* einen IM-Bericht über verschiedene Rücksprachen von Gregor Gysi mit Bettina Wegner im Zusammenhang mit der Verteidigung eines jungen Mannes, der wegen »staatsfeindlicher Hetze« angeklagt war und gegen dessen Verurteilung Bettina Wegner einen Protestbrief schreiben wollte. Dem eingeblendeten Bericht ist zu entnehmen, daß Bettina Wegner Gregor Gysi mit der Verteidigung des jungen Mannes im Herbst 1980 beauftragt habe.

Tatsächlich aber kam der Auftrag von dem jungen Mann selbst, und er wurde am 4. Dezember 1980 durch Rechtsanwalt Gysi angenommen. Erst am 11. Dezember 1980 erschien Bettina Wegner bei Gregor Gysi und erklärte, daß sie die Honorarkosten übernehmen wolle. Die Angaben im Bericht sind also ziemlich ungenau.

Das Gericht wich in dieser Strafsache, was beim Vorwurf der »staatsfeindlichen Hetze« äußerst selten war, erheblich vom Strafantrag des Staatsanwalts zugunsten des jungen Mannes ab. Es verurteilte ihn auch nicht wegen »Hetze«, sondern »nur« wegen »öffentlicher Herabwürdigung«. Die Staatsanwaltschaft ging gegen das Urteil in »Protest«, um doch noch eine Verurteilung wegen »Hetze« zu einer wesentlich höheren Strafe zu erreichen. Dieser Protest wurde vom Obersten Gericht als unbegründet abgewiesen. Der junge Mann wurde durch das MfS gedrängt, einen Antrag auf Ausreise in die BRD zu stellen. Er war damals aber nicht dazu entschlossen. Später ging er doch in die BRD und schrieb über seinen Fall ein Buch, das im Westen veröffentlicht wurde. Jeder kann nachlesen, wie er die Verteidigung von Rechtsanwalt Gysi würdigt.

Die für damalige Verhältnisse in der DDR relativ niedrige Strafe wollte Gregor Gysi nicht gefährdet sehen. Und er war auch nicht daran interessiert, daß der Druck auf den jungen Mann zur Ausreise in die BRD gegen dessen Willen verstärkt würde. In diesem Fall galt es auch besondere Rücksicht auf die Eltern des jungen Mannes zu nehmen, die sich ebenfalls sehr engagierten und genau informierten. Deshalb hielt Gregor Gysi es für keine gute Idee, daß Bettina Wegner einen Protestbrief schreiben wollte, der den jungen Mann in der Sicht der staatlichen Organe in einer anderen »Qualität« als »Feind« erscheinen lassen würde. Dieser Teil der Informationen im Bericht kann deshalb stimmen.

Bei der Mischung von – nach der Anwaltsakte von Gregor Gysi – richtigen und unrichtigen Informationen, spricht viel für eine »Quelle«, die sich über den Fall entweder mit Frau Wegner oder mit Gregor Gysi unterhalten hat. Es besteht auch die Möglichkeit, daß jemand kurze Zeit Zugang zur Akte hatte. Dies erklärt dann sowohl die Unstimmigkeiten als auch den teilweisen Wahrheitsgehalt der Informationen. Sicherlich kann hier auch eine Mischung aus verschiedenen Informationsquellen nicht ausgeschlossen werden. Auf jeden Fall sprechen die Ungenauigkeiten in den Informationen, die der Aktenlage bei Gregor Gysi widersprechen, gegen ihn als Informationsquelle.

Danach widmet sich *Kontraste* dem Fall Havemann. Zunächst behauptet Frau Havemann, daß Gregor Gysi offensichtlich nicht im eigenen Auftrag, auch nicht im Auftrag der Staatsanwaltschaft, sondern im Auftrag der Stasi zu Robert Havemann zu Gesprächen gekommen wäre. In Wirklichkeit war es in der Regel selbstverständlich so, daß Gregor Gysi im Auftrag von Robert Havemann zum Gespräch erschien. Robert Havemann ließ entweder fernmündlich mitteilen, schrieb oder telegraphierte, daß er ein neues Gespräch wegen anstehender Rechtsprobleme wünschte. Zum Teil wurde auch bei einem Gespräch die Verabredung für ein nächstes getroffen. Unstrittig ist, daß Gregor Gysi auch im Auftrag zentraler Staats- oder Parteiorgane erschien, wenn es etwas zu regeln gab. Wie bereits oben dargestellt, hat auch Robert Havemann an Gregor Gysi Vermittlungsaufträge herangetragen, die dieser dort vortragen sollte. Aber beides war die Ausnahme. Katja Havemann weiß natürlich, wie oft Gregor Gysi gebeten wurde, zu erscheinen, daß diese **Bitte** dann von ihr oder ihrem Ehemann und nicht vom MfS ausging.

Anschließend blendet das Fernsehen einen Maßnahmeplan im Zusammenhang mit der Vorbereitung des 70. Geburtstages von Robert Havemann ein. In der Sendung wird das folgende Zitat optisch und in wörtlicher Rede hervorgehoben:
Um Provokationen, mögliche Demonstrativhandlungen oder anderweitige Aktivitäten im Sinne einer Aufwertung von Havemann auszuschließen, wird vorgeschlagen, ... daß Rechtsanwalt Dr. Gysi ... eine Aussprache mit Havemann (dazu) durchführt.

Hier wird der Sachverhalt durch Auslassungen gefälscht. Im Hintergrund ist das Schreiben des MfS zu erkennen. Das vollständige Zitat lautet wie folgt:
Um Provokationen, mögliche Demonstrativhandlungen oder anderweitige Aktivitäten im Sinne einer Aufwertung von Havemann auszuschließen, wird vorgeschlagen,
1. mit den spezifischen Mitteln und Möglichkeiten des MfS auf Robert Havemann intensiv und zielgerichtet Einfluß zu nehmen, um ihn zu veranlassen,
– einen Geburtstag im engsten Familienkreis zu feiern;
– Korrespondenten und andere Personen westlicher Länder weder einzuladen noch zu empfangen sowie
– ihm vertraute bzw. mit ihm befreundete DDR-Bürger nur in Ausnahmefällen und einzeln zur Entgegennahme von Glückwünschen zu empfangen.
2. zu prüfen, ob es zweckmäßig ist, daß Rechtsanwalt Dr. Gysi bzw. Genosse Kurt Köhler vom Komitee der antifaschistischen Widerstandskämpfer... eine Aussprache mit Havemann ähnlich wie Punkt 1. durchführt.

Die inhaltlichen Unterschiede zwischen dem gekürzten und dem vollständigen Zitat sind offensichtlich. Denn nur im ersten Punkt des Planes geht es darum, mit *»spezifischen Mitteln und Möglichkeiten des MfS«* zu operieren, während es im zweiten Punkt um andere Möglichkeiten, das heißt nicht um den Einsatz des MfS geht. Deshalb wird hier auch mit Klarnamen operiert. Es ist weder von einem IM die Rede, noch davon, daß ein direkter Auftrag erteilt wird. Vielmehr wird vorgeschlagen, *»zu prüfen, ob es zweckmäßig ist«*, daß Gregor Gysi oder eine andere Person eine Aussprache mit Havemann führt. Auf welchem Wege dies erreicht werden soll, ergibt sich aus dem Dokument nicht. In einem

Bericht über den Geburtstag von Robert Havemann ist jedoch festgehalten, daß am Vorabend Rechtsanwalt Gysi bei Havemann erschienen war. Auch hier wird er wieder mit Klarnamen genannt. Ferner ergibt sich aus diesem Bericht, daß Robert Havemann erklärte, daß er VertreterInnen der Westmedien keinen Zutritt gewähren wollte, und wenn sie erschienen, wollte er ihnen Dinge erzählen, die diesen keinesfalls passen würden. Seine Ehefrau vertrat die gleiche Auffassung und erklärte, daß sie in letzter Zeit von den staatlichen Organen der DDR in Ruhe gelassen wurden und diese Situation auch nicht geändert werden sollte. Die Sendung *Kontraste* macht daraus, daß in diesem Bericht der »*Einsatz Gysis*« bestätigt wird. Was jedoch Gregor Gysi dem Ehepaar Havemann tatsächlich erzählte, ergibt sich aus dem Bericht mit keinem Wort.

Gregor Gysi erinnert sich durchaus. Er erklärt, daß während der Zeit seiner Vertretung Robert Havemanns die Maßnahmen gegen diesen stark gemildert wurden. Das hing auch mit den Erklärungen zusammen, die er im Auftrage von Havemann gegenüber der Abteilung Staat und Recht des ZK der SED abgegeben hatte (siehe oben). Tatsächlich wurde Gregor Gysi im Vorfeld des Geburtstages entweder von einem Vertreter des ZK der SED oder von einem Vertreter der Generalstaatsanwaltschaft (daran kann er sich nicht mehr genau erinnern) darauf angesprochen, daß möglichst jede Provokation vermieden werden sollte, man andernfalls sich »gezwungen« sähe, frühere Maßnahmen wieder einzuleiten. Gregor Gysi erklärte dem Vertreter der Partei bzw. der Generalstaatsanwaltschaft, daß wegen der Art und Weise, wie sein Mandant Geburtstag feiern würde, irgendwelche Zwangsmaßnahmen gegen ihn mit Sicherheit nicht gerechtfertigt wären. Dennoch war ihm natürlich auch klar, auf welcher Seite die Macht lag. Und er hielt es für erforderlich, Robert Havemann wenigstens über diese Warnung zu informieren. Dabei war beiden sofort klar, daß es in erster Linie um die Frage westlicher KorrespondentInnen ging, die in besonderer Weise von der Partei- und Staatsführung für gefährlich gehalten wurden.

Aus beiden Dokumenten ergibt sich nicht im geringsten, daß Gregor Gysi entgegen den Interessen seines Mandanten handelte. Im Gegenteil, er hat ihn informiert, ohne seinerseits irgendwelchen Druck auszuüben, und erklärt, woher die Warnung kam. Auch insoweit verhielt er sich also keineswegs »konspirativ«. Da Katja Havemann dabei war, müßte sie sich daran erinnern können. Auf jeden Fall gab es keine Auftragserteilung vom MfS an Gregor Gysi. Im übrigen spricht gegen die Beschuldigung Gregor Gysis auch die Tatsache, daß er gerade von jenen Offizieren, die ihn angeblich als IM führten, nicht mit einem IM-Decknamen benannt wird, sondern mit seinem Klarnamen. Dies ist nach Auskunft hauptamtlicher MitarbeiterInnen des MfS und der Gauck-Behörde absolut unüblich. Eine Ausnahme wäre überhaupt nur dann möglich, wenn ein Vorgang so eindeutig für eine einzige Person spricht, daß bei Verwendung des Decknamens eine Dekonspirierung gegeben wäre. Ein allgemeines Gespräch darüber, wer zum Geburtstag Havemanns erscheint und ob die Anwesenheit westlicher MedienvertreterInnen eher günstig oder ungünstig ist, läßt jedoch überhaupt keinen Schluß auf denjenigen zu, der den Auftrag zu einem solchen Gespräch erhält.

Anschließend nimmt Katja Havemann in der *Kontraste*-Sendung zu dem bereits anhand des *Spiegel*-Artikels behandelten Bericht von »Gregor«[17] vom 23. Juli 1980 über ein Gespräch zwischen Robert Havemann und Gregor Gysi am 21. Juli 1980 Stellung. Bemerkenswert ist hier lediglich, daß Katja Havemann erklärt, daß sie aus dem Bericht entnommen habe, daß dieser Informant versucht habe, die Verbindungswege von Robert Havemann herauszubekommen, wie Robert Havemann es anstelle, Bücher im Westen veröffentlichen zu lassen. Aus dem Bericht ergibt sich jedoch nichts dergleichen. Im Gegenteil. Der »Gregor«-Bericht, der auf Informationen beruht, die Gregor Gysi an das ZK gegeben hatte und die von dort an das MfS gelangten, beweist, daß er eine Darstellung gegeben haben muß, die nicht im mindesten Schlüsse auf die tatsächlichen Verbindungswege und die Methode Robert Havemanns zuläßt, wie er Bücher im Westen veröffentlichen ließ. Noch dreister ist die Behauptung des Fernsehkommentators, wonach in dem Bericht »Tips« enthalten wären, wie Robert Havemann wegen der Buchveröffentlichung besser zu »packen« wäre. In Wirklichkeit ergibt sich aus dem Bericht ganz eindeutig, daß die Informationen dahingehend liefen, daß es unmöglich wäre, Robert Havemann zur Verantwortung zu ziehen. Dies ist ja dann auch nicht geschehen.

Danach wird in der Sendung der Maßnahmeplan vom 15. März 1981 eingeblendet, zu dem ebenfalls bereits im Zusammenhang mit dem *Spiegel*-Artikel Stellung genommen wurde. Zu keinem Zeitpunkt hat Gregor Gysi den Auftrag erhalten oder erledigt, mit Robert Havemann über das bereits erschienene Buch »Morgen« zu sprechen.

Anschließend wird das Dokument präsentiert, in dem es um den Auftrag an IM Notar geht, Katja Havemann von bestimmten »*operativ-relevanten Handlungen abzuhalten*«. Dazu wurde auch bereits im Zusammenhang mit dem *Spiegel*-Artikel Stellung genommen.

In der folgenden Sequenz der Sendung wird ein Vorschlag vom 12. Januar 1983 zur Einleitung von Maßnahmen gegen Katja (Annedore) Havemann aufgrund einer Veröffentlichung in einer westdeutschen Zeitschrift eingeblendet. Darin werden zwei Maßnahmen vorgestellt. Zunächst soll geprüft werden, ob gegen Katja Havemann gemäß § 95 Strafprozeßordnung der DDR ein Anzeigenprüfungsverfahren und damit ein Strafverfahren eingeleitet werden kann. Wenn dies nicht zweckmäßig erscheint, wird vorgeschlagen,
... durch operative Einflußnahme Rechtsanwalt Dr. Gysi, der Havemann, Annedore in allen juristischen Angelegenheiten vertritt, zu veranlassen, aufgrund der Veröffentlichung ein Gespräch mit ihr zu führen. Dabei ist ihr in Verbindung mit einer Rechtsbelehrung zu erklären, derartige oder ähnliche Aktivitäten im eigenen Interesse zu unterlassen, da ansonsten die Gefahr einer strafrechtlichen Verfolgung besteht.

Dieser Text ist in der Fernsehsendung nur im Hintergrund und bei Anhalten des Filmes (und damit für die FernsehzuschauerInnen nicht) zu erkennen. In wörtlicher Rede wird hingegen lediglich der letzte Satz zitiert, wobei zugleich darauf hingewiesen wird, daß dieser Auftrag an Rechtsanwalt Gysi mit Klarnamen ging. Indem aber der erste Teil im wörtlichen Zitat weggelassen wird, fehlt der entscheidende Hinweis, daß Rechtsanwalt Gysi zu diesem Gespräch durch »*operative Einflußnahme*« zu veranlassen sei. Abgesehen davon, daß es auch hier wieder völlig unüblich wäre, Gregor Gysi nicht mit seinem IM-Decknamen zu benennen, wenn er IM gewesen wäre, ist die Aussage von entscheidender Bedeutung, wonach das MfS ihn offensichtlich nicht direkt beauftragen konnte, sondern eine »*operative Einflußnahme*« organisieren mußte. Das bedeutete praktisch, wie schon in anderen Fällen dargestellt, daß über MitarbeiterInnen anderer Organe erreicht werden sollte, daß Gregor Gysi ein solches Gespräch führte.

Nach Auskunft von Gregor Gysi war es tatsächlich so, daß er zu einem Gespräch zu einer Staatsanwältin der sogenannten Abteilung I,A der Generalstaatsanwaltschaft der DDR gebeten wurde, die für »politische Fälle« zuständig war. Diese erklärte ihm, daß seine Mandantin einen Artikel in einer westlichen Zeitschrift veröffentlicht habe und daß geprüft worden wäre, strafrechtliche Maßnahmen einzuleiten. Sie lege größten Wert darauf, daß Gregor Gysi mit seiner Mandantin eine Rechtsbelehrung durchführe, da im Wiederholungsfalle auf jeden Fall mit einem Strafverfahren zu rechnen sei. Gregor Gysi erklärte, eine solche Belehrung unmöglich vornehmen zu können, wenn er nicht einmal den Artikel kenne. Die Staatsanwältin erklärte ihrerseits, daß sie zur Vorlage dieses Artikels nicht berechtigt sei. Sie entschloß sich dann aber doch, Rechtsanwalt Gysi den Artikel zum Lesen zu geben, bat ihn aber darum, das nicht zu verbreiten, weil sie damit eindeutig gegen eine Weisung verstoßen hätte. Gregor Gysi war selbstverständlich verpflichtet, diese »Warnung« an seine Mandantin zu übermitteln. Er wollte, daß sie künftig das Risiko bei entsprechenden Entscheidungen abwägen könne. Hätte er sie nicht informiert, dann wäre dies eindeutig eine standesrechtliche Pflichtverletzung gewesen. Allerdings – und dies räumt er selbstkritisch ein – wollte er nun auch der Staatsanwältin wegen der vorschriftswidrigen Vorlage des *Stern*-Artikels keine Schwierigkeiten bereiten. Deshalb habe er gegenüber Katja Havemann eine andere Quelle der Information angegeben. Dies war aber nach seinen Angaben die einzige Ausnahme, da er ansonsten stets erklärte, woher irgendwelche »Warnungen« bzw. »Angebote« kamen. Wichtig war ihm hier nur, daß Katja Havemann das Risiko kannte und berücksichtigen konnte.

In diesem Zusammenhang ist wieder eine grundsätzliche Bemerkung erforderlich. Es war kein Geheimnis – weder unter AnwältInnen noch unter politisch informierten MandantInnen –, daß solche Belehrungen und Hinweise, aber auch Drohungen und ähnliches letztlich von der Staatssicherheit ausgingen, aber VermittlerInnen gesucht wurden, um diese an den Betreffenden heranzutragen. Das konnten VertreterInnen der Partei, der Staatsanwaltschaft oder auch der Polizei sein. In den seltensten Fällen trat das MfS direkt auf, bestenfalls in Form von inoffiziellen MitarbeiterInnen. Daß Gregor Gysi sowohl mit Klarnamen genannt als auch Objekt »operativer Einflußnahme« sein sollte, spricht ausdrücklich dagegen, daß er als IM fungierte.

Als letztes Dokument wird dann – offensichtlich von Bärbel Bohley – ein Vermerk vorgelegt, in dem es um den Umgang mit einem Schreiben des Westberliner Rechtsanwalts Näumann geht, das Gregor Gysi in der Angelegenheit Bärbel Bohley erhalten hatte. Zu diesem Zeitpunkt, Ende 1983/Anfang 1984, vertrat Gregor Gysi Bärbel Bohley nicht. Ihr Anwalt war Wolfgang Schnur. Damals bestand ein Kontaktverbot der RechtsanwältInnen in den Kollegien der DDR mit den Rechtsanwälten Näumann und Salm, die gemeinsam ein Büro in Westberlin unterhielten. Der Minister der Justiz hatte dieses Verbot ausgesprochen, da beiden Westberliner Rechtsanwälten unterstellt wurde, für westdeutsche Geheimdienste zu arbeiten. (Es sei erwähnt, daß dieses Verbot später aufgehoben wurde.) Das besagte bei Rechtsanwalt Gysi eingegangene Schreiben betraf nicht seine Mandatin, sondern die von Rechtsanwalt Schnur. Es stand auch nichts Brisantes in diesem Schreiben, sondern Rechtsanwalt Dr. Näumann bot sich darin an, die Kosten für die Verteidigung von Bärbel Bohley zu übernehmen und die Sorgen hinsichtlich des vermeintlichen Hungerstreiks bei den Verwandten im Westen zu zerstreuen. Aufgrund des Kontaktverbotes übergab Rechtsanwalt Gysi das Schreiben dem damaligen Vorsitzenden des Berliner Rechtsanwaltskollegiums. Dieser erklärte, sich mit dem zuständigen Vertreter des Ministeriums der Justiz konsultieren zu wollen und Gregor Gysi anschließend Bescheid zu geben.

In dem MfS-Papier wird darauf hingewiesen, daß diese Information *inoffiziell* zum MfS gelangte. Es wird darauf hingewiesen, daß Rechtsanwalt Gysi fünf Möglichkeiten der Reaktion auf den Brief von Rechtsanwalt Näumann vorschlug. Daraus wird in der *Kontraste*-Sendung die Schlußfolgerung gezogen, daß sich hier Gregor Gysi direkt mit dem MfS konsultiert haben muß. Dann aber wäre dieser Vorgang dem MfS wahrscheinlich nicht inoffiziell, sondern offiziell bekannt geworden. Gregor Gysi geht nicht davon aus, daß der damalige Vorsitzende des Berliner Rechtsanwaltskollegiums direkt das MfS konsultierte, sondern tatsächlich einen Vertreter des Ministeriums der Justiz. Zwischen dem Ministerium der Justiz und dem Ministerium für Staatssicherheit muß es dann eine Abstimmung gegeben haben. Obwohl der Vorgang eher unbedeutend war, schien dies üblich zu sein. Die Entscheidung traf dann der Hauptabteilungsleiter im MfS, der sie an das Justizministerium und dieses wiederum an den Vorsitzenden des Berliner Rechtsanwaltskollegiums übermittelte, der Gregor Gysi informierte. Aus dessen Handakte ergibt sich, daß er die Information erhielt, das Schreiben an den Rechtsanwalt von Frau Bohley weiterzuleiten und Rechtsanwalt Näumann in Westberlin davon telefonisch zu unterrichten. Gregor Gysi erinnert sich heute nicht mehr daran, ob er gegenüber seinem damaligen Kollegiumsvorsitzenden selbst die fünf Varianten vorgeschlagen hat, die in der Fernsehsendung aufgezeigt wurden. Sämtliche Varianten waren standesrechtlich vertretbar. Es kann aber auch gut sein, daß die Vorschläge vom Vorsitzenden des Kollegiums oder vom Vertreter des Justizministeriums gegenüber dem Vertreter des MfS unterbreitet wurden. Besonders tendenziös ist die Aussage in der Fernsehsendung, daß letztlich entschieden worden sei, den Brief an den »*ausgewiesenen Stasimitarbeiter Schnur*« zu übersenden. Dies konnte Rechtsanwalt Gysi damals nicht wissen, und außerdem war Rechtsanwalt Schnur nun einmal der gewählte Verteidiger von Bärbel Bohley, und es ging schließlich um sein Mandat.

Einsichten

Die Aufklärung des Verdachtes gegen Gregor Gysi kann nicht vollständig befriedigen. Dafür steht zu wenig Material zur Verfügung. Ein Teil der Akten, die uns zugänglich waren, sind im Anhang dokumentiert. Ein anderer Teil der Akten ist vernichtet, ein weiterer Teil befindet sich bei der Gauck-Behörde und ist nur den »Betroffenen« zugänglich. Daß gerade letztere Bruchstücke »ihrer« Akten nur selektiv den Medien zur Verfügung stellen und insofern ihrer eigenen Forderung nach vollständiger Öffnung der Akten zuwiderhandeln, ist ärgerlich und bedauerlich. Zumal wir die Forderung nach Öffentlichmachung der MfS-Akten teilen.

Dennoch ist der Fall »Gregor Gysi« nun zu einem Lehrstück geworden. Ein Lehrstück über die Arbeit des MfS, und zwar auch über dessen ganz alltägliche, unspektakuläre, bürokratische und von teilweise sekundären Motiven getragene Tätigkeit. Ein Lehrstück auch über die Kompliziertheit anwaltlicher Arbeit in der gewesenen DDR, besonders wenn man prominente Oppositionelle vertrat – und zwar nicht nur in politischen Verfahren, sondern auch in ihren persönlichen Angelegenheiten, Ehescheidungen und Erbschaftsklagen, die von der Politik aber auch nicht zu trennen waren. Ein Lehrstück über die Methoden einiger ehemaliger Bürgerrechtsbewegter, die sie heute in der Zusammenarbeit mit einer skrupellosen Westpresse anwenden und die sie weit von ihren alten Idealen entfernen werden. Und nicht zuletzt: Ein Lehrstück über die Blindwütigkeit westlicher JournalistInnen und Journale, die es sich leisten, bezüglich des MfS und der DDR-Geschichte auf jede Differenziertheit zu verzichten. Dabei werden die eigenen Prinzipien ignoriert: So schlecht waren *Spiegel*-Stories noch nie recherchiert, so plump wurde selten gefälscht.

Besonders verwerflich an den beschriebenen journalistischen »Leistungen« ist nicht nur die Tatsache, daß zum Teil falsch zitiert oder durch Kürzungen bzw. Unterlassungen ein falscher Inhalt dargestellt bzw. scheinbar eindeutige Schlußfolgerungen gegen Gregor Gysi gezogen werden, obwohl es in jedem Falle eine Vielzahl von Erklärungsvarianten gibt, sondern, daß jegliches entlastende Material weggelassen wird. Weder im *Spiegel* noch in der Sendung *Kontraste* wird auch nur darauf hingewiesen, daß es eindeutige Unterlagen gibt, die belegen, daß Gregor Gysi kein inoffizieller Mitarbeiter des MfS wurde und seit 1986 ein operativer Personenkontrollvorgang (OPK) gegen ihn lief, durch den umfassende Maßnahmen zu seiner Überprüfung eingeleitet wurden. Aus der Einleitungsverfügung[18] und ihrer Ergänzung ergibt sich insbesondere, daß ihm die Art und Weise seines Verhältnisses zu bestimmten MandantInnen vorgeworfen wurde, wobei die Namen Bahro, Havemann, Bohley und Poppe genannt werden. Der Vorwurf basierte in erster Linie darauf, daß Gregor Gysi Kontakte unterhielt, die über die Rechtsvertretung hinausgingen. Ferner wurde ihm vorgeworfen, zu westlichen KorrespondentInnen, darunter auch zu einem Korrespondenten des *Spiegel,* und zu MitarbeiterInnen der Ständigen Vertretung der BRD Kontakte zu unterhalten, ohne diese in jedem Fall ordnungsgemäß beim Ministerium der Justiz angemeldet und genehmigt haben zu lassen. Auch auf private Kontakte wurde dort hingewiesen. Es wurde sogar der Verdacht geäußert, daß es möglicherweise Kontakte zu westlichen Geheimdiensten gab. In dem Brief an Gregor Gysi schreibt Lohr dazu: »*Schon vor Einleitung der OPK, vor allem aber danach, erhielten wir eine Fülle von Informationen über Sie, die stets widersprüchlich blieben. Einerseits verhielten Sie sich nach diesen Informationen loyal gegenüber der DDR, andererseits wurde Ihre Kritik immer schärfer und nach meiner damaligen Auffassung auch immer unbegründeter. Das bestätigte sich durch Ihr Vorgehen im Zusammenhang mit der Wahlfälschung (ich glaubte damals nicht, daß es eine war) und bei der Vertretung des ›Neuen Forum‹.*«

Die Vernichtung der Akte »Sputnik« wurde im nachhinein von fast allen Presseorganen als Beweis für die Schuld Gregor Gysis genommen. Lohr erklärte dazu: »*Als Sie dann im Dezember 1989 zum Vorsitzenden der SED gewählt wurden, wurden wir in bezug auf Ihre Person zusätzlich verunsichert. (...) Auf jeden Fall konnte die Akte über die OPK ›Sputnik‹ nicht bleiben, nachdem Sie Vorsitzender der SED geworden waren. Aus unserer Sicht hätten Sie unser höchster Vorgesetzter werden können. Sicherlich verstehen Sie, daß wir uns unter diesen Umständen nicht nachweisen lassen wollten, wie umfangreich wir Sie kontrolliert hatten, deshalb wurde die OPK ›Sputnik‹ vernichtet.*« Der blanke Beamten-Opportunismus – eine völlig plausible Erklärung – paßte aber dem *Spiegel* so wenig ins Bild, daß er – ebenso wie *Kontraste* – den gesamten Komplex »OPK Sputnik« einfach unterschlug.

Mehrfach hat Joachim Gauck in Interviews darauf hingewiesen, daß die Dokumente des MfS wahr sind, weil das Ministerium auf die Korrektheit des eigenen »Handwerkszeugs« angewiesen war. So erklärte er im *Spiegel* Nr. 9 vom 24. Februar 1992 auf Seite 30 wörtlich: »*Diese Arbeitsakten waren das Handwerkszeug des Stasi-Apparates. Daß ausgerechnet da freie Phantasie walten durfte, ist unlogisch. Die Leute, die diese These verbreiten, übersehen zudem, daß die Staatssicherheit sich permanent selbst kontrolliert hat. Schlampiges Arbeiten im Apparat wurde verfolgt und geahndet.*« Davon gehen auch die meisten Medienvertreter aus, insbesondere in der Auseinandersetzung mit Manfred Stolpe. Wird diese Aussage einmal als im Prinzip wahr unterstellt, dann wäre dies der eindeutige »Freispruch« für Gregor Gysi. Denn aus seiner Akte ergibt sich hinsichtlich der Dokumente folgende eindeutige Sachlage:
1. Beschluß des MfS über das Anlegen einer IM-Vorlaufakte vom 18. September 1980 für Gregor Gysi mit dem vorläufigen Decknamen »Gregor«.
2. Erfassung der Person Gregor Gysi auf einer »Kerblochkarte« am 18. September 1980.
3. Eintragung des IM-Vorlaufes im IM-Buch.
4. Vorschlag vom 27. November 1980, Gregor Gysi zum IMS mit dem Decknamen »Notar« zu werben und ihn entsprechend zu verpflichten.
5. Nichtbestätigung des Vorschlags vom 27. November 1980, wie es sich aus drei Unterlagen des MfS eindeutig ergibt:
a) Auf dem Vorschlag vom 27. November 1980 ist das Feld für die Bestätigung weder ausgefüllt noch unterschrieben.
b) Auf dem MfS-Beschluß vom 18. September 1980 ist der Vorschlag zur Einordnung als IMS »Notar« nicht bestätigt und unterzeichnet.
c) Im IM-Buch erfolgte in der dafür vorgesehenen Rubrik keine Eintragung von Gregor Gysi als IM.
6. Abschlußbericht zum IM-Vorlauf vom 13. August 1986 mit Bestätigung vom 14.

August 1986, aus dem sich ergibt, daß der IM-Vorlauf geschlossen und archiviert wurde.
7. MfS-Beschluß vom 14. August 1986 mit Bestätigung vom 17. September 1986 zur Archivierung des IM-Vorlaufes, weil Gregor Gysi »zur Aufklärung und Bekämpfung politischer Untergrundtätigkeit nicht geeignet« ist.
8. Eröffnungsbericht zu einem operativen Personen-Kontroll-Vorgang gegen Gregor Gysi unter dem Decknamen »Sputnik« vom 1. September 1986.
9. Registrierkarteikarte vom 18. September 1986 über den operativen Personen-Kontroll-Vorgang (OPK) gegen Gregor Gysi unter dem Decknamen »Sputnik«.
10. Ergänzungsbericht vom 19. September 1986 zum operativen Personen-Kontroll-Vorgang gegen Gregor Gysi unter dem Decknamen »Sputnik«.

Aus diesem »Handwerkszeug« des MfS ergibt sich damit ein klarer Sachverhalt. Mitarbeiter des MfS hatten vor, Gregor Gysi als inoffiziellen Mitarbeiter zu werben. Diesbezüglich wurde ein Vorlauf angelegt. Der Anwerbungsvorschlag selbst ist nicht bestätigt worden. Zu einer Anwerbung kam es nicht. Die Anwerbung wurde ausdrücklich abgelehnt. Der IM-Vorlauf wurde archiviert. Gegen Gregor Gysi wurde eine Operative Personen-Kontrolle (OPK) durch das MfS eingeleitet. Würden die Beschuldigungen gegen Gregor Gysi stimmen, dann müßte er noch 1988 gegen Bärbel Bohley als IM »Notar« tätig gewesen sein. Dann aber wären der Abschlußbericht zum IM-Vorlauf »Gregor« und der Beschluß zur Archivierung des IM-Vorlaufs und zur Ablehnung einer Anwerbung von Gregor Gysi als IMS »Notar« eine glatte Fälschung des »Handwerkszeugs« des MfS im Jahre 1986. Gefälscht wäre dann auch der Operative Personen-Kontroll-Vorgang gegen Gregor Gysi aus dem gleichen Jahr. Es gibt aber nicht den geringsten Anhaltpunkt, weshalb insgesamt vier Dokumente (Abschlußbericht zum IM-Vorlauf, Beschluß über die Archivierung, Einleitung und Ergänzung des OPK-Vorganges), die Erfassung in der sogenannten Kerblochkartei 1980 und die Karteikarte zum OPK »Sputnik« im Jahre 1986 gefälscht worden sein sollten. Die Argumente von Gauck und anderen können auf jeden Fall nicht gegen Gregor Gysi verwandt werden. Das »Handwerkszeug« des MfS beweist in seinem Falle, daß er nicht inoffizieller Mitarbeiter dieses Ministeriums war. Deshalb geht es gar nicht um die immer wieder künstlich aufgeworfene Frage, ob Lohr damals oder heute lügt. Die Dokumente von damals sprechen eine eindeutige Sprache. Es geht lediglich darum, ob Lohr in seiner Begründung für den Vorschlag zur Anwerbung von Gregor Gysi als IM maßlos übertrieben bzw. auch falsche Sachdarstellungen gegeben hat, um eine Bestätigung des Vorschlages zu erreichen. Daß der Vorschlag eingereicht und nicht bestätigt wurde, ist dagegen unstrittig und insoweit handelt es sich auch hier um ein echtes Dokument. Der Widerspruch ist ein ganz anderer: Diese eindeutigen Dokumente zu Gregor Gysi geben keine Antwort darauf, wie es im Einzelfall zu Informationen in Akten »Betroffener« über Mandantengespräche von Gregor Gysi gekommen ist. Aus dem genannten »Handwerkszeug« ergibt sich aber, daß die Informationen nicht von Gregor Gysi gekommen sein können.

Zu begrüßen ist, daß inzwischen das Landgericht Hamburg in zwei Beschlüssen für mehr Rechtssicherheit sorgte. In einem Falle wurde der *Spiegel* zum Abdruck einer umfassenden Gegendarstellung verpflichtet, die im *Spiegel* Nr.11 vom 9. März 1992 erschien, nachdem der *Spiegel* den Abdruck zunächst abgelehnt hatte. Im anderen Falle wurde dem *Spiegel* untersagt, zahlreiche Behauptungen aus seinem Beitrag zu wiederholen.

Es mag journalistisch zulässig sein, nicht auf das umfassende Engagement von Gregor Gysi für seine MandantInnen und auf seinen Einsatz gegen die Wahlfälschung oder bei der Vertretung des »Neuen Forums«, das bereits als staatsfeindlich deklariert war, einzugehen. Von den ehemaligen MandantInnen Gregor Gysis ist allerdings schon zu erwarten, daß sie im Sinne einer umfassenden Aufklärung auch die realen Erfolge der Verteidigung durch Gregor Gysi unter den gegebenen Umständen einräumen. Heute wird von denjenigen, die gegen Gregor Gysi Beschuldigungen erheben, gegen alle Tatsachen angeführt, er hätte eben seine »Verstrickungen« bekennen müssen. Nun, mit dem MfS gab es keine Verstrickungen, keine konspirativen Kontakte und schon gar keine Zusammenarbeit als IM. Auch ein Bekenntnis nach dem Motto »Ja, ich habe mit staatlichen Stellen verhandelt« ist eine absurde Forderung. Selbstverständlich gehört es zu den ureigenen Aufgaben eines jeden Anwaltes und einer jeden Anwältin, seinen MandantInnen gerade in den Verhandlungen mit Staatsanwaltschaft, Gericht und staatlichen Organen zu vertreten. Auch im Westen war und ist das so. Entscheidend ist vielmehr, ob und wieweit ein Anwalt das Vertrauensverhältnis zu seinem Mandanten oder seiner Mandantin verletzt und unterläuft. Dies ist Gregor Gysi in keinem einzigen Falle nachzuweisen.

Die vorliegende Untersuchung ist ein kleiner Beitrag zur Aufarbeitung der Geschichte des MfS und der DDR. Daß ein großer Teil von Zeit und Energie heute dazu verwendet werden muß, vor allem falschen Verdächtigungen und verzerrenden Darstellungen durch die Presse und die ProtagonistInnen der Aufklärung selber entgegenzutreten, widerspricht auch unserem Anliegen, uns auf die Zusammenhänge der DDR-Geschichte selber und das Wirken der Staatssicherheit zu konzentrieren. Es ist aber auch Zeugnis dafür, daß Aufarbeitung als politisch geleitete Abrechnung keinen aufklärerischen und emanzipatorischen Wert hat und einem wißbegierigen und erforschenden Umgang mit der Geschichte entgegensteht. In diesem Sinne wünschen wir unseren Leserinnen und Lesern die Fähigkeit zu einem kritischen, eigenständigen und selbstbewußten Urteil.

Nachtrag

Nach Redaktionsschluß dieses Buches erschien – werbewirksam vorbereitet in einer *Kontraste*-Sendung am 4. Mai 1992 – eine Sondernummer der Ostberliner Zeitschrift *telegraph* mit Stasi-Akten, die Gregor Gysi des Mandantenverrates an Rudolf Bahro überführen sollen. Das Heft enthält neben einem einleitenden Kommentar (*»Gregor Gysi stand schon immer auf der anderen Seite der Barrikade«*) IM-Berichte (Kennzeichnung IM-Vorl. »Gregor«), angebliche Tonbandabschriften von Berichten Gregor Gysis und Berichte von MfS-Offizieren über Rücksprachen mit Gregor Gysi. Fast alle Berichte stehen im Zusammenhang mit der Verteidigung von Rudolf Bahro. Gregor Gysi hat sich in einem langen Brief an die AutorInnen des *telegraph* gewandt und versucht, unter Zuhilfenahme seiner Anwaltsakten und in Gesprächen mit Rudolf Bahro und einem ehemaligen ZK-Mitarbeiter die Entstehung dieser Akten zu erklären. Dabei konnte bis in Details rekonstruiert werden, welche Informationen an welche Personen zu welchem Zweck gegeben wurden. Rudolf Bahro und Gregor Gysi erinnern sich an Gespräche in der Haftanstalt, die unter Aufsicht geführt wurden, und wo jeder Satz ihres Gesprächs bewußt und durchdacht formuliert wurde, um einerseits gezielte Informationen an den Lauscher zu geben und andererseits sich gegenseitig über die weitere Strategie auszutauschen, ohne die Gegenseite in Kenntnis zu setzen.

Die im *telegraph* wiedergegebenen Akten (die im übrigen auf ominöse Weise ihren Weg aus der Gauck-Behörde gefunden haben müssen, da Rudolf Bahro niemals Akteneinsicht beantragt hat), sind offensichtlich Produkte der Informationsverarbeitung und »Verdichtung« (Stasi-Jargon) der MfS-Offiziere. Im Prinzip gleicht ihr Zustandekommen der in diesem Text skizzierten Entstehung des »Gregor«-Berichtes.

Die im vorhergehenden Text getroffenen Aussagen müssen durch das neue Material des *telegraph* nicht revidiert werden. Aber es ergeben sich neue Fragen: Der Ex-MfS-

Mann Lohr hatte in seinem Brief behauptet, bereits während der Verteidigung Bahros auf Gregor Gysi aufmerksam geworden zu sein, es sei ihm damals aber untersagt worden, eine IM-Vorlaufakte anzulegen. Nun haben wir aber »Gregor«-Berichte vorliegen, die bereits vor dem Anlegen der IM-Vorlaufakte »Gregor« im Jahr 1980 datieren, der erste vom 7. Dezember 1978. Es fällt allerdings auf daß bei den »Gregor«-Berichten jeweils dabei steht: »entgegengenommen: Major Lohr«, während ein von »Reuter – Oberstleutnant« (Lohrs Vorgesetzter) gekennzeichneter Bericht, aber auch andere Berichte von Lohr nicht als »Gregor«-Berichte firmieren. Es tauchen allenthalben Widersprüche in der Aktenführung des MfS auf. Wer ernsthaft Aufklärung betreiben will, kommt daran nicht vorbei und müßte sich gerade diesen Widersprüchen widmen, die keine stromlinienförmigen Urteile zulassen.

Es bleibt noch vieles aufzuklären. In diesem Fall wäre über die Methoden und Arbeit des MfS tatsächlich einiges zu erfahren. Wenn mensch nämlich sowohl die Akten als auch ihre hauptamtlichen Verfasser, die damaligen »Opfer«, bzw. MandantInnen, die Anwälte und Staatsanwälte, die zuständigen VertreterInnen des ZK der SED und am besten noch die Protokolle einschlägiger Politbürositzungen, in denen nicht wenige der für die DDR knifflige politische Fälle entschieden wurden, hinzuzieht.

Solange die Veröffentlichung von Akten allerdings vorrangig als Mittel eingesetzt wird, um den politischen Gegener zu denunzieren, verkehrt sich die Aufforderung des *telegraph* an seine LeserInnen – »damit Sie sich selbst ein Urteil bilden« – ins blanke Gegenteil: »Damit Sie unserer Verurteilung folgen.«

Anmerkungen

[1] Dokument: Schreiben der Bezirksverwaltung für Staatssicherheit Berlin an Oberst Reuter, Seite 246
[2] Dokument: »Gregor«-Bericht in Abschrift, Seite 235-237
[3] Dokument: »MfS-Beschluß über das Anlegen eines IM-Vorlaufes...«, Seite 238
[4] Dokument: »Beschluß über die Archivierung des IM-Vorlaufes«, Seite 248
[5] Dokument: Auszug aus dem IM-Buch, Seite 241
[6] Dokument: »Kerblochkarte«, Seite 239-240
[7] Dokument: Brief des ehemaligen MfS-Oberstleutnants Lohr (Abschrift), Seite 251-255
[8] Mit ziemlicher Wahrscheinlichkeit, aber nicht grundsätzlich, kann ausgeschlossen werden, daß der Deckname »Notar« an mehrere Personen oder sogar mehrere Vorgänge vergeben wurde.
[9] Siehe »Gregor«-Bericht, Seite 235ff.
[10] Siehe »Gregor«-Bericht, Seite 235ff.
[11] Abschrift des Lohr-Briefes, Seite 251ff.
[12] Abschrift des Lohr-Briefes, Seite 251ff.
[13] »Gysi war weder ›Notar‹ noch ›Gregor‹« in *Stern* vom 20. Februar 1992
[14] Dokument: »Vorschlag zur Werbung eines IMS...«, Seite 242-245
[15] Dokument: »Abschlußbericht«, Seite 247
[16] Dokument: »Archivierungsbeschluß«, Seite 248
[17] Siehe »Gregor«-Bericht, Seite 235ff.
[18] Dokument: »Eröffnungsbericht zur OPK ›Sputnik‹«, Seite 249-250

Dokumente

Der »Gregor«-Bericht in Abschrift

Hauptabteilung
Abschrift vom Tonband
Berlin, 23.7.80

Bericht
über den Besuch des Rechtsanwalte Gysi bei Dr. HAVEMANN
am 21.7.1980 in den Nachmittagsstunden

Anlaß des Besuches war das Interview des Dr. Havemann gegenüber westlichen Massenmedien zur Frage seiner Teilnahme an Treffen ehemaliger Brandenburger Häftlinge und weiterer politischer Geschehnisse sowie die Vorankündigung eines Buches von ihm im westdeutschen Börsenblatt.

Dr. Havemann erklärte, daß für ihn das Interview wichtig gewesen sei, um insbesondere zur Frage der Nachrüstung der NATO, der Afghanistan-Probleme und seiner Stellung innerhalb der DDR aktuell Stellung nehmen zu können.

Er sei auch sehr angetan davon, daß er in westlichen Zeitungen nunmehr wegen seiner Stellungnahme zu Afghanistan und zum Raketenbeschluß angegriffen würde.

Er hoffe im übrigen es richtig gemacht zu haben, indem er im Interview auf die Nennung des Namens des Rechtsanwaltes verzichtet habe.

Hinsichtlich seiner teilweisen negativen Beurteilung der Verhältnisse in der DDR erklärte er lediglich, daß sich diese seine Einschätzung über längere Zeit nicht geändert habe und er keine Veranlassung sieht, diese seine Meinung nicht zu äußern. Außerdem muß er immer einkalkulieren, daß anderweitige Äußerungen keine Publizität erlangen, wenn er nicht gleichzeitig, also auf seine Auffassungen zu den Verhältnissen in der DDR hinweist.

Hinsichtlich des zu erwartenden Buches war zunächst für ihn die Information der Ankündigung im Börsenblatt neu.

Außerdem erklärte er, daß er dieses Buch bereits vor 1976 begonnen habe. An einer Stelle des Buches befinde sich deshalb auch eine Zwischenbemerkung, aus der sich ergibt, daß er das Buch wegen der gegen ihn angeordneten Zwangsmaßnahmen mehrere Jahre unterbrechen mußte. Dann folgen weitere Kapitel, die er überwiegend im Januar/Februar 1980 geschrieben haben will. Er erklärte, daß das Buch in mehrere Kapitel geteilt sei. Die Überschrift, unter der es erscheinen wird, sei ihm nicht bekannt. In einem Kapitel würde er sich ausführlich damit beschäftigen, weshalb das kapitalistische System nicht in der Lage sei, die ökologischen Probleme zu lösen. Im nächsten Kapitel beschäftigt er sich dann damit, weshalb der reale Sozialismus nicht in der Lage sei, die ökologischen Probleme zu lösen.

Dieses Thema hätte er auch zum Anlaß genommen, um sich kritisch mit Bahro auseinanderzusetzen. Auch hinsichtlich der Frage des Weggangs aus der DDR.

In einem weiteren Kapitel beschäftigt er sich dann mit Hoffnungen, Träumen und Utopien über die zukünftige Gesellschaftsordnung, die in der Lage ist, die ökologischen Probleme zu meistern. Dabei zeichne er Wege auf, wie beide Gesellschaftssysteme dorthin gelangen könnten.

Im Gespräch wies er ferner darauf hin daß der erste Teil bis zur Zwischenbemerkung abschriftlich als Manuskript im Rahmen des Devisenstrafverfahrens beschlagnahmt worden wäre, also den entsprechenden staatlichen Behörden auch bekannt gewesen sein muß. Die Notwendigkeit hätte er darin gesehen, daß er ein einmal begonnenes Werk auch beenden müsse. Er sehe nicht ein, daß er durch Zwangsmaßnahmen daran gehindert wird, eine solches begonnenes Werk zu Ende zu schreiben. Er sei ein theoretisch und politisch denkender und arbeitender Mensch und müsse deshalb seine diesbezüglichen Ansichten, Auffassungen, Meinungen und Perspektivvorstellungen auch zum Ausdruck bringen. Allerdings habe er nunmehr ein ziemlich abschließendes Werk geschaffen und sehe keinerlei Notwendigkeit mehr, in nächster Zeit ein neues Werk zu beginnen bzw. in Angriff zu nehmen.

Weiterhin teilte er mit, daß es bisher im Zusammenhang mit dem Interview und dem Buch keinerlei Maßnahmen gegen ihn gegeben hat und er zur Zeit auch nicht befürchtet, daß solche Maßnahmen gegen ihn eingeleitet werden. Allerdings war er sich in dieser Einschätzung nicht völlig sicher.

Zur technischen Seite der Verbringung des Buches und des Interviews gab er lediglich den Hinweis, daß er noch ein weiteres Manuskript des im Strafverfahren beschlagnahmten besessen habe. Er erklärte allerdings nicht, wo es sich befunden hat. Außerdem erklärte er nur noch, daß er das Interview auf Kassette gesprochen hat.

Zu dem Buch äußerte er ferner, daß bei jeglicher Befragung, die evtl. stattfinden könnte, er wahrheitsgemäß nur angeben kann, daß es ihm völlig unklar sei, wie es in den Westen gelangt sei. Er habe damit nichts zu tun. Er könne zwar unter Umständen nicht bestreiten, daß er an verschiedene Bürger der DDR ein Exemplar gegeben hat. Er wisse aber nicht, welcher von diesen DDR-Bürgern das Manuskript in den Westen gebracht hat. Die Personen in der DDR, an die er das Manuskript gegeben hat, könne er nicht benennen, weil er auf diese Art und Weise mehrere belasten würde, obwohl es ja nur um einen geht. Solange er selbst nicht weiß, welcher von den DDR-Bürgern das Manuskript in den Westen verbracht hat, kann und er wird sich zu diesem Personenkreis nicht äußern.

So ungefähr versuchte er seine Entlastung in strafrechtlicher Hinsicht zu erläutern für den Fall, daß ihm entsprechende Vorwürfe gemacht werden.

In Sachen Holzhaus gab es am 21.7.80 ein neues Gespräch zwischen Dr. Havemann und seinem Rechtsanwalt.

Havemann wies darauf hin, daß er zwischenzeitlich das erst- und zweit-instanzliche Urteil über seine Ehescheidung gefunden habe. Aus beiden Urteilen ergebe sich überhaupt keine Regelung hinsichtlich des Holzhauses. Er sei nunmehr davon überzeugt, daß es diesbezüglich keine gerichtliche Entscheidung gibt, sondern lediglich eine private Vereinbarung zwischen ihm und seiner geschiedenen Ehefrau.

Entsprechend den Hinweisen von Dr. Berger sei er davon überzeugt, daß diese private Vereinbarung nichtig ist, weil das BGB keine Trennung zwischen dem Eigentum an Grundstücken und dem mit den Grundstücken fest verbundenen Häusern kannte. Durch seinen Rechtsanwalt wurde ihm bestätigt, daß das BGB tatsächlich grundsätzlich eine solche Trennung nicht kannte und eine rein private Vereinbarung zwischen ihm und seiner Ehefrau unter Umständen nichtig wäre. Allerdings würde er dann nachträglich noch zu bezahlen haben, was er damals wegen dieser Einigung zu zahlen unterlassen habe. Letzteres gefiel ihm offensichtlich weniger. Er schlug gleich vor, die Miete davon abzuziehen, die er mehrere Jahre an seine geschiedene Ehefrau gezahlt hat.

Weiterhin teilte er mit, daß er einen Brief an das Stadtgericht geschrieben habe, um Protokollabschriften zu erhalten. Er wolle sich sicher sein, daß es tatsächlich keine gerichtliche Ent-scheidung bezüglich des Holzhauses gibt.

Er beauftragte seinen Anwalt, ebenfalls in die Gerichtsakten einzusehen und seine geschiedene Ehefrau dann anzuschreiben, worauf sich denn eigentlich ihr Eigentumsanspruch begründen würde. Dies würde sich lediglich dann ändern, wenn sich aus den Gerichtsprotokollen doch eine andere Feststellung ergeben würde. Unter diesen Umständen hätte er keineswegs vor, jetzt noch irgendwelche Personen zur Besichtigung des Hauses auf das Grundstück zu lassen.

Ein Taxator sei im Auftrage seiner geschiedenen Ehefrau erschienen. Diesen habe er vom Grundstück gewiesen, da er nicht in amtlicher Mission erschienen sei.

Seinem Rechtsanwalt habe er eine diesbezügliche Vollmacht unterzeichnet, daß generell gestattet ist und für den Fall aber, daß das Gericht festlegen würde, daß ein neuer Käufer den Zugang zum Haus erhalten muß, sich daraus auch Verpflichtungen des Grundstückseigentümers zum Schutz des Nutzers ergeben.

Havemann erklärte weiterhin, daß er allerdings nach wie vor davon überzeugt sei, daß es seiner geschiedenen Ehefrau lediglich um die Erreichung eines hohen Kaufpreises von ihm ginge. Dies hätte sich dadurch bestätigt, daß er ein Telefongespräch mit seiner in der BRD lebenden Tochter geführt habe. Er habe sich in diesem Gespräch darüber beklagt, daß seine geschiedene Ehefrau wegen des Hauses ihm solche Schwierigkeiten bereiten würde. Auf seine Bitte hin hätte deshalb die Tochter mit ihrer Mutter, d.h. der geschiedenen Ehefrau von Havemann, ebenfalls telefoniert. Später habe sie ihm telefonisch berichtet, daß auch sie den Eindruck hätte, daß es der Mutter lediglich darum ginge, günstig das Haus an Havemann selber zu verkaufen.

Meiner Meinung nach gibt es zur Zeit keine Möglichkeit, Havemann zu zwingen, den Kaufinteressenten am Haus der geschiedenen Ehefrau den Zutritt zu gewähren.

Allerdings kann die geschiedene Ehefrau verlangen, daß sie selbst und selbstverständlich auch ein staatlicher Taxator die Möglichkeit zum Betreten des Hauses erhalten. Sollte sich Havemann also weigern, dem staatlichen Taxator den Zutritt zu gewähren, so könnte die geschiedene Ehefrau diesbezüglich eine einstweilige Anordnung oder auch ein Urteil beim zuständigen Kreisgericht begehren.

Meines Erachtens dürfte er Kaufinteressenten den Zutritt auch dann nicht verwehren, wenn seine geschiedene Ehefrau dabei ist. Allerdings bezieht sich das zunächst auf eine Besichtigung.

gez. »Gregor«

Mfs-Beschluß über das Anlegen eines IM-Vorlaufes
Nicht bestätigt: der Beschluß zum Anlegen eines IM-Vorganges in der rechten Spalte

27. 10. 80
2 2. Sep 1980

MfS/BV/V	MfS	Berlin, 18. Sept. 1980	
Diensteinheit	HA XX/CG		
Mitarbeiter	Lohr	Reg.-Nr. XV/5647/80	

MfS Beschluß

über das Anlegen eines

IM-Vorlaufes		IM-Vorganges	
vorl. Deckname	"Gregor"	1. IM-Kategorie ¹⁾	IMS
vorgesehene IM-Kategorie ¹⁾	IMS	2. Art des Einsatzes	~~hauptamtlich~~ / ehrenamtlich ²⁾
		3. Deckname	"Motor"
bestätigt 18.9.80	[Unterschrift]	bestätigt	
Datum	Unterschrift	Datum	Unterschrift

über die Umregistrierung eines IM-Vorlaufes zum IM-Vorgang

1. IM-Kategorie ¹⁾
2. Art des Einsatzes   hauptamtlich / ehrenamtlich ²⁾   bestätigt
3. Deckname   Datum   Unterschrift

über die Änderung   bestätigt

1. der IM-Kategorie ¹⁾ in
2. der Art des Einsatzes
3. des Decknamens in

Datum   Unterschrift

Index über Personen

Lfd. Nr.	Name, Vorname	PKZ ³⁾	Bestätigung des Leiters	Karteikarten erhalten Datum/Unterschrift
1	Gysi, Gregor	160148430039	28. 10. 80	erfaßt Abt. XII [Unterschrift]

¹⁾ bei Kategorie „IMK" operative Funktion (KW, KO, DA, DT, S) angeben
²⁾ PKZ bei DDR-Bürgern, bei Ausländern Geburtsdatum angeben
³⁾ Nichtzutreffendes streichen

Sogenannte »Kerblochkarte« und deren Rückseite auf der folgenden Seite

(Abbildung einer Kerblochkarte, gedreht dargestellt)

Name: **Gysi**
Vorname: **Gregor**
geb. am: **16. 1. 1948** in **Lichtenberg**
Wohnort: **1136 Berlin**
Straße: **Werner-Namberz-Str.** Nr. **2**
Nationalität: **deutsch** Staatsbürgerschaft: **DDR**
Erlernter Beruf: **Dipl.Jurist** Ausgeübte Tätigkeit: **Rechtsanwalt**
Arbeitsstelle: **Rechtsanwalts-Kollegium Berlin**

Sonstige Angaben:
HAVEMANN-Verbindung
Verbindung: HAVEMANN, Annedore, geb. am 30.11.47/Grünheide
HAVEMANN, Karin, geb. am 02.03.16/Berlin

Form 110 SIK 238

HA XX/9
Erfassungsdatum: 5.9.86
Erfaßt am: 10.09.86 OPK "Sputnik"
KK-erfaßt
Erfassungs-Reg.-Nr.: XV 2083/74343
5.9.86
Rudolf BAHRO, 18.11.35
Gundula BAHRO, 30.10.36

SIK / ZMA / ZPDA / DÜG / ZAIG 5

Z/I/A 54/040

1 6 0 1 4 8 4 3 0 0 3 9

HA XX/Rapport,vom 29.06.1978: G. vereinbarte mit der geschiedenen Ehefrau des BAHRO, der Gundula BAHRO, für den 29.6.78 eine Zusammenkunft in seinem Büro.
HA XX/Rapport,vom 16.08.1978: Die Gundula BAHRO unterhielt sich am 14.8.78 mit G.,wobei sie diesen erklärte,daß sie erst.nach ihrer Rückkehr aus dem Urlaub erfahren habe,daß sie mit der Berufung gegen das Urteil wenig Erfolg gehabt hätten.Hierbei wollte die BAHRO von G. wissen,wann BAHRO "abtransportiert werde".G. wußte dies noch nicht,forderte aber die BAHRO auf den Rudolf BAHRO am 16.8.78 zu besuchen.
HA XX/Rapport,vom 06.12.1978: G. informierte am 2.12.78 die BAHRO über seinen bevorstehenden Besuch bei Rudolf BAHRO.Er wisse aber nicht,ob er allein mit ihm sprechen darf.Die BAHRO erklärte,daß G. vereinbaren muß,was sie weiter machen sollen.Dem Rudolf BAHRO komme es darauf an,bestimmte Bedingungen verändern zu lassen (BAHRO habe das in einem Brief an G. angedeutet,den G. offensichtlich nicht er= halten hat).In einem Brief an G. hat BAHRO (Brief bekam BAHRO zurück) "seine Lage so beschrieben,die wohl so gelöst werden soll",wie G. sich das vorgestellt hatte.
3.10.80: Material über G. gegeben an HA XX/OG/Reuter.
Umseitig genannte Person nahm am 17.4.1982 in Grünheide am Begräbnis des feindlich tätigen Robert HAVEMANN (UV "Leitz") teil. (Hinweis der HA VIII bei HA XX/9).
10/83 Erhielt unter Umgehung, des MfAA Einladung zum Empfang des Leiters der Rechtsabt.der Ständ.BRD-Vertret.am 20.10.83
17.12.83: G. wurde von dem Gerd POPPE - SLK 36 - mit der Verteidigung seiner inhaftierten Ehefrau be= auftragt. (ZMA/51024/2)
11.12.85 Teilnahme am Empfang der Ständigen BRD-Vertretung zusammen mit HA der MAZZIERE.Sie verließen den Empfang nach kurzer Zeit,da vorwiegend Kulturschaffende u.Kirchenvortreter anwesend waren.

Auszug aus dem »IM-Buch«. IM-Bestätigung bei »Gregor« fehlt

65

Lfd. Reg.-Nr.	Registriert am	Vorgangsart	Diensteinheit	Vermerke
05640	27. 10. 80	Op.-Vorg.	VII /1 Wieland	" Ablage "
05641	28. 10. 80	"Schwarz" Vorlauf-IM	VIII /4 Heinrich	- 6. 05 81 IM-Vorg. " Borchert "
05642	28. 10. 80	"Weiß" Vorlauf-IM	PS / XI Klugmann	20. Feb. 1981 IM-Vorg. " Liselotte "
05643	28. 10. 80	"Kaplan" Vorlauf-IM	VIII / 6 Lüer	
05644	28. 10. 80	"Leim" Vorlauf-IM	XVIII /1 Krämer	1.8.85 JMB Vg. "Leim"
05645	28. 10. 80	"Richter" Vorlauf-IM	XVIII /4 Schleuchardt	- 8. 01. 81 ?,12. 80 " Kathrin " Bro.I-IV
05646	28. 10. 80	"Brunnen" Vorlauf-IM	XVIII /1 Krämer	18 02 83 IM-Vorg. " Weber "
05647	28. 10. 80	"Gregor" Vorlauf-IM	XX / 05 Lohr	
05648	28. 10. 80	"Inge" Vorlauf-IM	XVIII /4 Müller,H	- 7. 12. 80 IM-Vorg. " Inge "
05649	28. 10. 80	"Stefan" Vorlauf-IM	XVIII /4 Müller,H	- 8. 05 81 IM-Vorg. " Stefan "

Vorschlag zur Werbung von Gregor Gysi

Hauptabteilung XX/OG   Berlin, den 27. 11. 1980
                                        lo-ta

                    bestätigt:

V o r s c h l a g

zur Werbung eines IMS, entsprechend der Richtlinie 1/79

Name, Vorname   : Gysi, Gregor
geb. am   : 16. 1. 1948 in Berlin
wohnhaft   : 1136 Berlin, Werner-Lamberz-Str. 2 06/01
Beruf   : Berufsausbildung als Rinderzüchter mit
                          Abitur
jetzige Tätigkeit   : Rechtsanwalt, Dr. jur.
Staatsangehörigkeit   : DDR
Parteizugehörigkeit   : SED
Familienstand   : geschieden
PKZ   : 160148450036

Bekanntwerden des Kandidaten:

Der Kandidat wurde 1978 während der operativen Bearbeitung des
OV "Konzeption" bekannt, als er in Vorbereitung des Prozesses
gegen Bahro, Rudolf , den Rechtsbeistand übernahm.
Zum Zeitpunkt des Bekanntwerdens war er für die HVA, Abt. XI,
positiv erfaßt und wurde von 1975 - 1977 im Zusammenhang mit der
Überprüfung eines Vorganges aus dem Operationsgebiet für die Legende eines juristischen Beraters genutzt.

Zusammenfassende Einschätzung des Kandidaten:

Der Kandidat stammt aus einem fortschrittlichen Elternhaus. Nach
dem Besuch der Grund- und Oberschule erlernte er den Beruf eines
Rinderzüchters und legte gleichzeitig 1966 das Abitur ab.
Er studierte anschließend bis 1970 an der Humboldt-Universität,
Rechtswissenschaften, war weitere 4 Jahre Forschungsstudent und
bekam 1976 im Rahmen einer außerplanmäßigen Aspirantur den wissenschaftlichen Grad eines Dr. Jur. zugesprochen.

2

Nach Beendigung des Studiums arbeitete er als Assistent beim Stadtbezirksgericht Friedrichshain und im Stadtgericht und war ab 1971 Praktikant beim Kollegium der Rechtsanwälte von Groß-Berlin.
Auf Grund der sehr guten Leistungen in der Praktikantenausbildung und der selbständigen Arbeitsweise bei der Lösung der Rechtsprobleme wurde 1976 sein Einsatz als Rechtsanwalt befürwortet.
Der Kandidat arbeitet seitdem als Rechtsanwalt beim Kollegium der Rechtsanwälte Berlin-Friedrichshain.

Seit 1967 ist der Kandidat Mitglied der SED. Er wird als klassenbewußter, ehrlicher Genosse eingeschätzt. Er verfügt über fundierte Kenntnisse des Marxismus-Leninismus und läßt sich in seiner Arbeit stets von den Beschlüssen der Partei leiten. Er versteht es, diese Kenntnisse in der Praxis anzuwenden.

Offiziellen und inoffiziellen Hinweisen zufolge wird er, obwohl noch jung, in seiner Tätigkeit als guter qualifizierter Rechtsanwalt eingeschätzt, der auf Grund der sorgfältigen Arbeit mit den Dokumenten der Partei, des gründlichen Studiums der Gesetze, der politisch richtigen Auslegung der Beschlüsse der zentralen Rechtspflegeorgane und der guten Kenntnis im Straf- und Zivilrecht, im Sinne unserer sozialistischen Rechtspolitik handelt.
Seit 1977 ist er stellv. Vorsitzender des Kollegiums der Rechtsanwälte, Berlin-Friedrichshain.

Charakterlich wird er als intelligent, redegewandt und kontaktfreudig eingeschätzt. Durch seine unterhaltende und lustige Art ist er unter den Kollegen sowie auch in seinem Verbindungskreis beliebt.
Er ist zielstrebig und fleißig und ist in der Lage, kurzfristig Aufgaben zu übernehmen und zu realisieren. Er hat Tendenzen der Überheblichkeit an sich. Einer fundierten und sachlichen Kritik steht er jedoch aufgeschlossen gegenüber.

Der Kandidat heiratete 1968 die wissenschaftliche Assistentin der Sektion Rechtswissenschaft der Humboldt-Universität

deren Sohn, ███, geb. 1964 aus erster Ehe, der Kandidat adoptierte. 1970 wurde der Sohn George geboren.
Die Ehe wurde 1974 rechtskräftig geschieden. Als Gründe wurden gegenseitiges Nichtverstehen und Untreue der Ehefrau angegeben.
Der Kandidat erhielt das Erziehungsrecht für seinen Sohn George zugesprochen, mit dem er seitdem in einer eigenen Wohnung zusammenlebt.

Geplante Einsatzrichtung und operative Notwendigkeit der
Werbung:

Durch seine Tätigkeit als Rechtsanwalt vertritt der Kandidat
Mandanten, die operativ interessant sind, teilweise in Vorgängen
und OPK durch unsere DE bearbeitet werden bzw. anderweitig operativ angefallen sind.
So bewies er in der bisherigen Zusammenarbeit Zuverlässigkeit und
eine hohe Einsatzbereitschaft, als er den Rechtsbeistand im Prozeß gegen Bahro übernahm und im Verfahren gegen Robert Havemann
wegen Verstoßes gegen das Devisengesetz unter strenger Einhaltung
der Konspiration über geplante Aktivitäten, über das weitere Vorgehen von Verbindungspersonen, Ziele und Absichten, über die Rechtslage und ihre Folgen, berichtete.

1. Auf Grund der politisch-operativen Notwendigkeit ist weiterhin
   geplant, daß der Kandidat den Rechtsbeistand des im CV "Leitz"
   bearbeiteten Havemann, Robert aufrecht erhält und unter Einhaltung seiner anwaltlichen Pflicht, ihn in allen Rechtsfragen
   berät.
   Die Zielstellung besteht darin, daß der Kandidat nach Abstimmung mit dem MfS

   - Havemann politisch-ideologisch positiv beeinflußt, damit er
     feindliche Aktivitäten einstellt, Kontakte zu Publikationsorganen anderer Staaten und deren Korrespondenten auch über
     dritte Personen, entsprechend der ihm erteilten Auflage unterläßt (Urteil des Kreisgerichtes Fürstenwalde vom 8.5.1979)
     sowie Verbindungen zu negativ-feindlichen Personen im Inneren
     der DDR einstellt

   - Pläne, Absichten und Vorhaben des Havemann, seiner Familienmitglieder, seines Freundes- und Bekanntenkreises in Rahmen
     seiner anwaltlichen Aufgaben in Erfahrung bringt mit dem Ziel
     diese für eine positive Beeinflussung, operative Nutzung bzw.
     für Zersetzungsmaßnahmen zu nutzen

   - alle vorgesehenen zivilrechtlichen, strafprozessualen u.a.
     Maßnahmen abstimmt, um eine politisch richtige Entscheidung
     zu treffen.

2. Im Rahmen seiner beruflichen Tätigkeit ist vorgesehen, daß uns
   der Kandidat Hinweise über Mandanten gibt, die im Verantwortungsbereich der HA XX angefallen sind und die entsprechend der
   politisch-operativen Bedeutung in eigenen Verantwortungsbereich
   in Koordinierung mit anderen bzw. für andere Diensteinheiten
   operativ zu beachten sind.

3. Im Rahmen der Zusammenarbeit ist vorgesehen, daß der Kandidat
   über Personen und Sachverhalte aus seinem Freundes- und Bekanntenkreis Informationen übergibt, die von operativem Interesse
   sind. So berichtete er z.B. über seine Schwester, die als Schauspielerin tätig ist und deren Verbindungen zu negativ eingestellten Kulturschaffenden innerhalb und außerhalb der DDR.

Plan der Werbung und Art der Verpflichtung:

Im Interesse der Einhaltung der Konspiration und der politisch operativen Notwendigkeit wurden dem Kandidaten bereits im Rahmen der Vorbereitung und Durchführung des Bahro-Prozesses die Aufgaben des MfS eingehend erläutert. Auf Grund der beruflichen Tätigkeit und der politischen Zuverlässigkeit erkannte der Kandidat schon damals die Notwendigkeit einer inoffiziellen Zusammenarbeit und Einhaltung der Konspiration. Dies bewies er durch die Übergabe operativ auswertbarer Informationen, seiner Einsatzbereitschaft und der durchgeführten Aufgaben.
Es ist deshalb vorgesehen beim nächsten Treff und im Rahmen der ihm zu erteilenden Aufträge unter besonderer Beachtung der sich verschärfenden Klassenkampfsituation, den Kandidaten nochmals die Bedeutung der Zusammenarbeit aufzuzeigen.
Der Kandidat soll mündlich, durch Handschlag, verpflichtet werden und den Decknamen "Notar" erhalten.

Die Treffs werden in der IMK (KW) "Maler" durchgeführt.

Um Bestätigung des Vorschlages wird gebeten.

Lohr
Major

Schreiben der Bezirksverwaltung des MfS zur Einschätzung von Gregor Gysi

Bezirksverwaltung für　　　　　　　Berlin, 18.02.1982
Staatssicherheit Berlin　　　　　　Be　　Tel. 453
Abteilung XX　　　　　　　　　　　　XX/1/ 1734 /82

Hauptabteilung XX/9
Leiter
Oberstleutnant Reuter

2 - FEB 1982
3 9 2 3

Rechtsanwalt Dr. Gregor G y s i
　　Kollegium der Rechtsanwälte Berlin

Die o.g. Person ist für Ihre DE erfaßt.
Der Genosse G. sollte 1982 als Parteisekretär der Grundorganisation des Kollegiums der Rechtsanwälte von Berlin gewählt werden. Bei einer entsprechenden weiteren positiven Entwicklung sollte er als Nomenklaturkader der Bezirksleitung der SED Berlin den jetzigen Vorsitzenden des Rechtsanwaltskollegiums in einigen Jahren ablösen.
Der G. überreichte aber jetzt kurz vor den Parteiwahlen dem Parteisekretär, RA Wolff, und dem Vorsitzenden, Gen. Häusler, das in der Anlage beiliegende Schreiben.
Nach Einschätzung des Genossen Häusler hat der G. die einheitliche Linie der Partei verlassen und wollte sich aus karrieristischen Motiven gegen angebliche "Widersacher" durchsetzen.
Die Parteileitung ist der Auffassung, daß der Genosse Gysi jetzt weder Parteisekretär, noch Mitglied der Parteileitung, noch später Vorsitzender des Rechtsanwaltskollegiums von Berlin werden kann.
Die BL der SED Berlin ist informiert, und am 18.2.82 findet dort eine Aussprache mit dem Gen. Häusler und der Parteileitung zu diesem Problem statt.
Es erfolgte ebenfalls eine Information an das Ministerium der Justiz.

Anlage:
1 Abschrift

　　　　　　　　　　　　　　　　Leiter der Abteilung XX

　　　　　　　　　　　　　　　　Häbler
　　　　　　　　　　　　　　　　Oberst

Abschlußbericht zum IM-Vorlauf »Gregor«

Hauptabteilung XX/9
lo-p

Berlin, 13. August 1986

Abschlußbericht

Der IM-Vorlauf wurde im September 1980 angelegt. Die Kontaktaufnahme erfolgte auf Grund des operativ bearbeiteten Bahro, Rudolf (OV "Konzeption") gegen den später ein Ermittlungsverfahren eingeleitet wurde und dessen Rechtsbeistand der Kandidat übernahm.

Operativen Feststellungen zufolge ersuchten in der Folgezeit Personen des politischen Untergrundes und andere operativ interessante Personen, den Kandidaten um Rechtsbeistand und Auskünfte.
Zu seinen Mandanten gehörte auch der durch unsere Abteilung bearbeitete Robert Havemann.

Obwohl der Kandidat in der ersten Zeit der mit ihm geführten Gespräche über die obenangeführten Personen Informationen über Verhaltensweisen und geplante Aktivitäten übergab, war festzustellen, daß er an seiner Schweigepflicht als Rechtsanwalt festhält.

Von dieser Haltung war auch die Zusammenarbeit geprägt. Es muß eingeschätzt werden, daß die Hinweise zu Personen und Sachverhalten allgemeingültigen Charakter trugen die, wie sich nach Überprüfungen herausstellte, größtenteils auch offiziell erlangt werden konnten.

Um den Kandidaten nicht in Gewissenskonflikte mit seiner Schweigepflicht als Rechtsanwalt zu bringen, wurden die Vereinbarungen in größeren Abständen festgelegt und es wurde vermieden, den Kandidaten mit konkreten Aufgaben zu betrauen.

Auf Grund der beruflichen Stellung des Kandidaten ist auch künftig eine ersprießliche und konkrete Zusammenarbeit seitens des Kandidaten nicht zu erwarten.

Es wird deshalb vorgeschlagen, die IM-Vorlauf-Akte in der Abteilung XII des MfS gesperrt abzulegen.

Lohr
Oberstleutnant

Beschluß über die Archivierung des IM-Vorlaufes mit kurzer Begründung

MfS/BV/V MfS Berlin, 14. 8. 1986
Diensteinheit HA XX/9
Mitarbeiter Lohr Reg.-Nr. ____

Beschluß

über die Archivierung des IM-Vorlaufes /~~IM-Vorganges~~/

Kurze Begründung:

Die Möglichkeiten des Kandidaten zu einer inoffiziellen Zusammenarbeit sind auf Grund der beruflichen Tätigkeit begrenzt. Er ist daher zur Aufklärung und Bekämpfung politischer Untergrundtätigkeit nicht geeignet.

Anzahl der Bände Teil I _____ Anzahl der Seiten 64
 Teil II _____ _____
 Teil III _____ _____

Der Vorgang ist abzulegen gesperrt / ~~nicht gesperrt~~ [1]

Der Teil II/III des Vorganges kann nach der Ersatzverfilmung
– vernichtet werden, ausgenommen folgende Bände/Seiten
– nicht vernichtet werden [1]

bestätigt: 17. 09. 86
14. 8. 1986
Datum

_____
Unterschriftsberechtigter [2]

[1] Nichtzutreffendes streichen

Eröffnungsbericht zur Operativen Personen-Kontrolle (OPK) »Sputnik«

Die handschriftlichen Eintragungen wurden von MfS-Offizieren persönlich vorgenommen, um absolute Konspirativität auch in der eigenen Abteilung zu wahren

Hauptabteilung XX/9 Berlin, 1. September 1986
                     1o-m

Eröffnungsbericht
zur OPK „Sputnik"

gegen
            Gysi, Gregor
PKZ: 160174 P 43 00 59
Beruf: Dr. jur.
jetzige Tätigkeit: Rechtsanwalt
Familienstand: geschieden
Parteizugehörigkeit: SED
wohnhaft: 1036 Berlin, Am Lamberzstr. 2

ZMA	
SLK	
ZFDJ	

Der G. geriet 1980 ins Blickfeld des MfS. Zum damaligen Zeitpunkt übernahm er den Rechtsbeistand des durch unsere DE bearbeiteten und später verurteilten Bahro, Rudolf (OV "Konzeption").

Inoffiziellen Hinweisen zufolge ersuchten in der Folgezeit Personen des politischen Untergrundes und andere operativ interessante Personen den G. um Rechtsbeistand und Auskünfte.

Operativen Feststellungen zufolge nahm er auch Kontakt zu dem im OV "Leitz" bearbeiteten Havemann, Robert auf, den er u. a. auf seinem Grundstück in Grünheide/Erkner besuchte. So übernahm er die Verteidigung im Prozeß gegen Havemann wegen Devisenvergehen und unterhält auch nach seinem Tod noch Kontakt zur Ehefrau, Annedore Havemann.

Durch die HA II wurde bekannt, daß G. mehrfach zu Empfängen des Leiters der Ständigen Vertretung der BRD in der DDR und anderen Diplomaten dieser Vertretung eingeladen wurde und oftmals auch teilnahm.

Darüber hinaus unterhält er Kontakte zu in der DDR akkreditierten Journalisten und zu Mitarbeitern der Ständigen Vertretung der BRD in der DDR.

Rechtsanwalt Dr. G. wird in Fachkreisen als begabter Jurist eingeschätzt, der auf Grund seiner Kontaktfreudigkeit, der humorvollen Art und seines gefälligen Auftretens bei seinen Kollegen beliebt ist. Er gehört dem Rechtsanwaltkollegium Berlin-Friedrichshain an und ist Parteisekretär der SED-Grundorganisation. Seine politische Einstellung wird positiv eingeschätzt.

Die angeführte positive Einschätzung steht im Widerspruch zu den inoffiziellen und offiziellen Aufklärungsergebnissen. Die OPK wird deshalb mit folgender Zielstellung bearbeitet:

2

1. Umfassende Aufklärung der Person und seines Umgangskreises im beruflichen und Freizeitbereich. Dazu sind besonders auch inoffizielle Möglichkeiten zunutzen.

2. Klärung des Charakters der Beziehungen zu seinen Klienten unter dem Gesichtspunkt

    - handelt es sich um echte Rechtshilfeersuchen oder versuchen Personen des politischen Untergrundes gezielt und abgestimmt den Rechtsanwalt für ihre feindlichen Absichten zu mißbrauchen

    - Erarbeitung von Hinweisen zur Klärung des Charakters der Beziehungen des Rechtsanwaltes zu operativ bekannten und feindlich eingestellten Personen im Freizeitbereich.

3. Aufklärung der Verbindungen zu Personen aus dem NSW, besonders zu den in der DDR akkreditierten Korrespondenten und Mitarbeitern der Ständigen Vertretung der BRD in der DDR.

    - Besonders ist zu prüfen, ob angeführte Kontakte mit Wissen der vorgesetzten Dienststelle unterhalten werden oder ob sie rein privaten Charakter tragen;

    - in Abstimmung mit der HA II/12 und 13 sind die Kontakte nach einer möglichen geheimdienstlichen Tätigkeit aufzuklären und entsprechende Maßnahmen einzuleiten.

Lohr
Oberstleutnant

Brief des Ex-MfSlers Lohr an Gregor Gysi (Abschrift)

Werter Herr Gysi,

Ihren Brief mit sehr detaillierten Fragen habe ich erhalten. Bevor ich versuche, Ihnen zu antworten, will ich einiges vorausschicken.

Sie müssen mir glauben, daß es mir aufrichtig leid tut, in welche Situation Sie durch mein Zutun gekommen sind.

Damals hatte ich allerdings keine Bedenken, weil ich überzeugt war, eine wichtige Tätigkeit zum Schutz der DDR zu leisten. Ich will hier nicht viel über meine Biografie schreiben, aber alles, was ich geworden bin, verdanke ich der DDR und auch dem MfS.

Als Kind und Jugendlicher habe ich den Faschismus und den Krieg erlebt und wurde mit 14 Jahren noch zum »Volkssturm« gezogen. Die Erlebnisse waren so schrecklich, daß ich eine ganz andere Gesellschaft wollte und auch bereit war, diese mit allen Mitteln zu verteidigen.

Obwohl ich aus einfachen Verhältnissen kam, erhielt ich im MfS Qualifizierungsmöglichkeiten, so zum Jurist, und man brachte mir Vertrauen entgegen. Das festigte meine Bindung zum Staat.

Natürlich weiß ich heute auch, daß vieles in der DDR und im MfS kritikwürdig war, dafür trage ich auch Mitverantwortung. Aber ich bin nicht bereit, alles aufzugeben, woran ich glaubte.

Ich hielt diese Hinweise für erforderlich, damit Sie mein damaliges Verhalten und Herangehen verstehen.

Eine weitere Vorbemerkung ist erforderlich.

An Ihren Vorgang erinnere ich mich ganz gut, weil er Besonderheiten aufwies. Dennoch bin ich nicht in der Lage, mich an alle Details zu erinnern, und kann deshalb auch nicht jede Frage beantworten.

Unter anderem fragen Sie mich auch nach Personen. Auf diese Fragen werden Sie keine für Sie ausreichenden Antworten bekommen.

Als Anwalt legten Sie größten Wert auf Ihre Schweigepflicht. Sie müßten deshalb eigentlich verstehen können, daß ich Menschen nicht verrate, die mir Vertrauen entgegengebracht haben und die davon ausgingen, das Richtige zu tun.

Es kann schon sein, daß ich das Bekanntwerden dieser Personen nicht verhindern kann, aber ich möchte wenigstens nicht daran beteiligt sein. Das hilft Ihnen im Augenblick wenig, aber könnte es nicht sein, daß Sie mich sogar verachten würden, wenn ich das täte, was Sie u.a. von mir erwarten?

Um auf Ihre letzte Frage zu antworten. Zu einem Gespräch mit Ihnen bin ich bereit. Das wissen Sie schon. Dieses Schreiben werde ich mitbringen.

Zu Gesprächen mit Vertretern der Gauck-Behörde oder Pressevertretern bin ich nicht bereit. Ich mißtraue diesen Personen zutiefst und glaube auch nicht, daß es ihnen um Fairneß und Wahrheit geht.

Ich habe keinen Einfluß darauf, was von dem verwendet wird, was ich sage und was nicht. Bitte akzeptieren Sie meinen Standpunkt.

Als ich Ihnen meine Bereitschaft zu einem Gespräch signalisierte, teilte ich Ihnen auch mit, daß ich tatsächlich jener Mann bin, der sich unter falschem Namen bei Ihnen als Vertreter der Generalstaatsanwaltschaft vorstellte. Meines Erachtens führten wir allerdings vier bis fünf und nicht zwei bis drei Gespräche, wobei es darauf sicherlich nicht ankommt. Ich werde so ausführlich wie möglich schreiben. Ich muß Ihnen zum Teil auch unsere Arbeitsweise und meine Gedanken erklären, weil ich glaube, anders die Vorgänge nicht erklären zu können.

Meine Aufgabe und die Aufgabe meiner Abteilung bestand darin, feindlicher Tätigkeit gegen die DDR vorzubeugen, sie zu verhindern oder zumindestens in ihren Auswirkungen zu begrenzen.

Rechtsanwälte hatten im unterschiedlichen Maße beruflich mit solchen Personen zu tun, die uns besonders interessieren mußten, um unsere Aufgaben erfüllen zu können. Daher waren wir auch immer an Informationen über Rechtsanwälte interessiert.

Ich kannte Sie deshalb schon etwas, bevor Sie Ihren ersten politischen Fall übernahmen. Von besonderem Interesse wurden Sie für mich, als Sie den Rechtsbeistand für R. Bahro übernahmen. Offizielle und inoffizielle Quellen gab es sowohl in der Umgebung von Bahro als auch in Ihrer.

Für mich wären Sie aber als direkte Quelle von großem Wert gewesen. Die Informationen wären eindeutiger und vor allem zügiger und regelmäßiger zu uns gelangt. So entstand bei mir die Idee, daß es von großem Vorteil wäre, Sie für eine inoffizielle Zusammenarbeit zu gewinnen.

Entsprechend unseren Vorschriften mußte ich zunächst prüfen, ob Sie bereits für eine andere Diensteinheit erfaßt waren, da es verboten war, eine Person gleichzeitig durch verschiedene Abteilungen bearbeiten zu lassen. Dabei stellte ich fest, daß es einen abgeschlossenen OPK-Vorgang bei der HVA gab. Meine Überprüfungen ergaben, daß es sich um keinen echten OPK-Vorgang handelte. Es gab dort nur einige Kopien von Unterlagen aus Ihrer Personalakte. Im Gespräch mit dem dortigen Mitarbeiter erfuhr ich, daß Sie für eine Legende genutzt worden sind.

Soweit ich mich erinnern kann, wurden Sie durch eine Firma, hinter der die HVA stand, mit der juristischen Beratung beauftragt. Wichtig war wohl, daß dadurch Ihre Adresse für Korrespondenz genutzt werden konnte. Weitere Details wurden mir nicht mitgeteilt bzw. sind mir nicht mehr erinnerlich. Mit Sicherheit waren Sie über die Hintergründe der Legende nicht aufgeklärt worden. Andernfalls wären Sie als IM erfaßt gewesen, und es hätte auch weit mehr Unterlagen gegeben. Ich hätte mir auch einen Vorlauf sparen können. Es wäre dann zu entscheiden gewesen, ob ein Wechsel des IM von der einen zu der anderen Abteilung stattfindet. Zwischen Ihnen, Ihrem bisherigen Führungsoffizier und mir hätte lediglich ein Übergabegespräch stattgefunden.

All diese Voraussetzungen waren nicht gegeben, so daß wir erst zu entscheiden hatten, ob eine IM-Werbung stattfinden soll. Dennoch waren die Informationen der Mitarbeiter der HVA für mich wichtig. Sie schätzten ein, daß Sie eine gute juristische Arbeit geleistet haben, sehr kooperativ auftraten und vor allem eine politisch positive Grundeinstellung zur DDR hätten.

Das erste war für mich wichtig, weil nur ein guter Anwalt, der sich für seine Mandanten einsetzt, von den Personen in Anspruch genommen wird, die für uns von besonderem Interesse waren. Die zweite Information war wichtig, weil bei einer anderen Einstellung zur DDR jeder Anwerbungsversuch von vornherein sinnlos gewesen wäre.

Schon zu diesem Zeitpunkt stellte sich eine Schwierigkeit heraus. Mein Vorschlag gegenüber meinem Vorgesetzten, einen IM-Vorlauf für Sie zu eröffnen, wurde nicht bestätigt. Nach meiner Erinnerung sprachen Ihr familiärer Hintergrund und Informationen über Sie dagegen. Mich überzeugten diese Gründe nicht. Ich fand es von unserer Aufgabenstellung her falsch, den Versuch zu unterlassen, eine so wichtige Quelle zu gewinnen. Aber selbstverständlich hielt ich mich an die Weisung meiner Vorgesetzten.

Die Situation änderte sich, als Sie Rechtsanwalt von Robert Havemann wurden. Mein Interesse an Ihnen bekam einen neuen Stellenwert und deshalb leitete ich weitere Aufklärungsmaßnahmen ein, um zu irgendeinem Zeitpunkt den IM-Vorlauf zu eröffnen. Gleichzei-

Der Stasi-Verdacht gegen Gregor Gysi: Versuch der Aufklärung 253

tig habe ich mich entschlossen, Sie unter der Legende als Vertreter der Generalstaatsanwaltschaft aufzusuchen.

Gespräche mit Ihnen waren schon in dieser Phase erforderlich, um zu testen, ob eine Anwerbung möglich ist. Auf der anderen Seite war für mich Vorsicht geboten, da ich keine Beschwerde durch Sie oder Ihren Vater riskieren wollte. Immerhin waren Sie Rechtsanwalt. Hinzu kam, daß wir vorhandene Quellen nicht gefährden durften.

Für meine Arbeit gab es eine beachtliche Schwierigkeit. Ich stand unter großem Zeitdruck. Während ich sonst Monate, ja sogar Jahre Zeit bekam, um Werbungen vorzubereiten, wollte ich hier innerhalb kürzester Frist eine Entscheidung herbeiführen. Den Grund hierfür kann ich Ihnen nicht im Detail, aber im Prinzip erklären. Von der Tatsache, ob es gelang, Sie anzuwerben, hing für mich ab, ob andere Maßnahmen durchgeführt werden. Eine erfolgreiche Anwerbung Ihrer Person hätte bestimmte Maßnahmen ausgeschlossen, die im Falle des Nichterfolgs aber dringend notwendig waren.

Unsere Gespräche ergaben für mich mindestens sechs Ergebnisse, an die ich mich noch erinnere:
1. Bestätigt hatte sich für mich die positive Grundeinstellung zu unserem Staat.
2. Den Prozeß gegen Bahro und die Maßnahmen gegen Havemann haben Sie nach mir zugegangenen Informationen aus verschiedenen Quellen politisch und juristisch sehr kritisch bewertet.
3. Sie haben mir nicht widersprochen, als ich sagte, daß es politische Kräfte in der BRD gibt, die mit allen Mitteln versuchen, die DDR zu vernichten.
4. Zu einer engeren Zusammenarbeit mit der Staatsanwaltschaft waren Sie grundsätzlich bereit, wobei Sie die Hoffnung zum Ausdruck brachten, Ihrer Meinung nach falsche Maßnahmen und Prozesse dadurch verhindern zu können.
5. Sie waren auch einverstanden damit, solche Gespräche vertraulich zu führen.
6. Sie betonten mehrfach, unter keinen Umständen zur Verletzung Ihrer Schweigepflicht bereit zu sein, was ich Ihnen gegenüber sofort akzeptierte.

Der Verlauf der Gespräche rechtfertigte es noch nicht, mich als Mitarbeiter des MfS zu erkennen zu geben. Auf der anderen Seite sah ich durchaus Möglichkeiten, Sie als IM zu werben.

Aus der Tatsache, daß Sie zu vertraulichen Gesprächen bereit waren, schloß ich auf die Möglichkeit, Sie eventuell für konspiratives Vorgehen gewinnen zu können. Das wirkliche Problem für mich bestand darin, daß Sie so stark betonten, keinesfalls Ihre Schweigepflicht zu verletzen. Außerdem hatte ich den Eindruck, daß Sie mir als Mitarbeiter der Staatsanwaltschaft eine Legitimation zubilligten, die ich als Vertreter des MfS nicht so ohne weiteres erwarten konnte.

Ich beschreibe Ihnen das alles so genau, weil Sie ansonsten mein weiteres Vorgehen nicht verstehen können.

Denn irgendwie war ich von der Richtigkeit meines Vorgehens überzeugt. Ich war mir aber nicht sicher und wußte, daß ich noch viel Zeit und viele Gespräche benötigen würde. Trotzdem erarbeitete ich einen Werbungsvorschlag, indem ich Ihre Eignung als IM aus meiner subjektiven Sicht versucht habe so zu begründen, daß dieser Vorschlag von meinen Vorgesetzten bestätigt wird.

So erklären sich die Übertreibungen in meiner Vorschlagsbegründung. Wenn ich nicht behauptet hätte, daß Sie mir schon wichtige Informationen geliefert hätten und zur Konspiration mit dem MfS bereit seien, hätte ich den Vorschlag gar nicht erst zu unterbreiten brauchen. (Einige Informationen hatten Sie mir tatsächlich geliefert, ohne daß Sie es vielleicht bemerkt haben. Sie waren allerdings ohne Wert für mich, da ich das bereits wußte.)

Die damaligen Übertreibungen konnten auch niemandem schaden. Ich konnte nicht davon ausgehen, daß solche Dokumente irgendwann öffentlich gemacht werden.

Obwohl mein Vorschlag nach meiner Auffassung gut begründet war, wurde er zu meinem Erstaunen abgelehnt, da die Aufklärungsergebnisse mangelhaft und widersprüchlich waren und Probleme durch Ihren Vater befürchtet wurden. Ich war ziemlich enttäuscht und habe es auch nicht verstanden. Vielleicht haben meine Vorgesetzten schon damals, d. h. 1980, Informationen über Sie gehabt, die meiner Absicht entgegenstanden.

Mir gegenüber wurde es damals nicht näher erläutert, aber wiederum auf Ihren familiären Hintergrund hingewiesen. Gespräche mit Ihnen waren mir seit diesem Zeitpunkt untersagt.

Und nun beging ich einen Fehler, der später unangenehme Konsequenzen für mich haben sollte. Ich hoffte, daß sich die Meinung meiner Vorgesetzten noch einmal ändern würde, und schloß deshalb Ihre IM-Vorlaufakte in meinem Panzerschrank ein, ohne sie ordnungsgemäß zu beenden und archivieren zu lassen.

Nach einigen Jahren hatten sich bei uns Aufklärungsergebnisse durch andere Abteilungen und durch unsere eigene Abteilung angehäuft, die eine OPK dringend erforderlich machten. Mein Abteilungsleiter fühlte sich in seinen früheren Auffassungen bestätigt, während meine Meinung als widerlegt betrachtet wurde. Zunehmend lagen uns Erkenntnisse vor, daß Sie zu politisch-feindlichen Kräften privaten Kontakt über Ihre anwaltliche Tätigkeit hinaus unterhielten. Sie berieten solche Kräfte eindeutig gegen uns. Sie sprachen mit vielen westlichen Korrespondenten und Mitarbeitern der Ständigen Vertretung der BRD, ohne das Justizministerium auch nur zu informieren.

Außerdem äußerten Sie sich nicht öffentlich, zum Teil aber sogar öffentlich gegen Ermittlungsmethoden der Untersuchungsorgane und die Zustände in den Haftanstalten. Operativ bedeutsam waren Ihre Kontakte z. B. zu westlichen Korrespondenten, von denen nach inoffiziellen Hinweisen zum Teil auch Geheimdienstverbindungen unterhalten wurden. Deshalb wurde gegen Sie 1986 unter dem Decknamen »Sputnik« eine OPK eröffnet. Dabei stellte sich dann heraus, daß die IM-Vorlaufakte von mir nicht abgelegt worden war. Das hatte disziplinarische Auseinandersetzungen zur Folge. Dadurch erklärt sich aber, daß der Abschlußbericht erst 1986 geschrieben wurde. Bei der Begründung mußte ich einerseits meinen Vorschlag von 1980 berücksichtigen und andererseits erklären, weshalb die Anwerbung sinnlos ist.

So erklären sich die Formulierungen in diesem Bericht. Daten können ungenau sein, da ich diese nach sechs Jahren auch nicht mehr genau wußte.

Es bestand für mich auch keine Notwendigkeit, den IM-Vorlauf noch exakt zu analysieren.

Schon vor Einleitung der OPK, vor allem aber danach erhielten wir eine Fülle von Informationen über Sie, die stets widersprüchlich blieben. Einerseits verhielten Sie sich nach diesen Informationen loyal gegenüber der DDR, andererseits wurde Ihre Kritik immer schärfer und nach meiner damaligen Auffassung auch immer unbegründeter. Das bestätigte sich durch Ihr Vorgehen im Zusammenhang mit der Wahlfälschung (ich glaubte damals nicht, daß es eine war) und bei der Vertretung des »Neuen Forum«.

Als Sie dann im Dezember 1989 zum Vorsitzenden der SED gewählt wurden, wurden wir in bezug auf Ihre Person zusätzlich verunsichert. Obwohl ich mit Ihrer Politik seitdem nicht immer einverstanden bin, räume ich diesen Irrtum ein. (Entgegen der auch von Ihnen aufgestellten Behauptung haben wir nie Andersdenkende verfolgt, sondern Straftäter. In vielen Fällen haben wir solche Verdachtsmomente auch beseitigen können, darüber spricht niemand, »Opfer« zeigen nur Ausschnitte aus Ihren Akten, nicht aber das, was sie belastete und unsere Maßnahmen rechtfertigt. Enttäuscht war ich auch über Ihre

Zustimmung in der Volkskammer zur Rentenkürzung von uns. Trotzdem respektiere ich Sie wegen Ihres Mutes und weil Sie kein »Wendehals« sind.)

Auf jeden Fall konnte die Akte über die OPK »Sputnik« nicht bleiben, nachdem Sie Vorsitzender der SED geworden waren. Aus unserer Sicht hätten Sie unser höchster Vorgesetzter werden können.

Sicherlich verstehen Sie, daß wir uns unter diesen Umständen nicht nachweisen lassen wollten, wie umfangreich wir Sie kontrolliert hatten, deshalb wurde die OPK »Sputnik« vernichtet.

Nun muß ich Ihnen sicherlich noch den Vorgang »Notar« erklären:

Nachdem Ihre Anwerbung untersagt worden war, an eine OPK damals noch gar nicht gedacht wurde, stand die Frage, wie Informationen über Sie und Ihre berufliche Tätigkeit erfaßt werden sollen. Ich entschied, eine Akte mit dem Decknamen »Notar« anzulegen. (Der Deckname entsprach meinem ursprünglichen Vorschlag.) Es handelte sich um eine nichtregistrierte Materialsammlung aus unterschiedlichen Quellen, wie z. B. IM der eigenen und von anderen Diensteinheiten, Mitarbeitern von Parteien und Justizorganen, der Volkspolizei, dem Untersuchungsorgan sowie Informationen aus technischen Überwachungsmaßnahmen u.a.

Einige Materialien, insbesondere IM-Berichte, müßten sich auch in den jeweiligen IM-Akten befinden. Wobei es sich nicht nur um IM handelte, die von unserer Abteilung geführt wurden.

Wenn aus dieser Akte »Notar« Informationen in andere Akten übernommen werden sollten, stand für mich die Frage ihrer Konspirierung. Deshalb wurden diese Informationen unter einem fiktiven IM »Notar« abgefaßt.

Diese Arbeitsweise war zur Quellensicherung sowohl möglich als auch statthaft. Damit erhöhte sich die Konspiration, so daß auch andere Mitarbeiter die Herkunft der Information nicht kennen konnten.

Zu Abhörmaßnahmen, deren Zeitpunkt und Umfang kann ich keine Aussagen treffen, nur, daß es sie gab.

Die IM-Berichte in der Akte »Notar« stammten von verschiedenen Personen. Nicht immer bestand ein direkter Bezug zu Ihnen. Sie hatten auch Mandanten bzw. Gesprächspartner, die uns oder andere Abteilungen direkt über Gespräche mit Ihnen informierten. Es wird Sie sicherlich nicht überraschen, daß Sie auch Mandanten hatten, die nicht nur Straftaten begingen, sondern auch unsere IM waren. Informationen bekamen wir auch von IM, die mit Ihren Mandanten oder Gesprächspartnern bekannt oder sogar befreundet waren.

Natürlich gab es auch IM in Ihrem persönlichen und beruflichen Umfeld. Nicht in allen Fällen kenne ich die Klarnamen. Soweit ich sie kenne, werde ich sie unter keinen Umständen preisgeben; das habe ich bereits begründet.

In die OPK »Sputnik« sind die überwiegenden Informationen aus der Materialsammlung »Notar« eingegangen. Wie bereits angeführt, wurde diese vernichtet.

Mehr Umstände und Details sind mir nicht mehr erinnerlich. Auf jeden Fall möchte ich Ihnen nochmals versichern, daß es keinen IM »Notar« gab. Und deshalb kann er auch nicht gefunden werden.

Ich weiß, in welch schwierige Situation ich Sie gebracht habe, aber ich hoffe, durch meinen Bericht vieles für Sie klarer gemacht zu haben. Das war sicherlich das mindeste, was ich tun konnte und mußte.

Abschließend möchte ich darum bitten, diesen Bericht als persönliches Schreiben für Sie zu betrachten. Für eventuelle noch erforderliche Rücksprachen bin ich bereit.

gez. Lohr

Das politische Buch für Ost & West

Herbert Wolf
Hatte die DDR je eine Chance?
Günter Mittag und die ökonomischen
Probleme der Vergangenheit
60 Seiten; DM 5,00

Dietmar Wittich (Hrsg.)
Ein Land geht in den Westen
Umbrüche der Alltagskultur in Ostdeutschland
230 Seiten; DM 29,80

Hasko Hüning u.a.
**Mecklenburg-Vorpommern:
Wege aus der Krise?**
Wirtschaftliche Rekonstruktion
und Strukturgestaltung
192 Seiten; DM 20,00

Stephan Krüger u.a.
Berlin: Eine Metropole im Wandel
Regionalanalyse und Reformprojekt
148 Seiten; DM 20,00

Stephan Krüger u.a.
**Brandenburg: Streusandbüchse
als Wirtschaftsstandort**
Vorschlag für gestaltende Strukturpolitik
271 Seiten; DM 28,00

Joachim Bischoff/Michael Menard
Weltmacht Deutschland?
192 Seiten; DM 28,00

Joachim Bischoff/Michael Menard
Marktwirtschaft und Sozialismus
180 Seiten; DM 22,80

VSA-Verlag
Postfach 50 15 71
Stresemannstr. 384a
W-2000 Hamburg 50

Pierre Bourdieu
Die Intellektuellen und die Macht
Herausgegeben von Irene Dölling
160 Seiten; Franz. Broschur; DM 24,80

Pierre Bourdieu
Die verborgenen Mechanismen der Macht
Schriften zu Politik & Kultur 1
128 Seiten; Franz. Broschur; DM 24,80

Samir Amin
Das Reich des Chaos
Der neue Vormarsch der Ersten Welt
140 Seiten; DM 24,80

Michael Brie/Dieter Klein (Hrsg.)
Zwischen den Zeiten
Ein Jahrhundert verabschiedet sich
240 Seiten; DM 34,80

Eberhard Fehrmann/Frank Neumann (Hrsg.)
Gorbatschow und die Folgen
Am Ende eines Zeitalters
120 Seiten; DM 19,80

Frank Deppe/Sabine Kebir u.a.
**Eckpunkte moderner
Kapitalismuskritik**
Mit weiteren Beiträgen von Bischoff, Brie,
Hess, Hirsch, Jung, Klein, Zinn u.a.
220 Seiten; DM 28,-

Außerdem bei VSA:

★ Regional- und Freizeitführer
★ Städte zu Fuß
★ StadtReiseBücher
★ Reisebücher

Informationen, Hintergrundwissen,
praktische Reisetips in Reiseführern
»neuen Stils« (DER SPIEGEL)